叢書・ウニベルシタス　754

未完の菜園

フランスにおける人間主義の思想

ツヴェタン・トドロフ

内藤雅文 訳

法政大学出版局

Tzvetan Todorov
LE JARDIN IMPARFAIT
La pensée humaniste en France

This book is published in Japan by arrangement
with les Éditions Grasset & Fasquelle, Paris,
through le Bureau des Copyrights Français, Tokyo.

凡例

一、原文のイタリック体は太い明朝体の活字で示した。
一、原文の大文字で始まる単語は、固有名詞であることを明示する場合に「　」で示した。
一、原文の《　》は、〈　〉で示した。
ただし、作品の引用の場合には、「　」を用いた。
一、（　）と［　］は原文どおりである。
一、訳者の補足・説明には〔　〕を用いた。

目次

序章　知られざる契約

悪魔がイエスに最初の契約を申し出た。砂漠で四十日間イエスに断食させてから、一瞬間地上のすべての楽園をかいま見させ、それから悪魔は言った。これは皆私の力によるものだ。だけどお前にやってしまってもいいぜ。それと交換に私が要求するものはほんのちょっとしたことさ。お前が私を主人と認めることだ。そうするなら、支配するのはお前のほうさ。しかしイエスは答えた。私はそんな力を望まない。私が仕えたいのは神さまだけだ。しかも神の国はこの世のものではない。だからイエスはこの契約を拒否したのだ。しかしながら、イエスの後継者たちは結局それを受け入れた。そしてコンスタンチヌス大帝〔二七四年頃―三三七年。ローマ皇帝。キリスト教を公認した〕からルイ十六世〔一七五四―一七九三年。フランス国王〕まで、彼らは十四世紀以上も悪魔の王国に君臨することにした。しばらくしてロシアの占い師が、ある日この世に戻ってきたイエスが、大審問官によってかつての拒絶をきびしく叱責された、と唱えた。人間たちは弱いものだ、神への信仰では十分ではない、神の戒律のほうがずっと価値があるのだ、とでも大審問官は言ったのだろう。

第二の契約は、十五世紀に悪魔の代表メフィストフェレスによって、野心家で傲慢な魔術師、降霊術師、奇術師のヨーハン（あるいはもしかするとゲオルク）・ファウストに提示された。ファウストは生と死の秘密を探ろうとしていた。悪魔の使いが彼に言った。お前さんはとても知りたがり屋だから、ひとつ取引をしよう。お前さんをこの世のどんな知にも到達させてやるし、どんな謎もお前さんの手にかかると解けるようにする。ところでその知が権力に至ることは知らないはずはあるまい。それと交換に、服従の大げさな宣言をしろなどとは要求しないよ。たった一つの要求だ。じつのところちょっと風変わりではあるが、二十四年後（二十四年というと長いぞ。お前さんはひょっとするとそんな老人になるまで生きていないかもしれんな）、お前さんの身体と魂を全部私のものにするということだ。イエスと違ってファウストは契約の条件を受け入れた。その結果、彼は限りない知を手に入れ、誰からも等しい称賛を受けた。しかし契約の最後の歳月は陰気になり、家に閉じこもり、どんな秘密にも関心を示さず、悪魔が彼を忘れてくれるように祈っていたと言われている。だがさすがに悪魔は彼を忘れることはなかった。契約の期限が切れる日に、悪魔はファウストをつれにきた。ファウストのあげた恐怖の叫びはむなしく消えていった。

三番目の契約はファウストの契約とほぼ同じ頃に行なわれた。しかしそれは奇妙なものである。契約の発効したときに、契約の存在そのものが明らかにされなかったのだ。今度の悪魔の策略は、契約の相手である「近代人《ロム・モデルヌ》」に契約を知らせないでおくということだった。つまり「近代人」が新しい利益を得るのは、自分の努力によるのであり、支払うべき代価など全然ないと思わせておいたのである。今回、悪魔が提供したものは、権力でも知識でもない、意欲というものであった。「近代人」は自由に意思表示をし、自分の意志を思うままに動かし、思うままに自分の人生を導く可能性をもつと思わせたのだ。悪魔は、人間が自由を好み、そのあとではもはや手放すことを望まないように、自由の代価を——負債の支払いの義務が当然あるのだということを——隠してしまったのである。

「近代人」——ルネサンス期の人間、啓蒙主義時代の人間——は自分が獲得するものがどこまで広がるのかを理解するまでに時間がかかった。近代の何人かの代表的な人物たちは自分の趣味どおりに個人生活を組み立てる自由しか要求しなかった。彼らには、血縁の掟とか都市の法とか近親者の指示に従うよりも、好きな人たちとだけつきあう生活を選ぶ権利があるらしい。彼らはまた居住地を自由に選ぶこともできるらしい。偶然ではなく、意志が生活の枠組みを決定することを願ったのだ。そのあと、別の代表的な人物たちは自由の享受があまりにも楽しいので、自由が感情だけに限定されると認めてはならないと思った。そこで今度は理性も解放されるべきだと要求した。理性はもはや人間たちの記憶によってもたらされた伝統の権威を認める義務はないというわけだ。伝統は都市の諸問題や神との交流をとり仕切るために存続することができた。しかし理性は真と偽を確認できるように自由にならなければならなかった。ただ理性の自然の光によって受け入れられた知だけが確実なものだと宣言された。こうしてファウスト博士の全知とはまったく違った、純然たる人間的な学問が誕生したのである。

　自分の愛情にのみ従う自由、自分の理性にのみ従う自由という二つの自由を味わった「近代人」は、意志の領域の新しい広がりを試してみたくなった。実際に公共の活動という広大な領域を引き受けることが残されていた。今や意志の力によって自由に成就される行為だけが道徳的《モラル》だと宣言されるのである（そこにやがて人間の責任と呼ばれることになるものがある）。主体の意志によって選ばれる政治体制だけが正当だと判定され——その体制は〈民主主義〉と名づけられる。もはや意志の介入を免れるいかなる領域もない。意志はいかなる状況においてもその自由が確保されている。優に二世紀におよぶこの時代には悪魔はまだその貸金を要求しに現われてこなかった。

　この二世紀のあいだに自由を征服することが、勤勉な人間、思想家たちの仕事であり、彼らは自分の書物のページに考えたものを閉じ込めた。十八世紀後半に一つの変化が起こる。行動の人たちが自分の周囲の世界の現状に満足せず、書物の中に隠されていた思想を知り、思想を書物から外に出そうと決心した。先人たちの発見した新しい原理を美しいと判断し、頭の中で眺めているよりも、その原理と一致した生き方をしたいと望んだのである。アメリカの革命とフランスの革命は「独立宣言」(前者の場合)のみならず「自律性宣言《オートノミー》」をともなった。この宣言は白日の下に発表されたことはないが、これはいかなる権力の審級も人間の意志、つまり国民の意志、個人の意志以上のものではないという原理への賛同である。

そのとき悪魔は「近代人」が餌をしっかりくわえこんだわいと思った。そしてこの時を選んで、一つの契約が存在しており、過去の贈り物に対して代価を支払い始めなければならないと発表した。十八世紀末に踏み込む前から、以後今日まで、何度も繰り返し悪魔は勘定書を出しつづけた。けれども悪魔は人の姿をとって自ら出現するようなことはせず、何人かの暗い予言者をそそのかし、人間たちが清算すべき金額を人間に示すことを命じた。人間よ、もしお前が自由をもちたいのなら、三倍の代価を支払うべきだ。まずお前の神と別れよ、それからお前の親しい人と別れよ、最後にお前自身から別れなければならない、とこの予言者たちはその同時代人に言ったのである。

もはや神はいない。お前以上の存在、お前の人生以上の価値をもつ実体が存在すると信ずるべき何の理由もない。お前はもはやなんの理想も価値ももたない。お前は〈唯物主義者〉だ。もはや親しい人もいない。他の人間はもはやお前の上にではなく、お前の近辺にもちろんいることはいるだろうが、しかしお前にとってはもうどうでもいいものだ。お前の交際の環は狭くなる。まずお前の知り合いの環に、ついでお前の直接の家族の範囲になり、最後はお前自身に限定される。お前は〈個人主義者〉になるだろう。そうなるとお前は自分にしがみつこうとする。だがお前の自我だって今度は解体されてしまうだろう。お前は捉えどころのない流れに呑みこまれてしまうだろう。お前は自由に決定し、選び、意思表示しているのだと信じるだろうが、本当はこの奥底の力がお前に代わってそうするのだ。だからお前にとってあのすべての犠牲を正当化すると思っていた優位さが失われることになる。その自我なるものは、もはや欲動の雑多な集合、はてしない散乱にすぎないのだ。お前は気のふれた正当性のない存在となって、もはや〈主体〉とよばれるに値しなくなるのだ。

近代の男たち（それに少しずつ近代の女たちが加わってきた）は、こうした暗い予言者の口を通して、自分たちが当事者となっている契約の宣告を聞いて、ばらばらに分かれた。目の前に現われたものに対して、警戒するか、脅威とみるか、あるいは呪いと受けとるか、彼らは取るべき行動に意見の一致をみなくなったのである。この契約が示されて以来、自らの意見を公開した学者、作家、政治家、哲学者は、この契約に与えようとした回答によって、いくつかの大きなグループに分けられた。そうした思想の系譜は今日でもなお存在している。異種交配したり、離脱したり、養子縁組したりして、その一覧表はいくぶん混乱を呈しているのであるが。

識別するのが最も容易な第一の系譜は、悪魔を正しいと考える人々のグループである。自由の代価にはもちろん神や社会や自我が含まれるが、この代価はあまりにも高いので、むしろ自由を放棄したほうがましだと考えるのである。もっと正確に説明すると、この系列の人々は古代社会への無条件回帰を推奨しているわけではない。というのは、彼らを取りまく世界が変化しており、古代への回帰でさえ彼らがまず非難している自由や意志の行使を含むことになるのを知っているからである。しかし彼らは昔の事態をなつかしみ、その名残を保存しようと努める。そこでもっと急進的な近代派の要求と真っ向から対立する。この系譜は保守主義者の系譜であって、彼らは新しい世界の中に古い価値をもちだして生きていこうとする人たちである。

その他のグループはここでは三つに分類されるが、近代性《モデルニテ》の到来を受け入れて承認することが共通の特徴である。それが理由でこれらのグループはときに混同されたこともある。とはいえ、これらのグループを分かつ特徴はやはり本質的なものである。だから悪魔の挑戦に対する彼らの反応には似たところがまったくない。これらの近代的系譜は、人間主義者、個人主義者、科学万能主義者という系譜である。

科学万能主義者は悪魔の主張を聞いても、眉一つ動かさず退ける。彼らは反論して言う。ご心配なく。代価を支払う必要などない。自由は全然なかったのだから。というよりも、ただ一つの本物の自由とは知る自由だからだ。観察と推論という人間の能力のおかげで、つまり純然たる人間の科学のおかげで、自然や歴史のあらゆる秘密を突き止めることができる。ところですでにファウストが発見したように、知をもつ者は力をもつ。科学は技術へと通じているから、もし現実世界の法則を支配するなら、世界を変えることもできる。意欲に関しては、知ろうとする意志を別にすれば、その自由はきわめて制限されている。つまり人間は知らないあいだに生物学と歴史の法則によって導かれているのであって、人間が自由と見なしているものはたいてい彼らの無知にすぎない。人間が行動を方向づけるためにそこから着想を得たと主張する価値自体が、大部分世界のこの不可抗力の法則から導きだされたものなのだ。もしも神と社会と自我が人間の本質の一部をなすものであるなら、何ものも人間からそれを分離抽出することはできないだろう。もしもそれらが人間の本質をなしていないなら、惜しむものは何もない。いずれにせよ悪魔は何ももたずに帰らなければならない。

間違いなく近代的な第二の系譜、個人主義者の反応はまったく別である。彼らは悪魔に言う。あなたはわれわれの自由が神や社会や自我の喪失を招いたと思っているのか。だがわれわれにとってそれは喪失ではなく、追加としての解放なのだ。われわれの現状についてあなたが行なう描写は正しい。しかし気をもむよりも（あるいはもっと悪く、後戻りを望むよりも）、われわれはその描写がさらに正しいものになるよう専念しよう。人間は本質的な孤独の中で、すべての道徳的拘束から自由になって、無限の分散状態で自己を明示すべきである。人間は権力への意志を明示し、自分自身の利益のために奉仕すべきである。そうすれば人間にとって最大の善がそこから生じてくるだろう。そして大事なのはそのことだけなのだ。悲嘆にくれるどころか歓喜の叫びをあげるべきである。あなたが病として（あるいは知らされなかった契約の苦悩にみちた代償として）描写することは、実際には祝祭の始まりなのである。

科学万能主義者にとっては、自由のために支払うべき代価など存在しない。というのも、人が普通に言う意味での自由などは存在せず、知に基づく自然や歴史の新たな支配だけが存在するからだ。個人主義者にとっても支払うべき代価は存在しない。人が失ったものはそれを惜しむに値しないし、また共通の価値や、やっかいな社会的絆や、安定し一貫した自我などなくとも、われわれはうまくやっていけるからである。最後の大きな系譜である人間主義者は、逆に、自由は存在し、またそれは貴重であると考えるが、彼らは同時に、高く評価されるこの財産は人々がともに分かちあう価値、他の人々とともにある人生、そして自己の行為の責任者と見なしうる自我のことであるとしている。したがって彼らは代価を支払う必要もなく、自由を享受し続けることを望む。人間主義者は悪魔の脅迫をまじめにとり上げるが、かつて彼とのあいだに契約が取りかわされたことは認めず、今度は、彼らが逆に悪魔に対して挑戦状を突きつけるのである。

現代世界のわれわれのいる部分においてさえ、われわれはいまだに悪魔の脅迫を受けながら生きている。自分の自由を大事にしているが、われわれは今度は、もはや愛することを知らない孤独な人の住む大衆社会の中で、理想も共通の価値もなく生きていかねばならないことを恐れている。われわれは自己同一性の喪失をひそかに、しかもいつもそれと知らずに恐れている。こうした不安や疑念はいつでもわれわれから離れない。それと対峙するために私は思想史のほうに向かうことを選んだ。巨人たちの肩に乗った小人のことを思い出しながら、私はこの脅迫から身を守るために、少し遠く離れた時代の著作者たちの思想に援助を求めることを望んだ。あの知られざる契約が結ばれたかも知れない時代である。それはいわば近代性を発明したロマンを、その偉大な人物や、彼らの冒険、葛藤、同盟とともに物語ることである。特に近代精神の系譜の一つ、人間主義者の系譜が他のどれよりも、われわれの現在の状況を考え、その困難を乗り越える力をかしてくれると、私は信じる。そういうわけで本書は人間主義を論ずるのである。

〈人間主義者《ユマニスト》〉という言葉はいくつかの意味をもつが、ざっと眺めても人間の行動の出発点と到達点が人間であるような理論を指示しているということができる。これは〈人間中心主義の〉理論であって、ある別の理論が神中心主義であったり、さらに別の理論がその中心的な位置に自然や伝統を置いたりするのと同じである。この名詞がおそらくフランス語として一番最初に現われるのは、モンテーニュ〔一五三三―一五九二年〕の書物の一ページである。彼は神学者のやり方と対比させながら自分のやり方を特徴づけるためにこの言葉を用いた。モンテーニュは神学者たちの存在する権利はむろんのこと、尊敬される権利をいささかも損なうことなく認め、この二つのやり方の領域を分離し、〈人間主義者《ユマニスト》〉には新たな分野を割り当てる。その分野はただひたすら人間的な活動や〈考え《ファンテジー》〉によって、また〈純粋に人間的な〉文書によって構成される。そしてその文書の扱う主題は「信仰の素材ではなく、意見の素材」であり、それを「聖職者風にではなく世俗的なやり方で」扱うのである（『エセー』I、五六、三二二―三二三――完全な形の出典の指示は本書巻末に載せてある。かっこの中の数字はその書物自体のページを示している〔脚注〕）。したがって（神にかかわる事象とは対照的に）人間の事象の特異性が人間主義的理論の出発点である。ただし、ときには人間主義的理論が人間に帰着することがないこともあるし、人間以外の要素が本書の展開に従って現われてくることもある。また冒頭におけるこのような選択が意味することは、人間に対して無条件の敬意を与えるものではないということもやがて分かるだろう。当のモンテーニュ自身が人間の生活は〈未完の菜園〉にとどまる運命にあることを決して忘れることはなかった（I、二〇、八九）。

この研究をうまく進めるため、私は時間と空間に制限をもうけた。この人間主義者たちを、私はほとんどフランスの伝統に限定し、その中から選んでいる（恣意的な限定であるが、これはやむをえない）。もう一方で、私の読んだ文献は現代のものではない。なぜならこの理論の基礎を築いた著作者たちの思想は過去百五十年のあいだに根本的に改められたことはないからだ。それどころか、今日の日常の議論にかいま見られる〈人間主義的〉ウルガタ聖書よりも豊かで、ニュアンスに富むものだと私には思われる。人間主義は「近代民主主義国家」の根底にあるイデオロギーである。しかしこのどこにもあるという事実が、それを見えにくくしたり、色あせたものにしたりしている。したがって、現在ではすべての人が多かれ少なかれ〈人間主義的〉であるのに、その発生期の理論が今なおわれわれを驚かし、また啓蒙することが可能なのである。これらの古典的作家たちは、予言が述べられる前に、あの〈暗い予言者たち〉に対していわば答えを出してしまったのだ、というふうに私には思われた。もちろん、この答え一つだけに限定されるというわけではないのだが。

私の研究する人間主義的思想は、ルネサンス、啓蒙主義の世紀、フランス革命直後という三つの激しい時代を体験した。三人の著作者がそれらを代表している。モンテーニュが最初にその理論の首尾一貫した解釈をうちだし、ルソー〔一七一二—一七七八年〕においてそれが十分に開花され、バンジャマン・コンスタン〔一七六七—一八三〇年〕に至って革命の大変動からぬけだした新しい世界を考えることができるようになる。そんなわけでまず彼らの著作をひもとき、今日においても役に立つような思想の道具を探すことにしよう。

本書も本書なりに思想史の性質を帯びている。私は思想《パンセ》とはいうが、哲学とはいわない。思想の領域は哲学の領域よりもはるかに広く、実践にはより近いが、それほど専門的ではない。私が特定しようとする精神の系譜は、哲学的であるよりもむしろ〈イデオロギー的〉である。そうした系譜の一つ一つは、哲学的なところはあるが哲学に限られない、政治的・道徳的観念、人類学的・心理学的仮説の集合体である。このように、思想そのものの研究を選ぶことにより、私はすでに人間主義の系譜に肩入れしているのである。というのも、思想が自由ではないとしたら、思想は切り離して検討される価値はないからであるし、思想は文化的共同体、社会階級、歴史的時代、あるいは人種の生物的必然性による機械的な産物ではないからである。

とはいえ、次の点を明確にしておかなければならない。私の第一の関心事は、モンテーニュ、ルソー、コンスタン、その他何人かの思想を改めてもう一度構築するということではなく、これらの著作家を丹念に読むことによって、人間主義の思想のモデル、時として〈理想タイプ〉とよばれるものを築き上げるのにそれらを用いるということである。私の認識の対象は、〈ルネサンス〉でも〈啓蒙主義〉でも〈ロマン主義〉でもない。そうではなく、人間主義、これらの時代のそれぞれに現われてきたような人間主義を中心に据えた、多様性の中にある近代思想である。換言すれば、私の計画は歴史的であるというよりは類型論的である。ただし、有益な類型論とは、われわれに歴史を認識させてくれる類型論だけである、と私は確信している。同じ理由から、私は完全網羅主義という意図はただちに放棄して、たいていの場合、ひとつの思想の最初の形成にではなく、最も強力、最も雄弁であると私が判断する思想に関心を向けている。

こういった予備的説明は、人間主義理論の確立が、すべての場合ではないにしても、これらの思想家の意識的な計画には入っていないことがあるので、どうしても必要である。時として私の関心の対象からはかなりかけ離れていることさえあるさまざまな対象、例えば自我とか世界とか、法の精神とか政治原理といったものについて思索しながら、彼らはこの新しい思想の顚末を、通りすがりのことでもあるかのように明らかにしてゆく。彼らは人間主義を主張するというよりも、言外に暗示することがある。したがって私は彼らの論理を、彼らの本来の目的からそらすようなこともせざるをえない。ただし、そうした迂回が歪曲にまで至らないように注意を払っての上のことである。

過去の著作家たちを利用しようとする私の方法を推し進めれば、彼らについての私の読み方に責任が生じてくる。それは厳密な意味での歴史というよりは、歴史との対話である。私は彼らの思想を理解し、その意味を発展させることを切望する。その思想の原因にまで遡ったり、起源の状況を復元したりして、その思想を説明することは二の次である。上流よりもむしろ下流に進み、そして思想の唯一の領域にとどまりたいという私のこの欲求は、その逆の選択が私の目からすると不当に見えるということなのではない。単に、それが私の目下の計画に入っていないというだけのことである。

過去の文献を現在の論争に参加させるのは、時代錯誤ではないのだろうか。たぶんそうだろう。しかしそこで問題になっているのは、批評活動の出発点そのものにひそむ〈批評家の逆説〉、さらには、すべての歴史家の逆説であろう。というのも、批評家、歴史家はいつでも自分の同時代人に話しかけるのであって、とり上げた著作家の同時代人に話しかけるのではないからである。解釈の構造的斜視《ストラビスム》は、一方の対話からもう一方の対話へ、つまり対象の著作家との対話から、自分の読者との対話へと絶えずジグザグ進行を行なわざるをえなくしている。彼が熱望する釣り合いは賭けでしかない。その上、過去の思想家たち自身が照準を合わせていた対象は、同じ歴史的状況を共有していた彼らの同時代人であり、同時に、人間性〔人類〕を全体として代表する未来の読者でもあった。彼らは現在に対してと同時に永遠に対して問いかけていたのである。したがって、純粋な歴史家にも純粋な思想家にも同じように不満を与えるおそれはあるが、過去はわれわれが現在を考える手助けしてくれる、と私はずっと信じている。

そんなわけで思考の歴史を拠り所として私自身の考察を推し進めながら、私は一九七九年に取りかかった研究を続けることにする（そしてたぶん、私個人としては、完了することになるだろう）。その研究によって、私は一九八九年に『われわれと他者』という作品を刊行するに至ったのだが、この著作の中にはすでに他のいくつかの人間主義のテーマ、とりわけ普遍性のテーマを扱っていた。したがってこの二つの書物は、ある意味では、相互補完的である。

第一章　四つの系譜の展開

ひとつの革命がヨーロッパ人の精神の中に生じた――緩慢な革命である。というのもそれは何世紀にも及んだからである――その革命は近代世界の確立を導いたのだ。この革命の最も大きな普遍性を把握するためには、社会の各構成員にとって構造と法律とが前提的、不変的与件であるような社会から、各構成員が自分で世界の本質を発見し、その規範を決められる世界への移行であるとして、この革命を描きうるであろう。古い社会の構成員は、世界の中でどんな位置が自分のために用意されているのかを徐々に学んでゆく。そして知恵が彼にそれを受け入れるように導いてゆく。近代社会の住人は、伝統によって伝えられたものをすべて拒絶するとはかぎらないのだが、自分自身のやり方で世界を知ろうと欲し、自分の存在の大部分が自分の選んだ原則によって支配されることを要求する。彼の人生の諸要素はもはやすべて前もって**与えられる**というわけではなく、ある種の要素は**意欲される**のである。

この革命以前には、ある行為が自然（世界の自然と人間の自然）に合致している、あるいは神の意志に合致しているがゆえにそれは正しく、称賛に値すると宣言された。この二つの根拠はそれらどうしが衝突することもあり、和解することもありえた（これは時としてアテネとエルサレムの対立競合関係のように叙述される）。しかし二つとも、人間存在にとっては外的な一つの審級に彼が従うことを要求する。自然も神も人間存在にとって、共通の知恵や共通の宗教を通じてしか近づけない、つまり社会によって受容され伝達された伝統を通じてしか近づけないのであって、彼は決して意見を求められることがなかった。人間的法律を含め、彼が住んでいる世界は、個人的人間がいかなる足場ももたない他の場所に基盤が置かれている。この革命は、ある行為の最良の根拠、ある行為を最も合法的だとする根拠が、人間そのもの、すなわち人間の意志、人間の理性、人間の感情に由来するのだ、と断定することから成り立つ。この場合、重力の中心は宇宙《コスモス》から人類《アントローポス》へ、客観的世界から主観的意欲へと移っている。人間存在はもはや彼の外部にある秩序に従わない。彼自身がその秩序を築き上げようと欲する。それゆえ、この運動は二重になる。世界に対する幻想打破と人間の神聖化である。世界から奪われた価値は、人間に託される。われわれはたぶんまだその新たな原理のすべての結果を引き出し終えているわけではないが、この原理がもとになって、われわれの政治と法律、われわれの芸術と科学が表現する顔ができてくる。現代国家を支配しているのもまたこの原理であって、国家を受け入れるとしたら、この原理を放棄することができないのは理の当然である。それを逆にすれば、(教権社会の原理主義への回帰と同様に)宗教の支配的地位への回帰とか、(ある種の自然環境保護的ユートピアへの回帰のように)人間のためにいかなる特別な位置も残さない自然秩序の優位性への回帰が行なわれ、この原理を放棄することになる。

ルネサンスから始まった、この「古代」から「近代」への移行を、程度に差はあれ似通った言葉で叙述することができるという点で、今日、人々の意見は容易に一致する。しかしながら、その結果を分析するということになると、意見の一致はなくなってしまう。ここで私が拠り所としたい命題は次のようなものである。つまり、近代性そのものが均質ではないということ。近代性はさまざまな批判をこうむったが、その後この近代性のただ中にいくつもの傾向があることが明らかになった、そしてそれらが、今日われわれの生きている社会思想の枠組みを形づくっているのである。それゆえに、こうしたさまざまな反応を示すのに一語だけ、例えば〈近代性〉とか、〈個人主義〉とか、〈自由主義〉とか、〈合理性〉とか、〈主観性〉とか、あるいは〈西洋〉といった一語だけを使用するのは、誤解のもとだと思われる。まして、これらの用語の寄せ集めは、しばしば論争を目的に使われるのである。私はこれらの大きな傾向のそれぞれを**系譜**《ファミーユ》と名づける。というのも、同じ一つの系譜のさまざまな代表者が、それぞれに独自の特性をもっているし、同時に、異なる系譜のメンバーどうしの結びつきも常に可能だからである。これらの系譜は全部で四つある。そしてこれらは十八世紀後半からはっきりと浮かび上がってきた。コンドルセ〔一七四三―一七九四年〕、サド〔一七四〇―一八一四年〕、コンスタン、ボナルド〔一七五四―一八四〇年〕は四人とも、十八世紀半ば、一七四〇年から一七六七年までに生まれた。ところで、彼らがこの四つの系譜を具現化しているのであって、これらの系譜は、フランス革命の直後に白日の下に出現するのである。つまり、フランス革命を拒絶する人々が、フランス革命を可能にした思想の枠組みに異議を唱え始めたときであった。だからといってこれらの系譜が、それ以前の長い伝統の中に根づいていることに変わりはない。

総称的なレッテルの下に個々の思想家たちをまとめることには、いつでも不安がともなう。〈……主義《イスム》〉という語が好きな人はいない。理由は言わずと知れている。グループに分類するたびに、何かしら暴力的、恣意的なものが入り込むからである（私自身は大きな近代の系譜を話題にするのに、三つがよいのか、四つがよいのか、それとも五つがよいのか分からなくて最後までためらった）。また中間的な、折衷的な立場では常に反論される可能性がある。本物の思想家はみなそれぞれに独自性をもっているのに、他の思想家たちと混ぜ合わせることによって彼を単純化してしまう。作品そのものもそれぞれに独自のものであり、一冊ごとに別々に考察される価値がある。弟子や模倣者だけがレッテルに対応するのである。独創的な思想家というのは、常に精神の系譜の一つだけには収まりきれない。モンテーニュ然り、ルソー然りである。私はこの手法の欠点を知らないわけではない。しかしながら、これを用いようと決めたのは、これには長所もあると見ているからである。まず第一に、過去について語ることのできるような共通言語を獲得しなければならない（固有名詞だけでは不十分である）。ついで、頻繁に原典にあたるうちに分かってきたことなのであるが、私にとって証明することはできなくとも、いくつかの類似性、いくつかの差異の中には、他と比べてより重要なものが存在するということである。したがってそれがこうした分類を正当化するのである。最後に、異なる系譜のあいだに起こる混合は、現在の状況の明快な分析を妨げる大きな障害のひとつであるように、私には思われる。そんなわけで私はこれからもっと細部にわたって詳しく言及してみたい。

手始めに、近代性全体に向けられた重大な非難を思い出さなければならない。その非難によって、われわれは逆説的に最初の近代的系譜を割り出すことができるだろう。

保守主義者たち

以前の革命、思想の革命を糾弾する声がはっきりと聞かれるようになるのは、フランス革命の直後のことである。だからといってその支持者たちが、それ以前に攻撃されなかったというわけではなく、この純然たるイデオロギー的な論争は、ある特別な作家、ある孤立したテーマに限定されていたということである。観念がひとたび行為や制度に変えられると、それらははるかに強烈な反動や猛烈な抵抗を引き起こす。その抵抗の中味は次のような主張である。個人も集団もそれら自体で進むべき方向を決定しているのを見ることがたしかにできるが、この自由はあまりにも危険すぎるし、その自由の恩恵は不十分であって、その自由が生じさせる損失を補うことはできない。だから、自由はもっと少ないけれど、新しい不都合さも生じない以前の状態に戻るのは、おそらく好ましいことなのだ。

そんなわけで、次のように言っても差し支えないであろう。ニュアンスはどうであれ、こうしたさまざまな表現は常に**保守的な**立場から生じている。しかし同時に、この立場はわれわれを無条件で「古代人」の世界に引き戻すわけではない。実際にはそこに戻ることはすでに不可能になった。そこで最も極端な反動主義者だけが全体として近代世界を拒絶するのである。だから普通の保守主義者にしてもまた近代の系譜に属しているのだ。つまり最小限の近代性を受け入れる系譜であって、この系譜にとっては、それ以外の近代の思想は混じり合っており、近代の十把ひとからげにした非難に値するのである。しかもこの人たちはまた、近代の人間は魂を悪魔に売り渡したのであり、それを後悔し、魂を買い戻すように努めるべきだ、と考える保守主義者たちである。しかし彼ら自身が積極的に自己を規定するのはこのような批判によってではない。それよりもむしろ彼らは今ある秩序を高く評価し、それを維持しようとする者だと自己を規定し、それゆえに革命家や改革者と対立するのである。彼らはまた進歩主義者や反動主義者にも対立する（〈保守的革命〉という企ては彼らにとって言葉の矛盾である）。すでに存在しているものは存在する価値がある。変化は、一般に、利益よりも不都合をより多くもたらすというのである。保守主義者は、不変不動を重視するのではないが、少なくともゆるやかな変化は重視している。

この系譜の代表者を誰にするのか、選択に困る。というのも、保守主義の擁護はフランス革命以降今日まで尽きることがないからである。私は最も古い保守主義者の中から代表者を二人だけにとどめることにした。その多様性を示すために、わざとできるだけ違った二人を選んでいる。一人は神権政治家、もう一人は民主主義者である。しかしながら、これからきく非難の内容は両者ともに結局同じである。

最初の人物はルイ・ド・ボナルド子爵、フランス革命の公然たる敵である。彼は一七九六年、『政治的・宗教的権力の理論』という論文でフランス革命の攻撃を始め、それ以後三、四十年にわたって批判を展開することになる。

ボナルドは、彼のいう悲惨な結末――フランスにおける革命の現実――から出発し、そのさまざまな原因にまで遡ってゆき、それらを哲学の中に発見する（フランス革命は「哲学」と「無神論」の奇形児である、と彼は断言する）。つまり、それはデカルト（一五九六―一六五〇年）とルソーの哲学であり、この哲学自体は宗教改革の継承者である。どこから革命が生じたのか。「万人の宗教を各人の理性に置き換え、『至高存在』への愛と同類への愛を個人的利害関係のための打算に置き換えたこの学説からだ」（『政治的・宗教的権力の理論』、I、四九四―四九五）。この思想には重大な責任がある。というのも、自由は、行為で示される前は、精神の中にあったからだ。自由は、ボナルドの精神の中では常につながっている二つの方向、つまり、神への愛と人間への愛、自己の上方への上昇と自己を超えたものへの愛着に対し浸食作用をするように働いている。〈宗教 religion〉は〈結びつける relier〉に由来する、と人は好んで言う。〈各人〉は、〈万人〉に取って代わった。これはルター（一四八三―一五四六年）やカルヴァン（一五〇九―一五六四年）の落ち度であって、彼らはこの点では、個人の良心が最終的には善と悪との裁き手になりうると主張する、サヴォワの助任司祭の後を受け継いだのだ。また理性は宗教の代わりとなった。この場合に、少なくとも世界の認識にかかわる限り、罪があるのはデカルトである。結果として、われわれは個人的な利益の支配下に移った。すなわち、個人を越えることのないもの（彼は一人だ）と、個人に奉仕するもの（彼はエゴイストだ）が同時に支配する領域である。手短に言えば、近代人は、カルヴァン、デカルト、ルソーによって準備され、フランス革命によって生みだされたが、自分自身の外部にあるものは何も知らないのである。自分の上方にいるもの（至高の存在）も、自分を超えたもの（同類の存在）も知らず、彼は自分自身の中に閉ざされるように強いられたのである。

したがって自由の代価は二重である。一方において、近代人は、言葉の普通の意味での〈個人主義者〉になるように定められている。つまり、自分自身のことだけしか気づかうことなく、他の人間たちに自分を結びつけている絆を知らないということである。このような変化を必要だと考えたのは、社会契約の哲学者たち、なかんずくルソーであった。それを押しつけようとしたのは革命家たちであった。「前世紀［すなわち十八世紀］の哲学は、人間と世界しか見なかった。決して社会を見なかった。一方ではこの哲学は、あえてくだけた表現をつかうなら、国家や家族を**細かく切り刻んで**しまったのだ。この哲学は国家や家族の中に父親も、母親も、子供も、主人も、使用人も、権力者も、大臣も、臣下も見ずに、ただ人間のみを見たのである。それがすなわち**個人**《アンディヴィデュ》であって、彼らはそれぞれが自分の権利をもっている。ただし彼らはさまざまな関連によってお互いに結びつけられている**人格**《ペルソンヌ》ではない。（……）他方では、この哲学はわれわれの愛情に対しては人間的な流儀しか提起しなかった」（『文学・政治・哲学論文集』、II、二四六―二四七）。このような拡大解釈は真の愛着をすべて不可能にする。契約という観念そのもの、同意する個人の意志の上にすべてを据え付けようとする試みは、人類に関する〈個人主義的〉概念を引きずるものであって、これははなはだしくやっかいなのである。「『社会契約論』の著者は社会の中に個人しか見なかった」（『原始的法体系』、I、一二三）。

他方において、この同じ近代人は、やはり言葉のありふれた意味で、〈物質主義者〉、すなわち、理想をもたず、個人的な利益を超えたいかなる価値にも愛着を抱かず、いかなる道徳ももちえない人間になるしかない。というのも道徳の唯一の可能な基盤とは宗教、すなわち人間の権力よりもはるか上にある権力への信仰なのであって、これがこの下界における人間たちの行為を処罰できるからである。ボナルドはこう書いた。「もし神が存在しなければ、人間たちはお互いに合法的には何もすることができない。また、あらゆる人間に及ぼす**権力**が消え去るところで、人間のあいだのあらゆる**義務**も消え去る」（II、一四二）。もし神が死んだら、そのときにはすべてが許される。ドストエーフスキー（一八二一―一八八一年）がなじみのものとしたきわめて問題のあるこの一連の状況は、すでにボナルドの著作に存在している。

保守主義者は、近代の系譜すべてのうち個人主義であると判断するものに対して、社会的なものを特権化する。個人としての人間存在は、彼らが関与する集団、制度、習慣を通してしか、その自己同一性を獲得できない。それゆえ、彼らの義務（これは次元的により上位の団体に彼らが所属しようとすることから生じる）のほうが、人間の種の中の単なる個人、単なる一員として授けられるはずの権利に勝るのである。人間はその共同体によって作られるのであり、その共同体に服従しなければならないのである。

個人を集団に服従させるこのような要求は、宗教の世界的規模による勧誘と衝突する可能性があるだろう。近代的保守主義者は、政治と道徳をはっきりと区別することで、それを免れている。道徳的保守主義は、神の意志とか自然の秩序の中に根拠を置く絶対的価値を肯定する（宗教とのつながりが保守主義者の中によく見受けられるが、それは任意的なものである）。しかしながら、この道徳的秩序が政治的秩序の原因となることはない。それは神権政治におけるのと事情は同じである（ボナルドはまたそれを推奨しているが、彼はこの点では保守主義者にしてはあまりにも革命的である）。政治的秩序は国家的利益によって強制される。だからたとえ二つの国家が同じ一つの宗教を後ろ盾にしているとしても、政治的秩序は互いに異なることもありうるのだ。国家の内部で、保守主義がたった一つの原理にすべてを従わせようとしたり、個人の生活をすみずみまで統制しようとしたりすることはない。保守主義は法の支配を確立するだけで満足する。保守主義は絶対主義ではなく、ましてや全体主義などではない。国際的な次元で、政治的保守主義は**現状** *statu quo* の擁護を何よりも大事にする。それは熱心な勧誘の精神に駆り立てられることもなければ、十字軍に参加することもないし、帝国主義的戦争を導くこともなければ、あちらこちらで自らの価値を押しつけることもない（十九世紀のフランスの保守主義者たちは植民地戦争に反対している）。ジョゼフ・ド・メーストル〔一七五三―一八二一年。フランスの政治思想家〕のような保守主義者にとっては、〔一般的な〕人間は存在しない、多様な社会の構成員、例えばフランス人、ドイツ人、ロシア人がいるだけだ、といってよいかもしれない。その反対に、神は存在する（単数で）。そして神々のいわゆる複数性、さらに神々の戦争というのは存在しない。この分離そのものが道徳と政治の対立と連動している。

この二つのどちら側の見地に立ったとしても、個人は公共の価値に、彼が属している集団に服従しなければならない。人間は根本的に悪でありまた弱いものである。ボナルドはこの点についてはアウグスティヌス〔三五四―四三〇年〕の伝統と一致し、したがってジャンセニストと一致するが、彼が毛嫌いするルターやカルヴァンとも一致するのである。その他のキリスト教的保守主義者たちは、人間性《ユマニテ》に対してこれほど暗い観点をもってはいないにしても、彼らと同様にやはり原罪を信じている。だから、人間の力よりも大きな力だけが、人間を高潔に振る舞うように強制できるのである。われわれ人間の目的は、むなしく反抗をするよりも、より高い秩序と調和を保つようにすることでなければならないであろう。そんなわけで、選択という観念そのものは禁止されるべきなのである。つまり、人は個人的な利益という名目で常に選択をする危険があるわけであるが、その反面で、われわれが望まなかったのに一つの出来事が生じるとすれば、その出来事は神によって決定されたしるしなのである。神の立場に立って自らの運命を自由にしようとする人は悪魔をまねることになろう。自律ではなく服従こそが、基本的な美徳である。

宗教を除いて道徳を確立する試みは必ず失敗する（ボナルドは人間の権利という理論に対して軽蔑しか抱いていない。彼はそれが神の権利の擁護によって置き換えられるのを見たいと思っている）。悪人である人間たちが、自分自身の中にその悪意を抑える力をどうして見つけることができようか。「無神論は人間の最高の権力を、それが押さえつけなければならない人間自身の中に位置づける。そのようにして濁流の中から防波堤が出現するのを望むのだ」（I、六一）。狂気の沙汰だ！　論理を駆使して、ボナルドは人間たちがただひたすら強制によってのみ善良になるはずだと考える。人間たち自身の幸福のためには、自由を培うよりも自由を排除しなければならない。したがって彼は神権的な国家を夢見る。「教会」がその国家の最終目的を規定し、またその国家の権力を保持するのである。

とはいえ、ボナルドのような極端な精神のもち主でさえ、真の「古代人」ではない。その証拠に、未来の正当な神権政治を目標とする合理的な構成や、全体的な計画に対する彼の好みがある——これは、異質な伝統と慣習の積み重ねである真の古代社会とは千里も離れている。典型的な保守主義者のバーク〔一七二九—一七九七年。イギリスの政治思想家〕が〔ボナルドのように〕『……の理論』という題の本を書くことを想像できるだろうか。こうした不一致があまりにも甚だしいので、ボナルドを保守主義者と見なすことがためらわれるほどである——彼は、ある面では反動主義者のところに紛れこんだ〈哲学者〉である。保守主義者たちがこれほど伝統を大切にするのは、彼らが伝統を集団的な知恵の保管所と見なしているからである。それが個人の理性よりも優れているのは疑いない。それゆえ個人の自律性、個人が悪魔と契約して獲得した自由は、禁じられなければならないのだ。人間は道徳的に不完全であるばかりでなく、知性の面でも弱いのである。ところが伝統のほうは、個人が説明することはできないが、尊重しなければならない知恵を含んでいる。合理主義者が信じていることとは逆に、間違いを犯すのは判断であり、賢明なのは前例なのである。なぜなら前例は共有されたものだからだ。老人には経験があり、青年には理性しかない。優位に立つのは老人のほうである。直観的な知は年月がたつにつれて伝統の奥に積み重なってゆくが、どんな理性も決してそれを原則や規則とすることはできないだろう。そんなわけで真の保守主義者はボナルドとは違い、体系的な概論は書かないのだが、日常的な出来事を解説したり、自分たちの経験を物語るだけで満足する。

ボナルドは保守主義者となることを**選んでいる**――だからその事実によって、彼はもはや完全に保守主義者であるというわけにはいかないのである。その結果、彼の思想はきわめて時代錯誤的であり、王政復古の時代の有力な政治家であるにしても、彼の保守的ユートピアは実現のきざしすら見えない。そんなわけで彼の予言は容易に呪詛の口調を帯びる。もしも世界が健全な道に戻ることを望まないのなら、少なくとも何が世界を待ちうけているのかを知ってほしい！　というわけである。その反対に、未来の保守主義者たちは彼が書いたものの中に、同時代人ジョゼフ・ド・メーストルが書いたものと同様、無尽蔵なインスピレーション源を見つけることであろう。

こわれた鎖

私がここでとり上げたいと思っている二番目の作者、アレクシス・ド・トクヴィル〔一八〇五―一八五九年〕が活動した時期は、一八三〇年七月革命の後に位置づけられる。自由のための妥協なき政治参加や、あるいはもっと際立った対照をなすような、民主主義の擁護者として知られている人物を保守主義の思想を例証するために、私が選ぶのは、逆説や挑発に対する好みからではない。そうではなくて、とてつもなくかけ離れた哲学的、政治的な立場が、近代世界の視点に順応して結局その視点はかなり近いものになりうるということを示すためなのである。もっと正確に言うならば、トクヴィルは保守主義者であると同時に人間主義者《ユマニスト》である。彼の立場の特異性は、この逆説的な結合にある。

　彼の出発点はボナルドの出発点とは完全に異なる。まず第一に、彼は過去に後戻りできる可能性を信じていない。歴史の観点に立ってみて、彼は近代の到来が不可逆的であること、フランス人が貴族政治の時代を去り、民主主義の時代に入ったことを確認する。彼の言うとおりなら、この新たな時代は三つの情熱によって動かされている。第一は自由への情熱、つまり自分の運命を自分自身で決定する権利への情熱である。ボナルドとは正反対に、トクヴィル自身はこの情熱を何よりも大事にする。彼によるとこの情熱は、この情熱に勝るかもしれない目的、この情熱が到達させるかもしれない目的によっては説明がつかない。そしてこの情熱を実践する人に感じられる自発的な喜びの中に、この情熱の正当化を見出すことができる。「これはただ神と法の支配の下で、束縛されることなく、話し、行動し、呼吸することができる喜びである。自由の中に自由そのものとは別のものを求める人は、隷従するために作られているのだ」（『アンシャン・レジーム』、III、三、二六七）。第二の情熱は平等を対象としており、そのテーマについてのトクヴィルの判断はずっと複雑である。最後に第三番目は物質的安楽への情熱であり、これは彼の中にとりたててなんの評価も生み出してはいない。

　したがってトクヴィルが案じていることは、ボナルドが恐れていたこととはまったく違う。ボナルドは、善を確立する唯一の手段である権威が侵食されたことを遺憾に思っていた。トクヴィルは自由の未来を心配している。しかしながら、脅威の源は同じであって、それはフランス革命から生じた近代社会である。

また、知られざる契約、手に入れたものと引き換えに支払わなければならない代価という考えも、やはりないわけではない。つまり、近代人は個人主義と物質主義の欠陥を受け入れることによって、平等と安楽を選択したことの代価を払わなければならなくなるのだ。

トクヴィルは新しい言葉、〈個人主義〉を使用した最初の著作家の一人であるはずである。彼の言によれば、それは民主主義社会に固有の同じように新しいもの、つまり家庭や友人に囲まれて過ごす私生活に対する好み、人が生きている総体的な社会に対する関心の欠如を示している。「われわれが使用に耐えるように鍛え上げた**個人主義** *individualisme* という言葉を、われわれの祖先はもっていなかった。なぜなら彼らの時代には、集団に属さず、完全に一人とみなされるような個人は実際に存在しなかったからだ」(II、九、一七六)。これが進化した大きな理由は、彼によれば、自由な意志ではなく、平等の原理である。「貴族政治はあらゆる市民を、農夫から国王まで上昇してゆく一本の長い鎖としていた」(『民主主義』、II、二、二、一二六)。近代社会、すなわち民主主義社会は、すべての人に同じ社会的地位を与える。その結果、住民たちの自己同一性を構築するために、もはやお互いを必要とはしなくなった。「民主主義はその鎖をこわし、環をそれぞればらばらにした」。これは、ボナルドが恐れていた〈細かく切り刻まれた〉社会からかけ離れてはいない。個人はもはや実際に一緒に生きてはいないのだ。「彼らの一人一人が離れて引きこもり、その他のすべての人たちの運命には無関係なようである(……)、彼は自分自身の中にしか、自分だけのためにしか存在しない」(II、四、六、三八五)。文字どおり社会的な関係のこのような欠如は、一方では、もっと強度な私生活によって、他方では、普遍的な人間性へのある種の帰属感情によって、部分的に補われるしかない(「各個人の人類という種に対する義務は、もっとずっと明瞭である」。この点においてもまたトクヴィルはボナルドの後を追っている)。
脱社会化の傾向はなおも強化される恐れがある、とトクヴィルはほのめかしている。個人はもはや社会によって割り当てられて、先祖代々固く守ってきた地位をあてにすることなく、自分自身に満足することから始め、孤立して自分のことを考えるのに慣れてくる。社会を近親者たちだけに縮小してしまった後で、彼はもはやその人たちのことさえ考えなくなる。民主主義は「個人を絶えず彼一人だけのほうへと導いてゆき、そしてついには彼自身の心の孤独の中にすっかり閉じこめてしまう恐れがある」(II、二、二、一二六―一二七)。個人主義者の精神は、最初は公的生活だけを攻撃していたのに、ついには社会生活全体を腐敗させるに至る。

民主主義社会にのしかかってくるもう一つの大きな脅威は、人間が物質的な利益による満足を執念のように考えることから生じてくる。まさにこのことによって、彼らは精神的な価値を見捨てる。「人間はこのように正直に合法的に安楽な暮らしを追求することに喜びを感じる一方で、その最も崇高な能力の使用をついには失ってしまうのではないか、また自分の周りのすべてのものを改良しようとして、結局は自分自身が堕落してしまうのではないか、と心配すべきである」、とトクヴィルは書いている。この心配は仮説ではすまない。アメリカ人の風俗を観察しながら、トクヴィルは至るところで富への強い愛着を目にしている。というのも、今や富が階級制度の頂点を占めているからである。その場所は貴族社会においては名誉のために用意されていたものだった。「民主主義は物質的享楽に対する好みを助長する」と彼は説明する。「この好みがあまりにも行き過ぎると、やがては人間たちにすべては物質にすぎないと思わせるようになる。そして今度はその物質主義が、常軌を逸した熱心さで人間をその享楽そのもののほうへ完全に引きずり込む」(II、二、一五、一八一)。物質主義は民主主義における人間たちにとっては自然といえる傾向である。

この点で、トクヴィルは再びボナルドと訣別する。民主主義生活の他の特徴が内包する危険についてトクヴィルが警告するのは、自由を擁護するためであって、自由を破棄するためではない。それというのも彼は民主主義に特有の生活条件が、苦心して獲得してきた自由からその中身を取り除いてしまう可能性があるということを発見したからである。近代人は、物質的満足の追求に走ると、国家に対しわが身の安全と財産と安楽の保証を要求する（今日われわれが福祉国家と呼ぶものを作るのである）。しかし国家に対して常により多くのことを要求するために、そのぶんだけ近代人は自分自身が責任をもつべき行動領域を狭めてしまう。「そんなふうにして毎日彼は自由意志の使用をより無益なものに、稀有なものにしてしまう。そして意志の活動をより小さな空間に閉じ込め、次第次第に市民一人一人をその自由意志の使い道に至るまで見えなくしてしまうのである」（II、四、六、三八五―三八六）。

このようなプロセスの行きつく先は、民主主義的（あるいは平等主義的）専制政治であって、これはわれわれのすべての関心をただ私生活だけに制限することですこぶる満足するのである。「この専制政治こうした傾向に反して戦うどころではなく、この傾向に抵抗できなくしてしまう。というのも、この専制は市民からすべての共通の情熱、相互的欲求、相互理解の必要性、一緒に行動する機会をとり上げてしまうからである。市民たちをいわば私生活に閉じ込めてしまうのである」（『アンシャン・レジーム』、〈序言〉、五一）。権力というのは、確かに、伝統による遺産であるというよりはむしろ民衆的意志の表現であるのだが、しかしこの権力は同時に孤立した個人にとって手のとどかない所にある。もちろん、個人は投票し、したがって指導者を解任することもできる。しかし、選挙が終わるとすぐに、個人は、手足を縛られ、またも指導者の手に委ねられる。その結果、「彼らの自由意志の使用はひじょうに重要であるのに、ひじょうに短く、またまれにしか行なわれず、彼らは、自分自身で考え、感じ、行動する能力を次第次第に失ってゆき、かくして人間性のレベルの下に徐々に落ちていかざるをえなくなる」（『民主主義』、II、四、六、三八八）。

それゆえ自由の実践とは、トクヴィルにとって、近代社会のみならず人間という種そのものを識別する特徴となるであろう。ところで民主主義は、自由を担ぎ出しておきながら、自由の結果を破棄することも可能なのだろうか（つまり他の動物のような動物に戻ることは、それほど簡単なことだろうか。ある種の極端な悲観主義《カタストロフィスム》がトクヴィルの思想と無縁なわけではないのだが）。しかも問題となるのは政治的自由だけではないのだ。民主主義社会は、さらになお狡猾なやり方で、嗜好の自由や感情の自由をも破棄してしまう。そうして、個人の画一化と個人の順応主義を強化するのであるが、これはすでにルソーによって非難されている。近代人は絶えず嗜好を変える。しかしこうした変化はすべての人に見受けられる。一つの社会の中では、人間たちは次第に互いに似通ってくる。また民衆のあいだのコミュニケーションは、人間たちがやはりある社会から別の社会へと似通ってくる結果を生み出す。トクヴィルはこう書いている。「私は同じような存在から成るこの無数の群衆の上に視線を漂わせる。そこには、抜きん出て高くなっているものも低くなっているものもない。見渡すかぎりのこの画一的な光景は、私を悲しませ、凍りつかせる。そして私はもはや存在しない社会を懐かしむような気持ちになる」（II、四、八、四〇〇）。すべての欲求が同じようなものとなっても、なおその欲求を自由だと信じることができるのだろうか。

トクヴィルは貴族社会への回帰に心を引かれているが、それは話の上でのことであって、実際には、この誘惑に屈することはない。近代社会についての彼の視点は保守主義者のものであるが、彼の政治的企ては民主主義的であり続ける。彼がその著作によってやろうとしていることは、近代人を脅かしているいくつもの危険を意識させることであり、そうした危険の打開策を探すことである。自由に形成された市民たちの連合は、個人主義の〈悪い〉結果を和らげることができる。伝統的な宗教を私的に実践することは、物質主義の不都合性を有効に補うことができる。自由にとっては確かに支払うべき代価が存在するが、しかしその代価を引き下げるよう交渉してみるほうがいいのだ。

最後に近代革命には、社会の崩壊と道徳の崩壊の後で、保守主義者から非難される第三の結果がある。つまり自我そのものの解体である。この場合われわれは政治の枠組みから出て、個人的な分析の枠組みの中に入る。そんなわけで、最初の二つの場合ほどの秩序だった表現は見出せないであろう。自我解体の非難は社会についての理論家よりもむしろ、詩人や小説家によって発せられるであろう。自分自身を出発点にして考え、感じ、意欲することを鼻にかけていたこの個人は、もはや一人の個人というわけにはいかないのである。つまり、あらかじめ決定づけられていた伝統的な立場の放棄が、個人をあらゆる影響、あらゆる変容に向けて解き放ったのだ。自律的な主体というよりはむしろ、彼は、矛盾した変転する複数の力によって動かされる、不確かな、疎外される個人となったのだ。したがって、トクヴィルが気づいていると思っていた傾向よりもさらに遠くまで辿りながら、個人は、もはや自分自身のことにしかかかわらないといって近親者を放棄するばかりでなく、もはや自分自身の要素、自分の中に通り抜けるさまざまな衝動しか知らないといって自分自身までも放棄する。だから個人主義の究極の結果は個人の消失ということになるのかもしれない。

科学万能主義者

私は保守主義の系譜を、近代性の出現に対する反発によって識別した。近代性は、行為に至る他のさまざまな理由はともかく、個人的なものであれ集団的なものであれ、主体の自由を主張する。保守主義側の反発は次のように言うことである。この自由の代価はあまりにも高すぎる、払う必要がないとして、取引をやめるほうがよい。この計画においては、保守主義者の立場は明瞭である。図表が込み入ってくるのは、他の三つの大きな系譜に向かうときであって、それらの系譜はいずれも近代性のこの原理を受け入れるが、そこから異なる結論を引き出すのである。

科学万能主義者《シアンティスト》の思想は命題をいくつも含んでいる。まず初めに、科学万能主義者は世界を決定論的に見る視点を受け入れる。この視点はフランスでは「啓蒙主義」の唯物論の流れの中で、ディドロ〔一七一三―一七八四年〕からコンドルセに至る「百科全書派」に現われる。十九世紀になると拡大し、この視点はオーギュスト・コント〔一七九八―一八五七年〕、エルネスト・ルナン〔一八二三―一八九二年〕、イポリット・テーヌ〔一八二八―一八九三年〕にも見られるようになる。しかしこの視点を備えたもっと古い先駆けが何人もいる。もっともこれは他のすべての近代の系譜と同じであって、ギリシャ哲学やキリスト教にまで遡るのである。実際に、言語活動が新たに容易になるということだけで、われわれはギリシャ哲学とかキリスト教という一般的な呼称を用いるが、現実には二つともそれぞれに近代性に劣らぬくらいの大いなる多様性をもっている。保守主義の系譜は、通りすがりに述べたように〔本書二〇ページ〕、特権的にその拠り所とするものを、神とするのか自然とするのか、「教会」の教えとするのか「都市」の法律とするのかによって、キリスト教と異教という二重の遺産を後ろ盾とすることがすでに可能になっている。

決定論の学説についても同様のことが言える。決定論は人間が知ることのできる世界の秩序という確信を、ギリシャの伝統と共有している。決定論は、その認識の様式においてギリシャの伝統と対立する（ガリレイもデカルトも古代ギリシャには出現できなかったであろう）。また同様に決定論が行きつく結果においても対立する（均一的物質の世界が「古代」の階級化された世界に取って代わる）。キリスト教の伝統においては、決定論はその歴史に沿ってずっと対立している二大党派の一つに接近する。つまり、人間の自由を犠牲にして、神の恩寵を優遇する党派である。この比較はまさしく、自由の存在を認めることをこのように拒否することで成り立つ。聖パウロ（?―六四年頃）は陶工の手の中の粘土という比喩を使う（『ローマ人への手紙』、九、二一）。もしも人間が物質であり、神が職人であるとしたら、それでもなお自由について語ることができるだろうか、救済が、恩寵、呼びかけ、信仰以外のところからくるなどと期待できるだろうか。聖アウグスティヌスはペラギウス（三五四―四二〇年頃。イギリスの修道士。原罪説を否定し、人間の自由意思を主張）の異端説を激しく非難することになる。ペラギウスは、人間の業にはわれわれに救済を保証するだけの資格があると想像するからである。ルターやカルヴァンは、教皇至上主義の実践に対して反旗を翻すことになる。そして、人間に単に自分たちの意思に従うだけの行為によって、罪を贖う可能性を残した。ジャンセニストやパスカルは、人間の自発性《イニシアテイヴ》に一つの場所を設けようとしていたイエズス会修道士たちに（むなしくも）闘いを挑もうとする。恩寵の教条主義者によれば、すべての力は神の中にあるのだから、意思は無価値である。科学万能主義者によれば、すでに自然（あるいは歴史）がわれわれのためにすべてを決定してしまっているのだから、意思は無価値である。当時の人々が言っていたような血筋による裁き、社会による裁きが、神の意思の代わりとなったのである。人間は無力である。なんとなれば、その運命は神の手中にあるからだ、とパスカルは言うことになる。なんとなれば、その運命は知らぬあいだに歴史の中の人種、遺伝、場所によって導かれるからだ、とテーヌが修正することになる。

個人の行動を導く力は異なる性質を帯びているが、何よりも重要なことは、そうした力の支配が絶対であるということである。十九世紀には、因果関係の三大形式の潜在的な上昇が次々と見てとれるが、その形式が三つの異なる科学の対象になる。まさに保守主義者の反抗の時期に展開される因果関係の形式は、社会的、歴史的影響を受けている。つまり、人間は自分は自由だと思っているが、実際には、歴史的状況、社会的条件、経済的構造の産物なのである。十九世紀後半には、この最初の決定論に生物学的因果関係が付け加えられる。つまり、人間の運命はその血によって決定されている（頭蓋骨の形や大きさによって、あるいは身長によって――あるいはまた他の身体的特徴によって）、つまりはその遺伝によって決定されている。十九世紀末に、さらに第三番目の因果関係の形式がはっきりしてくるが、それはまったく精神的かつ個人的なものである。個人の行動は、素朴に考えられているように、個人の意識や意思によって強制されるのではなく、個人の知らないうちに彼に働きかけるいくつもの力によって強制されるのである。そしてそれらの力自体が、個人的な歴史の産物である――それは、精神分析の場合に、小さな子供時代に身近な近親者によって彼の周りに作られる形態と同じである。

この三つの決定論は、優位を確定するために時としてはそれらどうしのあいだで争うこともあるし、また時としては互いに結びつくこともある。各世代ごとにそれぞれ気に入った因果関係の形式があり、次の世代になるとそれが飽きられ、新しい因果関係の形式が求められる。もっともこのような思想の形は今日でもわれわれの中に存在する。だからわれわれは歴史の法則についても、無意識の衝動についても絶えず話題にしてきたのだ。そしてわれわれがもはや血筋による運命を信じてはいないにしても、遺伝子によって演じられる決定的役割にはあまり疑いを抱かないのである。人種的思想は今日においてもまた出現する。この三つの因果関係、社会的、生物的、心理的な因果関係に共通する唯一のことは、個人の自由を本質的に一つの幻想と見なすことである。

因果関係というのは、世界にあまねく存在するから、どこであっても同じである。つまり、科学万能主義は普遍主義である。だからといって差異が認められないというわけではない。例えば、(自然の、歴史の)法則がどこでも同じであるとしても、その法則が支配している現実は同じではない。人種は異なり、歴史の時代も異なるが、いずれもそれらを規定している力に完全に従っていて、まったく同じように予想できる結果を引き起こすのである。

世界の構造にかかわる科学万能主義者のこの第一の命題に、第二の命題が付け加えられる。つまり、原因と結果の過酷な連鎖は、余すところなく知れ渡るようにしてあって、近代科学はこの認識の王道を作り上げている。その点において、科学理論はあるがままの世界の受動的な受容と対立する。科学理論は古代の人々の宿命論とも切り離されるが、この断絶は決定的なものである。実在するものを記述するだけでは満足せず、それを生みだした仕組みにまで遡ることによって、科学理論が企てていることは、もう一つ別の、われわれの欲求にもっとよく適応する現実が、同じ法則から出現するようにすることである。前に無に還元された自由が、ここに再び現われてくるのである。しかしこの自由は科学という媒介によってしか存在することができない。植物の秘密をつかんだ人は、新しい植物、もっと収穫の多い栄養価の高い植物を生み出すことができる。自然淘汰を理解した人は、人工的な淘汰を確立することができる。人は現在ある交通路に満足できなくなり、川が何の役にも立たない方向に流れることを容認できなくなり、人間の寿命を延ばそうとするようになる。実在物の認識が技術へと導き、その技術が改良された実在物の製造を可能にする。同じ原理を人間社会にまで拡大しようという誘惑が感じられる。われわれはその仕組みを知っているのだから、なぜ完全な社会を作ってはいけないのか。

とはいえ、新しいものの製造という場合に、これはまた理想をも表現しているのであり、その理想のために製造は行なわれるのである。**よりよい**植物や動物の種とはいったいどんなものであろうか。ある風景が別の風景より**優れている**とどのようにして判断できるのだろうか。ある政治体制が現在ある政治体制より**好ましい**といかなる基準で決められるのだろうか。科学万能主義者の答えは次のようなものとなろう（そしてこれが彼らの第三の命題である）。価値は事物の本質から生じてくる。価値は世界を支配している自然の法則と歴史の法則の結果である。したがって人にそうした価値を知らしめるのもやはり科学であるべきだ。実際に、科学万能主義は、科学の成果であると考えられるものの上に倫理観や政治を築きあげようとする。言い換えれば、科学、あるいは科学と見なされているものは、実在する世界の単なる認識であることをやめて、宗教のようなやり方で価値を生み出すものとなっている。したがって科学は政治的、道徳的行為を導くことができるのだ。「真理を知り、社会の秩序を真理に一致させるということが、公衆の幸福の唯一の源である」とコンドルセは書いている（『テュルゴ伝』、二〇三）。そこで問題になるのはさまざまな戦略的目的のために据えられる再構築である。歴史的に言えば、これは〈科学的な〉認識のための扉を開く人間たちをよりうまく導こうとする欲求である。

科学万能主義は意志を排除しないが、科学のもたらす結果は万人にとって有効であるのだから、その意志は共同のものであって、個人的なものであってはならないと、決定を下す。実際に、個人は個人よりも物事をよく〈知っている〉集団に従わなければならない。意志の自律性は維持されるが、それは集団の意志であって、個人の意志ではない。科学万能主義者は、人間が自然の側から受ける束縛と、社会が人間におよぼす束縛とのあいだには連続性があるとでもいうかのように振る舞う。彼らは二種類の自由、必然性に対立する自由と束縛に抵抗する自由のあいだにある境界を消してしまう。そして一方の自由の仮定的不在から、〔個人にとって〕望ましいもう一方の自由の不在という結論に達するのである。

科学理論の信奉者たちは、現実についての客観的な法則を発見すると、彼らにとってよいと思うところに世界を導くためにそれらの法則を役立てることができると決めている。そして世界そのものから課せられたと思われているこのような方向づけが、進行の動機となる。つまり、人が行動するのは、自然、人類、ある社会の利益のためなのであって、直接かかわりのある個人のためなのではない。すでに十九世紀のこの系譜の偉大な代表者たちの場合も事情は同じであり、彼らは決定論の命題を支持していながら、〈積極的活動家〉であった。例えば、ダーウィン〔一八〇九—一八八二年〕は優生学を、マルクス〔一八一八—一八八三年〕は社会革命を推奨している。学者は造物主となることに心をそそられるのである。

次の世紀（われわれの二十世紀）になると、科学万能主義のイデオロギーはかなり異なる二つの政治的背景の中で花開いた。するとその政治的背景が今度は科学万能主義のイデオロギーにきわめて強い影響を与えたので、それが同じ一つの系譜から出た新芽なのだと認めることにためらいをおぼえるほどである。科学万能主義の第一の変形は、全体主義的な体制の中で実現されているのが分かる。この体制が発展した国々の指導者は、世界の進化は社会的、生物的自然の厳密な法則に従うと信じた、あるいはそう信じ込ませた。しかし、そこに諦めたり傍観したりする理性を見るどころか、彼らは、真理が自分たちの陣営に引き入れられたのだから、そのぶんさらに自信をもって自分たちの目的に邁進できると判断したのであった。なるほど確かにすべてが必然的である。しかし、歴史の方向、人生の方向に突き進むためには、その必然性を加速する自由を人はもっている。全体主義的な企ての根底に見られる科学万能主義は、組織的な決定論と無制限の主意主義という二つの両極端を連携させている。一方において、世界は完全に均質で、完全に規定され、完全に認識可能である。しかしもう一方において、人間は無限の展性をもつ素材であって、人間に見られる特性は選ばれた計画に対する重大な妨げとはならないというのである。すべてが**与えられ**ており、しかも同時にすべてが**意欲され**うるのである。この二つの主張の逆説的な結合は第三の主張に出会うのだが、その主張によってすべてが認識可能となる。そしてこの結合こそが全体主義を危険なものとする。単なる決定論であれば諦めに至る可能性があるし、単なる主意主義であれば競争相手にうち負かされる可能性もあるからである。

ここで、古代のユートピア、現実社会の批判を誘導するべく定められた理想社会の夢から、近代的ユートピア主義、今ここに地上の楽園を建設するという試みに移ったのである。その後にはめちゃくちゃな結果が生じてくる。というのも、敵対する階級は、（科学によって明らかにされた歴史の法則によって）消滅するべく運命づけられているので、その階級が除去されることがあっても平然としていられるからである。また、科学によって確立された進化の法則が示すように、劣った人種は有害であると同時に、生存競争で滅びていかざるをえないのだから、劣った人種の絶滅は人類にとっては善であり、運命の手助けをする一手段である。産業化から日常生活の編成に至るまで、こうした社会のあまり不吉ではない側面にしても事情は同様である。すべては鉄の意志によって決定される、そして、その鉄の意志は科学的認識の真理に基づいていると主張するだけに、それだけためらいも少ないのである。

社会全体を統制しながら、その指導者たちは、保守主義者たちの理想と完全に無縁というわけでもない一つの理想によって活気づけられることもある。彼らはすべての人にもっと大きな社会的団結と共通の価値に対する服従を押しつけようとする。まさにそのようにして、ロシアの「十月革命」によって口火を切られた〈社会主義者の〉革命が進められたのであった。つまり、個人に対する集団の勝利、自由に対する服従の勝利である。この点において、この革命は反＝革命主義者の思想を思い起こさせる。例えば、フランスではボナルドが、アンシャン・レジームの生活様式を力づくで復活させようと試みていた。二十世紀のいわゆる保守主義的な革命、ファシズムや、ペタン〔一八五六―一九五一年。フランスの軍人・政治家〕の〈国民的革命〉も事情は同じであろう。どちらも保守主義者にはおなじみの価値を取り戻そうとしているのである。

保守主義者と革命家とのあいだのこの類似には驚かされるかもしれない。われわれは、普通はどちらかといえば両者の違いのほうに敏感である。保守主義者は安定を要求するのに対して、革命家は変化を要求する。前者が過去に理想を置くのに対して、後者は未来に理想を置く。前者が天啓宗教を拠り所とするのに対して、後者は国家や階級を拠り所とする。しかしながら、ボナルドやサン゠シモン〔一七六〇―一八二五年。フランスの社会主義者〕(言うならば、彼は科学万能主義的、ユートピア的傾向を示す初期のフランス人の代表者の一人である) は、民主主義の擁護者、バンジャマン・コンスタンによって具体化された思想に対して同じような非難を浴びせている。〈個人〉に対する〈社会〉の優位、(人種、階級、国家への) 集団的帰属の強調は、革命的社会主義者と保守主義的伝統主義者に共通する特徴である。公共的な道徳秩序の要求に関しても同様である。このことによって、多くの人が〈極右〉から〈極左〉へ、あるいはその反対方向に、容易に移行することのできたことが、部分的ではあるが説明できる。

科学万能主義イデオロギーの第二の分野は、西洋民主主義の枠組みの中に示されている。そのさまざまな要素――すべてが規定され、すべてが認識可能であり、すべてが改良されうる――は、公共生活の多くの局面に干渉してくる。例えば、政治的、道徳的活動が追求していると見なされる目的の無視(あるいはそうした活動の完全なる消滅)。そうした目的は科学が描くプロセスから自動的に生じてくるのだという確信。活動を認識に従わせようとする欲求。経済学者、社会学者、心理学者は、社会と個人を観察し、彼らの行動の法則、彼らの進化の方向を突き止められると考えている。そこで政治家やモラリスト（〈知識人〉）は、民衆をそうした法則に従うように駆り立てる。最終目的の提供者として、専門家が賢者の代わりとなる。そして頻度が高いという事実だけで、ある一つの事柄が善となる。選択の自由は保持されるが、その自由は〈技術者の集団〉によって行使されるのであり、自律的主体によるのではない、とヴィクトル・ゴールドシュミットは指摘している（『著作集』、I、二四二）。とはいえ、このようにイデオロギーが類似しているとはいっても、民主主義体制が全体主義社会と対立することに変わりはない。個人の自由を保証する国家のやり方は、鼓舞激励が強制とならないようにし、不服従が禁錮や死刑によって罰せられないようにしている。

個人主義者

科学万能主義者の出発点は、一つの認識論的な公準である。つまり、世界は完全に規定され、また認識可能だということである。これから述べる系譜も同じ枠組みで定義されるが、これは人類学的な仮説を拠り所とする。つまり、人間の個体は自己充足的な実体であるということである。それが理由で私は彼に**個人主義者**《アンディヴィデュアリスト》という名前を与える。一般にはこの用語によって近代性のすべてが示されるが、私はここでは、それよりもはるかに狭い意味でこの用語を用いる（この点では、私はアラン・ルノーの用法に従う）。われわれの出発点、自由の契約とその予想外の結果の暴露に戻るならば、個人主義者の反応は、科学万能主義者におけるように、自由の存在を否定することでもないし、保守主義者がするように、その結果を遺憾に思うことでもない。そうではなく、自由というものに結びつけられている価値判断を逆転させながら、あの契約書の真実を認めることである。それを残念に思うのではなく、個人主義者はそれを楽しむ。保守主義者の口から出ると、脅迫や呪詛であったもの――個人主義、物質主義、自我の分散――を、彼らは声高に強く要求するのである。もしも彼らが残念に思うことがあるとすれば、それは、人間が道徳、共同生活、首尾一貫した自我という虚構からまだあまりよく解放されていないということである。

前に述べた系譜と同様に、個人主義の系譜もその根源は遠い過去に遡る。ストア派の伝統は、人間を自己充足的存在として、あるいは少なくともその理想を目指すことのできる存在として表わす。懐疑論の知恵は、われわれの判断がすべて相対的であり、われわれの習慣や利益以外には道徳的態度を正当化するものはないことを示す。キリスト教内の、アウグスティヌスの伝統においては、弱さは人間の本性に固有のものであり、それゆえまた人間は孤独な、攻撃的な、道徳のない存在であるということをのべつまくなしに唱えている。個人主義はウィリアム・オブ・オッカム〔一二八五年頃―一三四七年。イギリスのスコラ学者〕の唯名論の中にもう一つの要素を見出す。もし個人の身体以外に何も存在しないのなら、またもし抽象が幻でしかないのなら、社会的実体はもはや必要なものではなくなる。一人一人の存在がそれ自身で完全なものとなる。個人が自分の周りの他の存在と築く関係が、個人を変えることはなく、個人が周囲の人々とともに新しい実体を構成することもない。「一つのものが存在するためには、そのものがそれ自体それでなければならず、他のいかなるものであってもならない」（ラガルド、V、一七四）。市井の生活の中に、個人が一人で神に向かう修道院生活のいくつかの原則を持ち込んだオッカムは、人間をその同類からは独立したもの、それゆえに一人だけで善に到達すべきものと考える。「一人の人間であるということは、存在するために他のいかなる現実の協力をも必要としないということである」（VI、四二）。

このような伝統的な思考の基盤が人間のイメージをはぐくむことになるが、そのイメージはフランスでは十七世紀に、ラ・ロシュフーコー〔一六一三―一六八〇年〕の思想の中に凝縮する。人間存在は根本的に孤独でエゴイストであり、そのすべての活動は自尊心と個人的利益によって動機づけられている。しかしわれわれは自分の本当の顔を他者に見せようとはしない。他者によって罰せられることを恐れるからだ。したがってわれわれは自分の利己主義的活動を、私心のない寛大な振る舞いに仮装させる。そこでモラリストの役割は、美徳の仮面を引き剝がし、われわれの紛れもない本性を明らかにすることである。「われわれは自分とのかかわりを抜きにして何ものをも愛することができない」(『箴言集』、M八一)。「われわれの好意を生み出すものはただ利益だけである」(M八五)。他の人たちを大いにだますことで、われわれはついには自分自身の虚構を信じるに至る。そして社会生活はわれわれにとって必要不可欠だと想像するのだ。ところで、「人間は、もしも互いにだまされ合うということがなければ、社会の中で長いこと生きていけないだろう」(M八七)。同じようにアウグスティヌスの伝統を共有しているパスカルも、これと同じようなことを言う。「人間たちのあいだにある結びつきは互いのだまし合いの上にしか築かれない」(『パンセ』、B・一〇〇、L・九七八)。しかし、ラ・ロシュフーコーもパスカルも、この孤独とエゴイスムを遺憾に思い、これらを排除するとまではいかなくとも、せめて隠そうと努めている。礼儀と礼節の習得によってそうしようとするのが前者であり(この問題には後でまた触れる)〔本書二六四ページ以下〕、恩寵によってそうしようとするのは後者である。

人間についてのこのような概念は、十八世紀に、科学万能主義の系譜、物質主義者＝百科全書派の基盤づくりをしなければならなかった人々によって再びとり上げられるようになる。そして、ラ・ロシュフーコーやパスカルにおいてこの概念につきまとっていた否定的判断が少しずつ剝ぎ取られていく。人間は欲得ずくの、自己充足的な、孤独な存在なのだろうか。なるほどそれなら、自然に対してむなしく抵抗するよりもむしろ、人間をあるがままに受け入れなければならない、とエルヴェシウス〔一七一五―一七七一年。フランスの哲学者〕は言う。理想を現実に近づけなければならない。しかしながら、エルヴェシウスの観点はまだはっきり言って個人主義者のものではない。というのも、彼にとって公共の利益、集団の利益は、個人の利益に勝っていなければならないからである。

フランスの伝統の中で、紛れもない最初の〈個人主義者〉は、同時にまた最も極端な人物、サドである。彼がまず最初に、自分の先人たちの系列の中で気づいたことは、人間は他の動物たちに似ていて、まったく利己主義的な存在であり、自分自身の利益しか眼中にないということである。これが自然の普遍的法則である。「自然は、われわれすべての母であって、われわれにわれわれのことしか語らない。その声ほど利己主義的なものは何もない」(『閨房哲学』、III、一二三)。社会生活は外部から人間に押しつけられるものので、それは人間にとって必要なものではない。「われわれはみな孤独に生まれついているのではないだろうか。私はさらに言おう。人はみな互いに敵であり、みな永遠の相互的戦争状態の中にあるのではないだろうか」(V、一七三)。ラ・ロシュフーコーと同じように、サドは、われわれ人間の美徳とは悪徳によって礼儀に向けて示された敬意にすぎない、と考える。「慈愛とは真の魂の美徳というよりはむしろ自尊心の悪徳である」(III、五七)。「人々を愛さなければならないというのは、きまって自分のためでしかない。人々のために人々を愛するというのは、欺瞞でしかない」(V、一七八)。

ところで、あるがままというのは、よいことである。だから、何においてもまたどこにおいても、〈自然〈本性〉〉に従わなければならない。もはやディドロやエルヴェシウスにおけるような、あるがままとそうあらねばならないものとのあいだの比較は重要ではなく、あるがままのために、そうあらねばならないものを消滅させることが重要なのである。「自然の法則に反するような人間の法則はすべて、無視されるためだけに作られているはずだ」(Ⅲ、七七)。幸いなことに、自然はわれわれに快楽を与え、われわれの利益の中に正確には何があるのかを知ることができるようにしてくれた。そしてこの点において、個人の体験は否認することができないのだ。価値の相対論はエルヴェシウスにあっては集団のレベルで止まっていたが、今や個人にまで達している。つまり、あるがままがよいというのは、**自分自身のために**である。個人は社会的慣習を考慮する必要はない。「われわれはわれわれのすべての欲望に心穏やかに身を委ねることができる。その欲望が馬鹿者たちの目にはいかに奇妙に見えようとも。奴らはあらゆることに腹を立て、動揺しながら、愚かにも社会制度を自然の聖なる法則ととりちがえているのだ」(九六)。個人は自分自身で満ち足りている。したがって彼が気にかけるのは自分の快楽だけである。「われわれの嗜好、われわれの気質だけが尊重されるべきである」(六一)。「お前の力の限界、意志の限界のほかに、お前の快楽にはいかなる限界もない」(六六)。フランス革命とともに成就されつつある解放の動きは、個人の次元で追求されなければならない。個人はあらゆる社会的束縛から解放されることになる。公共の法律は享楽に対する足枷でしかない。サドの想像の世界で肉体があれほど大きな役割を演じるのは、まさに肉体がもっぱら個人に所属するという理由によるのだ。「お前の肉体はお前のものだ。お前だけのものだ。お前の肉体を享受したり、お前にとってよいと思えるものをお前の肉体に享受させたりする権利をもつのは、この世でお前しかいない」(六八)。

周知のように、サド自身はこの理論からさらに特殊ないくつかの結果を引き出すことになる。他者の苦痛が自分の喜び以上の快楽をもたらすということを発見した後に、彼が推奨するのは、主体がその別の人間を苦しませたり、極端な場合には、その人間を死に至らしめることもありうる状況である。「われわれのやり方がわれわれに役立つ対象に喜ばれようが、喜ばれまいがそんなことは知ったことではない。大事なのはただ、できるだけ強烈な衝撃によってわれわれの神経のかたまりを揺さぶることだけである」（III、一二二）。しかしこのサディズムの変形は、その理論に必要不可欠というわけではない。その理論を組み立てているのは、彼の個人主義的人類学と、言うならば快楽主義的な彼の道徳なのである。

十九世紀になると、サドは個人主義者の系譜の中で、いかがわしい従兄のように理解されるようになり、むしろ無視したほうがよい存在となってしまう。快楽主義は要求されるよりもずっと多く実践されるようになる。個人主義理論によって用いられる哲学的形態、功利主義は、エルヴェシウスを直接の後ろ盾とする。あるいはその向こうにいるエピクロス〔前三四一—二七〇年〕を後ろ盾とする。もっとも、その場合にエゴイスムは抑えつけられるだろう。というのも、その公然たる目標は個人の幸福ではなく、共同体の構成員すべての〈最大多数の〉幸福だからである。しかしながらこのような量的な拡大も、当初の人類学的な仮説を変貌させるわけではない。個人は社会の原子である。ということは、社会はそうした原子の内在的な特徴であるというよりはむしろ、そうした原子が並置されたり追加されたりして獲得されるものなのである。

トクヴィルによってとり上げられた、〈個人主義〉という言葉そのものの出現が、この理論の広い普及ぶりを明示している。個人主義者の系譜はまた他の分野の構成員も含んでいる。例えば美学については、後で触れることにする〔本書二七一ページ以下〕。個人主義者の系譜は自我の開花とか、真の個人的生活の要求においても同じように現われているが、そうした要求はわれわれすべてにとっておなじみのものである。しかしそのような下位区分の詳細には立ち入らないことにする。私の目下のテーマではないからである。ここでわれわれにとって重要なのは、個人主義が他の系譜の中ではどんな位置を占めるのかということである。以前の保護監督に対して、個人の解放を満足しながら歓迎する理論であり、これは解放をさらになお推し進めることを願っている。たとえ、そうするために、社会的な絆や共通の価値を捨てなければならないとしても——そんなことは、この理論によるなら、個人は自己充足的な存在であるのだから、簡単な犠牲にすぎない。

人間主義者の系譜

悪魔との契約の暴露に対して以上のように三つの大きな反応が認められたが、私の目には最も重要なものと思える反応がまだ欠けている。そして本書の残りの部分はそのもう一つの反応に当てられる。それは**人間主義者**《ユマニスト》の反応であり、その反応は、無視されたにせよ認められたにせよ、契約がかつて存在したということを否定することである。換言すれば、一方における、自分自身を自ら支配する権利の獲得と、もう一方における、社会、道徳、自我の解体とのあいだに、必然的関係があるということを否定することである。われわれにとっていくつかの取り違えを避け、いくつかの策略を回避するだけで十分なのだ、だから支払うべき代価などあるはずもない、と人間主義者は言うだろう。彼らの反対者たちはこう言うかもしれない。人間主義者たちはバターとバターの代金を保持しようとするのだ。つまり、真新しい貴重な自由というものを手に入れながら、それでいて当然放棄すべき社会的な絆も、価値の認識も、自己同一性も放棄しないのだ。

〈人間主義者〉という語は、少なくともはっきりと区別される三つの意味をもっている。そしてもちろんそれらの意味のあいだには、それと分かるつながりが存在している。最も古い意味はルネサンスに幅を利かせた意味であって、それは「人文学《ユマニテ》」の研究に打ち込んでいる人々に相当する。それは特にギリシャやラテンの古典的文明の歴史や文学をさす。したがって彼らはそのような研究とその研究対象に高い価値を認める。最も新しいのは、完全に情動的な意味を帯びている。つまり、他の人たちに対して人間性をもって振る舞う人々、人間を親切に扱わなければならないと言う人々が〈人間主義者〉なのである。これは要するに博愛主義者《フィラントロープ》である。しかし私がここでこの語を用いるのは、歴史的意味としてでもなければ、道徳的意味としてでもない。私は、人間存在に一つの特別な役割を与える理論を示すために、この語を用いる。それは正確にはどのようなものなのだろうか。それはまず活動の（あるいは活動の一部の）始まりに自己を置くことであり、活動を成就するもしないも自由だということである。したがってそれは自分の意志から出発して活動できるということである。近代性のこの弁別的特徴が、人間主義の構成要素であって、（自然や神ばかりでなく）人間**もまた**自分の運命を決定する。さらにそれは、人間が、それらの活動の最終目的なのだということも意味するのだが、その活動は人間以上の実体（神、善、正義）にも、人間以下の実体（快楽、お金、権力）にも照準を合わせてはいない。最後にそれは、動作主が動き回っている空間、すべての人間の、そして人間だけの空間を描き出すことを可能にする。

　人間主義の系譜のこの三つの特徴を示すために、私はしばしばもっと簡潔な表現を使うことにする。つまり、その場合に、**私** *je* **の自律性**、**君** *tu* **の目的性**、**彼ら** *ils* **の普遍性**という言葉を使う。私はここでは、一方において、言語活動に関する理論家たちにはおなじみの、人称（私、君）と非人称（〈第三人称〉）とのあいだの対立を、他方において、**エゴ**〔自己〕と**アルテル**〔他者〕の対立を用いる――というのも、明らかにここで私の活動の目的（目標）となる人間は、私自身ではなくて、他者であるからである（人間主義はエゴイスムではない）。この三つの特徴の統一を保証するものは、人間に与えられる中心性《サントラリテ》そのものであり、この中心性は人類を構成する一人一人によって体現されている。その中心性が人間の活動の源泉であり、目的であり、同時に枠組みでもある。ルネサンスと時を同じくして、天動説から地動説へと移りかわり、われわれの地球は宇宙の中心から締め出されたのだが、その一方で、人間的事象の次元でも、神中心主義（あるいは異教の〈宇宙中心主義〉）から人間中心主義《アントロポサントリスム》へと移ったのである。すべての人間存在は、他の特徴が何であれ、自分のなす行為に責任があるものと認識され、また最終目的として扱われる価値がある。**私**は私の活動の源泉でなければならず、**君**はその目標でなければならず、**彼ら**はすべて人間という同一種に属しているということなのである。この三つの特徴（これをカント〔一七二四―一八〇四年〕は〈唯一の同じ法則の三つの公式〉と呼んでいた、『人倫の形而上学の基礎』、II、三〇三）は、いつでも一緒に見られるとはかぎらない。ある特殊な作家は、このうちの二つ、さらには一つしかとり上げず、それらを他の源泉と混同することもある。ところで、この三つの特徴の結合だけが、本来の意味での人間主義の思想を語るのである。

人間主義の思想はまず人類学《アントロポロジー》である（それは人間がいかにして存在するかを述べる。つまり、一つだけ例外的な種であって、その構成員たちは社会的であり、部分的に不確定である――それが理由で彼らは自分の自由を行使するに至る）。またそれは道徳《モラル》である（それは人間がいかにあるべきかを述べる。そして人間存在を彼ら自身のために慈しみ、しかも万人に同じ尊厳を認める）。そして同時にそれは政治である（それは制度を特権化し、その制度の中で主体は自律性を行使し、同じ権利を享受することができる）。

フランス革命のスローガン、自由、平等、友愛は、おおよそではあるにしても、人間主義のこの三重の要求に基づいていると考えることができる。自由は主体の自律性を示し、平等は人間という種の統一を示す。友愛とは、他者を自分の兄弟のように扱うことであり、これは同時にわれわれの愛情や行為の目標を呈しているのではないだろうか。近代の民主主義国家が今度は、これらの三原則を個人の次元から集団の次元に移した後で、これらを採用した。集団は民衆的意志の表現として、最高権力を意のままに使える。主体の安楽がその活動の最終目標である。すべての市民のための法の普遍性がその働きの根本的規則である。そこに存するのが、人間主義の思想と政治的民主主義のあいだの深い親和力である。

したがって人間主義の原理に最も密接に対応する具体的政治体制は、二百年前から徐々に形成されてきたような自由民主主義である。というのも自由民主主義は、集団的自律性という観念（民衆の最高権力）、個人的自律性という観念（個人の自由）、普遍性という観念（すべての市民のための権利の平等）を同時に採用しているからである。だからといって人間主義と民主主義がぴたりと一致するわけではない。その理由は、まず第一に現実の民主主義は人間主義の原理を完全に具体化することからは程遠いからである（民主主義的現実は、理想そのものと照らし合わせて、いったいどれほど批判されうることか）。次に人間主義と民主主義の親近性は、他のものを一切排除した相互的内包関係ではないからである。実のところ、保守主義の系譜も、科学万能主義の系譜も、個人主義の系譜も、民主主義の内部で等しく繁栄する。民主主義のほうも、こうした他の系譜の存在によって、これらの中にあって脅威を受けることはないのである。宗教的寛容の精神を受けつぎ、民主主義は価値のある種の複数性を認めている。さまざまなイデオロギーが、同じ目標の追求、共通の安楽のために貢献することができる。イデオロギー的な系譜と政治体制のあいだには単純な対応関係は存在しない。

しかしながら、人間主義の思想は自由民主主義にとっては中心的なものであるのに、その他の近代的イデオロギーは、民主主義を甘受してはいるが、それからは遠ざかろうとする遠心的傾向がある。個人主義者は、無政府主義者や絶対自由主義者の熱望に誘惑される。個人主義者は、国家の法律や国家の機関の中に具体化されている共通の規則が、できるだけ弱く、できるだけ制限されていることを好む。個人的意志の力や正しさを信じない保守主義者は、権威主義的体制を優遇する。科学万能主義の理論に基づいた国家は、全体主義のほうへ進展するおそれがある。生物的、歴史的な過程全体を支配するとしたら、もはや個人の意志を問うことなど気にかけなくなる。保守主義者と科学万能主義者は、究極的には同じタイプのイデオロギー支配体制の中で互いに出くわすかもしれない。ただし、こちらは科学、あちらは神学、片方はユートピア、他方は伝統という具合に、与えられたイデオロギーの正当化は矛盾することになるだろう。ただ人間主義の系譜だけは、こうした遠心的傾向から免れている。

道徳《モラル》のほうに目を転ずるなら、新たな区別が是非とも必要である。政治的人間主義は、その派生的命題（普通選挙、個人の保護など）をともなっても、明らかに、最小の人間主義しか形成しないので、これを**受動的**人間主義と呼ぶことができるだろう。王権の自由裁量の拒否、奴隷状態に追い込まれることの拒否、個人が強制的に教化されることの拒否は、人間主義の実践に必要な要素であるが、それらはまだわれわれに、求めるべき肯定的価値を何も示してはいない。**能動的**人間主義は、**君**の目的性、個人としての人間存在（自己以外の者）をわれわれの活動の最終目標として受け入れることを基盤としている。この場合に、道徳という言葉そのものではもはや十分ではない。さもなければこの言葉にきわめて広い意味を与えなければならない。なぜなら、人間主義者が優遇する手段は、道徳的命令による手段なのではなく、人間的愛着、友情、愛に価値を置く手段だからである。そのような〈道徳〉が今度は、政治の中に介入してくる。そのことを考慮に入れようとするなら、国家の諸問題をもはや同じやり方で操作することはなくなる。

人間主義の理論に固有の人類学についていえば、これはどちらかというと貧弱である。人類の生物的同定を別にすれば、この人類学はただ一つの特徴、社会性に還元される。しかしこの社会性の結果は多大である。われわれの観点からして、最も重要なものは自意識の存在であって、これは動物が決してもちえないものである。ところが、人間の子供はごく初期の頃から、これを獲得し始める。自分の上に向けられた大人の視線を捉えることができるようになるとすぐである。**君** *tu* は私を見ている、だから**私** *je* は存在しているんだ。他者の意識と切り離すことができないこの自意識が今度は、決定的な結果をもつことになるのである。一方において、相互主観的関係の複雑さの増加があるのだが、その象徴は人間の言語活動であろう。もう一方において、やはり同じように人間というものを形成する、自我との不一致がある。つまり、個人は他者と同様に生きている存在であり、**そして**同時にその存在に対する意識でもある。その意識が人間を自我から離れ、さらには自我と対立することを可能にするのである。以上が人間の自由の基盤である（また政治的表現ということになれば、自律性の要求の基盤である）。人間は生物的特徴と、自分自身の存在から離れる能力によって特徴づけられる。社会性と自由は内在的に結合しており、この二つは人類の定義そのものの一部をなすのである。

系譜間の論争

さて今度は、理論を少し補い正確にして、人間主義者を他の近代的系譜との関連で位置づけ、悪魔の要求に対する答えを確認することができるだろう。人間主義者は価値（しかしこれは神の価値ではなく、人間の価値である）も、社会（この形態は多様である）も、主体の責任（主体は複数ということになろうか）も放棄してはいない。したがって、個人主義者とは異なり、人間主義者――モンテスキュー〔一六八九－一七五五年〕、ルソー、コンスタン――は、人間を形成する社会性を主張する（オッカムの主張とは反対に、人間は社会なくして人間ではない)。人間は、事後にのみ、社会の中に集められたような原子ではない。人間の相互作用が人間という種の同一性そのものを形成する(君 *tu* は、私 *je* と同時に提示される)。そして還元不可能な個人は相互主観性を前提としている。科学万能主義者に反して、人間主義者は価値(これは事実からは生じてこない)の自律性だけでなく、自由の可能性をも支持する。人間存在はいかなる場合にも逃れることのできないもろもろの力にもてあそばれる玩具ではない。

人間主義者と他の二つの系譜の支持者とのあいだには、一種の対称性がある。個人主義者は個人的自律性を信じるが、個人の社会的帰属を無視する。科学万能主義者は人間の自律性を認めるが、人間を個人よりもむしろ種や集団に帰属させる。彼らにとって、個人的自律性はもはや大きな意味をもたない。人間主義者のほうは、個人は自律性に到達できる、すなわち自分自身の意志に応じて、自分が受け入れた法を承諾して行動することができると考える。といっても、個人を人間的共同体の外部において考えなければならないというわけではない。人間主義者もまた保守主義者と区別されるが、それは人間主義者が個人の自由を嘆くことはないからであり、また同時に彼らの執着する価値が純粋に人間的であるからである。このようなひとまとまりの理由から、人間主義者の答えは、私にとって、悪魔の挑戦に対する唯一の有効な答えというわけではないにしても、最も満足すべき答えであるように思われる。

人間主義者の理論に向けられる通例の批判は、科学万能主義者と保守主義者の系譜から来る。そしてその批判は、人間主義者が、故意か否か、人間の活動や、生物的、社会的、文化的原因を導く決定論の力を無視していると述べるものである。人間主義者の反論は二つの次元で展開される。第一に、原因の系列の複数性と複雑性は要するに曖昧さに至るようなものだ。われわれ人類は、柔軟性によって、変化しながら、どんな状況にも適応する能力によって特徴づけられる。「人間、この柔軟な存在」とモンテスキューは言った（『法の精神』、「序文」）。人間主義者の目から見れば、人間は本質というよりも潜在能力である。人間はあれにもこれにもなることができるし、あれやこれやのやり方で行動することができる。人間は**必然的に**そうするわけではない。しかしさらに、これは本質的なことなのだが、最も明瞭な決定論を前にしてさえ、人間存在は常にそれと対立する可能性をもっている。つまり人間は自分自身から離れる可能性をもっているということである。さもなければ、人間はもはや十分に人間的であるということにはならない。あるいはまだ十分に人間的ではないということになる。

次のような単純な例で必然性と自由との相互作用を説明することができるだろう。人間存在は生物的本質によって言葉を話すようにプログラミングされている。ある子供の両親も、その子供自身も（脳に触れないかぎり）、その子供から話すという能力を剝奪する自由をもたない。この両親とこの子供はある言語を実際に用いている社会の中に生きている。つまり、文化的決定論が生物的因果関係に加わる。ところで、大人になると、その子供は、母国語を話すか、あるいはそれを拒否して、借りものの言語を使うかを決めることができる。自然の領域においても文化の領域においても、人間の自由という観念を、またそれとともに広く近代性の観念を導入するには、このような切断という例だけで十分なのである。

したがって、人間主義者は、他の系譜の代表者から態度表明を迫られても、社会の運命や個人の運命を支配しているいかなる決定論をも放棄することはない。彼らが主張することは、人間としての主体は完全に自由であり、その主体が人生の中ですべてを選択することができ、その主体が自分の唯一の主人であるということではない。そうではなくて、自由、選択、意志の行使は、その主体に等しく開かれている選択権であって、しかも、それらの選択権は、主体が必要に迫られて、あるいはしばしば行動する状況よりも、高い評価を受けるに値するのであって、結局、ある人たちはこのような自由の機会を増やすに至っているのに、一方ではその自由をいわば決して享受しない人々もいる、ということなのである。人間主義者は、人間存在はその理性によって、意識によって完全に支配されている、とは主張していないが、彼らは、最近まで情熱と呼ばれていたもの、そしてわれわれが無意識とか、本能と名づけているものの力を無視してもいない。さらにまた、生物的与件、経済的必要性、文化的伝統が個人に及ぼす束縛も無視していない。人間主義者が主張することは、主体はそうした束縛に対抗し、自分の意志に基づいて行動することも**また**可能だということだけなのだ。そしてまさしくその点に、彼らは人間の特性を見ているのである。

それゆえ人間主義者は意志的活動を評価する。しかし、だからといって、人間の無限の柔軟性とか、人間の全能性を信じることが必要だというわけではない。与件の役割もまた、無視することはできない。人間主義者は、サルトル〔一九〇五―一九八〇年〕のように人間は唯一の立法者であるとは考えない。その理由は、まず第一に、人間は多重の存在であって、この多重性が問題となりうるからである。第二に、現在の人間たちもまた過去によって作られているし、その過去もまた人間たちによって形成されるが、過去の人間たちに対してはいかなる権力をもってしても支配することはおぼつかないからである。最後にとりわけ、人間は自分たちの意志ではどうすることもできないさまざまな束縛を考慮しなければならないからである。自分たちの身体、自分たちが住んでいる国の物質的特徴、宇宙における地球の位置といったものが押しつける束縛である。

人間主義者は科学万能主義の系譜の者とともに、かなり遠くまで行くことさえあるが、両者はいつでも最後には袂を分かつ。ここでは人間主義者としてのトクヴィルが、『アメリカの民主主義』を次のような結論で締めくくっている。「神の摂理は人間という種を完全に独立したものとしても、まったくの奴隷としても作り上げなかった。確かに、神の摂理は一人一人の人間の周りに、外に出ることができないような宿命という環を刻み込んでいるが、しかし、その巨大な境界線の中で、人間は力強く自由であり、民衆もまた同様である」（II、四、八、四〇二）。自然そのものの中には、単に必然性だけがあるのではなく、偶然もある。まして、歴史においてはなおさらそうである。結局のところ、人間は、自然と歴史が押しつけてくるものに対抗することができるのだ。自然と歴史の因果関係は、自律性も意図的行動もまったく排除しない。この文章を書きながら、トクヴィルは、自由主義の先駆者、モンテスキューとコンスタンの忠実な弟子として振る舞っている。

人間主義は一元論ではない。人間主義は、人間存在とその社会を、唯一の原因の結果として捉えるというよりも、互いに制限し合っているいくつもの原理の相互作用の結果として捉える。**与件**は**意思表示されるもの**の領域を限定しようとするが、意志は意志で必然性の領分に突破口を開く。この多元論的選択はさまざまな価値の次元に見られるが、だからといって人間主義が相対主義に至るわけではない。幸福に向かう道は多様であり、それは文化の多元性がはっきりと示している（したがってこの多元主義は普遍主義の当然の結果である。どんな人も、われわれ以外のすべての人は間違っているという仮定から出発することはできない）。同時に、この多元性は神々との闘いと化すこともない。宗教的寛容の精神は、同一の神に向かうのにいくつもの道があると認めることを許したが、それとまったく同じように、人間主義者の枠組みは、いかに価値が多様であろうと、人間的対話という手段で、つまり共通の枠組みの中で、さまざまな価値について議論することができる、ということを前提としている。神々はおそらく多様なのだろうが、人間は単一なのである。

まさしく（モンテスキューの言葉を使うなら）節度《モデラシヨン》が、認識に対する人間主義者の態度を特徴づけている。世界を知ろうとする人間の努力は前もってほとんど挫折していると仮定する保守主義者や、世界を支配している法則についてはすでに真理を握っていると信じる科学万能主義者に反して、人間主義者は、認識は事実上は限界があるが、権利上は限界はないと主張する。人間にとって世界は永久に理解不可能になったというような呪詛はまったく世界にのしかかってこないし、また人間の理性の許容量は理論的には限りがないのである。しかし実際には、素材や精神の複雑さについては、われわれはそのほんのわずかな部分しか知ることができない。モンテーニュは、思い上がりは理性には似合わない、と指摘した。そんなわけで、科学の隣には、科学とは別の形式による理解と表現で評価されるべき余地を残さなければならない。そうした形式も、完全に透明ではない手段を用いて、真理に接近することを可能にするのである。象徴は記号と同様に必要不可欠なものであり、神話も言説と同様に不可欠だし、科学も芸術と同様に必要なものである。人間主義は、合理主義と非合理主義の二律背反を超えて位置づけられており、認識に対し合理的な分析を免れた手段の借用を認めるのである。

おそらくそのことによって、人間主義者が宗教に対して維持している微妙な関係も説明することができるだろう。というのも、一方で、人間主義者は宗教とは離れているからである。彼らが望んでいることは、信じるか信じないかを個人が自由に選ぶことができるということであり、また社会は神の権利によってではなく、民衆の意志によって支配されるということである。さらに人間主義者は、神ばかりでなく人間も、人間の目的となるに値すると考えている。しかし他方で、人間主義とキリスト教の歴史的なつながりは別としても、フランスの偉大な人間主義者たちは、モンテーニュからコンスタンに至るまで、みな、宗教的、キリスト教徒のような存在として記述された、ということを指摘しないわけにはいかない。それを時代の規範にとって都合のよい単なる服従だと見てはならない。それはむしろ、人間主義自体は宗教ではないけれども、同様に無神論でもないということによるのだ。人間主義は、人間的事象の方向を神学的な基盤や正当化からは完全に切り離す。しかし人間主義は、体験から宗教的側面を排除することを要求しない。政治や科学とは関係なく、人間主義はその宗教的側面のために、いささか曖昧な場所を確保している。つまり、宗教は、世界における自分の位置や、人生の意味について、問いかける個々の人間に対する可能な一つの答えとして残されているのである。

〈思い上がり〉と〈素朴さ〉

人間の第一の**与件**（それは自由を人間的なものの構成要素とする認識とまったく矛盾しない）の他に還元できない性格を強調しなければならない。なぜなら、今やわれわれの目には、人間主義の**思い上がった**錯覚、人間の全能性への信仰のように出現するものと、人間主義とを混同することが日常的になっているからである。その点において、人間主義者は、ペラギウスやペラギウス主義者たちとは区別される。とはいえ、彼らは人間主義者の先駆者として数えられている。なぜなら、ペラギウスにとって、人間は完全に自由であり、したがって自分の運命に責任があるからである。人間は完全であることを要求されうる。というのも人間は自分自身の主人だからである。人間の本質は善良である（原罪というものは存在しない）。それゆえ人間のすべての不完全さは人間の過ちであり、人間の罪もまた故意のものであって、弁解の余地はない。そうすると、可能なことから義務的なことへと移行しようとする気持ちが大きくなる。つまり、従わなければならない模範（キリスト、聖者たち）や、恐れなければならない罰（地獄の業火）を与えられることによって、人間は完全であるように強制されるのである。

同じように、人間主義の起源に結びつけられている有名な表現の一つ、デカルトの、「われわれを自然の主人にして所有者のようにする」(『方法序説』、VI、一六八)という約束は、人間主義の理論そのものよりも、むしろその思い上がった錯覚に属している。人間主義者は、自然が人間の奴隷となるはずはないのだから、人間は自然の奴隷ではない、と主張しているのである。フィチーノ〔一四三三―一四九九年。イタリアの哲学者〕やフランシス・ベーコン〔一五六一―一六二六年〕の伝統の中に位置するデカルトのこの約束は、むしろ科学万能主義の系譜の思想家たちに類似している。人間主義者は、人間の全能性を主張しているのではなくて、神の全能性、自然の全能性を否定しているのである。人間主義者は、**与件**の傍らに一つの余地、**意欲されるもの**のための、評価されるべき余地がある、ということを主張する。さらになお次のように結論づける必要があるだろうか。われわれの運命に介入する可能性は、否応なくユートピアに対する熱狂、地上に楽園を建てようとする欲求をもたらすのだということを、——われわれが二十世紀の経験によって知っているように、その楽園はむしろ地獄に似ているのだが。ユートピアを夢見る人への誘惑は、人間主義よりも科学万能主義のほうが、類似関係が強い。その誘惑は、歴史的過程の全体的支配が可能であるという確信に根ざしている——自由の仮説はこれとは矛盾する。人間の中の自由の部分を主張しながら、人間主義者は、人間が自由を善のために使うことができると知っている——しかしまた悪のために使うこともできると知っている。悪が排除されているような都市の建設は、人間主義者の計画には属さないのである。

同じような不確定性が、まさに善や悪との関係において、やはり人間という種を特徴づけている。人間は善なのか、悪なのか。もしも後者の仮定を選ぶとすれば、聖アウグスティヌスや彼から派生するキリスト教徒の作家たちの長い系列の中に加わることになるだろう。もしも前者に従うとすれば、〈善良な野蛮人〉、教育や文明の敵対者を擁護する人たちの側につくことになるだろう(ただし〈善良な bon〉を〈自然のnaturel〉の同義語——じつを言えば余分なもの——とするサドや彼の同類たちの極端な立場は論外である)。人間主義者は、経験に基づくという単純な理由だけで、善意のために気持ちが傾くことを拒絶する。たとえ彼が思い上がった態度で自分を規則の例外として認めるとしても、人間が一貫して善良であるという考えを捨てるには、自国の歴史を調べるだけで、それどころか近くの人々を観察してみるだけで十分だろう。しかし人間主義者は、人間をもう一人の悪魔だとするジャンセニストやプロテスタントの偏見も拒絶する。もしも人間主義者がベリュル〔一五七五—一六二九年。フランスの聖職者〕のように、「われわれは自分だけのものとして誤ちと罪以外には何ももたない」(『信仰心小論』、LXXV、1、四〇三)と考えるとしたら、どうして彼は自分の救済のために、たとえほんのわずかな責任であれ、自分自身の肩の上に載せようとするだろうか。モンテーニュの言葉によれば、人間性は不完全なのである。そしてこれが人間主義者たちの出発点としての仮説である。人間は善人でも悪人でもない、人間はそのどちらか一方になることもできるし、あるいは(たいていの場合)その両方になることができるのである。

その点についてもまた強調しておかなければならない。というのも、そこに頻繁に見られる別の誤解があるからである。それは人間に対する完全に肯定的な見解を人間主義者のものと見なす誤解である——ところが実際にかかわっているのは、この理論の新たな退廃、今度は思い上がった錯覚ではなく、**素朴な錯覚**なのである。人間の〈偉大さ〉、人間の〈気高さ〉、神のように人間を〈崇める〉必要性、内在的長所ゆえに人間を〈敬う〉必要性について話しているのを耳にするたびに、問題となるのはその〈素朴な〉見解である。もちろん、人間は気高い存在として扱われ、すべての人間が尊敬されるように要求することはできるが、それは道徳的な要請であって、人類学的な仮説ではない。この点において、抽象観念の中で示される人間は、不確定なもの・潜在的なものでしかない——それでもやはりある種の人間は完全に善良であり、別の人間は正真正銘の悪人である。したがって一本の明瞭な境界線が、人間主義者の系譜と、その隣人である人間崇拝者とを引き離している。人間はまったく善良であるとか、人間は全能であると考えることは、人間主義者にとって幻想の領域に属することである。人間の力も善意も過大評価してはならない。

逆に人間主義者を特徴づけているのは、教育に対するある種の信頼である。一方においては、人間は部分的に不確定であり、しかも自由を受容できるがゆえに、さらに他方においては、善と悪とが存在するがゆえに、中立状態から善に通じる、教育と呼ばれるその過程に身を投じることができる。そうでなければ、肯定的傾向が抑圧され、消滅するかもしれないし、一方では否定的傾向がはびこってくる。悪もまた習得されるのである。モンテスキューは次のように書いた。「われわれの植民地の住民に見られるあの残忍さ、不幸な側の人間に対する懲罰のあの絶えざる行使は、どこから生じてくるのか」（『ローマ人盛衰原因論』、XV、四六二）。多くの偉大な人間主義者たち、モンテーニュ、モンテスキュー、ルソー、その他の人たちがこの問題に特別な関心を示したのは偶然ではない。保守主義者は伝統の純然たる維持と忠実な伝達を推奨し、科学万能主義者はむしろ意図した結果を機械的に生み出す設定のほうを好み、個人主義者は各自の能力の開花と最大限の満足に寄与するものを求めるだけで満足するのに対して、人間主義者は、教育について共通の原則が存在し、その原則が人間たちにさらに大きな自律性を獲得させ、彼らの行為に人間的な目的性を与え、人類の構成員すべてに同じ尊厳を認めるようにすることを望むのである。

自然的なものか人為的なものか

人間主義者と近代の他の系譜とのあいだのこれらの差異の理由は、おそらく各陣営において与えられた価値の位置づけに存するのであろう。伝統的な論争の言い回しを思い出してみよう。歴史においては、すでにギリシャのソフィスト以来、二つの大きな選択が対立している。すなわち、価値は自然に基づいているのか、それとも価値はもっぱら人間的な法則から生ずるのかということである。この二つの選択が常に検討されてきたが、ざっと見て言えることは、「古代人」はむしろ価値は(自然によって、神によって)与えられたと考えるのに対して、「近代人」、特に個人主義者は、たいていの場合、価値は何よりも意欲されたものであると信じてきたということである。ホッブズ(一五八八—一六七九年)が「法律を作るのは真理ではなく、権力である」(『リヴァイアサン』、XXVI、二九五、ラテン語版)——これは多くの明言のうちの一つであるが、とりわけ影響力のあったものである——と宣言するとき、彼はそうした価値の起源に関して、純然たる主意主義者の仮説の代弁者となる。もしもそうした価値が自然的なものという裏付けをもたないとすれば、それらは〈人為的なもの〉であり、人間の意志からしか生じてこない。もしもある種の価値が他の価値に勝っているというならば、それはその価値の支持者がより強力な意志をもつということである。

誰もが予想しえたように、こうしたラディカルな宣言は拒否反応をまきおこす。そしてその拒否反応はいずれにせよ、以前の状況への回帰、ギリシャ人の英知とか、キリスト教徒の信仰への回帰を要求するものである。あるいは、少なくとも、われわれの意志の要請とわれわれの伝統の要請とのあいだの妥協的解決を要求する。したがってこの〈自然主義的〉、あるいは宗教的反応は、むしろ保守主義者の反応である。科学万能主義者に関しては、出発点において、彼らの選択は自然主義的である。彼らは世界の中に価値を発見しようとする(例えば、自己保存の本能から価値を演繹する)のであって、意志の決定によって価値が世界にもち込まれるとは見ない。しかしながら彼らの演繹は錯覚であることが明らかになる。彼らの場合にもまた、たいていは一つの意志――同じように純粋ではあるが、それほどあからさまではない意志――にかかわるからである。

ところで、この二つの立場は、現代の論争にも確かに存在するのだが、それぞれの擁護者が信じさせようと努めていることに反して、可能性の領域を論じ尽くしているわけではない。そして反対陣営に対する批判は躊躇するすべての人を当然のように自らの陣営に引き寄せてしまう。価値が自然的なものではないということもありうる。が、だからといって自由意志に基づいたものになるというわけでもない。いずれにせよ、人間主義者が主張するのは、そういうことである。彼らは、「古代人たち」のように人間を行為と価値が分離できない存在と見なすようなことはしない。しかし人間主義者は、価値というのは純然たる自由意志の選択の結果であり、唯一の意志の産物だ、と宣言する他の多くの「近代人たち」の選択にも同意しない。彼らは自然主義か相対主義かの二者択一の中に閉じ込められることを拒否する。ある一面から見ると明らかに、人間主義の三つの価値、**私**の自律性、**君**の目的性、**彼ら**の普遍性が、常に認められたわけではなかったのだ。他のある社会は服従の美徳を讃えたり、唯一の神を崇めることを要求したり、あるいはどんな状況においても**われわれのもの**のほうが**他の者たちのもの**よりも好ましいと主張した。それでもやはり、近代社会の主体は、自分の選択が現実に自由意志に基づいているとは思えないのである。つまり、人間主義者の価値は、彼らの論敵にはない明証性という力をもっている。今日では極右政党でさえも担ぎだす、人種差別へのほとんど軌を一にしたような非難は、われわれの習慣の単なる結果とも、他の者たちよりも強力な意志の結果とも感じ取れない。これを自明の理とするような感情はどこから来るのか。この問題の答えは確実ではないのに、この感情そのものには異論を唱えることが困難である。

それゆえ人間主義者は、自分たちの価値と、人間という種の独自性そのものとして認めたものとのあいだに、重要な関係を樹立しようと努めた。だから**彼ら**の普遍性は、すべての人間存在が、しかも彼ら人間だけが同じ一つの生物種に属しているということの代償のように思われる。**君**の目的性は、人間の生存や再生のためばかりでなく、意識的、伝達的な存在である限りは、人間の形成のために、人間の本質をなす社会性、人間の相互的必要性の主張と一致する。他者の称揚はこの必要不可欠な関係の当然の帰結なのである。**私**の自律性は、あらゆる規定から抜け出す人間的能力に対応する。人間という同じ種への所属、社会性、自意識の存在は、それ自体が価値なのではない。そうではなく、人間主義的価値が種としてのこうした特徴と一体化しているのである。したがって、それらが今度はこの理論の人間中心主義を証言するのである。

道徳、政治、人類学との連携は、人間主義者のテクストの中に確かに表現されている。『法の精神』の中で、モンテスキューはまず、知性や合理性の大小によってではなく、種の法則に対する服従の度合いによって、生物の序列を定めることに配慮している。この点においては、人間は他の自然の生物から切り離されていない。ただ人間は、他では知られていない段階の特徴をもっている。序列の下にあるのは植物で、それらは自然の法則に、あるいは神の意志（モンテスキューにとってこれは唯一にしてすべてである）に厳密に従っている。その上に来るのは、感情を知っている動物たちである。というのも、動物たちは個体のあいだでえり好みをするからである。したがって彼らはすでに不確定な段階にいる。「動物たちは自然の法則に無変化状態で従うことはない」（I、一）。人間はこの段階の頂点に位置している。なぜなら人間は最も複雑な存在だからである。しかしさらに、人間と他の種のあいだには、もはや程度ではなく本質であるような差異が存在する。つまり、人間は生物的、社会的法則を検討しながら、それらの法則を無視したり、それらに逆らったりして行動できるのである。「人間は、物質的存在として他の物体と同様に、不変的法則に支配されている。知的存在としては、人間は神が定めた法則を絶えず侵犯する、また自分で定めた法則を変える。」系統的な観点からすると、植物から人間へと向かうに従って、自然の拘束からますます解放されるようになる。しかし構造的に見れば、この差異は根本的なものである。人間は自分を支配している法則を拒否することのできる唯一の種だからである。

あるいはまた、逆説的であるが、モンテスキューの立場をよく示す表現によるならば、〈知性のある特別な存在〉、すなわち人間は、あてもなくさまようことができるからというだけでなく、「自分で行動するという本性〔自然〕をもっている」から、自然の法則や実定法から離れるのである。人間の本性〔自然〕、すなわち人間の自己同一性は、その生物的本性によって法と対立することのできるこの能力の中に存する。そして政治的自由〔自律性〕がモンテスキューにとって一つの価値であるのは、やはりそれが意志をもった存在のこの本性にふさわしいものだからである。それと並行するように、正義の根拠となっているのは人間の社会性であるように、彼の目には見えている。「正義は人間の法則に従属するものではない。（……）それは理性的存在の実存と社会性に基づくのであって、その理性的存在の特別な意向や意志に基づくのではない」（『義務論』、一八一）。「法則」は人間の自己同一性に対応するのであって、人間の唯一の意志に対応するのではない。コンスタンもまた次のように述べて、そのことを言わんとしている。「法体系の中で、本性〔自然〕を完全に除外しようとするのは、法則から支えと基盤と制限とを同時に取り除くことである」（『政治の原理』、XⅧ、二、四〇一）。

ルソーは、人間という種の特徴である生物学的拘束に対して、立ち向かおうとする人間の可能性の中に、人間と動物とのあいだの主要な違いを見ることになる。「鳩は最上等の肉が盛りつけてある皿のかたわらでも飢え死にすることがあるだろうし、猫は山積みされている果物や穀物の上でも飢え死にすることがあるだろう。それを食べてみようという気が起きていたら、両者とも自分が軽蔑しているその食物でとてもうまく栄養をとることもできたはずなのに」(『人間不平等起源論』、I、一四一)。人間のほうは、習慣を(文化を)変えることができるし、自然の本能に逆らうこともできる。だから、自律性が人間の理想となるのは、偶然ではないのである。トクヴィルもまた、自由への欲求、つまり自然の与件からの離脱が人間という種の自己同一性そのものをなすと信じている。もしもかかわっているのが選択の問題と利益の問題だけであるなら、すでに見たように〔本書二四ページ〕、この欲求はずっと維持されることはありえなかったであろう。「それ〔自由〕をめざす、本能的な、抑え切れない、無意識的であるような性癖があるが、それはあらゆる情熱の目に見えない源泉に発生する」(『アンシャン・レジーム』、第二巻、三四五)。自由を好むことは人間が自由に選ぶことのできない本能なのである。

人間主義は〈自然主義〉でもなければ、〈人工論《アルティフィシャリスム》〉でもない。人間主義はその価値を、自然の秩序の中に具現化されているといって擁護することはないし、最も力強い意志が宣言したといって擁護することもない。服従に対する**承知**と**不承知**の選択権をわれわれが好むようにしむけているのは、ホッブズが援用する〈権威《オトリテ》〉なのではない。**君** *tu* の目的性に関しても同様であって、これはすなわち、個人としての人間を私の行為の目的として見たいということなのであり、その利用、例えば経済的発展の仲介者としての利用だけで満足するといったことなのではない。また、**彼ら** *ils* の普遍性についても同様である。これはつまり、すべての人間に払わなければならない尊敬なのであって、〈他者〉より〈身内〉を優先するということ以上に立派なことと見なされる。人間主義者が、隷属状態に追いやられたり、個人を操作したり物象化したり、あるいは人類の一部を殲滅したりすることに反対するのは、それが人間のよき意志であるからというだけではないのだ。なるほどその点では、純粋な主意主義者と意見が一致することもありうるだろうが。しかしそれだけではなく、自由、他者に対する尊敬、すべての人に等しい尊厳といったこの価値が、分かりきったこととして強力に人間に迫ってくるからなのである。そしてこの価値は他の何よりも人間にふさわしいものと思えるからなのである。

とはいえ明らかに、他のいくつかの価値も似たような〈適合性〉を標榜することがありうるのに、それらの価値は人間主義者によって認められる総体の一部をなしてはいない。なぜだろうか。エゴイスム、自分の身内の優先、あるいは強者への服従によって得られる安逸も、これらと反対のものと同様に〈自然的〉だからである。そこで人間主義者は、自分の明らかな感情を合理化するために、普遍性そのものである、一つの差別的基準に頼ろうという気になる。すべての人間存在が自律的であり、彼らすべてが最終目的として扱われ、同じ尊厳を備えるようにと、人は望むことができるのだ。しかし、適者の生存、他者の服従や道具化のような原理については、同じと言うわけにはいかない。したがって、人間的な普遍性は、人間主義者の理論の中に二重の資格で介入してくる。つまり、数ある価値のうちの一つの価値であると同時に、他の価値を合法化する手段としてである。

歴史の中の人間主義

思想史の中では、〈最初に〉というような表現を使うことは危険であるけれども、私は、人間主義の理論のさまざまな要素が、フランスではまず最初にモンテーニュに集められた、と言えるのではないかと考えている。後でもっと詳しく検討するが、ここではそれを指摘するだけにとどめておく。**私** *je* の自律性は、「われわれの意志による選択と自由」（I、二八、一八五）に基づいた行動に対する彼の好みによって暗に示されている。**君** *tu* の目的性は、友情の実践が人間にとっては「水や火という元素」(III、九、九八一)よりも必要であり、また心地よいものであるという彼の言明によって示される。**彼ら** *ils* の普遍性は次のような原則への彼の賛同の中に示されている。「私はすべての人間を私の同胞と見なす。そして国家的なつながりは普遍的・共同的なつながりよりも後に置いて、ポーランド人をフランス人と同じように抱擁する」(III、九、九七三)。この理論のさらなる展開は後に続くページの中で行なうことにしよう。

しかしながら、他の近代的系譜の理論と同様に、人間主義の理論の要素はギリシャ思想の中にもキリスト教の中にも同じように見ることができる。ギリシャの都市国家は自らの手で統治されることを熱望したが、それは自律的な一形態である。そしてその都市国家が実施した民主主義は、伝統によって伝えられる法則よりも、自由意志による決定のほうを好んだということを示している。ギリシャの文学や絵画は、個人というものが他の個人たちの熱望の自動詞的目標となりうることを例証している。またギリシャ人たちは〈人類愛《フィラントロピー》〉、つまり人間への普遍的な愛に精通し、これを尊重している。

人間主義はまたキリスト教のいくつかの原理にも根を下ろしている。例えば、キリストの言葉はすべての人間に区別なく向けられている。その上、人間主義は、出発点において、ペラギウスの名が示しているような伝統を継承しているのであり、そのペラギウスにとって、人間の救済は人間自身の手中にあったのだ。つまり、人間は救われるのも滅びるのも自由なのである。この伝統は、オッカムによって別のやり方で引き延ばされた。彼は神の仕事と人間の仕事を峻別し、自由の中にわれわれの行動の弁別的特徴を見る。彼にとって、「人間における人格の尊厳そのものは、いかなる時でも自分の気に入った行為を自分の気に入ったやり方で設定できるという能力に起因する」(ラガルド、VI、四六)。この伝統はエラスムス〔一四六九年頃―一五三六年。オランダの人文学者〕の思想に継承される。エラスムスは、ルターとは逆に、恩寵の傍らに自由を見出そうとする。これは、アルミニウス〔一五六〇―一六〇九年。オランダの神学者〕においても、あるいはまたモリーナ〔一五三六―一六〇〇年。スペインの神学者〕や、十七世紀にジャンセニストたちが激しい非難を浴びせかけることになるイエズス会修道士たちにおいても同様である。プロテスタントのほうも、その教義の別の側面から、近代的な個人の出現を準備する。結局のところ、キリスト教のすべての**異端者** *hérétiques* を人間主義の先駆者と見ることができる。というのも彼らは、語源学的に言えば、〈選択する人々〉だからであり、支配的な教義に従う人々、つまり**正統派** *orthodoxes* とは対立するのである。

ヨーロッパの歴史におけるこのような伝統の存在は、相もかわらず同じ論争がかかわっているのであり、その論争の中でただ名目だけが、あるいは何にせよ役割よりも役者だけが変わっているのだ、という印象を時には与えるかもしれない。とりわけ、すでに言及した、キリスト教における恩寵と自由とのあいだの葛藤〔本書三一ページ〕、また、十九・二十世紀において、科学によって示された、自由と自然的・歴史的必然性とのあいだの葛藤も、明らかにそうである。人間の自由な介入を正当化するために、さまざまな時代の人間主義者たちが、それぞれ同じ論拠に頼らざるをえないのであろう。エラスムスがルターに反して主張するように、人間は完全に悪人であるわけではない。人間はただ利欲によってのみ突き動かされるわけではない、とコンスタンはエルヴェシウスに反論している。しかも、両極端のあいだでの妥協的解決策もまた似通ってくる。つまり、人間の遺伝的体質は、人間があらゆる状況に順応し、新しい生活枠を考え出すことを可能にする、と現代の生物学者は言うようになる。「神は自由意志を創り出した」、とエラスムスは言った〔『自由意志に関する酷評』、八四四〕。また、モンテーニュはこう言った。「『自然』はわれわれを自由な、解放されたものとしてこの世に置いた」（III、九、九七三）。

このように継続しているものをただ明らかにするだけで満足してはならない。思想史を研究していて分かることは、思想史は、われわれが好んで想像するように、首尾一貫した、互いに排除しあう二つの大命題のあいだの単独の争いにはほとんど還元されることがなく、むしろ思想史はいくつもの大きな系譜間の、ある場合には精確な、ある場合には混沌とした、長い対立関係に似ている、ということである。とりわけ人間主義者は、絶えずさまざまな個別的論争に巻き込まれてきた。そのために、一見すると相反するような理屈を使わざるをえなかった。

人間主義者が他の大きな系譜に対して展開するいくつかの論争に関しては、後で触れることにする。ここでは、人間主義者自身も対立が複数であることをはっきりと意識していた、ということを指摘するだけで十分であろうと思う。例えば、トクヴィルが、「前者は自由を危険だと評価するがゆえにこれを放棄する。後者は自由を不可能だと判断するがゆえに放棄する」(『民主主義』、II、四、七、三九七)と記すとき、彼は、保守主義者と科学万能主義者の対立を一つの公式として規定しているのである。トクヴィル以前では、コンスタンが、ボナルド流の保守主義者(これは彼の政敵である極論派、つまり過激な王政復古派である)と、エルヴェシウスと「啓蒙主義」の唯物論の後継者である、サン゠シモン流の科学万能主義者を同時に相手にして闘わざるをえなかったのである。ボナルドに反して、コンスタンは自律性の権利を主張する。周りに広まっている個人主義に反して、彼は、人間というのは自分自身の利益の追求のために孤独に身を投じる存在だ、という考えを認めない。この媒介的な立場がおそらくは、彼の著作、『宗教について』がなぜあのような拒絶を引き起こしたのかを説明してくれる。コンスタンは、個人主義者から見ればあまりにも信心深く、保守主義者から見ればあまり宗教的とは言えない。

ルソーは、ひじょうにはっきりとした二つの敵対者と同時に相対立する必要性について長々と述べている。『ボーモンへの手紙』が要約しているように、サヴォワの助任司祭の信仰告白〔『エミール』、第四編〕は二つの部分からなっている。最初の部分は、「作者の可能な限りの力を用いて、近代的唯物論と闘い、神の存在と自然の信仰を確立するのに充てられている」（九九六）。第二の部分は、逆に、「一般的な啓示についての疑問点と難点を提示している」（九九六―九九七）。『告白』が伝えるところによれば、伝統的キリスト教徒と〈哲学者〉に対するこの二重の対立的な意識の中で、ジュリーとヴォルマールという人物が構想された（IX、四三五―四三六）。『対話』は『エミール』の中で繰り広げられたこの二重の闘いを再現するのだが、ここでもまた、ルソーは〈哲学者〉とも信心家とも区別される。ルソーよりもずっと以前に、エラスムスは自分の立場が二つの極論のあいだにあることをすでに意識していた。彼はおそらくアリストテレス〔前三八四―前三二二年〕のことを思い浮かべながら、自分の立場を弁護して、こう言ったのだ。「対立する二つの悪の中間の航路をとる航海は、不幸な航海ではない」（八七四）。したがって、人間主義と民主主義は、その急進性のために保守主義者から攻撃されうるのだが、その一方で、科学万能主義者と個人主義者は彼らの極端な臆病さを非難するのである。このような相矛盾する非難は、人間主義の言説自体がなぜ時として一貫性がないように見えるのかを説明してくれる。

この論争を形成する声の複数性を見定めることは、急を要することである。というのも、それぞれの系譜は、論争を目的に、他のすべての系譜をたった一つの系譜、一般に最も攻撃しやすいと思われる系譜に還元してしまい、残った系譜は単なる日和見主義的な偽装でしかないと見なす傾向があるからである。なかんずく、この最終的役割は人間主義のものだと見なされる。まさに人間主義の、その中心的な立場そのもののためである。保守主義者にとって、人間主義は個人主義の仮面でしかない（「ニーチェはデカルトを完成する」）。個人主義者にとって、人間主義は多少の手加減を加えた科学万能主義である（「全体主義は人間主義の一つの結果だ」)。科学万能主義者はどうかといえば、彼らは人間主義を保守主義の一形態と記述するかもしれない(「道徳的な秩序が戻ってきた」)。あるイデオロギー的な立場をとろうとすれば、あれやこれやの境界線が存在するのを認めることを十把一からげに簡単に否定し自らを規定してしまうことになるだろう。

同時に、程度に差はあれ確固とした協和関係が、実際に互いを結びつけているかもしれない、ということも認めなければならない。人間主義者と個人主義者はともに自由をほめたたえるが、その自由を科学万能主義者と保守主義者は否定したり、非難したりする(この見地からすれば、トクヴィルは人間主義者である、と私は念を押しておきたい)。人間主義者と保守主義者は共通の価値の必要性を擁護するが、科学万能主義者と個人主義者は、反対の理由から、その価値を拒絶する(必然性がすべてである――自由がすべてである)。人間主義者と科学万能主義者は共同戦線を張って、理性的な世界認識は可能であると主張するが、保守主義者と個人主義者はそれに対して疑問を呈する……。たった一冊の著作の中でさえ、さまざまな理論が共同執筆されたり、競い合ったりすることがある。最後に、現代思想のある種の学派は、(私の見地からすれば)いくつもの系譜が混ぜ合わさって生まれた雑種として記述されなければならない。こうした複雑な派生関係があっても、それらの学派に首尾一貫性が欠けているというわけではない。歴史的な展望の下に見ると、思想はすべて雑種なのである(われわれが問題にしている四つの系譜もまた同様である)。それはまさに共同体そのものと同じなのである。

系譜によってまとめるという作業は、危険な、実りの少ない活動である、ということが分かったであろう。同時になぜそれが私にとっては避けられないものであるのか、という理由についてはすでに述べた〔本書一六ページ〕。そこでこれからは、私は主として人間主義の系譜に取り組むことにする。この系譜だけを視野に置くことによって、私には、他の系譜にも公平な光を当てたいという要求はすべて許されなくなる。過去との対話において、私はいくつもの声の中の一つだけを一貫して特別扱いにする。

本書の章立ての順序は、裏契約にかかわる悪魔の挑戦の正体を、私が明らかにしてきた方法によっている。次の第二章では、近代人の特徴である自由に対する人間主義の主張は、結局何によって成り立っているのかを把握することに努める。そのために、フランスの偉大な人間主義者たち、モンテーニュからコンスタンに至るまでの著作を検討する。それを足掛かりにして、悪魔によって発せられた脅迫に対する人間主義者たちの受け答え、あるいは自由の代価を支払うことを彼らが拒否する理由を述べる。第三章から第五章までは、社会生活を脅かす危険に当てられる。社会と孤独、愛と友情についての人間主義の概念がここで言及される。第六章は方向を変えて自我の分散について論じるが、モンテーニュとルソーの自伝的な実践をその手掛かりにする。第七章から第九章にかけては、神がもはや価値の源泉でも保証人でもない世界における価値に関する問題を分析する。最後に、終章〔エピローグ〕は現在の歴史的状況に戻って、過去の人間主義の思想によってもたらされた答えをこの現在の状況に位置づける。

第二章　自律性の宣言

近代人の自由は正確には何によって成り立っているのだろうか。それを知るために、この問いに対して十六世紀から十九世紀のあいだ一連のフランスの思想家たちが示した答えを検討してみよう。しかしまずその前に、用語を正確にしておかなければならない。私がここで**自律性** *autonomie* と呼ぶものは、人間自身から発して、感じたり、思考したり、意図したりする、人間の自由選択のことである。この言葉はフランスの人間主義者によっては用いられてはいないが、カントが、以前の思想家たちの貢献を体系化し、同時にそれを変形させた著作の中で用いている。カントにとって、自律性とは単に自分自身を導くだけではなく、規定されている法にのみ従うということでもある。カントは〈尊厳《ディニテ》〉と同じ意味で語るのである。自己の尊厳を保つとは、主体が受け入れた原理や道徳規準にのみ合致した行動をとるということである。フランスの人間主義者のほうは、むしろ〈自由〉という言葉を使う——本質的には政治的な自由であって、人が欲することは何でもする権利があるというのではなく、人が欲することもまたする権利があるという意味で理解される。そして、法を無視するのではなく、人が選んだ法に従うという意味で理解される。〈自由〉という言葉が〈自律性〉に勝っているのは、〈自由〉が毎日使われる言葉に属するからである。この優位性の裏返しとして、〈自由〉という言葉はあまりにも多く矛盾した使われ方をする。また、この語はあらゆる規範、あらゆる規定を根本的に欠いていることを示す。それゆえ、私としては〈自律性〉を使おうと思うが、特にカント的な意味合いはなく、もっと一般的な、主体自身の中に根源を見出すような行動という意味においてである。

自律性は、異論の余地なく、近代性が獲得したものである。これは近代の最初の政治的な価値である。モンテーニュからコンスタンまでのあいだに、その領域は拡大し続け、その定義は正確さを増し続けてきた。といっても、平坦な歴史を辿ってきたわけではない。この自律性の宣言の画期的な契機はどのようなものなのだろうか。

モンテーニュ

モンテーニュは、古代と近代のはざまにいる人間であって、あらゆる「古代人」の作品を読み、あらゆる「近代人」に読まれる人間である。だから、フランスの思想史を研究する誰にとっても必ず指示される出発点となる。

モンテーニュは、まず最初に、情動的自律性という形態を明示する。彼は慣習によって押しつけられる人々とではなく、自分が愛する人々と一緒に暮らすことができることを望む。伝統的な社会においては、空間や社会的秩序の中で、人々の位置は前もって決められている。生まれた国というのは自然の枠組み、人が生涯つなぎとめられる枠組みである。ところで、モンテーニュは、自分に押しつけられるものよりも自分自身で選んだもの、与えられるものよりも意欲されるもののほうを好むと主張する。彼はこう書く。「私は生まれ故郷の空気の甘美さに夢中になることはほとんどない。まったく新しい、私自身が選んだ知人は、それ以外のありふれた、偶然的な、隣人関係における知人よりもずっと価値がある、と私には思われる。われわれが後から得た純粋な友情のほうが、風土や血縁によるつながりがわれわれを結びつけている友情よりも、一般には勝っているのである」（Ⅲ、九、九七三）。人間は根をはやした植物ではない。人間には生きる枠組みを変える自由がある。すでに見たように〔本書六六ページ〕、モンテーニュにとって、われわれ人間は確かに自然を所有している。しかし、その自然は逆説的なものなのである。というのも、その自然がわれわれを自由にしてくれるからである。

われわれの自由選択を反映させる友情は、血縁的なつながりだけで押しつけられている関係よりも、高く評価される。モンテーニュは、人間はもとの家族を離れ、新しい家族を作らねばならないし、また、両親よりも妻を愛さなければならないとする『聖書』（「創世記」、二、二四）の教えを繰り返すことだけでは済ませない。彼に個人的にかかわることとして、彼の友人たちは彼にとって子供たちよりも大事だ、と主張する――常に、選ばれたものは押しつけられたものよりも価値がある、という原則に従っているわけである。自分の娘に対する無愛想な指摘にも事欠かない。彼は血肉を分けた子供たちよりも、書物という精神的子孫のほうを好む。このような見解をどのように解釈したらよいのだろうか。一方でわれわれの両親に対して、もう一方でわれわれの子供たちに対して、われわれが抱く愛が非対称であることは啓示的である。なぜわれわれは両親よりも子供たちのほうを好むのだろうか。モンテーニュの説明によれば、その愛は自由選択の結果ではなく、種の保存という本能の結果である。われわれは自分の子供たちを愛する。よい子であろうと悪い子であろうと、可愛い子であろうと憎たらしい子であろうと、どんな子供であろうとも、彼らを愛する。このように振る舞うとき、われわれは動物たちとほとんど違わない。それに反して、今度はわれわれが大人になると、そんなふうにわれわれを両親のほうに引きつけるものは何もない。もしも子供たちに対する愛がこの見解に従わなければならないとすると、われわれは小さな子供よりも、大きな子供のほうを愛するということになるだろう（そのときにはわれわれは事情を知ったうえで判断することができるだろう）、また子供たちがそれに値する場合に限り愛するということになるかもしれない。「なぜなら、もしもそれが、われわれの時代が大量に生み出しているような狂暴な獣であるなら、そういうものとして彼らを憎み、彼らを避けなければならないからだ」（II、八、三九二）。両親と子供たちとのあいだの関係についての、この分析の妥当性には異議を唱えることができる。それでもやはりこの場合、モンテーニュにとって善は、自然（これは動物的である）に従うことにではなく、自然から身を引き離すことにある。

血縁によるその他の関係についても同じである。つまり、それらの関係は自由に選ばれたものではなかった。そのために、それらの関係は不完全なのである。「これは私の息子だ、これは私の親だ、だがこれは狂暴な男だ、悪人だ、馬鹿なやつだ。その上、これらは法律や自然の義務がわれわれに命じる親愛の情であるのだから、その分だけわれわれの選択や意志の自由は少ないのだ」（I、二八、一八五）。これらの言葉──選択、自由、意志──の積み重ねは、モンテーニュが、人間の法律（束縛）にも、自然の法則（必然性）にも同じように対立するこのカテゴリーに与えた重要性を示している。血のつながっている人々にこれほどまでに愛着を感じるという事実は、われわれ人間が〈動物的な〉条件を捨ててはいなかったし、動物的条件から完全に離れた〈人間性〉に達してもいなかったという証拠である。

モンテーニュはまた、人がその子供たちに対して抱く愛着にも別の疑念を表明している。子供たちに自分のすべての希望とすべての野心を託す人々は、個人よりも家門のことを案じ、要求されるすべての注意を自分自身に向けることを忘れている。逆に、私は「子供がいないということが、そのぶんだけ人生を不完全に、また不満足にする欠陥である」などと考えたことはなかった、とモンテーニュは言明している。未来よりも現在に生きるべきであり、他人の中でというよりも自分の中で生きるべきなのだ。「私は私という存在にとって本当に必要な状況によって運命に捉えられているだけで満足である」(Ⅲ、九、九九八)。子供たちは財産の一部ではない。ところが自由は、そうしたまったく必要のない絆と比べれば、ひとつの財産なのである。ここにあるのは、一つの家族や社会集団の中で人が体現するものよりも、個人としての在り方によって人は評価されるべきだという新しい要求である。それは自分の愛情の選択に従うのは当然のことだとする権利の要求と対になっている。ひとりの男がすでに十六世紀にそれを表明することができたのである。しかし女たちのためには、二十世紀を待たなければならない。

個人の生活を管理するこの権利だけが、モンテーニュが要求する唯一の自律性のための形なのではない。次には、精神の活動もまた伝統の重圧から解放され、精神それ自体の力だけを拠り所としなければならない。それが理由で、モンテーニュは〈記憶を満たす〉ことよりも〈悟性と意識〉を鍛えるほうを選ぶ(Ⅰ、二五、一三六)。「古代人たち」が述べたことを繰り返すのは鸚鵡《オウム》にもできるが、人間存在は自分自身で判断し、行動しなければならない。「記憶はかなり詰まっているが、判断がからっきしだめな」人々を、モンテーニュは大して評価しない(一三九)。そして彼は、有名になった表現によるならば、「たっぷり詰まっている頭よりも、たっぷり鍛えられた頭」と、「自分で選んで、見抜く」ことのできる魂をもつことを選んだ(Ⅰ、二六、一五〇)。そのために、彼は、子供よりも好きな書物でさえ、けなすに至ることもある。書物の中には、少なくとも伝統的な書物の中には、知《サヴオワール》、すなわちさらにまた別の書物から来るものを見出すことができる。ところで、その知は、記憶の産物であり、それ自体が目標となるわけにはいかない。生きる目標とは、生きることである。モンテーニュはついには無教養に賛辞を与えていると言ってもよいほどになる。いとも誇らしげに古代の作家を引用し、書物から得た知識を羅列する人々に対して、彼はただ軽蔑を表わすだけである。それはもはや学問ではなく、衒学にすぎない。モンテーニュはそんな連中よりも、過去など知らなくとも、自分のことを自分で受けとめる人々のほうを選ぶ。

だからといって、モンテーニュが、彼のいくつかの決まり文句がうかがわせるように、記憶に〈反対〉だといえるだろうか。必ずしもそうではない。彼が反対するのは、記憶の横暴に対してなのである。そこでは、過去の断片――「古代人たち」の知識――が常に同じうやうやしい態度を呼び起こしながら、世代から世代へと無傷のままで伝承されている。『エセー』にしても、作者が自分自身の真の姿と自分の体験の結果を、記憶の中で描き出そうと努めているのだから、結局は、記憶の仕事である。しかし、その中で記憶は、それを越える目標に、つまり人間の条件の考察に奉仕している。たとえ文字どおりの反復的な記憶が退行的であるとしても、教訓となり、手段となる記憶、英知へと通ずる記憶のほうは、逆に、有効に用いられる。

このような立場から、モンテーニュは近代人にとってはおなじみの一つの選択を行なう。スコラ哲学的な知や、伝統への服従に反対し、理性と判断の自律性に賛成する。「自由科目の中でも、われわれを自由にしてくれる学問から始めよう」(I、二六、一五九)。この要求は、世界の認識ばかりでなく、善と悪の判断にもかかわっている。他人の権威に従うよりも、自分自身でそのための理性を求めるほうがよい。「高潔な行為に対する報いを、他人からの称賛の上に置くということは、あまりにも不確かで、不純な根拠を据えつけたということである」、とモンテーニュは書いている。「私は自分を裁くために自分の法律や法廷をもっており、他所よりもそこに自分を訴える」(III、二、八〇七)。こうした権利の要求は、モンテーニュが、最初の一時期、人々におよぶ慣習の力を示そうとし、したがって法律の自然的基盤をすべて放棄するように努めたという理由でしか理解できない。慣習は第二の自然であり、その自然にしてからがより古いひとつの慣習でしかない。自然は沈黙しているのだから、理性が話さなければならない。

この点で指摘すべき重要なことは、人間の行動を完全に人間主義的な指標のほうへ向け直すにしても、モンテーニュの場合には、人間に対しての型どおりの賛辞とか、人間の能力への過信とかを一切ともなわないということである（モンテーニュは〈素朴な〉人間主義者ではない）。まったくその逆で、彼は人間の理性がいかに弱く、人間の誇りがいかに正当化しがたいものであるかを証明することだけに躍起になっている。「あらゆる被造物の中で最も悲惨で、弱いもの、それが人間である」（II、一二、四五二）。「人間にとって人間ほど恐るべき動物はこの世にいない」（II、一九、六七一）。しかもモンテーニュは人間という種をきわめて低くしか評価していないので、人類についての否定的な描写はすべて彼にとっては、真実のオーラに包まれているかのように見えるのである。「古代の人たちが人間に関して大ざっぱにもち得たあらゆる意見の中で、私が喜んで受け入れる意見、私が最も執着する意見は、われわれを最も軽蔑し、貶め、意気消沈させる意見である。哲学は、われわれのうぬぼれや虚栄心を攻撃するときほど、優勢な立場にいることはほかにないように思える」（II、一七、六三四）。したがって、人間は善良であったり、知的であったりするから、人間に彼ら自身の仕事をさせておくべきだ、というわけではないのだ（人間はそうではないのだ）。他の何ものも人間に代わってそうすることができないからなのだ。理性は弱く、過ちを犯す。それでもやはり伝統に盲目的に従うよりは、ましなのだ。人間は完全に善良であるというわけでもなく、完全に悪であるというわけでもない。「善と悪とは（……）われわれの人生と切り離すことができない」（III、一三、一〇八九—一〇九〇）。それゆえ、モンテーニュは教育について考えるのである。理性は弱い、しかしなるほど有益なものであるかもしれない、しかし、それは私に借りものの知識を与える。記憶はしかし、それは私のものである。したがって、二つのうちでは理性のほうがよいものだ。

この新たな自由の拡大は、正確なところいかなるものになるだろうか。それについて、モンテーニュの意見はいささか異なっている。それはおそらく意見を述べる方法に、ある種の慎重さを配しているためだろう。時として、謙遜を表明しながら、彼は自由の境目をはっきりと制限し、公的権力(とりわけ宗教権力)に、「私の行動や書くものだけでなく、私の思想までも」従わせることを選んだ、と言っている(I、五六、三一八)。しかし彼の普段の態度は別であって、思想と行動とをはっきりと対立させている。つまり、思想は完全に自由であり、行動はこの時代の権力に従っている。「われわれはすべての国王にひとしく隷属し、服従しなければならない。なぜなら、それは彼らの職務にかかわるからである。しかし、情愛と同様に評価〔敬意〕の義務は、国王の美徳にしか負うていない」(I、三、一六)。理性も感情も服従の義務からは免れる。もしも国王が有徳の士でなければ――そして国王がそうであるか、そうでないかを判定するのは私自身だ――、私は国王を愛することもないし、尊敬することもないだろう。「賢者は自分の魂を群衆から離して内部に引っ込め、物事を自由に判断できるような自由と力の中でそれを保持しなければならない。しかし外部に関しては、受け入れられているやり方や形式に全面的に従わなければならない」(I、二三、一一八)。内的な自由、外的な服従である。この割り当ては明快で、画然としているように思われる。別の表現もそれを裏づけている。「意志と欲求はそれ自体で自らの掟を作り上げるが、行動は公的命令によってそれを受けなければならない」(III、一、七九五)。「私の理性はかがめたり、曲がったりするようには作られていない、そうするのは私の膝である」(III、八、九三五)。

しかしながら時として、モンテーニュはもっと広い視野を開く。ここで思い起こさなければならないのは、『エセー』よりも百年前に、イタリアに、ひとつの新たな人間主義的精神の声明としてしばしば理解される著作、ピコ・デラ・ミランドラ〔一四六三―一四九四年、イタリアの人文学者〕の『人間の尊厳について』が現われたということである。ピコが初めてその精神を口にしたわけではないし、また、アウグスティヌス的ペシミスムを抑えようとする人間の、栄光をたたえる様式の演説を実行したわけでもない。にもかかわらず、彼の説得力は先人たちのものに勝っている。その短いテクストの冒頭で、彼は人間の偉大さ（感覚の鋭さや知能、理性や美徳）に与えられたさまざまな伝統的正当化を退け、最終的に動物に対する人間の真の優越性を一つだけとり上げる。それは、動物が自分の行動を決定するひとつの本性〔自然〕をもっているのに対して、人間はそれをまったくもっていないが、しかし人間は自らなろうとするものを自由に選ぶということである。

前に持ち込んだ用語を再び使うなら、ピコは〈素朴な〉人間主義を否認している（人間は最初から他の種よりも優れているわけではない）のだが、彼の表現は〈誇り高い〉人間主義者たちに彼を近づけるのである。人間は他の種とは違い、どんなものにでもなることが**できる**。プラトン〔前四二七―三四七年〕の作品の中でプロタゴラスが語っているような、プロメテウス神話の新たな解釈で、神は人間に次のような言葉で話しかける。「アダムよ、お前に、決まった場所も、お前にふさわしい外観も、特別な才能の一つさえも与えなかったのは、お前自身が望んだ場所や、外観や、才能を、お前の望むがままに、お前の考えるように、お前が手にし、自分のものとすることができるようにするためなのじゃ。他の動物たちについては、彼らに定められた本性〔自然〕は、われわれが規定した掟によって制御されている。ところがお前は、いかなる制約も受けてはいない。私がお前に授けた、お前自身の判断が、お前の本性〔自然〕を定めるようにすることができる。（……）お前が、天のものでもなく、地上のものでもなく、死すべきものでもなく、不死のものでもなく作られたのは、いわゆる仲裁としての、名誉ある力を与えられて、お前が自分の手で自分を形づくり、自分を鍛え上げることで、お前の好んだとおりに自分に形を与えられるようにするためなのじゃ」（七―九）。

ピコが人間の尊厳をこれほど強く主張できるのは、尊敬すべき伝統を拠り所としているからである。すなわち、人間存在はミクロコスモス〔小宇宙〕であり、したがって自らの内にマクロコスモス〔大宇宙〕の複雑さをそっくりそのまま含んでいるということである。人間は神に似せて作られている、だからそれによって人間は無限に手を触れている。彼の表現は依然として力強い。人間（いずれにせよここで問題になっているのは失墜以前の人間である）はカメレオンであって、鉱物にでも植物にでも、人間にでも天使にでもなりうるのである。ピコの表現は、人間とはただひたすら自由であり、未決定であって、いかなる明確な本性〔自然〕もない（何ものも与えられておらず、すべてが意志によって決められる）、という自律性の極限的解釈を想像させてくれる、ということが分かる。この点で、彼は〈誇り高い〉人間主義のひとつの解釈を具現しているのである。そして、「この自由な選択のいまわしい使い方」（一五）を実行する可能性が彼の目にかいま見えても、彼はやはり、人間を称賛し、偉大にする理由として、自由のこの存在を支持する。

モンテーニュはおそらくピコのこのテクストを知らなかったし、人間への賛歌を彼のように歌うこともない。しかしながら、プルタルコス〔四六年頃―一二五年頃。ギリシアの歴史家〕によって確立された人間と動物との区別を、彼なりにとり上げるとき、モンテーニュはピコに接近するのである。彼の解釈はピコの解釈ほど極端ではない。「熊や犬の仔は、本性としての資質を示す。しかし人間はすぐに習慣や、主張や、法律の中に投げ込まれて、容易に自分を変えたり、変貌したりする」（I、二六、一四九）。プルタルコスは、『神の裁きの猶予について』というテクストの中で、動物の〈率直さ〉（動物の仔はすぐに遺伝的性格を示す）を、人間の欺瞞性と対立させた。モンテーニュは明らかにその出典の意味を曲げている。モンテーニュにおいては、その対立はもはや単に、率直さと欺瞞性とのあいだにある対立ばかりでなく、〈本性〉の維持とそれを変える可能性とのあいだにある対立でもある。ただし、変える能力があるからといって、ピコが主張するように、神が介入する以前には、人間は無であった、という意味なのではない。むしろ、人間の自己同一性は、さまざまな風習と、多様で、変更可能な選択（しかし、これは常に人間的な選択である。つまり、人間は、人間であることをやめないかぎり、石のような運命を選ぶことができない）を手にすることで成り立つのである。それゆえモンテーニュは、自然と文化との対立を乗り越える可能性をかいま見ている。人間の自然とは、まぎれもなく文化、歴史、個人的自己同一性をもつ能力のことである。人間の自然は、規定されることがまったくないということである。もしも個人としての人間が自由でなかったとしたら、人間の歴史はそれ自体では何の利益もないであろう。そしてモンテーニュは『エセー』を書かなかったにちがいない。自我の探求に当てられた書物がこの世に存在すること自体が、彼にとっては個人というものが神の摂理の手の中の単なる玩具ではないことのしるしである。

古代の懐疑主義を拠り所にして、モンテーニュは近代の到来を刻む決定的な一歩を踏み出す。善なるものは、神によって決められてはいない、自然の中に与えられてもいない、それは人間の意志の産物なのだ。「われわれの義務は偶然的であるという以外に規則はもたない」（II、一二、五七八）。法則はここでは自然に勝り、価値とは習慣の結果である。しかしモンテーニュにおけるこの断定的な表現のもつ意味について、取り違えてはならない。というのも、偶然性自体は偶然的なものではなく、その可能性そのものが人間の自然をなすからである。習慣という第二の自然もまた、第一の自然と同様に確固たるものと見えるかもしれない。「近代人」のようなやり方で、この自由意志から、自分たちの好きなように法律を作り直す可能性を導き出すのではなくて、モンテーニュは、むしろ「古代人」に近く、次のように結論する。われわれは、個人的な意志とは無関係のこの規律を理解し、そしてその中でわれわれに用意されている立場を受け入れる自由をもっている、そのために理性は役に立つのだ、と。すると、こうした法則(偶然的ではあるが、定着している)への服従自体が、今度は自由の中で体験されるかもしれない。われわれがそれらの法則に従うのは、動物のように、他にどうしようもないからではなく、われわれがそれらを法則と理解し、そして服従を**選んだ**からである。「われわれに理性の能力をいくらか授けるということは、神の意にかなうことだった。動物のように、われわれが共通の法則に隷属的に服従するのではなくて、判断と意志の自由によってその法則を適用するようにという目的があったのだ」(II、八、三八七)。人間の本質はここではもはや理性ではなく、自由であるように思える。理性そのものは解放のための手段である。

もしも各国の法律が自然や神によって課せられるのではなく、自由意志によるのだとすれば、そうした法律を基礎づけるためではないにしても、少なくともそれらを評価するために、人間の判断に委ねるということは、心ひかれることではないだろうか。モンテーニュが次のように書くとき、彼は根本的な自由を要求しているように思われる。「奴隷としては、私はただ理性だけの奴隷でなければならない」(III、一、七九四)。しかしこの文章はただちに一つの制限によって補足される。つまり、都市の法律については除かれる。モンテーニュは自律性の権利を要求するが、それは制限つきなのである。彼は法律の枠内で自由に行動し、自分の道を選ぶことを望むが、しかしそれは彼の私生活に属するものに限られる。理想的な都市を創るために政府の最良の形態を探し求めることは、彼にとって無駄な仕事のように見える。というのは、具体的な人間は不確かな本性として現われるのではなく、文化と歴史を備えた存在として現われるからである。与えられたもので欲したものを組み立てる技を知らなければならない。モンテーニュはまた

〈誇り高い〉人間主義者のようなところは露ほどもなく、しかも社会的な秩序に関しては、保守主義者とさえ言えるであろう。「意見としてではなく、真実として、傑出した最良の警察とは、各国家において現在維持されている警察のことである。（……）変化だけが不正や専制を具体化させる」（III、九、九五七―九五八）。このテーマについてはまた後で触れることにしよう〔本書二二二、二六一ページ〕。

デカルト

私生活を支配する情動的な選択に関しては、デカルトはモンテーニュの教えに従う。それどころか、彼はモンテーニュの教えを活用している。というのは、モンテーニュが、人は原則として自分が住むために最も自分にふさわしい国を選ぶことができなければならない、と主張するだけで満足していたのに対して、デカルトは、まさにそれを理由にして、オランダに移住するからである。選択の可能性は、人間の条件の一部をなしている。「人間は木には似ていない」、木というものは、種をまかれた土地の外で成長することはできないであろう（ブラッセ宛、一六四九年四月二十三日）。したがって、人間と木を区別するものは、選択の自由である。人は生まれの偶然さに従うよりも、むしろ自分によいと感じられる場所に住む権利をもつ。デカルトは、モンテーニュ以上に、出身国であれ、選んだ国であれ、ある任意の国にあまり執着しないほうが得であるとさえ考えている。「私のように、片方の足をある国に置き、もう片方の足を別の国に置いておくと、条件が自由であるという点では、きわめて幸せだと思うのです」（エリザベート宛、一六四八年六月―七月）。個人というものは、一つの国に属さなければそれだけ強く際立ってくるものであり、出生地から（習慣によって押しつけられた慣習から）の離脱は一つの利益をもたらすのである。そんなわけで、デカルトは、先輩モンテーニュのように、状況が彼の近辺に置いた隣人たちよりも、自由に選んだ友人たちのほうを好む。「もしもそんな機会が生じますならば、私自身の祖国にいる幸せよりも、殿下のおいでになる場所で暮らす幸せのほうを、私が選ぶことを妨げるようなことは何も起こらないでしょう」（エリザベート宛、一六四八年一月三十一日）。

一方で、これもあいかわらずモンテーニュの意見と一致しているのであるが、デカルトは行動にかかわることはすべて現在の権威に従うと宣言している。彼の第一の道徳の規則は、彼の言によれば、「わが国の法律と慣習に従う」（『方法序説』、III、一四二）ことである。それは、こうした法律や風習が当然良いものであるとか、合理的であるということなのではない。そうではなくて、国を変えるよりも、むしろそこにとどまることを選んだのは、「私が共に生きてゆかなければならない人々に自分を適合させ」なければならないからである。風習は風習なのだから、人はそれに順応すべきである。それが権威についての純然たる論拠である。ガリレイ（一五六四—一六四二年）が教会によって処罰された後、デカルトは自分の『世界論』を刊行しないという選択によって、そうした服従の態度を示す。ガリレイの意見は、「私が敬意をこめて従っている人々」、そして、その権威によって人の行動にすべての力を及ぼすことのできる人々の不満をかき立ててしまったことを知ると、彼は、著述を自分の手もとにひそかに保管することに決めた。当局の振る舞いは、「著述を刊行しようとしていた私の決心を変更させるのに十分なものであった」（VI、一六七）。デカルトはモンテーニュよりも小心であった、と判断することができる。モンテーニュは、ローマ法王の担当部局が彼の著書を検討することに同意はしたが、彼に出された勧告には従わなかったのである。デカルトのこの慎重な決定によって引き起こされた、科学の進歩の遅れについて考えてみることもできる（われわれは今日では、それがまったく違っているということを知っている。つまり、彼の物理学は間違っていたのだ！）。それでもやはり原則は同じである。外面的には服従、内面的には自由である。デカルトの膝は屈するが、理性は屈しない。

というのも、さらに別の視点、理性の仕事、認識と判断の仕事を扱っている視点から見ると、デカルトはモンテーニュよりもはるかに過激なのである。理性の自律的な行使のみが尊敬に値する。モンテーニュは知識を一杯詰め込んだ頭よりも、よく鍛え上げられた頭を好むが、デカルトはこの違いを彼の方法の原理そのものとする。したがって、公の行動は時の権力に従っていると思わせておきながら、次のように明言することをおこたらない。「しかしその当時私が真理を求めてただひたすら従事しようとしていたことに関して、私はまったく反対のことをしなければならないと考えた」（Ⅳ、一四七）。ただ彼の理性のみが、彼の思想に及ぼす権利をもつのである（Ⅵ、一六七）。したがって、記憶はモンテーニュの場合よりもここではずっと低いものとして扱われる。「すべての科学にとって、記憶はまったく必要ない」、と彼はその生涯の終わりに（『思索私記』、二三〇で）、断固たる口調で宣言し、神学者たちの領域で記憶の権利を要求するのは神学者たちの自由だとしている。したがって、デカルトの有名な方法は、最初の段階は、外部からやってきて、伝統によって伝えられるすべての知識を疑うことから成る。そして、その浄化作業を終えた後では、もはや単に可能といえるだけの知識ではなく、主体自身が責任のもてる、別の、確実な知識を据えることから成る。これからは、自律的な認識――伝統の権威によって支えられている認識とは対照的に――のみが、尊敬に値するものとなるだろう。近代科学はすべて、デカルトによってこのように開かれた突破口に流れ込むことになる。

自律性の問題に対するデカルトの貢献は、二つの特徴に要約されるであろう。第一の特徴は、思想の領域と行動の領域を二つの領域としてはっきり区別したことである。思想の領域においては、人は自由を放棄することができないだろう（人間には自由意志が備わっている）。その一方で、慎重さがわれわれに行動の自由を中断させることもありうる。形而上学的な意味の自由は譲渡不可能であるが、政治的な自由は状況に左右される。二つの領域の一方（世界の認識を含んでいる）は、自律性を要求する。もう一方は、それを放棄することを認める。したがって、同一の原理がどこでも適用されるというわけではない。生存のための領土は均質ではない。そのことによって、デカルトもまた神学と哲学とを和解させることができるのである。『哲学の原理』の中で彼はこう書いている。神の啓示は、人間の不完全な理性とは「比較にならぬほど確実な」結果を生み出す。しかしながら、神の啓示はこの世の大部分、「神学が決して関与することのない真理」については何も教えてくれない。理性はそこではそのすべての権利を再発見する（I、七六、六一〇）。あるいはまた、人は「神の摂理」に従っているが、その「永遠の命令」は「無謬にして不易」である。ところが、その摂理の傍らに、「われわれの自由意志」に左右される「事物」もまた存在している（『情念論』、一四六）。

デカルトの第二の貢献は、精神領域における自律性の要求が根本的なものだということにある。実際に、認識活動に関しては、デカルトは、伝統を（理性に）従わせたモンテーニュの慎重さとは袂を分かつが、しかしその伝統を完全に放棄してしまうわけではない。彼は〈誇り高い〉人間主義の道を歩むのである。最良の知とは、今や記憶によって伝えられる伝統については何も保持することのない知である。ところが同時に、この知の特性が羨望の的として示される。人間の認識の領域は、なるほど限界がある。しかし、その限界の中で、デカルトの方法は至高のものなのである。「人間の精神に可能なかぎりのあらゆる最高度の認識に到達するためには、私が示した原理以外の原理を探し求める必要はない」（『哲学の原理』、「序文」、五六三）。それらの原理の〈成果〉は、無知に対する勝利から引き出される正当な満足感ばかりでなく、われわれの振る舞いにおいても感じ取れる改善をも含んでいる。「それらの原理が含む真理は、きわめて明快、きわめて確実なものなので、論争の原因をことごとく取り除き、そうして人々の精神を優しさと融和のほうへ導くだろう。」要するに、人はそのようにして「知恵の最高段階に昇る」ことができるようになる（五六八）。

ところで、デカルトの第二の公準の強烈さは、ついには第一の公準で示された分離を危ういものとするに至る。デカルトの見解そのものによれば、意志と理性は甚だしく威厳のあるものなので、人間存在からそれらの重要な部分を搾取するという決定は、遅かれ早かれ最終的には専制的なものに見えてくる。デカルトはこう書いている。「私は、自分自身を尊重することを正しいと認めうるものとして、われわれ自身の中にただ一つのものしか見つけられない。すなわち、われわれの自由意志の行使、意志に対してわれわれがもつ支配力である。それというのも、われわれが正当な理由でほめられたり、けなされたりする行為としては、この自由意志に依存している行為しか存在しないからである。だから、その自由意志がわれわれをわれわれ自身の支配者とすることによって、それはわれわれをいわば神に似通ったものとするのである」（『情念論』、一五二）。しかし意志の自由な行使の中に「人間の本質的完全性」（『哲学の原理』、三七、五八七）を置くのであれば、なぜ公的な世界からそれを奪うのだろうか。それと同時に指摘することができるのは、その価値判断のようなもの（自由とはわれわれが所有するよりよいもの、より人間的なものである）が、〈誇り高い〉前提によってデカルトの人類学を豊かにし、意志のおかげでわれわれは自分自身の家の主人である、ということを知るようにさせてくれるということである。「うまく導かれることによって、情念に対する絶対的な力を獲得できないような弱い魂は決して存在しない」、とさらにデカルトは付け加えている（『情念論』、五〇）。ところで、事実は価値に従わないし、その逆もまた同様である。われわれは何にもまして自由を評価することができるのだが、にもかかわらず、われわれの情念、無意識、ある文化へのわれわれの帰属は、啓蒙的とさえいえるような意志によっても、導かれるがままになることを、必ずしも受け入れるとはかぎらず、われわれの行動に影響を及ぼし続ける。

しかしながら、デカルト自身が行なっている比較が、彼になんらかの補足的な用心をさせたのではなかったろうか。『方法序説』の第二部は、有名な比較で始められているが、それは、伝統の作品よりも理性の作品のほうが勝っていることを、われわれに直感的に感じさせるものと見なされている。デカルトは次のように問いかけている。われわれは、一人の建築家の計画によって作られた町のほうが、何世代にもわたる住民と建築家による継承の結果として整備された町並よりも、好ましいと思うのではないだろうか。したがって、一方には「理性を用いる何人もの人間の意志」があり、他方には「他の目的で建てられた古い城壁」とか、「曲がりくねった、不均衡な通り」がある（II、一三三）。

デカルトがまったく新しい町を観察する機会は、まれにしかなかったはずである。そうする機会を彼よりもずっと多くもっているわれわれならば、逆の判断をする傾向があるだろう。そして、それはあまりにも近代化したわれわれが、古いものすべてに対して必然的に郷愁を感じるからなのではない。そうではなくて、ここでは、伝統が、より前の世代に属する人間たちの意志と理性によって残された沖積土のごときものであり、その世代は現代の技術者の個人的な理性よりもはるかに優れているからである（これは個人主義者の誇りに基づく保守主義的批判である）。ここで関与している対比は、自由と服従とのあいだの対比ではなく、自由、意志、理性といったいくつかの形態のあいだの対比である。換言すれば、ある作品やある行動が〈無分別なもの〉であって、断罪されるに値するのは、それらがたった一つの意識の支配を免れるからなのではない。その反対であって、たった一人の並はずれた野心が容易に過ちに至るからである。

というのも、たとえ学者であっても、過ちは人間的なものだからである。

原則として、デカルトは、公的活動、法律と制度、社会秩序全体に関するかぎり、モンテーニュに近い保守主義的な立場に後退する。現存する法律の不都合は、すでに慣用によって修正されていることがある、ところが変化それ自体は有害である、と今度はデカルトが言うことになる。彼がここで選んでいる比較は、新しい町の比較よりもずっと説得力がある。「山々のあいだを曲がりくねっている」道は、過去の数世紀のあいだに築きあげられたもので、「岩の上をよじのぼったり、崖の下まで降りたりして、まっすぐに行こうとする」ような解決策よりも便利である（一三五）。伝統は革新よりも合理的である。複数の人の理性のほうがたった一人の理性よりも強力だからである。この対比を伝統と理性の対比として示すことは、筋違いかもしれない。しかしこの新たな比較は、意図されたものの傍らで、与えられたものにもっと幅広い配慮を加えるということを意味する。たとえわれわれの現在の理性が、その与えられたものの正当化を理解できなくても、原則としてその正当化は欠陥があるものではないと想定しなければならない。

理性の自由が支配する私的世界と、伝統に従う公的世界とのあいだにデカルトによって引かれた境界は、じつを言えば、きわめて脆いものに見える。「こうした大きな物体は、取り壊されたのを建て直すのは困難である（……）、そしてその倒壊はひじょうに激しいものにしかなりえない」と、彼は公的組織について語りながら書いた（一三四）。まるで、このような確認は、各人にとって直接行動主義をすべて放棄するのに十分な理由であるかのようである。しかし、精神の領域において理性と意志の全能を信じる人々は、これしきのことではたじろがない。卵を割らずにオムレツは作れない、と彼らは考える。再建について言えば、困難は再建をあきらめる理由にはならない。というのも、社会的技術者の作品であるその結果は、それ以前のものよりもはるかに見事なものとなるにちがいないのだ！　デカルトがそれらと対比させたと思えるものは、理性が支配する領域の意図的な制限ではなくて、理性の社会的形態の複数性と、個人の理性の誤りやすさなのである。われわれのうちの誰一人として、人間社会の生活を形成するプロセス全体を支配することはできないだろうと認めても、それは、理性の自律性を放棄することにはならない。せいぜいのところ、個人の自尊心を放棄することぐらいしか意味しない。

「私は次のことを確信するようになった。一人の個人が一つの国家を土台から丸ごと変えて、それをひっくり返して建て直すことによって、その国家を改革しようと企てることは、まったく体裁が悪いことだ、と」（一三四）。ここには、来るべきある革命家、例えばロベスピエール（一七五八―一七九四年）のように、新しく建てるためにはすべてをひっくり返すことをためらわない革命家の肖像画が、裏返しに描かれているのを見る思いがしないだろうか。そのような革命に身を投じるのを思いとどまらせるのは、なぜなのだろうか。一方では、革命は人間において称賛に値する唯一の原理から生じてくるのに。知的活動においても、公的世界においても、合理的な町ばかりではなく、社会や個人をも築き上げ、そのようにして「唯一の建築家」（一三二）となる場合に、完全に神のようになることをためらうのは、なぜなのだろうか。フランス革命の前夜、文人たちはみなその点では見解が一致するのである。トクヴィルが言うように、その時代には「すべての人が、彼らの時代の社会を規定している複雑な、伝統的な慣習の代わりに、理性と自然の法則から汲み上げた、単純で基本的な規則を据えるほうが好都合だと考えている」（『アンシャン・レジーム』、III、一、二三〇）。

デカルトの提起は節度と根本的なものとを結びつけようしたものである。「私の企ては、私自身の考えを改革しようと努め、完全に私のものである地所に家を築き上げること以上に拡大したことは決してなかった」（『方法序説』、II、一三五）。しかしながら、行動領域のわずかな広がり（ただ私だけの考え）は、

〈完全に私のものである〉という支配的野心を抑えるのに十分な抵抗を示してはいない。量は質の前に屈し、独占的な支配が一般化されるだろう、そしてついでに、それを抑制すると見なされていたすべての柵を取り払ってしまうだろう。しかし、この横滑りはデカルトのテクストの中にすでに準備されていたのであり、彼は行動を改善するために、知の増加を当てにしていたのである。この点では「啓蒙主義」の支持者たちは彼の後継者となるだろう。そして、知はそれ自体では英知に至らない、という原則が述べられるのを見るためには、ルソーを待たなければならないだろう。デカルトは科学万能主義者ではない。しかし、彼が個人の意志と理性に与えた全体的な力は、科学万能主義者がやがて彼らの政治に与えることになる理論的正当化を用意している。

〈誇り高い〉人間主義者、デカルトはその代わりに〈素朴さ〉を非難されることはないかもしれない。人間が善良であるのは、その人間が自由であるからではない。デカルトが『第四の省察』の中で示そうと努めたことは、真なるものと善なるものの認識は、私の自由を減少させるのではなく、逆にそれを増加させる、なぜなら、私の選択が今は以前よりも賢明になっているから、ということであった。したがって人間の自由は神の全能と両立しうる。そんなわけで、ホッブズが、恩寵のために自由を棄てさせるカルヴァン的な反論を彼に思い出させるとき、彼はわれわれの共通の体験に、自分の意志を行使するというわれわれのすべてがもっている能力(自由は他には何の力もない)を差し向けるだけで満足する。それはつまり、善は選ばれるものであって、押しつけられるものではないが、悪は善の代わりに選ばれたものではなく、押しつけられたもの、ということになるだろう。これは、例えばエラスムスにおいて見られる伝統的な論証である。

ところで、デカルトはもう少し先に進む。われわれの自由の存在を最も明瞭に証明するのは、まさに悪ながら、最良のものを目にしていない場合、より大きな自由が存するのは（……）、われわれのもつその積極的な能力の、より大きな使い道においてである。」人はわざと悪をなし、自分の自律性を証明するのだとさえ想像することができるだろう。「そのことによってわれわれの自由意志を発揮することは一つの善である、とわれわれが考えていさえするなら、明らかに善であると知られていることを追い求めたり、一つの確かな真理だと認めたりすることを差し控えるのは、われわれにとって常に可能である」（P・メスラン宛、一六四五年二月九日）。しかし、人間の本質的完成というものが、まさにこの自由意志の行使にあるのだとしたら、悪以上に人間的なものは何もないとか、地上に悪がたくさん存在する優れた理由がある、ということもまた認めることにはならないだろうか。人間の道徳的不完全さをとくと心得てはいても、デカルトは決定的な知的不完全さという命題には執着していない。前者の場合の彼の謙遜は、後者の場合の彼の誇りとぶつかるのである。彼自身はこの二つの態度を共存させることに何の不都合もない。また、彼が奨励する精神の革命は、どんなものであれ行為による革命には決して彼を近づけない。しかしながら、その後彼の後継者と弟子たちが必ずしも彼の慎重さをもつとはかぎらないのである。

モンテスキュー

モンテーニュとデカルトの賛美者、モンテスキューは同時代の人々や後世の彼の読者の大半からは、人間の行動はその人間たちが生きている国家の地理的、歴史的産物であるという思想の擁護者と見なされている。彼の主要な著書、『法の精神』は、四半世紀にわたる観察、分析、思索の成果であるが、これは法との関連から諸国民の風習についての知識を統合したものとしては、それまでに実現されたもののうち最大のものであり、またそれによって、近代の社会科学の出発点となっているのではないだろうか。モンテスキューの思想がそのようなものであるなら、彼は人間主義者の系譜に位置づけられるのではなく、科学万能主義者の系譜に属することになるであろう。しかし、はたしてそうであろうか。

モンテスキュー自身の作品の中では、そのような解釈を正当化するような綱領的宣言にはこと欠かない。『ローマ人盛衰原因論』を要約して、彼は次のように書く。「世界を支配しているのは運命ではない」、したがって偶然でも、事故でもない。「道徳的なものであれ、物質的なものであれ、一般的な原因があり、それらがおのおのの君主制の中で作用し、君主制を築き上げたり、維持したり、破滅させたりするのである。不慮の出来事はすべてこの原因に従う（……）。一言で言うならば、主要な形勢が特殊な不慮の出来事のすべてを引きずっているのである」（XⅧ、四七二）。この規範は、『法の精神』の中で、とりわけ第三部から第五部の中で活用されることになるが、そこでは、「物質的、あるいは道徳的な原因」によるその作用が、詳細に検討されている。すなわち、風土（XⅣ）、土地（XⅧ）、商業の形態と労働の様態（XXからXXⅡまで）、人口の本質（XXⅢ）、宗教（XXⅣ、およびXXⅤ）である。

一つ一つの行為が生み出される状況に、モンテスキューが大いなる重要性を与えているということは、異論の余地がない。その一方で、彼は、創造主、神の意図を突きとめようとしたり、人間の制度の向こうに、真の〈物事の本質〉を発見したいと熱望している。したがって、彼の作品においては、「古代人」の〈本質〉（宇宙《コスモス》の調和、神の意志）と、「近代人」の〈本質〉（物質的、かつ道徳的原因）とのあいだに、また信者の運命と、無神論者の運命とのあいだに、ある種の連続性が確立されうるのだというかのように、すべてのことが生じてくる。しかし、この視点からはモンテスキューの思想がある種の曖昧さを保持しているように見えても、彼の思想は、この因果関係に無限の広がりを認めることを拒否するという点では逆に組織的なのである。もっと正確に言えば、すべてはある原因の結果であるということによって、その事態を変えることはできないという結果には絶対にならないのである。哲学的決定論は、政治的な意志を締め出しはしない。

アウグスティヌス派の人々と、ペラギウス派の人々、救済は神の予定と神の恩寵によると考える人々と、逆に人間の行為が決定するものだと主張する人々とを対立させる神学上の論争において、モンテスキューは後者の側に与しているようである。聖パウロは、ちょうど動かない粘土が陶工の手の中にあるように、人間は神の手の中にある、と言った。しかし、もしそうだとすれば、人間であることは何の役に立つのだ、とモンテスキューは、エラスムスとともに叫ぶかもしれない。人間はある何らかの目的に運命づけられていなければならない。ところで、人間を人間以外の被造物と区別しているものは、人間を特徴づける、最も高度な非決定の度合いである。したがって人間は、人間自身が自らの行為に責任をもつようになることで、神の意図にかなうのである。神の予定や恩寵がなくとも、人間は決定的に破滅したわけではない。人間は自らの努力によって自分を救済できるのだ。「神は時として人間に［神の予定］を授ける、それによって人間はまちがいなく救われるが、しかし、それがなくとも、やはり救済される可能性はあるのだ」（『わが思想』、六七四）。

そんなわけで、モンテスキューが、無造作にあきらめるような立場をとったなどと決めつけると、重大な誤解を招くことになるだろう。ところでこの誤解は、すでに彼の初期の読者たちが犯した誤解であり、またその誤解は次のような事実によって納得できるのだ。つまり、自由とは一回限り〔決定的に〕課せられる原理であり、しかも定義からして、知に依存することはない。ところが、さまざまな決定事項は観察され、記録され、分析されうる。そして、『法の精神』の最初の対象となるのは、それらの決定事項なのである。そんなわけで、人々は長い間モンテスキューを、純然たる決定論者と見なした。そして、認識論的な拘束と存在論的な仮説をそのように混同したのである。それゆえモンテスキューは、私の目的は意志が無力であることを示すことではない、と主張することで、その誤解と絶えず闘わざるをえない羽目に陥っているのである。

歴史の動向の中でモンテスキューによって据えられた非決定論的な余地の根拠は、まずなによりも決定論の多様性そのものの中にある。一つ一つの原因が多数の結果をもたらし、一つ一つの結果が多数の原因から生じてくる。「それぞれの結果は一つの一般的原因に依存するのだとしても、そこには他の多くの特別な原因が混じっているので、それぞれの結果は、いわば、一つの原因だけを別に所有しているかのようである」、と彼は『趣味論』(八五二)に書いている。あるいはまた、「大部分の結果は(……)あまりにも特異な道を通ってやって来る、またあまりにも知覚できない、あまりにも隔たりのある理由に依存しているので、人はそれらを予想することができない」(『義務論』、一八二)。世界は非合理的ではないのだが、入り込めないこともある。世界は非決定的であるというよりも、むしろ多元決定的である——しかし結局のところ、それは同じことになる。だから法則ははっきりとした例外を認めるのである。そのために、モンテスキューは科学万能主義者のユートピア思想とは対極にいる。モンテスキューは、社会の法則が完全に透明になりうるとは思っていないし、われわれにその認識をもたらす科学を基盤にして、政治を築き上げることができるとも思っていない。

それだけではない。モンテスキューは、すでに見たとおり、物質的原因(風土、地理的条件)と、道徳的原因(宗教、商業と労働の形態、風習)とを区別している。ところで、彼が前者の力を強調するのは、万一の場合に、われわれがうまく対応して物質的原因を転換させることができるようにするためである。たとえ、「風土の支配力が、あらゆる支配力の中で最高のものである」(『法の精神』、XIX、一四)にしても、「風土に由来する安逸を克服する」(XIV、七)ことは可能なのである。そこでモンテスキューは宣言する。「悪しき立法者とは風土の欠点を助長した人たちであり、良き立法者とはそれに対抗した人たちである」(XIV、五)。専制政治は、広大な領土をもつ国家や極端な風土においてよく見られる。穏健な政府は、温和な風土のもとで繁栄している。驚くべきことは、共和制が小さな領土で栄え、君主制が中くらいの領土で栄えるということである。しかし、この点にはあまりこだわる必要はない。「もしも(……)専制政治がある程度まで確立されるなら、もちこたえられるような風習も、風土も存在しないであろう」(VIII、八)。換言すれば、道徳的原因は物質的原因よりも強力なのである。モンテスキューはこの点について、自分の読者たちが理解できないことにいらだっており、彼の著作に関する批判の後に、ソルボンヌに宛てた「解釈」のすべての書簡で次のことを述べたがっている。「『法の精神』という書物は、風土、というよりも、一般的には、物質的原因に対する、道徳の永遠の勝利を作り上げているのである」(八二四)。

モンテスキューはこの問題を、『法の精神』と同じ頃に書かれ未刊に終わった論文、「精神と性格に影響を与えうる原因について」において直接に取り組んだ。その中で彼は、〈物質的原因〉と〈道徳的原因〉を検討した後で、次のように結論づけた。「道徳的原因は、物質的原因以上に、一国民の一般的性格を形成し、またその精神の質を決定する」(四九三)。ところで、もしも人間が、自分が住んでいる自然の枠組みを変えることによって、物質的原因をすでに変えているかもしれないというのなら、道徳的原因は人間の意志をどれほど多く介入させていることだろうか! この介入は一つの名をもっている。つまり、教育である。モンテスキューはその教育に二つの大きな形態を区別する。各個人に特有の、〈個別的な〉教育

〈勉学、旅行、出会い〉と、〈一般的な〉教育、すなわち、法律、宗教、風習を通じて、あるいは、この世の中の大人たちを模倣するという欲求を通じて受ける教育である。したがって、これらすべての手段によって、意志の介入の前に存在する諸条件の、規定的な力を克服することが可能になる。それらの条件は無視されるべきものではないが、単なる前提的な与件なのであって、究極的に、それらを自らの法則や自らの生活とするのは人間なのである。〈道徳的かつ物質的原因〉の決定論は、人間から行動の自由を奪うものではなく、また人間の行為の責任を軽減するものでもない。モンテスキューはこう締めくくる。「われわれは自分の気に入る精神を作り上げるのであり、またわれわれはそのための真の職人なのである」(『原因論』、四九四)。

これほど多くのものが意志に左右されるのであれば、意志に左右されない原因の研究に、これほど長い時間をかけて何の役に立つのだろうか。モンテスキューにとって、最良の行為とは現実に行なわれる行為なのだから、原因をよく承知の上で、今まさにそれについて言うべき時であろう。風土の作用を克服するためには、その作用を知ることから始めなければならない。ある商業形態によって引き起こされる不都合を解消するためには、まずその形態を研究しなければならない。さらに加えると、最も有効な行為とは、対峙する反対派に真っ向から対立する行動なのではなく、間接的な手段を選び、最初に彼らの条件を修正する行為なのである。教育は国民の精神を効果的に変え、その精神とは直接的に対立しているような法律よりも速やかに、望む目的に到達させてくれるであろう。そんなわけで、その精神を知らなければならない。

モンテスキューは、『法の精神』の「序文」の冒頭で次のように予告する。「私はまず人間を研究した。そして、法律と風習とのこの無限の多様性の中で、人間は単にそれらの気まぐれによって導かれているとはかぎらないと思った。」人はこの主張を曲言法として読み取り、人間は決してそうではない、と解釈しがちである。ところが、これは文字どおりに受けとらなければならない。人間の行為はもっぱら自由意志に基づくというわけではなく、認識に付与される多くの要因で条件づけられている（それが彼の書物の意図するところである）。しかし、だからといって人間の行為が全面的に決定されているわけではない。考え、すなわち、意志もまた、その役割を保護するのである。「単に……とはかぎらない」という表現は、すべての一元論的精神にとって、認めることが困難である。しかしながら、まさにこれこそが、モンテスキューの立場、誇りをきれいさっぱり捨てさった人間主義者を示している。人間の行為における自由意志的な要素は、彼の目からすると、かけがえのないものである。逆に、決定論的な選択が有利だとして言えることは、人が個人から遠ざかれば遠ざかるほど、また人が時間や空間における一般化に近づけば近づくほど、その自由意志が減少してゆくということである。大多数の人は、個人が法律に従う以上に、よく法律に従っている。「このような原因は、一般的な結果をもてばもつほど、よりいっそう自由意志によるものではなくなる。例えば、われわれは、個人にある精神を与えるものよりも、国民にある特性を与えるもののほうを、一人の男に影響を与えるものよりも、男性か女性か一つの性に変化をもたらすもののほうを、たった一人の人間の特質よりも、ある生活様式を含んだ社会の特質を形成しているもののほうをよく知っている」（『原因論』、四八五）。

人間の条件のこのような解釈は、モンテスキューが行なっている政治体制の分析の基盤に見られる。政治体制があらわにする多様な形態の向こうで、一つの大きなカテゴリーがそれらの領域に構造を与えている。専制政治と穏健な政治体制とを対立させるようなカテゴリーである。この二つの体制の相違は（また後で再びとり上げるが〔本書一一三ページ〕）、専制政治がすべての権力を同じ手の中に集中させるのに対し、穏健な政治は権力を分散させてある種の均衡をはかる点にある。ところでモンテスキューの分析は、まったく中立的ではない。彼は専制政治を公然と非難し、戯画化し、穏健な政治を称揚する。いくつもの決定機関に権力を配分することは一つの善である、というのも、それは個人にその意志によって行動するより大きな機会を与えることになるからである――そのほうが人間の本性にはよりよく対応するのである。

人間存在は、他の生物以上に、自分自身で行動するという特性を有しているのだから、彼らの制度に関して一つの結果が生じてくる。つまり、そうした行為の自律性を束縛しない制度だけが、善なるものだということである。政治的自由は、国家によって大なり小なり保証されているが、それは人間存在の原則的自由、つまりその相対的な非決定と同じものではない。にもかかわらず、後者は前者の動機となる。「自由な魂をもっていると見なされるすべての人間が、自分自身によって統治されるべきである」とモンテスキューは書いている（『法の精神』、XI、六）。他のところではホッブズと対立するモンテスキューが、ここではもう一つ別の彼の根源的な命題に与する。すなわち、人間は自由を好むということによって特徴づけられるということである。「誰も、あるいはほとんど誰も、他人の政府に委ねるよりも、自分自身で統治するほうが正しい、という判断を下さないほど愚かではない」とホッブズは書いた（『市民』、III、一三）。よい政治体制とは、個人のためにこのような自由の余地を残しておく体制である。しかし、ホッブズと同様に、モンテスキューも自律性の要求を制度自体にまでは拡大しない。例えば共和制のような、ある種の政治体制においては、国民が今度は自らの手で統治することを望む。「国民が法律を作るということもまた、民主主義の基本的法則である」（『法の精神』、II、二）。しかし、個人の自由を保証するがゆえにやはり正当な体制であるとはいっても、君主制においては、国民が主権を要求するというのは、意味がないであろう。つまり個人から国家へと一般化することはできないであろう。

ルソー

デカルトの一世紀後に、ルソーは世界の認識に関して、理性の自律性を要求するという必要性をもはや感じていない。『百科全書』の時代には、それは了解済みのことであって、経験的な観察と論証が、スコラ派的な知の従順な伝達に取って代わった。他方では、モンテスキューやデカルトと同様に、ルソーもまた革命家ではない。たとえ法律が正義という点で欠陥があるとしても、個人の行為は現行の法律に従わなければならない、と彼は考える。その点は強調されるに値する。というのも、周知のように、ルソーは〈政治的な権利の原則〉(これは『社会契約論』の副題である)、モンテーニュとデカルトが無益なものと見なしていた活動について熟考せずにはいられないからである。また三十年後には、革命家たちが彼の教義を行動計画に変えることになるからである。しかし、ルソーが言うように、一方における原理の考察と、他方における具体的な社会実践ほど、「この世で異なっているものは何もない」(『エミール』、V、八三六)。一方は抽象的観念を取り扱い、もう一方は情念のとりこになっている人間の行動にかかわっている。この両者のあいだには断絶がある。実際上、ルソーは——デカルトと同じように——ごく必要なものとして亡命を選ぶことはあっても、決して反乱を選ぶことはない。

同時に、ルソーは、デカルトが『情念論』の中で述べていた原理を再びとり上げ、拡大する。「道徳的自由だけが、人間を人間自身の主人にする」、とルソーは同意している(『社会契約論』、I、八、三六五)。彼は『エミール』の中ではもっと長々とそれについて説明するのだが、そこでは彼は自由をサヴォワの助任司祭の「第三の信条」としている(IV、五八七)。人間の行為に関しては、「何の意味も示さないのは、自由という単語ではない、必要性という単語である」(五八六)。人間は、彼にのしかかってくる力がいかなるものであれ、その行為においては自由である。人間は「自分で行動する」、またそれが理由で善でも、悪でも実行することができる。もしも彼の行為がもっぱら神によって、あるいはその自然によって指示されているとするなら、そういうわけにはいかないだろう。モンテーニュのように、モンテスキューのように、ルソーはその自由の中に、それゆえ善と悪とをなしうる可能性の中に、人間と動物のあいだの決定的な違いを見る。「動物の活動においては『自然』だけがすべてのことをなす。ところが人間は、自由な動作主として、自分自身の活動をめざす。一方が本能によって選んだり、拒絶したりするのに対し、もう一方は自由な行為によってそうするのである。（……）『自然』はすべての動物を制御し、動物は従っている。人間もそれと同じような印象を受けるが、しかし人間は自分が自由に同意したり、抵抗したりできることを認識している」（『人間不平等起源論』、I、一四一―一四二）。

ここで気がつくことは、ルソーが人間主義者の教義の〈誇り高い〉解釈を受け入れていないということである。人間は自分の運命の方向づけを〈めざす〉、そして人間はそれを一人だけで指揮するのではない。人間の行為は、二つの力、自然と自由の結果である。人間は自然の命令から完全に免れているわけではない。しかしながら、人間には動物に欠けている駆け引きをするという余地がある。つまり、人間は抵抗することができるのだ。人間も他の種と同様に自然を備えているのだが、ただし人間の自然は拘束力が他の種より弱いのだ。そこで徹底的に考察して、ルソーは与えられているものと意図するものとを結びつけようとする。自己愛と慈愛が人間の自然の中にある。ところが、これらは等しく美徳の基盤であり、美徳は意志に属するのである。

しかしながら、自律性にかかわる人間主義の教義に向かって、ルソーが示す主な方向転換は、他のところにある。つまり、モンテーニュとデカルトが自律性を閉じ込めていた私的な世界から、ルソーはその自律性を公的な世界へ拡大したという事実の中である。それよりもむしろ、個人的な主体から、集合的な主体（民衆）へと言うべきかもしれない。政治的自由について、ルソーが示している愛着は、それだけでは本当の刷新にはならない。私的生活の中では個人は、他からやって来る命令に従っているというよりも、自らに与えている掟によって支配されているということは、すでにギリシャ人たちが自ら作り上げていた政治的自由の概念である。その上、民主主義が専制と対立するのは、専制の場合、権力が首長の独断に左右されるのに対し、民主主義の場合、権力はすべての市民の共通の意志の結果であるという点にある。テセウスは、エウリピデス〔前四八〇年頃―四〇六年頃〕の『救いを求める女たち』の中で次のように言うことができる。「この町はたった一人の人間の権力の下にあるのではない。この町は自由だ。ここでは民衆が支配し、すべての市民が、年ごとの執政官が、かわるがわるにこの国家を統治するのだ」（四〇三―四〇六）。したがって、政治的自律性という概念を見つけることで、ルソーはギリシャの政治的思考（その痕跡は、モンテーニュとデカルトによって要求された自律性の形態の中では、これほど多く見つけることができなかった）を復活させる。ルソーの〈一般的意志〉は、バンジャマン・コンスタンがやがて〈「古代人」の自由〉と呼ぶことになるものと緊密に結びついている。ともかくルソーはそれに「近代人」の心にぐっと触れるような一つの形態を与えるのである。

ルソーの表現形式は根本的なものである。政治体制に、制度に、法律に合法性を与えるのは何なのか。それらが単に存在するだけでは、もちろん十分ではない。ある見解の評判だけでは、デカルトの目に対し、その真実性を証明することにならなかったのとまったく同じである。事実がいくらあってもそれが権利だという結論は下せない。社会的慣習の存在とは、何を意味するのだろうか。かつての紛争の中で、それは対抗する法律、規則、制度よりも優位に立ったのである。伝統——歴史——は、権利の勝利ではなく、力の勝利を確立する。そんなわけで、ルソーは、すべての〈歴史の教訓〉、人が歴史に見つけたと思っているすべての〈理由〉を断固としてのけておくことによって、調査を開始するのである。「だからすべての事実を遠ざけることから始めよう」と、彼は『人間不平等起源論』（一三二）の冒頭に手きびしく書く。また、『社会契約論』の最初のほうのページで、彼はグロティウス（一五八三―一六四五年。オランダの法学者）を攻撃している。ルソーの目から見れば、彼は、歴史から引き出した例を論拠として想起させるという間違いを犯したのである。「彼が最も頻繁に用いる推論の方法は、常に事実によって権利を確立するということである。もっと筋の通った、しかし暴君にとってはより好ましくない方法を用いることもできるであろう」（I、二、三五三）。

ある国の唯一の合法的な政府とは、その国の国民の自由な意志によって選ばれた政府である。一人一人がみな法律によって決められた共同生活の社会契約を受け入れたのだから、その一般的な意志に協力するのである。法律こそが、「人に彼自身の判断によって方針に従って行動することを教える」（『政治経済論』、二四八）。彼の判断であって、他人の判断ではない。個人は、彼自身の意志に応じて行動することを選ぶ。そしてその行為は、すべての人に適用される法律を教えるような、一般的な意志を形成する。同時に、彼の意志の自由が、法律に合法性を与える。ここに、論理がどのようにして個人の自律性から政治体制の自律性へと移ってゆくかを、見てとることができる。「人間は自由に生まれて、自分自身の主人である」（『社会契約論』、IV、二、四四〇）のだから、人間が自由に所属している体制はおのずから自由である（したがって合法的である）。そこから次の表現が生じてきて、その革命的な潜在力が三十年後に活用されることになる。「すべての合法的な政府は共和政府である」（II、六、三八〇）。換言すれば、共和国だけが合法的なのである。

しかしながら、この次元においても、ルソーは〈誇り高い〉人間主義には傾かない。一般的な意志だけが、合法性を授けるのである。それは、具体的な法律がその排他的な成果でなければならない、ということを意味するのではない。ここではルソーはまだモンテスキューに近く、そのモンテスキューは、よい法律というものを、所与のもの――地理的・風土的条件、歴史、宗教や商業の形態――と、意図されたり、理想つまり穏健な理想によって吹き込まれたりするものとのあいだの、長い相互作用の結果だとして見ていた。そのため、モンテスキューは現世において専制政治を非難せざるをえなかったのである。そして今度はルソーが、人間も、社会も、たった一つの意志に応じて、その上に新しい構造を築き上げることができるようなタブラ・ラサ〔白紙のような精神〕だとは夢にも思わなくなる。ルソーは、人間が歴史も文化も捨象することはできない、ということを知っている。そこで彼はこう書く。「民衆一人一人に制度的な特別な体系を割りふらなければならない。その体系はたぶんそれ自体で最良というのではなく、それを充てられる民衆にとって最良となる。(……)万人に共通する教訓を越えて、民衆一人一人が自らの中に、ある特別なやり方でそれらの教訓を命じ、彼一人だけに適した法体系とする何らかの理由を秘めている」(『社会契約論』、II、一一、三九二―三九三)。統治する技術は、抽象的に理屈を述べることではなく、一般的な原理を、時間的、空間的状況と一致させるように正しい判断によって変えることである。それは現実の人間たちに向けられるものであって、聖人や賢人たちに向けられるものではない。簡単に言うと、モンテスキューにとって中心にあったものが、ルソーにとっては周辺的になるのであり、その逆もまた然りということなのである。

最後に、自律性のもう一つ別の面に立ちどまらなければならない。私は、偶然や、慣例や、自然に従うことなく、自分の好みや趣味と一致させて行動することができなくてはならない、とモンテーニュとデカルトが言っていた。例えば、いとこたちよりも、友人たちと一緒に生きるということである。しかしながら、そのモンテーニュがすでに指摘していたのは、そうした純粋に個人的な自律性は、想像するよりもずっと難しいのは明らかだ、なぜなら、各人は世論の圧力を受けるからだ、ということだった。各人は自分だけで行動しているように思っている。ところが実際は、彼はある様式、他からやって来る無理強いに服従しているだけなのである。「われわれは世論に対して体裁を取り繕うために、われわれ自身の利益を自ら禁じてしまう。われわれの存在が、われわれ自身の中で実際にいかなるものであり、公的な交際の中でいかなるものであるかなどということは、われわれにはそれほどかかわりがない」(Ⅲ、九、九五五)。

十七世紀のモラリストたちも、意見をまったく同じにするだろう。人間は選んでいると思っているが、実際には、彼には異質のものである様式や趣味に従っている。人間は自分自身で行動していると思っている。ところが、彼にその行動を指示しているのは、他の者たちなのだ。パスカルはこう書く。「われわれは、われわれ自身とわれわれ固有の存在の中に所持している生活だけでは満足しない。われわれは、想像的な生活によって他の者たちの思考の中に生きることを欲する。そして、そのためにわれわれはそう見えるように努めるのだ」(B、一四七、L、八〇六)。そう見えることは存在することに勝る。ところで、そう見えることは他の者たちを通じてわれわれに課せられる。われわれの自律性は幻想的なのだ。ラ・ロシュフーコーがこれと同じことを言うだろう。人々は「他の人たちがしていることを目にしたことで、それをまねしなければならないと考える。(……)各人は一人の他者でありたいと思う、そしてもう今の自分でいたくないと思う」(『さまざまな考察』、Ⅲ)。人は自分自身を出発点にして望み、判断したいと主張するが、しかし、この主張は、多くの場合、一つの幻想だけを隠している。「人は自分自身を忘れている。そして知らぬ間に自分自身から離れる」のであり、自分の中で自分自身の思考と感情を聞くのに十分なくらい敏感な耳が人にはない。その代わりに人が耳にするもの、人が従っているものは、他の人たちのまなざしの中に読みとる習慣、様式、趣味なのである。

後で見るとおり〔本書一三二ページ〕、ルソーは、他の人たちがわれわれの上に注ぐまなざしを考慮することに、なおいっそう重要な位置を与えている。しかし彼はまたそれから解放される方法についても自問している。これは私の意志だ、というだけでは十分ではない。なぜなら、われわれの欲求は意志に従うのではなく、われわれの中の無意識の力に従うからである。われわれは愛する存在を自由には選ばない。そこでルソーは、適切な方法でこれらの無意識の力に働きかけることを提起し、『エミール』の中でその方法に〈消極的教育〉という名を与える。この教育は、大ざっぱにいえば、子供の周りを循環して、さまざまな価値を運んでくるおしゃべりから彼を保護しながら、その子供に本来の好みをかき立ててやることである（この問題にはまた戻ってくるつもりである〔本書二八六ページ〕）。このような理由で、その子供は自分の家庭教師を除いては、ほんのわずかの大人しか目にしないし、本もほとんど読まない（ただ一つの、啓示的な例外は、『ロビンソン・クルーソー』である。この小説の主人公は、彼の島で、他の人たちによって表明される判断からは離れて生きている）。この操作の目的は彼を野蛮人にすることではなく、――彼の趣味や好みを含めて――一人の自律的存在とすることである。「社会的な渦巻きの中に閉ざされて、彼が情念によっても、人間たちの見解によっても引きずられることなく、彼の目でものを見、彼の心でものを感じ、彼自身の理性という権限以外には、いかなる権限にも支配されないというだけで十分である」(IV、五五一)。

これこそが〈自然の人間〉ということになろうが、それでも彼には社会と無縁なところはまったくないであろう。エミールが避けなければならないとして学んだはずのものとは、実際には、社会性ではなく、一般的見解や嘲笑すべき慣例に対する盲従であり、たとえ絶え間なく変わっていても、その日の規範に合わせて行動する習慣であり、一般大衆が彼にもたらす判断に対する関心（〈人はこれについて何と言うだろう〉）なのである。古代の〈犬儒派の〉哲学者のように、エミールのような教育を受けた人は、「様式や前例だけしか規範とすることのない専制的な評価を気にすることなく」振る舞うだろう（六七〇）。サン・プルーはすでにこう言っていた。「人間たちが実際の彼らとは別のものになっているということ、また社会は人間たちに、いわば、彼ら自身とは異なる本質を与えているということが、大都会における第一の不都合である。」女たちは、ことのほか、「他人のまなざしから、自分たちが気にかける唯一の実在を引き出す」（『新エロイーズ』、II、二一、二七三）ものである。

したがって、すでにラ・ロシュフーコーによって記述されているこのような偏流は、ルソーによってもっと特殊な形で市民生活に結びつけられる。また、近代社会に結びつけられる、と付け加えられるだろう。しかし、社会的人間を社交的人間と混同してはならない。「社交界の人間は完全に仮面に包まれている。彼自身であることはめったにないので、彼自身に戻らざるをえないときには、彼はいつでも異質なもので、居心地が悪い。本来の彼は何の値打ちもなく、見かけ上の彼が彼にとってはすべてである」（『エミール』、IV、五一五）。そうであることとそう見えることとは、等しく社会的であるが、しかし、そう見えることだけに満足する個人は、自らの自律性を放棄したのである。ルソーはここでラ・ロシュフーコーの（またストア派の人たちの）もう一つ別の観念と出会う。つまり、あるがままの自分を受け入れる、疎外（他者への服従という文字どおりの意味で）を免れることを知らなければならないということである。たとえこの疎外が善へのひとつの願望の結果であるとしても。「自分自身よりもある他者でありたいと望むことは、その他者がソクラテス〔前四七〇―三九九年〕であれ、大カトー〔前二三四―一四九年〕であれ、すべて挫折する。自分自身とは異質なものになろうとする者は、まもなく自分を完全に忘れてしまう」（五三五）。

ルソーが示唆することは、自分自身の自然に従うことのほうが、他者の模範に従うよりも、その個人にとっては冒す危険が小さい、ということなのである。ひとたびそんなふうに教育を受けたならば、個人は自らの感情と欲望の中に自律性を保持することができるようになるだろう。つまり自由は、自然と対立するというよりもむしろ、自然と調和して体験できるようになるだろう。

コンスタン

ルソーとともに、自律性という概念はもはや広がりに限界がなくなる。この自律性という概念は、認識と行為の中に、公的生活と私的生活の中に介入する。しかしながら、この概念は絶対的なものではなく、限界がある。人間主義者は、所与の力、社会的習慣の力のような物質的自然の力を無視してはいない。ただし、人間主義者は、**解放**は常に可能であると考えている。人間の生活は未完の菜園であり、自律性は花開くように世話をしてやらなければならない植物なのだ。（大なり小なり広がりのある）自由は、一つの過程、つまりわれわれの中に刻み込まれている目的の結果であって、それはさらに、政治的制度の地平にもなりうる。**私** *je* の自律性は、なるほど部分的なものであるが、しかしそれは遍在的なものだ。人間存在の相対的な非決定を基盤にしながら、私の自律性は公的かつ私的生活を方向づけることができる。人間主義者の教義を構成する第一の要素であり、それを確認することは後戻りできない段階を示している。しかしながら、ルソーによって考えられている原理と行為との接合は、まだ実践にまでは至っていない。それはフランス革命の直後に行なわれることである。ルソーや彼の先駆者たちの観念は、政治的計画に変えられ、言葉から行為へと移行するのである。ところで、自律性の勝利そのものが、ここで、それまでは気づかなかった一つの危険を、他のところに出現させる。その発見の功績は、バンジャマン・コンスタンに帰せられる。

まず最初に、コンスタンが歴史的な操作の力にとりわけ敏感だった、ということを言わなければならない。彼は、過去が現在にどれほど重くのしかかってくるか、歴史的背景が個人の活動にどれほど影響を与えるかを知っている。「ある一世紀は、それに先行した何世紀もの必然的な結果である。一世紀は、あるがままの現実の一世紀である以外には決してありえない」（『十八世紀の文学』、五二八）。必ずしも自覚しているとは限らないが、個人は、自分たちの時代の精神を帯びている。「人間的事象は、人間とは無関係な、漸進的な進行をする、そして人間たちはそれと知らずに、その進行に従っている。人間の意志さえもそこには含まれる。なぜなら、人間は自分たちが関心を寄せているもの以外は決して欲することができないからであり、また人間の関心は共存している状況に因るからである」（『古代ローマの多神教』、XⅣ、三、Ⅱ、一六八）。したがって身につけるべき最良の態度は、そうした決定を受け入れることである。「もしも人間という種が、確固とした歩みを辿っていくのなら、それに従わなければならない。それを受け入れることだけが、人間に常軌を逸した闘いや、恐ろしい不幸を免れさせるのだ」（『解き放された思想』、六〇三）。

しかしながら、コンスタンを純粋な決定論者と見なすと、間違いを犯すことになる。そしてまさにそのために、完全な決定論に対抗して、彼の論拠がもたらす因果系列の力を、彼が知らないわけはないのだ。実際に、モンテスキューの観念を継承しながら、コンスタンが明確にしようと気をつかっていることは、歴史的条件が全体的な動きを決定するときでも、その歴史的条件は個人に大いなる自由の余白を残しておくということである。「個人においてはすべてが精神的であるが、集団においてはすべてが物質的である。（……）各人は個人的に自由である。なぜなら各人は、個人的には、自分自身による以外には、あるいは自分と同等の力量による以外には、ものごとをする必要はないからである。しかし彼が一つの集合の中に入ったときから、彼は自由ではなくなる」（『十八世紀の文学』、五二八）。個人は自分の意志に合わせて行動する。したがって彼の行為は道徳的次元で評価されうる（そこにかかわっているのは、〈原則的な〉個人であって、具体的な人格ではない。具体的な人格なら依存関係の網の目にとらわれて、上位の人たちに従い、〈自分自身のことだけはする〉必要が決してない、と付け加えるまでもあるまい）。しかし、ある集団の——ある民衆、ある時代の——構成員として、個人は、自分たちをとりまいている動きによって引きずられる。そのとき、一つの目に見えない力が、それにふさわしい目的のほうへ彼らを導いてゆく。

政治的活動について言えば、コンスタンは、すでに述べられていることのほかに、新たな自律性の要求を付け加えるようなことはしない。どうして彼にはそれが可能なのだろうか。彼は先駆者たちの要求を確認するだけである。世界を知るため、あるいは判断を下すために、個人が自分たちの理性を自由に駆使する権利をもつことは、彼にとって自明のことである。彼はまた、政治的権力は一般的意志の発露であるとする、ルソーの原理に従う。つまり、国民が主権者なのである。「一言で言えば、世の中には二つの権力しか存在しない。一方は非合法的なもので、それは力である。もう一方は合法的なもので、それは一般的な意志である」（『政治の原理』、I、二、三二）。しかしながら、彼は、自律性の完全に初歩的な形態、法律に反しない限り、モンテーニュやデカルトに好きなように自分たちの生活を組み立てさせた自律性が、今は脅威にさらされていることを発見する。そこで彼は、その自律性の周りに保護壁を建てようと努めるだろう。

この新しい障害はいったいどこから生じたのか。自由という観念の一般化そのものからである。社会全体に与えられる自律性、民衆の政治的主権は、非合法的な権力ばかりではなく、その民衆を形成している個人の自律性とも対立するかもしれない（ホッブズはすでにそのことを知っていた）。集団的自律性の要求があっても、権力の再検討がなされなかった古代社会においては、個人的自由しか問題にならなかった。つまり、感情の自由、理性の自由、意志の自由である。今度は民衆が自律的になるということは、自由の勝利なのである。しかしその勝利は、個人が自由であり続けることを保証はしない。個人的自律性の拡大となるどころか、集団の自律性は個人の自律性の否定をもたらす危険がある。したがって手遅れにならないうちに、不都合を警告し、ありうべき権力の侵害から個人を守らなければならない。その侵害も、権力自体が自律的であるという理由で、やはり耐えがたいことなのである。

コンスタンは、フランスにおいて、革命の体験から重大な理論的結果を引き出した最初の人である。一七八九年の人間たちは、君主制を共和制に、国王の主権を国民の主権に代えることによって、立派に振舞ったのだと思った。その後で、「恐怖政治」がやって来て、彼らの破滅ではないにしても、彼らの恐怖を引き起こした。最初のすばらしい計画が、なぜこのようにひっくり返ったのか。シエイエス（一七四八―一八三六年。フランスの政治家。『第三身分とは何か』で、フランス革命の理論的方針を示した）がテルミドール九日（一七九四年七月二十七日、反ロベスピエール派によるクーデターが成功した日）の直前に確認しているように、虫はすでに果物の中にいたのだ。ある意味で、一七八九年の「革命」は十分に遠くまでは及んでいなかった。それは、同じ筋書きを保持しながら、役者を別の役者に代えるだけで満足したのだ。君臨するのは、もはや国王ではなく、〈国民〉だ。しかし権力は相変わらず同じように絶対的だ。権力の支配が及ばない空間をまったく残さなかったので、その権力は、反対者をことごとく敵に変え、意見の相違をことごとく死に至る闘争の理由に変えてしまう。「恐怖政治」は、そうした絶対主義の直接的な結果なのである。一七九三年は、一七八九年に萌芽として含まれている。革命家たちは、アンシャン・レジームを完全に断ち切ったと思っているが、実際には彼らは、その最も有害な特徴の一つを引き延ばしているのである。つまり、絶対主義である。したがって、もう一歩進んで、役者ばかりではなく、台本をも変えなければならない。もはや単に国民の主権のみを要求するだけでは十分ではない。さらに、別の原理を拠り所として、国民の主権を制限しなければならないのである。

コンスタンの警告は、ルソーの思想についての批判の中に表現されている。その批判は、集団的自律性の原理（この二人の作家はそれを共有している）を対象とするのではなく、国民のこの新たな権力と、国民を形成する個人の権力とのあいだに、はっきりした境界が欠如していることを対象とする。コンスタンは、ルソーが「加入者一人一人がそのすべての権利とともに、共同体全体に対して行なう全面的譲渡」（『社会契約論』、I、六、三六〇）と呼ぶものを受け入れることができない。権力の源が合法的であるということによって、実際に権力の乱用を防ぐことはまったくできない。ルソーの過ちの理由は、彼の体系の抽象性にある、とコンスタンは考える。現実には一般的意志は、ほんの何人かの個人の手の中だけに置かれ、そしてこの事実がすべての乱用を許すということを、ルソーは忘れたのだ。「人は、自分自身をすべて委ねて、万人にとって等しい条件の中に入ることはない。なぜなら、何人かの者たちはもっぱら、他の人の犠牲を利用するからである」（『政治の原理』、I、四、四〇）。

コンスタンは、ルソーのこの過ちを、主権の根本的原理に第二の原理を加えることによって、訂正しようとするが、その第二の原理は、モンテスキューから着想を得るのである（『社会契約論』と『法の精神』は、『政治の原理 *Principes de politique*』の最初の文章から名前を挙げられている。そして、〈原理 principes〉の複数形はここではじつに意義深い）。

すでに見たように、ルソーにとって、権力は、国民の一般的意志によって確立されなかったなら、非合法なものである。モンテスキューはそうした事柄をまったく別のやり方で見る。ある権力を合法的にするものは、その起源ではないし、その構造でもない（その権力が一人の人間によって行使されるのであれ、数人によって、あるいはすべての人によって行使されるのであれ）。そうではなくて、権力の機能の仕方である。モンテスキューの見解では、権力は、無制限ではないときに、合法的なのである。権力は、法律によって、あるいは別の権力によって制限されうる。だからモンテスキューは、誰によって法律が制定されたのかを詮索したりせずに、政府が現行の法律に従うようにすることを望んでいる。彼が特殊な社会を観察して、確認することは、あるいくつかの国の国民は、自分自身に課した法の下で生活し、別のいくつかの国の国民は、自分たちが選んだものではない法律に従って生活しているということである。例えば、ある君主国では、法律は君主によって授けられるのだが、それらの法律はその君主自身が祖先から受け継ぐことのできたものである。しかしながら、共和国であれ、君主国であれ、どちらも法律に従っている。モンテスキューの目から見ると、それらは等しく〈節度ある〉ものであり、それゆえ合法的なのである。権力に制限をつけるというその同じ目的が、別の手段によって達成される。行政的、立法的、司法的権力が、同じ手の中に集中しないようにして、一方が他方と釣り合いをとれるようにすることが重要なのである。だから、その権力がどこから来たのかを知ることは、たいした問題ではない。重要なのは、その〈節度〉である。その逆の場合には、われわれは専制的体制とかかわる。というのも、その体制はすべての権力をたった一人に集中させるからである。専制政治を有害にするものは、守護者としての反＝権力の不在である。

したがってコンスタンは、モンテスキューと同様に、権力というものはいくつかの制限の中で行使されなければ、それは非難されるべきものであると付け加える。「その権限がその領域の外の対象にまで拡大するとき、それは非合法になる」(『政治の原理』、II、一、五二)。しかしながら、モンテスキューのこの表現はもはや彼にとって満足できるものではない。もしもそれらの法律そのものが、個人の権利を尊重しないのなら、それらの法律を尊重しても、何の役にも立たない(コンスタンにとって、きわめて不当な法律とは、モンテスキューの場合よりもはるかに感知しやすい現実である)。また権力は、異なる決定機関(立法、行政、司法)のあいだで配分されても無駄であろう。もしも、それらを統合したものが私から保存する領域を一つでも奪うのなら、私はそのような制度を認めることはできない。「私にとって重要なのは、私の個人的な権利が、ある権力によって、別のある権力の承認もなく侵害されるのではないかということではない。そうではなく、そうした侵害が、すべての権力に対して禁じられているということである。行政を執行する職員たちは法体系による認可を求める必要がある、というだけでは十分ではない。立法者が、ある制限された領域でのみ彼らの行為を認可できるとしなければならない」(II、三、五六)。さしあたり重要なことは、その領域の正確な広さでも、その領域が限定される手続きでもなく、そういう領域が存在するという事実そのものである。

モンテスキューは、権力全体を**同一人に**預けてはならないと言う。コンスタンは、権力**全体**を預けてはならないと言い返す。モンテスキューは、権力が権力を阻止するようにしようと気を遣う。コンスタンは、「権力によらずして、どのようにして権力を制限できるのか」(II、四、五八)と問いかける。そして答える。合法的であれ、非合法的であれ、分割されているのであれ、統一されているのであれ、いかなる社会的権力も、その権利がおよばない領域、つまり個人の領域の確立による、と。そして締めくくる。「自由とは、個人が何かをする権利をもつということ、また、社会がそれを妨げる権利をもたないということ以外の何ものでもない」(I、三、三五)。すべての人間存在の生活は二つの領域に分けられる。一つは公的生活、もう一つは私的生活である。社会がその支配をおよぼすのは前者に対してであり、個人が自ら管理するのは後者である。個人の領域は、社会的主権がいかなる形態であれ、その支配下には置かれていない（個人は自らその神、友人、仕事、さらには国さえ選べるのだ）。〈「自由」〉とは、この二つの領域を分離する境目、障壁に与えられる名前であって、その向こうでは、社会のあらゆる介入が非合法的なのである。

このような要求は、宗教的良心の自由を要求する自由主義思想の起源にすでに存在していた。モンテスキューの功績は、それを政治に導入したことである。コンスタンはそれを一般化し、それがもたらす結果を表明する。最良の政治形態を記述するためには、もはや一つの基準だけでは足りない。個人の自律性は、国民が自律的になったために、保証されない。自由のこの二つの形態は、必ずしも連帯しているとは限らない。民主主義体制は、互いに還元できない二つの原理に同時に準拠しなければならない。つまり、民衆の自律性と個人の自律性、一般的意志と個人の自由である。

コンスタンが〈「近代人」の自由〉として示すのは、国家や社会との関連における個人の自由である。彼は実際に、その自由が必ずしもそうした形態で要求されなかった、ということを確認する。それが始まるのは、やっと十六世紀になってから、そしてとりわけ十八世紀になってからである。モンテーニュやデカルトが、自分たちのために自分が望む場所で生き、自分が望む人を愛する権利を要求するときでさえ、彼らは、公的権力がいかなる査察権ももたないような領域を法的に確立することは要求していない。ところで、こうした沈黙の寛容だけではもはや間に合わなくなるかもしれない。それは、古代社会のほうがより多くの自由を個人に残しているということではなく、その点に関して、古代社会のほうが組織的ではないということである。モンテーニュやデカルトによって個人的実践として記述されたことは、コンスタンによれば、譲渡できない権利として法によって保護されなければならないのである。

コンスタンは、新たな自律性の形態を創り出しているわけではなく、自律性の形態の一つの〈公的な〉保護を確実にすることだけに気を遣っている。つまり、私生活の自律性である。彼が国民の主権に差し向ける批判は、内部的な警告である。彼は、根源からして肯定的な一つの原理であるものの、ありうべき乱用に対して警告するのである。彼の視点はあまりにも部分的だと判断される可能性がある。国家の強化は、必然的に個人を犠牲にして行なわれるのではないだろうか。悪はむしろ他の個人たちから来るのではないだろうか、そして社会はその制度によって保護するための盾の役割を果たしはしないだろうか。才能の開花のために、個人は、社会が個人の不可侵性ばかりでなく、個人の満足までも保証することを要求するのではないだろうか。自由そのものは、人が国家の活動からかすめとるものなのだろうか、それとも国家の活動が保障するものなのだろうか。コンスタンは近代的〈福祉国家〉のことは夢にも考えていない。

国家は保護者にも、あるいは圧迫者にもなりうる。コンスタンは、後者の姿に敏感であり、前者の姿は無視する。彼にとって、選択は別のやり方で示される。もしもホッブズのように、すべての危険の中で最大のものは、内戦、治安の悪さ、死の脅威であると判断する人は、秩序を保障する絶対的権力の到来を願わなければならない。たとえそれによって、個人が自分の自由を失うということが起こるとしても。モンテスキューのように、最悪の災難とは自由の喪失であると考えるならば、権力は制限されるほうがよいのである。コンスタンはホッブズよりもモンテスキューを選ぶ。そしてロック〔一六三二―一七〇四年〕によって開かれた自由主義への道に敢然と入り込み、民主主義の第一原理（国民の主権）を、第二原理（個人の自由）によって修正する。民主国家において、国民の主権はもはや制限されない。ロックにおいて抽象的問題であったものが、コンスタンにおいては、豊かな展開の基盤となる（一八〇六年の『政治の原理』）。そしてそれは、後にコンスタンの公的活動の規則として彼の役に立つようになる。コンスタンはこのように、フランス革命の直後に、人間主義の原理と一致するような政治が設定される、たった一つの枠組みを素描しているのである。

一方の〈共和主義〉、他方の〈自由主義〉というこの二つの側面の結合が、近代的民主主義を特徴づけるものである。共通の利益と各人の幸福が、等しく合法的なその目標なのであるが、それらの起源が共通であるからといって、それらが常に同じ一つの動きによって追求されるとはかぎらない。それらの適用される領域は一致しないのである。トクヴィルは彼なりに、それをこう述べるだろう。「われわれの同時代人たちは、相対する二つの情念によって絶えず責めさいなまれている。彼らは、導かれたいという欲求と、自由なままでいたいという切望とを感じている。この相反する本能のどちらをも消滅させることができないので、彼らは二つとも同時に満足させようと努めている」(『民主主義』、II、四、六、三八六)。近代国家の共和主義的側面と自由主義的側面は、たぶん不安定な均衡以外は決して形成することができないだろう。そして両者の一方が、他方の行き過ぎを緩和する。

このように個人的自律性の原理を、集団的自律性の原理と同じ次元に刻み込んでいるが、コンスタンは、別個の二つの要求を一緒にするだけでは満足しない。彼はまた、道徳と政治との関係も変える。その関係はすでにルネサンス期に覆されていた。それ以前のキリスト教的視点では、道徳(およびその基盤である神学)が政治を支配する。政治は道徳の例証でなければならないのだ。十字軍が国の利益をもたらすかどうかと、誰も自問したりはしない。それが神の栄光に貢献するだけでよいのである。ルネサンスにおける新しさとは、政治の次元から神学の次元を根本的に分離することである。一方にとって善であることは、他方にとって常に善であるとは限らないし、時にはそうではないこともある。

マキャヴェリ〔一四六九―一五二七年〕が、それをすっぱりと断ち切ることになる。市民的**美徳** *virtù* には、キリスト教的美徳と共通するものは何もない。敵に対する慈悲を実践しながら強力な国家を建設することはできない。キリスト教は道徳の確立には適しているが、それは悪しき市民を生み出す。マキャヴェリがそんなふうに表明することは、近代国家の現実に対応している。したがって、彼の思想が公的に断罪され、反駁されたとしても、それは豊かな反響を得たのである。今度はモンテーニュが、政治において〈有益な〉ものは、道徳が〈誠実な〉と形容するものと混同されることはないと考えることになる。そして、道徳的な悪は、毒が健康のために必要なように、政治のために必要となる。「公益は、裏切ること、嘘をつくこと、虐殺することを必要とする」(Ⅲ、一、七九一)。ルソーは〈人間〉を〈市民〉に対立させ、したがってまた道徳と政治とを対立させるのだが、たいていの場合、両者が和解するような期待はもてない。『社会契約論』の中で、彼はまた、キリスト教は悪しき市民を作り上げる、なぜなら、イエスにとっては、すべての人間は兄弟であって、たんなる同郷人ではないからである、という判断を下すであろう。

二十世紀に、われわれは道徳と政治との関係を再構築するための、新たな企ての証人となった。全体主義の体制下では、道徳の規則を指示するのは政治である。この場合に国家は、政治的命令だけでなく、市民の道徳的目標までも規定する。国家の権限から逃れるものは何ひとつないがゆえに、個人の道徳的自律性はもはや存在する理由がない。

バンジャマン・コンスタンは、君主制の絶対主義、革命的恐怖政治、ナポレオン〔一七六九—一八二一年〕の専制政治について考察し、全体主義的な危険の予感のようなものを感じた。そこで、その危険を回避するために、道徳と政治とのあいだにもう一つ別の結合形態を提起した。それはもはや一方から他方への従属でもなく、両者の決定的な分離でもない。政治の中心に合法的な原理として個人的自律性を導入することである。コンスタンの〈第二の原理〉、すなわち不可侵領域における個人の権利は、道徳が他のいかなる命令系統にも従属しないことを保証する。同時に、彼は政治的生活の中に道徳の原理を導入するが、それは支配することなくその政治的生活に働きかけるのである。コンスタンは実際に、道徳上の責務（例えば、人をもてなす義務とか、人を告発しない義務）と判断されることに対し、それに反する行動を法律が指示しているような場合に、市民たちがそれに従わないような状況を想像する。個人は、現行の法律やそれ以前の法律とは別の諸権利を有しており、われわれはそれらを人間の権利と呼んでいる。それらの権利は国家の政治を決定するのではないが、それらは国家の政治が違反してはならない制限を設定している。同時に、その権利は、現行の法律や制度を人が批判することのできる素地をなしている。このようにしてコンスタンは、またも人間主義の本質的に**節度ある**精神を見出すのであるが、それは、分散したいくつもの原理が、互いに無視したり、死闘の中に飛び込んだりするよりも、むしろ互いに制限するようにしむける。

人間主義とは何よりもまず、人間のすべての活動に染み込んでいる思想であって、特別な一つの制度なのではない。しかしながら、もろもろの制度は思想を自由に発揮させたり、あるいは逆に抑圧したりする。モンテスキューとルソーは、現世の人間の立場や役割を考えるだけでは満足せず、その立場や役割をしっかりと維持できるようにするために、具体的な社会形態について考察する。諸権力の分離や一般的意志は、人間主義者の計画と一致するような生活の開花にとって好都合な諸制度を指し示している。しかしコンスタンにおいては、人間主義は一つの政治的構造、自由民主主義の構造に至るのである。コンスタンは、もはや単なる哲学者でも作家でもない。彼はまたれっきとした政治的人間でもあり、自分の理想に合うような制度の構築と、改造とに積極的に取り組むのである。ルソーは、ポーランドやコルシカの諸政体を夢見ているが、彼の思索は具体的な行動にまでは至っていない。ところがコンスタンは、自国の政治に直接に影響を与えようと努めている。彼の場合には実践とのこのつながりが、彼の考察を近代人が置かれている現実の状況により近づける、そして彼の政治の二つの原理をはっきりと連結させるのである。民主主義の主体は、自国の法律に従う、そして、この意味では、自らの自然の自由を放棄する。しかし彼は、法律制定の任務を帯びた彼の代理人を選び、その代理人が彼を満足させなければ、代理人を解任することができる。そのうえ彼は、いかなる侵入からも個人的領域を守り、彼が不公平だと判断すればその法を拒否する権利をもっている。彼は道徳的な市民として振る舞うことができるのである。

第三章　相互依存

個人の自由は、近代人の目にはひとつの財産と映る。しかし、われわれはその代価を支払う羽目になるのだろうか。最もさし迫った危険、フランス革命の時期に感知され、今日までずっと心配され続けている危険とは、他の人間存在とわれわれとの関係である。自由でありたいと欲することで、われわれは出身共同体から切り離される恐れはないだろうか。またもっと悪い場合には、この共同体そのものが解体する恐れはないだろうか。孤独は、われわれの自律性によって強いられる代償ではないのだろうか――ところで、何が怖いかといって、他の人間たちの中での孤独、その孤独の中にわれわれが投げ込まれてしまうかもしれない、ということほど恐ろしいことがあるだろうか。この近代世界には、愛のための場所だけは存在するのだろうか。それともわれわれは、情愛関係が徐々に契約関係に取って代えられるのを指をくわえて見ていなければならないのだろうか。自律性の擁護者は、この憂慮すべき質問に答えなければなるまい。もしも彼が、われわれはいんちきな取引契約を結んだのだ、ということを認めたくないのであれば。

「近代人」は、その大部分が、人間の運命は彼ら自身の手の中にある、と言うことで意見が一致している。しかし、そのうちのかなりの数の人が、そうした人間たちは本性からして孤独であり、エゴイストであり、同胞に対して敵意をもっている、ということを観察したような気がしている。これがとりわけ、十七世紀、十八世紀におけるホッブズの理論に対する反応である（この反応が正しいか否かを知ることは、ここではわれわれにとってあまり重要ではない）。要するに、自律的な政治の要求は、〈原子論〉の、すなわち個人の自給自足の人類学的理論、あるいはわれわれの用語によるなら、個人主義の人類学的理論を前提にしているように思われるのである。

社会的自然〔本性〕

しかしながら、こうした人類学的仮説が、人間主義の思想家たちに、何らかの承認を引き起こすと想像してはならないだろう。それどころではないのである。ホッブズの思想に対する〈反論〉は、公認のキリスト教の思考と良好な関係を保っていたいと願う作業にとっては、まさに踏み絵となる（それでも彼らが同時にホッブズの影響をこうむることに変わりはない）。まさしくこの個人主義的見解の拒絶が、モンテスキューに『法の精神』の冒頭部全体で、ホッブズの批判を展開するようにしむけるのである。ホッブズの主張することとは逆に、自然の状態では、人間は互いに傷つけあうことはないし、相手を従わせることもない。虚弱で、おびえながら、人間はむしろ困窮の中に生きており、保護と安全を求めている。その上、人間は本当に孤独であったことは決してない。もしも人間が孤独であったとしたら、繁殖することができなかったろうし、したがって生き残ることもできなかったであろう。男女の性の引力のほうが、競争相手との闘いよりもずっと根源的である。「社会の中で生きたいという欲求」は、人間性の「自然の法則」である（I、二）。

モンテスキューは、人間の自然の状態は孤独なものであり、社会の外にあるという考えに常に反対した。

『法の精神』（一七四八年）の四半世紀前に、彼は『義務論』（一七二五年）を書いていたが、その本文は失われてしまい、その断片が、モンテスキューによって『わが思想』という題名のつけられた選集の中に見出される。やはりホッブズに反対して、彼はこう書いている。「最初の唯一の男は誰をも恐れない。その唯一の男は、やはり唯一の女を見つけるだろうが、彼女に戦いを挑むことはないであろう。他の者たちが生まれ家族をなし、やがて社会をなすであろう。そこには戦いはまったくない。その反対に、愛、教育、尊敬、感謝があり、何もかもが平和な香りを発散している」（六一五）。モンテスキューはここでは聖書のイメージから出発する。最初の人間には両親がいない。彼は神によって創造された。最初の女についても同様である。それはどうでもよいことで、大事なのはその人間たちが戦いよりも愛を好むということである。その後に来る人間たちは、明らかに一人の母親と一人の父親から生まれる。両親の保護的な愛は、確かにすべての闘争よりも先行する――そうでなければ、人間の種は維持されないだろう。「子供の時期というのは、理解しうる限り最も虚弱な状態にあるので、子供は両親に依存していなければならなかったのだが、その両親が彼らに生を与え、さらに生命を保つ手段を与えたのだった」（六一六）。これは、憎しみが家族のあいだに、男女の関係の中に存在しないということではない。しかしもしも憎しみが勝っていれば、人間という種は単に生き残ることさえなかったであろう。さらにその数年前に、『ペルシャ人の手紙』（一七二一年）の中では、ユスベクが社会の起源を探すことなど馬鹿げていると断言した。というのも、すべての人間存在は、家族というこの社会の中に生まれることを避けられないからである。「彼らはみな、互いに結びつけられて生まれてくる。息子は父親のそばに生まれ、そしてそこにとどまる。それが『社会』であり、また『社会』の原因なのである」（一。九四）。

モンテスキューの想像の中で、子供が母親の助けなしに生まれ、成長することを、人は奇妙なことだと思うかもしれない。しかし大事なのは、人間存在は社会の外では生きていないし、また決して生きられないということである。人間が生まれつき非社会的だと信じることは、勘違いというものである。人間の目的は非社会的になることだと想像することは、虚妄に遊ぶことである。この点についてのモンテスキューの立場は、一貫してゆるぎがない。しかしながら、彼の理論のある面においては、彼はアリストテレス、つまり「古代人たち」の教えに忠実であるのだから、彼は人間主義の思想の典型的な代表ではない、と判断する人がいるかもしれない。ここでは、その思想の典型的な代表、ルソーの姿と比較してみるほうがよい。一般的意志と道徳的自律性の理論家、ルソーは、非社会的な自然の人間を称揚したことと、孤独な生活の喜びを歌ったことで等しく有名なのだから、この比較はいっそううってつけなのである。この作業によって、一方では自律性の原理と、もう一方では近代的個人主義とのあいだの、分離できないつながりが最も明快に示されるのではないだろうか。ボナルド以降、絶えずそう主張されてきた。しかしそれは正しいのだろうか。この質問に答えるためには、ルソーの思想の詳細にいくぶん入り込んでいかなければならない。

社会性〔社交性〕

〈自然〉は、ルソーの概念体系の中では本質的な役割を演じる。彼が行なう人間性の歴史の仮説的再構築において、初めの〈自然の状態〉は、後の〈社会の状態〉と対立する。一連の対立概念はことごとくこの対立と関連している。この二つの状態に実際に対応しているのは、二つの人間のタイプであって、ルソーはそれらをかわるがわる〈自然的人間〉と〈人間の人間〉とか、〈自然の人間〉と〈世論の人間〉とか、

〈未開人〉と〈都会人〉とか、あるいはまた〈自然の人間〉と〈われわれの制度と偏見とが変えてしまった、作りものの、奇怪な人間〉(『対話』、I、七二八)と呼んでいる。

自然の状態と社会の状態、自然的人間と世論の人間のあいだの対照は、ルソーに『人間不平等起源論』の後で、もう一つ別の平行するような対立、自己愛《アムール・ド・ソワ》と自尊心《アムール＝プロプル》の対立を形成させる。自己愛とは、未開人が動物たちと共有する感情である。それはおおざっぱに言えば、自己保存の本能である。それは「人間にとって自然な唯一の情念」(『エミール』、II、三二二)、「他のすべての情念に先行する、原始的で、内在的な情念であって、ある意味では他のすべての情念はそれの変化でしかない」(IV、四九一)。善悪の区別をまったく知らないので、この情念はおのずから善であるという点では、自然的人間そのものにも比べることのできる情念である。自尊心とは、逆に、社会的人間だけに見られる特徴であり、他の人間たちとの関連で自分を位置づけし、また誰よりも自分を好むことである。自尊心は他の人間たちを憎み、自分に不満を抱くようにさせる。自尊心は、他のモラリストたちが虚栄心と呼ぶものに似ている。つまりこれは、他の人間たちにわれわれが依存することとなのである。「自尊心、すなわち相対的感情[この相対的という語はルソーの場合、〝社会的〟の同義語である]、それによって人は自分を比較するのであり、それが偏愛を求めるのであり、その享受はまぎれもなく否定的である、そしてそれは、もはや自分自身の幸福によって満足しようとするのではなく、ただ他者の不幸によってのみ満足しようとすることである」(『対話』、I、六六九)。自尊心はあらゆる悪徳の源泉であるが、それはちょうど自己愛があらゆる美徳の源泉であるのと同じである。

自然の状態と社会の状態とのすべての相違は、どこから生ずるのだろうか。前者の場合、人間は一人である。アダムのように唯一ではないのだが、近接する他の者たちを考慮に入れない。他の者たちは、いることはいるのだが、彼の意識に入ってこない。彼は一人で、彼は孤独であると、『人間不平等起源論』が繰り返している。彼は「同類たちとのコミュニケーション」をまったく知らない（「註VI」、一九九）。逆に社会の状態では（この点に関しては名前そのものによって歴然としているのであるが）、人間はその社会的な帰属、他の者たちへの依存、同類とのコミュニケーションによって定義される。

一般に広がっているイメージ（ただし歴史家たちのイメージではない）に反して、ルソーは、社会も、人間に対する社会の影響もまったく無視していない。それどころか、彼は『人間不平等起源論』の中で、人間という種に存在するあらゆる特徴を、社会生活という唯一の事実から引き出そうとしている。理性、自覚、道徳的感情は、まさにそこから来る。そこから、現在の経済生活のあらゆる形態と同様に、私有財産、不平等、隷従が生じて来るのだし、そこから、法律、制度——数えきれないほどである——、そして戦争が生じて来るのだ。またそこから、言語、技術、科学、芸術が生じ、そこから、われわれが今抱いているような感情や情念までもが生じるのである。

しかしながら、広く流布したイメージが、ルソーを自然の状態の支持者、社会の状態の中傷者として表わすとき、そのイメージは間違ってはいない。自然の人間が善良であるのに対して、人間の人間はそうではない。あるいはルソーがよく言うように、一人の人間は善良であるが、複数の人間は悪である。われわれが眼前に見る人間たちは、堕落していると同時に不幸である。二種類の〈人間〉のこの対比についての説明は、自然の状態から社会の状態へ移行する場合にしか見出せない。このような惨憺たる結果を生み出すのは、われわれの制度、われわれの社会的秩序、要するに社会である。この二つの対立事項の記述は、まさに中立的である。ルソーは、それに関して彼の判断をわれわれに知らせることに決して手心を加えない。「自然の純粋な状態とは、人間たちの悪意が最も少なく、最も幸福で、しかも地上にひじょうに数多く満ちているような、万人の状態である」(『政治的断章』、II、四七五)。逆に社会の状態では、「各人は他人の不幸の中に自分の利益を見出す」(『人間不平等起源論』、「註IX」、二〇二)。このような状況に対してどうして寛大な気持ちをもてるだろうか。これが、ルソーの理論について人が一般に作り上げるイメージ、孤独な人間性の無条件の支持者のイメージである。われわれはそれに甘んじなければならないのだろうか。

まず最初に、ルソーを未開生活主義者、自然状態への**回帰**の支持者として示すことが間違っている、ということを指摘しよう。同じ『人間不平等起源論』の中で、彼は自分の哲学的な人類学に歴史的物語という形態を与えているということからも、それが間違っていると断定することができたのである。実際に、またこれは過去への回帰が不可能である第一の理由でもあるのだが、〈自然の状態〉は時間の流れの中には位置づけられていない。ルソーはこの論文の序文で、それについて詳細に明快な説明を加えた。自然の状態という概念は、精神の一つの構造、現実の事象をわれわれが理解しやすくするための虚構にすぎず、他の事実と比べられるような一つの事実ではない。そこでルソーが自分に与える目的は、「もはや存在しない、たぶん少しも存在しなかった、おそらくは決して存在することがないであろう一つの状態を知ることなのだが、しかしそれにによって、われわれの現在の状態をうまく判断するための、正しい概念をもつことが必要なのである」(一二三)。ルソーが行なっている推論と、歴史の研究とのあいだには、共通するものは何もない。「この問題に関して取りかかることのできる研究を、歴史的な真理と見なしてはならない、ただ単に仮説的、条件的な推論と見なさなければならない。この推論は、事物の真の起源を示すよりも、事物の自然〔本性〕を示すのに適しているのであり、わが物理学者たちが毎日世界の形成について行なっている推論と似たようなものである」(一三二―一三三)。これと同じ頃のもう一つ別のテクスト、『美徳についての書簡』の中では、ルソーは〈原始的〉と〈想像的〉という言葉を同義語のように用いている(三二二)。

もっと後の、〈社会契約〉についても、事情は同じになるだろう。それは、ルソーの誹謗者たちが言うようなもの、初めに社会の外部に存在している個人たちによって、共同で打ち立てられた契約ではない。そんなものは不条理であろう。そうではなくて、一つの新しい事実をはっきりさせることのできる仮説的な構造なのである。その事実とは、人間はもはや、自分たちが住んでいる社会の規範を、自明のものと見なしたくはない、ということである。悪意を抱かずにルソーを読んだカントは、『理論と実践』という小論文でこの点を見事に説明した。しかしすでにルソー自身が、まさに〈社会の状態〉を問題としながら、こう言っている。「読者にはただ次のように考えていただきたい。ここで問題になっているのは、歴史や事実であるよりも、むしろ権利や正義である。また私は、事物をわれわれの先入観よりもむしろ自然〔本性〕によって検討しているのだ、と」(『サン゠ピエール神父論』、六〇三)。

さらに、たとえこの自然の状態がかつて存在することがありえたと仮定しても、昔への逆戻りはまったく不可能であろう。〈社会の状態〉を一度通過してしまうと、人間はもはや〈自然の状態〉に戻ることはできない。歴史は不可逆であり、人はいったん作り上げられたものを解体することができない。その点についてはルソーは常に断固たる考えであった。「一度堕落した民衆が美徳に戻ったなどとは金輪際見たこともない」、と彼は、かけだしの頃に、『学問芸術論』(五六)に対する抗議によってかき立てられた『反論』で書いている。そして結局、「人間の本性〔自然〕は後戻りしない」(『対話』、III、九三五)。

したがって〈自然の状態〉は、近づくことのできるような現実の状態ではない。しかしそれではまだ言い足りない。ルソーの頭の中では、〈自然の人間〉とは**実際には一人の人間ではない**。事実、彼にとって、真の人間性は、人が善悪の区別をつけられるようになる時から始まる。この発見は道徳の発見でもあるのだが、これは他の凡百の習得とは違う。これが人間的なものを非人間的なものから分かつのである。「人間を、真に人間に、かつ人間という種の不可欠な部分にするものは、善と悪の概念である」(『エミール』、Ⅳ、五〇二)。ところで、道徳と人間の自由は、互いに一方が他方を前提とする(ある行為が善と判断されるためには、個人がそれを果たすか、果たさないかの選択をしておかなければならない)。したがって、自由でない者は、まったく人間ではない。「自らの自由を放棄することは、自らの人間的資質を放棄することである」(『社会契約論』、Ⅰ、四、三五六)。すでに見たとおり(本書六二、一〇一ページ)、『人間不平等起源論』は、人間は動物とは異なる、と言っているのだが、それは自己改善能力、すなわち人間がそれまでとは別のものになれるという能力によっている。したがってそれは、人間が純然たる必然性から離れることができ、そうして自由の国に入ってゆけるという事実によっている。グロティウスとともに始まる近代の自然法の伝統に対して、ルソーの新しさは、自然の状態を喚起することではなく、その中心をずらすことである。だから、自然の状態はそれ以降、人間の自己同一性の外に置かれるのである。せっかちな読者が見逃すおそれがあるのはこの点である。

道徳にしても、社会の中以外には存在するはずがない。道徳は、人間が複数いることと、個人がこの複数性を考慮することを前提とする。人間相互の頻繁な交際のみが、理性と道徳観念を発達させる。「私自身の中にある道徳的なものはすべて、常に私の外部との関係を保っている。もしも私がいつでも一人で生きてきたなら、私には悪徳も美徳もないということになろう」(『美徳についての書簡』、三二〇)。「社会的になることによってのみ、彼は一人の道徳的存在になる」(『政治的断章』、Ⅱ、四七七)。次の点に関してもまた、ルソーは決して変わることはなかった。自然の状態では、人間どうしのコミュニケーションがなければ、人は美徳と悪徳とを区別することができないだろう、したがって、正義の感情は未知のものだし、道徳は存在しない。それゆえに、この点でもまた、人間はまだすっかり人間にはなりきっていない。「肉体的本能だけに限って言えば、人間は無能であり、人間は動物である」（『ボーモンへの手紙』、九三六）。自分は一人だと思っている限り、人間は他の数ある動物たちのうちの一匹の動物にすぎない。「他者から何も受け取らなかったら、人間は野獣にすぎないだろう」（『美徳についての書簡』、三二五）。

次のような点にかかわる判断に関しては、疑いはありえない。つまり、その移行は「愚かで限られた動物を、知的な存在、かつ一人の人間にする（……）、幸せな瞬間なのである」（『社会契約論』、I、八、三六四）。社会における生活だけが、「魂の偉大さによって、われわれを自然の弱点のはるか上に育て上げることを可能にする」（『美徳についての書簡』、三二四）。言語活動は社会とともに生まれる。ところで、「言葉が動物たちの中で人間を区別する」（『言語起源論』、I、三七五）。道徳は社会とともに生まれる。ところで、「動物にとって常に未知のものである道徳性」が人間の特性である（『ダランベールへの手紙』、七九）。そこでルソーは次のように締めくくる。「誰も疑うことができないように、人間はその本性〔自然〕からして社会的である、あるいは少なくとも社会的になるようにつくられている」（『エミール』、IV、六〇〇）。この最後の条項は、完全な留保を表わしているのだろうか。そんなことはまったくない。それはただ単に、人間性の仮説的な歴史、非社会的な――しかし同時に十分に人間的とはいえない――自然の状態における出発を呼び起こしているのである。自由、道徳、社会は、連帯的な三項目であって、これらが一緒になって人間の特性を示すのである。

社会性は、事故でも偶然性でもない。これは人間の条件の定義そのものである。ルソーのいくつかの伝統的な解釈が示唆することに反して、ルソーは人間を、すでに存在していて、その後に初めて社会に入るものとしては考えていない。要するに社会は任意的な選択にすぎない、とは考えていないのである。まったくその反対であって、ルソーによれば、社会生活が人間を構成するのである。人間が本来の人間的な能力を発揮するのは、社会の中でしかない。ルソーが『言語起源論』の中で選んでいる口調の荘重さを、今こそ理解することができる。「人間が社会的であることを望んだ者は、指で地球の軸に触れたのだ、そしてそれを宇宙の軸に傾けたのだ。その軽やかな動きで、私は地球の表面が変化し、人間という種の使命が決まるのを見る」(IX、四〇一)。この〈使命〉が意味することは、純然たる仮定としてでなければ、実際に人間を社会の外において考えることはできないということであり、また〈自然の状態〉には、完全に人間的になりきっているとは限らない存在が住んでいるということである。

まなざしと愛着

人間の社会性をどのように理解したらよいのだろうか。「古代人たち」——例えばアリストテレスのような人——は、人間は社会的な存在であるときちんと主張している。しかし彼らは人間の複数性を同類の増殖として示すのである。人間たちに必要な相互補助の観念(**私**と**君**とのあいだの原理的な区別の観念)は、彼らには無縁である。ただし、『饗宴』が伝えるアリストファネスの神話に見られるとおり、男女の性の区別に関しては例外である。モラリストたちは、「古代」のモラリストもフランスの古典主義時代のモラリストも、それぞれに、自己を称賛させる人間的な必要性をしっかりと認めた。しかし、彼らは虚栄心を人がそこから解放されることもあるひとつの欠点だと見なしている。

ルソーの思想はこの点に関してはいくつもの段階を通過する。それを初めて展開する『人間不平等起源論』の中では、ルソーは、十七世紀のモラリストたちがわれわれの虚栄心に向けた批判を一般化することによって処理しているように思われる。しかし彼はそれを同時にアリストテレスの命題と関連づける。したがって、ルソーの革新は、アリストテレスのように、人間を構成する社会性を主張することなのではなく、その社会性を、類似的というよりも相互補完的な用語で分析することにある。また、人間が栄光や名声への欲望によって突き動かされるかもしれない（このことは、古代のモラリストも近代のモラリストもよく知っている）、ということを指摘することなのではなく、この欲望を一般化した形態の下で、人間性について語ることのできる唯一の入り口にするということである。見つめられたいという欲求、〈敬意を払われること〉への欲求、ルソーによって発見されたこうした人間の特性は、名誉や賛辞の願望よりも明らかに大きな広がりをもっている。

人間が社会の中で生きるようになってから（しかしこれは、歴史的時間との関連で言えば、ずっと以前から、ということである）、人間は他人の視線を自分の上に引きつけたいという欲求を感じている。とりわけ人間的な行為は、相互的な認識のためのまなざしである。「各人は、他人を見つめ、自分自身も見つめられたいと思い始めた」（『人間不平等起源論』、II、一六九）。他者はここではもはや私の位置と比べられるような位置を占めてはいないが、その位置は隣接していて、補完的である。他者は私自身の充足のために不可欠なのである。この欲求の結果は、虚栄心の結果と似ている。人は見られたいと思う、人は公的な敬意を求める、人は自分の境遇に他人の関心を引こうとする。その違いは、われわれが知りうるような、人間という種を構成する悪徳ではなく、欲求にかかわっているということである。

人間に自分自身の存在感を与えるのは何だろうか。時としてルソーはこの表現を、自己愛や自己保存の本能に等しいものとして用いる。しかし、社会生活という見方を導入するとき、彼がこの感情を〈敬意という観念〉の中に位置づけるのは、正当なことである。『人間不平等起源論』の結論はこのようになっている。「『未開人』は自分自身の中で生きている。社会的人間［しかし忘れてはいけないが、これは実際に存在している一人の人間を意味している］は、常に自分の外にあって、他人の意見の中でしか生きることができない。そして、いわば、他人の判断からのみ、彼自身の存在感を引き出すのである」（II、一九三）。そんなわけで、われわれは当然のことのように他人の注意を引くことを求めるのである。「われわれは見られないくらいなら、存在しないほうがよいと思うだろう」（『美徳についての書簡』、三二五）。結果として、〈他者〉は、一挙に、主体の内部に現われる――というのは、もしも主体が他人のまなざしを内面化しなかったなら、彼はまだ十分に人間的とはいえないからである。、自覚なくして人間は人間ではないと言うことで、この確認状況を表現し直すこともできるだろう。ところで自覚とは、コミュニケーション、つまり自己の内部で他人を考慮することの結果なのである。

われわれは、ルソーが『人間不平等起源論』で行なった発見を評価する場合に、ある困難を感じる。なぜなら、事実の確認――社会の外部の人間という事実の確認ではない――が、社会とは堕落であり、さらに人間という種の転落である、という価値の判断と混同するからである。人生の最後に至るまで、ルソーは、人間が自分自身で満足している〈自然の〉生活という夢を捨てない。けれども『社会契約論』の中で、彼は一つの言葉を導入する。その内容は〈社会〉という言葉を含んでいながら、しかも肯定的な意味合いを示す。つまり、〈市民の状態〉である。社会的次元は、明らかに契約の存在そのものによって前提とされている（ルソーにとって、契約が社会に先行するという解釈を否認するためには、それだけで十分だろう）。個人の意志の放棄は、それによって公共の規範が築かれる場合にだけ正当化される。そんなわけで、「すべての人と結びついていながら、各人は自分自身だけに従うのであり、以前と同じように自由でいられる」（I、六、三六〇）。〈市民的自由〉（I、八、三六五）は、二面を備えた概念であり、意志の自律性と社会生活の必要性を同時に主張する。しかし〈自律性 autonomie〉という語の第一の意味がすでに、主体の意志への指示（〈自動 auto〉）と、法律を備えた共同体への指示（〈統治 nomie〉）とを同様に含んでいる。ルソーが自然の自由とか、独立と呼ぶものは、決してかかわらない。それは人が、自分が置かれている枠組みに対しては何の考慮もせずに、なしうることを何でもするということなのである。法というものは言語活動と同じく、共同生活を前提とする。

ルソーがもはや政治団体の運命ではなく、個人の運命について考察するとき、それゆえ『エミール』や『対話』の中で考察するとき、彼は同じように肯定的な、さらにもう一つ別の概念をもち出す。〈愛着〉という概念である。ここで指摘しなければならないことは、キリスト教神学においては、この言葉が本質的に人間と人間のあいだに確立される絆にかかわるということであり、それは人が「創造主〔神〕」に、また彼を通じて被造物〔人間〕に抱く〈愛〉とは異なる。この理由で、愛着は、非難すべきものではないにしても、高い評価を受けるに値するものでもない。

パスカルが、死の当日を含め、常に肌身はなさずもっていた『パンセ』のある断片の中には、次のことが読みとれる。「人が私に愛着を抱くのは、たとえ喜んで、心からそうするのだとしても、不当なことである。私は、そういう気持ちを引き起こした人々を、裏切ることになるであろう。なぜなら、私は何びとの目的でもないし、彼らを満足させる何ものをももっていないからである。私は死にかけている者ではないのだろうか。だから、彼らの愛着の対象も死んでしまうだろう。（……）私を愛するようにさせることは罪である。（……）彼らは私に愛着を抱いてはならないのだ。なぜなら、彼らは神の気に入るように、あるいは神を求めるために、自分たちの人生や配慮を費やすべきだからである」（B、四七一、L、三九六）。パスカルの姉ジルベルトは、『パスカルの生涯』の中で、弟のこの特徴について縷々述べている。パスカルは近親者に対して親切に、やさしくすることができたが、しかし彼は、〈娯楽〉と同様に、彼自身のほうからも、他者のほうからも、愛着をもつことは避けていた。そしてこの点に関しては、彼よりも完全ではない姉が、弟に対して人間的な、あまりにも人間的すぎる愛着を抱いてしまうので、親しみを込めて非難さえした。これは、彼が被造物〔人間〕の愛を知らなかったからなのではなく、その愛を「創造主〔神〕」に対して抱く愛によって正当化していたからである。「われわれをして被造物に愛着を抱くようにしむけるものはすべて悪である。なぜなら、そのことによって、われわれが神を知っていれば、神に仕えることが妨げられ、われわれが神を知らなければ、神を求めることが妨げられるからである。」（B、四七九、L、六一八）。

ところでルソーは、人間についての考察において、純粋に人間的な観点に自分を位置づけることを選んだ。他人に対する個人の愛着は、彼の人生の実質そのものなのである、「人間の弱さが、人間を社会的にする。」しかし人間は構成の上で弱い、すなわち不完全である。だから人間はその足りないところを愛着によって補う。「どんな愛着も不十分さのしるしである。もしもわれわれの各々が他人をまったく必要としないのなら、他人と結びつこうとはほとんど考えないだろう」（『エミール』、Ⅳ、五〇三）。ただ神のみが孤独の中に幸せを感じる。ルソーはここで、『政治学』の冒頭で同じように述べていたアリストテレスの思想に再会する。社会は個人の弱さから生まれるという考えを、彼が受け入れるからである。しかし、人々とは次のようなものである。不十分さの中で生まれ、不十分さの中で死に、常に他者の必要性に苦しめられ、常に欠けているものを補足しようと求める。ルソーは原罪を信じていないが、しかしそれにもかかわらず彼は、（ペラギウスが行なったように）完成への道が自分のために開かれているとは結論しない。人間は構成の上で不十分であり、かつ決定的に不十分なのである。人間は未完成である、だから、もしも人間が一人だけでいるならば、「彼は悲惨な者となるであろう」。人間が他者を必要とし、敬意を受けることを必要とし、「心の愛着を抱かせることを必要とする」(『対話』、II、八一〇)のは、生来の不十分さとともに実存に行き着くからなのである。

ルソーの人間は、単に一挙に充足を知る神と対立するだけではない。彼はまた、欠くことのできない自分の補足をまさに神の存在の中に見出していた宗教的人間とも区別される。この点から見れば、デカルトは人間主義者ではない。自分の不完全さを確認することで、彼は完全さという観念と、「私は存在している唯一の人間ではなかった」、という結論を引き出した。ところがそれは、彼の目から見ると、人類の存在ではなく、〈完全な存在〉、神の実存を証明するものであった(『方法序説』、IV、一四九)。ルソーにおいては、個人の彼方のその場所は他の人間たちによってのみ占められている。そこにあるのは、人間の偉大さと同時に人間の悲惨さなのである。

やはり同じ『対話』の中で、ルソーは一つの補足的な概念を導入する。感性、外界を知覚する能力が、あらゆる行為の基盤にある。すべての生きている存在が、肉体的な感性を所有している。しかし、唯一の自由な、道徳的、社会的存在(この語がここで示している意味で)、人間は、第二の感性、**道徳的感性**をも所有している。それは「われわれとは異質な存在にわれわれの愛情を結びつける能力以外の何ものでもない」。その感性がわれわれの愛着という能力の基盤にあり、また「その感性の力は、われわれと他の存在とのあいだでわれわれが感じる関係に応じて存在する」。われわれの実存は、それらの愛着の総和で成り立っている。それゆえに、その能力の発揮は、「われわれ人間という存在の感情を伸ばし、強化する」という効果をもつのである(II、八〇五)。他人との関係は、自我を減少させるのではなく、自我を増大させる。人間のこの特徴が、人間をまさにあるがままの人間にするのであって、それは人間の美徳と悪徳、人間の絶えざる不幸、人間の脆い幸福の源泉なのである。

人間的な交流

ルソーを注意深く読むならば、非社会的な〈自然の〉人間の擁護者として有名なルソーが、実際には人間の社会性の最も注意深い分析者の一人であることに気づく。しかし、彼はまぎれもなく〈人間主義者〉の中では新たな一つの例外であるという反論があるかもしれない。だが正真正銘の〈個人主義者〉、バンジャマン・コンスタンのような人についても、同じことが言えるだろうか。

原則的問題について言えば、コンスタンは、非社会的人間を想像することはできないということを深く確信しているので、人間の起源については、単なる仮説的な構築としてであれ、思考することは一切自らに禁じている。非社会的人間は存在しないし、かつて存在したこともなかった。たった一人で森の中をさまよっている人間の祖先――〈自然の人間〉――を想像したということが、先行する世紀の哲学者たちに差し向けるコンスタンの非難そのものなのである。「もしも人間の自然の状態がそのようなものならば、どんな手段で人間はそこから抜け出したのだろうか。」この問題に答えるためには、これらの哲学者たちは、社会の中で生きる決心をする人間たちを想像しなければならなくなる――だがこの決心はすでに社会、論争、論証する能力を前提としている。「社会は、このシステムにおいては、知能の発達の結果ということになろう。しかるに、知能の発達自体は、社会の結果でしかない」（『宗教』、I、八、I、一五四）。

そんなわけで、コンスタンは社会以前の人間の状態にまで遡ることをはっきりと断念する。「人がまず考えることは、人間が社会もなく、言語活動もなく、宗教もなく、存在していたということである。」ところが、「社会、言語活動、宗教は人間に固有のものである」(I、一、I、一三)。社会性に対して〈人間の自然〉以外の理性を求めてはならない。(名指すことなく)ルソーに乱暴な言葉をあびせながら、コンスタンは言葉を続ける。人間は「弱いものであるという理由で社会的なのではない。社会性が人間の本質の中にあるという理由で、人間は社会的なのである」(二四)。あるいはまた、「人間は人間であるという理由で社会的なのである。それはちょうど、オオカミがオオカミであるという理由で非社会的であるのと同じである」(『フィランジェーリ』、I、八、二一三)。もちろん荒野のオオカミではなく、寓話のオオカミである)。〈個人主義者〉コンスタンは「個人の一人一人が彼自身の中心である」ようなことは望まない(『宗教について』、「序文」、I、XXXVII)。そうした表現は間違っているであろうし(なぜなら、内部と外部のあいだには連続性があるのだから)、また同時に危険であろう(なぜなら、孤立した個人はことのほか脆いものだからである)。

コンスタンが政治的考察の領域を離れ、個人的行動の分析のほうに向かうとき、彼は社会性の新たな結果をいくつか発見する。主体はこの世に一人で存在するわけではないから、彼は必然的に一人の、あるいは何人かの個人的な**君** *tu* や、非人称的な**彼ら** *ils* と交際を結ぶ。次のようなことを観察して確認する人物、アドルフの中には、何か過激な、特異なところがある。「私は心の中から出てくるいかなる衝動にも支えられたことがなかった」(V、四〇)。きわめて影響されやすい個人、コンスタンでさえ、アドルフほど非実在的ではない。しかしこの極端な形態の下には、その及ぶ範囲がもっと一般的な一つの命題が表現されている。すなわち、人間関係、愛着、愛は、人間的存在の生地そのものを織りなしているのである。**君**なくして、**私**はない。愛着は「人生のすべて」である(『日記』、一八〇七年八月一日)。完全なエゴイスムは、不道徳であるというよりもむしろ不可能である。

この真理は、マルサス〔一七六六―一八三四年。イギリスの経済学者〕のように、人間はひたすら個人的な利欲に取りまかれている、という考えに基づいた理論を掲げる人々によって、あまりにもしばしば無視される。コンスタンはこう反論する。「人間は単なる算術的な記号ではない、人間の血管の中には血があるし、心の中には愛着ゆえの欲求がある。（……）犬を飼っていることを非難された盲人の答えを、誰もがみな知っている。じゃ誰が私を愛してくれるのか、と盲人は言ったのだ」（『フィランジェーリ』、II、五、二七二）。誰でもがすぐにその真実を読みとることのできるこのような小さな逸話は、人間の理性的欲求に、何冊もの本の論理よりも重くのしかかってくる。結果としては、コンスタンがジュリエット・レカミエに書いたように、人は与えたものしか見つけられない、そして、与えれば与えるほど、そのぶん多く人は所有する、ということになる。愛情の豊かさは人間関係の密度の濃さにあり、より強く愛するということは、密度を濃く生きるということである。

　コンスタンが「人間の心の観察」（『アドルフ』、「序文」、六）から引き出す教訓は、それだけにとどまらない。すぐにこう付け加えなければならないだろう。**彼ら** *ils* なくして、他者、第三者、世論なくして、**私**と**君**はない。ルソーはなるほど、人間性は自己に対して第三者のまなざしをとらえたときから動き始める、ということを発見していた。しかし、彼は〈自然の人間〉のこの堕落に痛恨の思いを抱いていた（したがってこれはまったく一人前の人間ではなかった）。コンスタンもまた、若い頃には、他者のまなざしによって認められる欲求から解放されることを望んでいて、イザベル・ド・シャリエール〔一七四〇―一八〇五年。スイスの女流作家〕宛の手紙の中で、それを誇りとしている。ところが彼女からの返事は次のように辛辣なものだった。「あなたは、世論を無視する、世論が気まぐれなのを目にしたから、とおっしゃいましたわね（……）。それを支えている**理由**などないのです。あなたは世論を無視しているのではありません。無視することなどできないでしょう」（一七九二年五月十三日）。

コンスタンはこの教訓を自分のものとし、かつてのモラリストたちが〈虚栄〉の名の下に非難することができたものを、照れることもなく受け入れる。人間的であるがゆえに、われわれは他人のまなざしを必要とするのである。われわれの自己同一性を作り上げているものに反抗するのは、無駄なことである。他人へのこの依存は、コンスタンが定義する利益、後で厳密に検討する利益（本書三二八―三二九ページ）よりも強力なものである。もしこの二つが衝突するなら、他者への依存のほうが勝るだろう。「人は個人的利益の影響力を過大視している。個人的利益が作用するためには、世論の存在が必要なのだ」（『征服の精神と簒奪について』、II、一三、一九四）。「すべての人間の中で、世論や虚栄心は利益よりも強力である」（『古代ローマの多神教』、XI、三、II、六三）。人間は「思想のためにも、行動のためにも、他人の同意を熱望する。外部からの認可が内的な満足のために必要なのである」（XIII、一、II、一三〇）。『アドルフ』の中でもまた、他人との関係が最後には「われわれの存在の心の内奥の部分」（V、四三）となることを、われわれは知った。これは、外部と内部の分離がまったく相対的であるということである。というのも、いかなる**私**も、**君**や**彼ら**なしには存在しないからである。

コンスタンのすべての物語《レシ》が、他人のまなざしへのこの依存の例を含んでいる。『わが生涯』の中で、彼は最初の頃の恋の一つを思い出している。彼の目的はある女性の恋人になるということではなく、周囲の人々に彼がそうなったと思わせることであった。「私が愛人を囲っているように振る舞い、またそう言われるのを聞く楽しみが、私を慰めるのであった、また私が少しも愛していない人と生活をともにすることも、私が囲っている人と情を交わさないということも私を慰めた」（九一）。話し手がセシルと寝ようとするのは、男どうしの会話の後の「自惚れ」によって心を動かされたからにすぎない（『セシル』、VI、一六一）。アドルフにしても、似たような状況で、「自惚れの理論」（Ⅲ、三〇）によって動かされている。そして、エレノールへの自分自身の欲望を、第三者のまなざしにもたらすべき満足として描いている。「社会的なしきたりが私の妻として認めてくれ、私の父も娘として受け入れることを恥じないような女を、もしも天が私に授けてくれたなら、私はその女を幸福にしてやることで、千倍も幸福であったろうに」（Ⅶ、五八）。父親と社会のまなざしは、アドルフとエレノールの欲望に勝っているのである。

こうした〈虚栄〉の例、あるいはもっと淡白な言葉で表現すれば、他人のまなざしと言葉への必然的な依存の例は、すべての人間的存在の素材をなしているもの、つまり社会性のどぎついイラストでしかない。しばしば、性格の特徴やすこぶる内面化された精神状態も、同じ起源をもっていることが明らかになる。例えば、『アドルフ』の中の父親の内気さがそうであって、そのために引き起こされる「内的苦悩は（……）、われわれの心に現われる最も深い感銘さえも抑圧し、われわれの言葉を凍りつかせ、われわれが言おうとするすべてのことを、われわれの口の中で歪めてしまう」（Ⅰ、一四）。しかし、内気さとは他者の内面化したまなざしを前にしての不安でないとしたら、何であろうか。また例えば、話者の心をとらえている恥じらいがそうであって、これは目に見えない証人として、セシルとの出会いに立ち会う。「ある悔恨、ある恥じらいが、快楽そのものの中でも私につきまとっていた」（Ⅵ、一六二）。『セシル』はもう一つ別の啓示的な場面を含んでいる。恋人たち二人が仮面舞踏会に出かける。その舞踏会で彼らは、他人に知られることなく公然と一緒にいられる喜びを強く味わう。その魅力は、次の週にもまた同じことを繰り返そうと決心するほど大きなものである。しかし、罰を受けないということがもはや驚きではなくなると、逢い引きには楽しみがなくなるだろう。「群衆は二人にとって煩わしいものになった。もはや二人が群衆に恐れを感じなくなっていたからだ」（Ⅵ、一六七）。これもまた、われわれの体験における他人のまなざしの本質的役割の証拠ではないのだろうか。

人間の相互作用による組織網の中には、孤立した実体などはなく、ただ人間関係だけが存在する。本質と偶然的事象とのあいだのこの対立自体は、相互主観性の世界では市民権をもたない。個人的生活の中で、個人はそれ自体では存在しない。私はそんな存在、あるいはそんな存在階級を愛するのではない。それは不可能だ。そうではなく、私との関連でそんな立場にいる存在を愛するのだ。この法則について、コンスタンは、『日記』の中で、二つの一般的な表現を示した。「あなたから逃れる対象は、当然のことながらあなたを追いかける対象とはまったく異なる」（一八〇四年五月二日）。また、「すべては、人生におけるお互いの立場に左右される」（一八〇四年四月二十五日）。人間は他の人間たちと離れた外部には存在していない。

第四章　一人で暮らす

ルソーが人間の社会性を完全に黙殺するのは、自然や、自然状態や、自然の人間をほめたたえるためなのではない。コンスタンが他の人間たちに対する個人の依存性を無視するのは、個人の自由を擁護するためなのではない。しかしここで、人間についての抽象的な定義と、近代的人間についての描写はまったく別のものだ、という反論があるかもしれない。人間はたぶん本質的には孤独な生き方に向いていないのだろうが、しかし歴史的には孤独ではないのだろうか。ルソーはまさしく、そのことに気づいて、孤独な散歩者として自らを描く先駆者の一人ではないのか。またまさにそのことによって、彼は人間主義者たちが隠したがっていること、すなわちあの知られざる契約の期限が来たとき、孤独こそは自由の代償として支払うべきものの一部である、ということを暴露しているのではないのか。『告白』は、『社会契約論』によって故意に闇の中に残された部分をかいま見せてはいないだろうか。一方、コンスタンは、自主独立の力強い欲求に動かされるあまり、他の人間たちに背を向けるのではないのか。そしてモンテーニュは、まさに人間主義の伝統の出発点において、すでに自分自身のために孤独な生活を選んでいたのではなかったろうか。ところで、もしも孤独が人間の真実を語るのだとすれば、人間主義者と個人主義者とのあいだに違いがあると、人はなおも主張することができるのだろうか。

じつを言うと、孤独への称賛は、「近代」を待たずしてすでに述べられている。孤独への称賛は、「古代」においては、それよりもさらに以前の理想、栄光への熱望に対抗する理念として示されている。ホメロスの時代から、栄光は英雄にふさわしいものである。栄光は、英雄の価値のほとんど客観的といってよい確証である（なぜかと言えば、栄光は、それを望む人の意志に左右されることはないからである）。ところで、栄光の必要性を唱える者は、同時に他の人たち、群衆の必要性をも唱える。それは、英雄の輝かしい武勲が鳴り響くための不可欠な共鳴箱だからである。この価値のシステムは、古代の哲学者によって疑問視され、また別のやり方で、キリスト教の思想家たちによっても疑問視されることになる。後者は、栄光への熱望に、自己中心的な虚栄と世俗的な高慢さしか見ない。そして反対に、孤独な瞑想と世間からの隠遁を称賛する。一方の側に英雄がいて、反対の側に賢者や聖人がいるのである。

英雄的なものと隠者的なものというこの二つの理想は、ルネサンスのヨーロッパに共存している。前者は、封建制の名誉というコードの中に、偉大さと栄光への愛の中に宿った。後者、隠遁生活の理想は、むしろキリスト教徒の理想に近いもので、さらに、例えばモンテーニュに見られるように、「古代」の哲学の想起によってはぐくまれているかもしれない。栄光への熱望から解放されることは、とりもなおさず他者の判断への依存から解放されることであるが、それはほんの第一歩にすぎない。次の一歩は他者を必要としないこと――いかなる場合にも――から成る。「われわれの満足はわれわれ次第であるというようにしよう。われわれを他者に結びつけているあらゆる関係から抜け出よう。分別をもって一人で生き、また気がねなく生きられる能力を自分自身に身につけよう。（……）悟性的な人間は、自分自身を保持していれば、失うものは何もなかったのだ」（『エセー』、I、三九、二四〇）。またモンテーニュは、ストア派の伝統に賛同し、他の人たちにはあまり愛着を抱いてはいけない、もしかして彼らがいなくなってもあまり悲しまないですむから、と主張することができるのである。したがって自己充足は一つの理想である。他人から受け取るものがほとんどなければ、個人は他人に対しても過度の注意は払わない。「できうるかぎり、私は完全に自分のことに専念する」（III、一〇、一〇〇三）。「この世の中で最も偉大なことは、自分自身に没頭できることである」と、彼はセネカ〔前四年頃―後六五年。ローマのストア派の哲学者〕に倣って繰返している（I、三九、二四二）。そしてそれを一つの教訓にしている。「君がかかわるものは君自身の中にたくさんあるのだから、自分自身を遠ざけてはいけない」（III、一〇、一〇〇四）。

たぶん、モンテーニュの時代には、社会的な帰属というのは動かしがたい既成事実であり、個人的利益と並置されるに至る社会的脅威は、まだ地平線上に浮かんできてもいないし、また、彼の社会的な地位が許したから、彼は平穏の中で自分自身の選択を実践するのである。時として、彼は二重の利点を享受しているという印象を受ける。彼は自分にとってよいと思えるような生活様式を選ぶことができるが、そのことによって社会の秩序を揺るがす恐れはないのだ。彼は、血縁によって押しつけられる人間関係よりも、友情という意図的な関係のほうを選ぶことができるが、それでもやはり彼は一つの家族の中に含まれている。彼は自分の選択と同様に生まれによって規定されている。彼は自由を選ぶことができるが、そのことによって彼が文化（慣習）や歴史の支配を認めるのが、妨げられるわけではない。

個人の要求と社会の要求とのあいだの関係は、デカルトにおいてもまた問題とはならない。デカルトは、個々の人間の利益が、彼の属する共同体の利益と必ずしも一致するとは限らないことをよく知っている。にもかかわらず、彼は、両者がわれわれを分岐した二本の道に引きずり込むどころか、調和して共存することも可能だと考える。「われわれの一人一人は他の人たちから引き離されている一つの人格であり、したがって、利益はいわば世の他の人々の利益とは区別されているのだが」、われわれはより広大な実体に等しく所属しているということを忘れることはできない。「そうした国家、そうした社会、そうした家族に、人は、住居によって、誓約によって、生まれによって結びつけられている」(エリザベート宛、一六四五年九月十五日)。個人にとって、自分が一つの共同体にも所属していると考えることのほうが有益である。そうすることで彼は、自分のすべての利益を同時に扱う手段を見つけられるだろう。葛藤は個人の内部でも、時代と時代のあいだでも避けられないものではないのだ。

しかしながら十七世紀末には、「新旧論争」の始まるのが見られる。そして、その論争が最初のうちは特に価値判断(古代人と現代人ではどちらが優れているか)をめぐって展開されるとしても、歴史的展望が公の論争の場に導入される。時代がさまざまであれば、人間たちもまたさまざまであるのが当然だった。このような状況の中で、ルソーは人間性の発展のことを考え、より特徴的に、スパルタやローマのような古代共和制の市民を、「近代」の個人と対比させる。彼は『エミール』の冒頭で、前者(市民)は「分母によって左右される分子のまとまりでしかなく、その価値は、社会集団という全体との関連の中にある」、と述べる。逆に後者(個人、自然の人間)は、「自分だけがすべてである。彼は数としての一つの統一体であり、絶対的な整数であって、自分に対して、あるいは自分の同類に対してのみかかわりをもつ」(I、二四九)。ルソーの用語はわれわれのものとは違うが、彼も同様に大いに異なる二つの形状を対比させている。つまり、人間がある全体の一部にすぎない形状と、人間自身がその全体を組み立てる形状である。もう一つ別の機会に、ルソーは「古代人」と「近代人」のこの対立を再検討する。それは、古代共和制の住民たちを、ジュネーヴの住民たちと比較するときである。前者にとって、私的なものは公的なものに従う。後者において優位に立つのは、個人の利益、富への配慮、保護の必要性である。「あなたがたは商人であり、職人であり、ブルジョワであって、常に個人的な利益、自分の仕事、自分の取引、自分の儲けに専念している」、とルソーは、ジュネーヴの同郷人に向かって語っている。この階級的な変化の代償として、「近代人」は公的な仕事をほったらかしにするが、「古代人」は逆に、奴隷制度のおかげで物質的な心配事からは解放されて、それに専念することができたのである。「古代の人々のように暇がないので、あなた方は彼らのように絶えず政治にかかわってはいられない。」だから、個人的な平穏を保証するために支払わなければならない代価となった公的な自由が消失するという危険が残っている(『山からの手紙』、IX、八八一)。そんなわけでルソーは、やがてコンドルセとコンスタンが解釈するような、「古代人」の自由=参加と、「近代人」の自由=保護とのあいだの対立を準備するのである。

このような状況の中で、自らの人格の探求が記載されるのだが、それらは個人主義の視野においてはきわめて重要な、孤独のテーマに新しい意味を与えることになる。

孤独の礼賛

ルソーの自伝的な著作は実際に、彼が人間主義の系譜よりも個人主義の系譜に近いという印象を与える。個人の幸福が、彼の追求する唯一の目標であるように思われるからである。ここではまず、ルソーが孤独に悔恨をつきまとわせているという確認から始めることができるだろう。他の人たちと一緒にいたいと望んでいたはずなのに、彼は孤独である。「私は友情のために生まれたのだ」(『告白』、VIII、三六二)。私は「人間の中で最も社交的な、最も情のある人間だった」(『夢想』、I、九九五)。ところが、彼は一人ぼっちであり、そのために不幸である。それは「じつに大きな不幸」である(『告白』、VIII、三六二)。彼は「その孤独の恐怖」におびえている（『対話』、III、九七六）のだが、それは彼にとって「身の毛もよだつようなもの」である（I、七一三）。彼は社会を再び見つけたいという希望をはぐくんでいるかのようである。「彼がずっと以前に失ってしまった本当の社会、この世ではもはや再び見出す希望もなくなっていた本当の社会、そんな社会の心地よさを、われわれは彼の老年に彼に返してやることができるのだ」（III、九五〇）。したがってこの孤独の原因は、彼の中にあるのではない。孤独は他の人たちの敵対的な態度によるものなのだ。あるいは、他の人たちが彼の愛に値しない、ということによるのだ。「私に答えてくれるはずだった人は、まだ未来にいる」（『わが肖像』、一一二四）。「それは私の過ちというよりも、彼らの過ちである」（『告白』、V、一八八）。「彼が人間たちから逃げるのは、人間たちの中に自分が愛すべきものを求めたのに、むなしくもそれがかなうことのなかった後でしかない」（『対話』、II、八二四）。

しかしながら、そこでとどまるわけではない。ルソーもまた、孤独の苦悩を、孤独を破ることの拒否と結びつけるのかもしれない。それは、彼が本当のコミュニケーションと表面的なコミュニケーションを区別しているということである。ところで、後者は孤独を癒すどころか、孤独をいっそう悪化させる。したがって他の人たちと一緒にいても、人間は同じ苦痛に苦しむ。しかもさらにもっと激しく苦しむのである。そんなわけで、サン＝プルーはパリへの到着を次のように描写する。「私は密かな恐怖を抱いてこの社交界という広大な砂漠の中に入りました。その混沌は、陰鬱な沈黙が支配する、恐ろしい孤独しか私に示してくれません。（……）『私は一人でいるときほど孤独でないときはない』とある古人が言いましたが、私も、群衆の中にいるときだけ孤独なのです」（『新エロイーズ』、II、一四、二三一）。孤独はいつでも嘆かわしいことであるが、しかし孤独の最悪の形態は、他の人たちのただ中で体験される。社交界は砂漠であり、社交界のざわめきは、胸をしめつけるような沈黙である。その逆もまた真である。つまり、キケロ〔前一〇六―四三年。ローマの政治家・哲学者）が言うように（やはりストア派の知恵が、ここでもまた役に立っている）、表面的な、単に物質的なだけの孤独も、実際には正真正銘のコミュニケーションになりうるのである。

こうした態度のいずれの中にも二つのレベルを区別することにより、ルソーは社交界への郷愁と、社交界に対して抱いている非難を共存させているのかもしれない。事実、社交界は真の姿を犠牲にして、見せかけの価値を増大させ、自分の評価よりも公衆の意見を、素朴さよりも虚栄を高く買う。社会制度は人間を堕落させる。内面のほうが外面よりも好ましいのであれば、孤独な人は社交界の人間よりも勝っている。

ルソーは自由に生きるために、社会的責務の重圧から逃れようと欲する。そんなわけで、彼は自分自身を次のように描写する。「人との交際の中で常に感じた、あの抗いがたい嫌悪の原因は（……）、何ものも打ち勝つことのできなかった、あの懐柔しがたい自由の精神にほかならないのです。」間違えてはならないのだが、ここでもまた表面的な自由と、正真正銘の自由を区別しなければならない。自分を自由だと思っている人が人間たちの奴隷であるということがかなり頻繁に見られる。というのも、彼は人間たちの意見に依存していて、自らの社会的な自律性を失っているからである。その逆に、囚人は一人きりであるがゆえに自由なのである。「何度も考えたことなのですが、ただそこにいるだけでほかにはまったく何にも執着しなかったなら、私はバスティーユの牢獄で暮らしたとしても、それほど不幸ではなかったでしょう」『マルゼルブへの手紙』、I、一一三二）。ルソーは「どんな服従に対しても死ぬほどの嫌悪」を感じている（『告白』、III、一一五）。ところが彼は中途半端を知らない。「もしも私が何かのことでその意見に従い始めれば、私はやがて再び万事につけて従うようになってしまう」（VIII、三七八）。だから完全な孤独の中に逃げ込むほうがよいのである。それゆえ共同生活の有害さは、物質的な面にも現われる。「人間の吐く息は、彼の同胞にとっては致命的なものである。これは比喩的な意味においても、本来の意味においても同じように真実である。都会は人間という種の死の淵である」（『エミール』、I、二七七）。

社会は悪で、孤独は善である。そして孤独な人間は、実際に他の人たちを必要としない。自己充足的な存在である。エピクテトス（五〇年頃—一三〇年頃。ギリシャの哲学者。ストア派）は、本当の財産はわれわれ自身の中にある財産である、と教えてくれはしなかっただろうか。モンテーニュは、他の人たちから借りることをやめて、ただひたすら自分自身の中から汲み出すようにと、忠告してくれていないだろうか。「自分自身を享受することのできる」人間を、いくらほめてもほめすぎるということはないだろう（『新エロイーズ』、IV、一一、四八二）。ルソーがここでもち出しているストア派の伝統を通して、彼にとって大事な〈自然の人間〉の理想が、はっきりしてくるのが分かる。後に彼の弟子、ベルナルダン・ド・サン＝ピエール（一七三七—一八一四年）が要約するように、「孤独は部分的に人間を自然の幸福に導き、人間から社会の不幸を遠ざける」（『ポールとヴィルジニー』、一三六）。

ディドロ（一七一三—一七八四）は『私生児』の登場人物の一人に、次のようなせりふを言わせた。「一人でいるのは悪人だけだ。」ルソーは、そのせりふが自分に向けられていると決めてしまい、そのために深く傷ついた。何度も繰り返し、彼は反論を展開する。悪人であるためには、手玉にとる犠牲者をもつ必要があるだろう、したがって孤独の中にではなく、社会の中で生きる必要があるだろう。それと反対に、私が一人きりであれば、たとえ望んだとしても、私は他の人たちに害を与えることはできないだろう。だから孤独な人は、必然的に善なのである（例えば『エミール』、III、三四一、『告白』、IX、四五五、『対話』、II、七八九）。しかし彼はたぶん、この議論はいささか機械的だと感じている。そこで執拗にこう繰り返す。孤独な人たちが善であるのは、彼らが人に害を加えることが不可能な状態にいるからというだけではない。その上に、他の人たちとの触れ合いに飢えている彼らは、「必然的に人間的で、人好きで、情が深い」(『対話』、II、七八九)からである。それゆえ、孤独が善であるというのは、孤独が孤独ではないという理由による——そこ、群衆や安易な接触から離れたところに、「本当に社交的な人間」は生きている——と同時に、孤独が孤独であるという理由、つまり「自分自身だけで満足する者は、どんな人にも害を加えようなどとは思わない」(七九〇)からである！　こうした議論の各々は、それ自体をとってみれば、同意をもたらすことができるだろう。しかしルソーにおいては、このような併存は、どちらの議論をもうさんくさいものにするし、孤独という理想の擁護がどれほど彼の心にとりついているかを示すのである。

そんなわけで、一連の変換と区別によって、恐れられた状態、孤独は、彼が熱望する理想、「愛しい孤独」となる(『楽しむ技術』、一一七三)。これはいかなる場合でもルソーが肯定するものである。とはいえ、次のような宣言があまりにもしばしば現われてくるのに気づくと、人々は彼の誠実さではなく、彼の明晰さを疑い始める。つまり、自伝的著作の初めから終わりまで、彼は読者に向かって、自分は他の人たちを必要としない、他の人たちがいないほうが自分は幸せである、自分は他の人たちの敵意に感謝する、なぜならそれは自分自身の中に思いがけない宝を発見させてくれたからだ、と断言してはばからないからである。「彼らと一緒に暮らすことで幸せにはなれるだろうが、孤独の中にいるほうが、私はその百倍も幸せである」(『夢想』、I、九九八)。もしもそれが本当であるなら、こんなに何度もそれを繰り返す必要があるのだろうか。メッセージの繰り返しは、それを正当化するどころか、それをうさんくさいものにする。同じ文章が改めて出現してくるたびごとに、前の文章は必ずしも本当のことを言ったわけではなかったのだ、ということが明らかにされる。こうした主張は、読まれるべく定められた手紙や書物の中に現われているということは言うまでもないことなのだが、しかし、読者もまた〈他の人たち〉に違いないのだ！

ルソーは絶えず他の人たちに、自分はもう彼らに話したくないと**言っている**。それゆえ読者は、ルソーが自分自身のことを打ち明けた、「彼は一人きりになると、たちまち幸福になる」(『対話』、II、八一六)というような記述を見たら、これはあやしいと疑ってみる権利がある。

ルソーがジャン＝ジャックを裁く

もしもそうした宣言だけでとどめておかなければならないのなら、ルソーは実際には人間主義者であるよりも、個人主義者としての思想家であるだろう。しかしわれわれにはそうする義務はない。人間はみな社会的状態に移行して、逆戻りは不可能なのである。それではどのようにして、孤独を、その派生的命題たる、社会の弾圧とともに、理想にまで高めることができるだろうか。その点に問題があることを、ルソーはよくよく知っている。しかし彼はそれをはっきりとは言わない。彼はこのような事態を認めるのを拒みながら、不確かな状態を故意に維持しているのではないか、と時には疑ってみなければならない。〈社会〉という語とその派生語に刻まれている多義性を、他のやり方で説明できるだろうか。この語は実際には、二つの自律的対立、自然／社会、孤独／社会という性質を帯びている。ところがルソーは、問題になるのは常にこの語の同じ一つの意味であるかのように振る舞う。だから彼は孤独＝に反する＝社会を、自然＝に反する＝社会の特徴となるすべての悪で満たすことができるのである。しかしながら、明らかに、ルソーの展望そのものの中では、孤独とその反対のもの、社会は、二つ**ともそっくり**社会の状態への〈堕落〉の後に位置づけられ、自然の状態とは無縁である。したがって、社会を、それと反対のもの、孤独が等しく害をこうむるものによって、打ちのめすのは不当なことである。

もっとも、ルソーは自分の理論を述べるときには、この種の混同は避けていて、現実の人間は、社会的存在であり、社会以前の〈自然の人間〉として生きることはできないと念を押している。自然の状態は決して存在しなかった、あるいはもし存在したとしても、われわれにとって今日では近づけないものとなっている。実在している人間、社会的状態で住んでいる人間についてのみ理論を立てなければならない。こうした人間たちは、他者との関係を除いては考えられない。「今日私の生活、安全、自由、幸福は、私の同胞の協力に依存しているのであり、私がもはや自分を個別的な、孤独な存在と見なすべきではない、ということは明らかである」(『美徳についての書簡』、三二〇)。「誰でも理解できるように、人間が、社会から何の影響を受けることもなく、社会の中で生まれ、生活し、自己を保持することはまったく不可能である」(三二一)。ルソーは、社会的状態における人間の教育を問題にする『エミール』の中で、この議論を再びとり上げる。「自然の状態から出るときに、われわれは、同胞たちにもまたそこから出るように強いる。他の人たちの意に逆らって自然の状態にとどまることは誰にもできない。」まるで社会が存在しないかのように今を生きようと固執するならば、つまり、徹底した孤独を選ぶならば、失敗するのは目に見えている。「人間が自分を孤立した存在と見なそうとして、まったく何にも頼らず、自分だけで満足しようとすれば、ただ悲惨なだけの存在としかなりえないだろう」(III、四六七)。これによって理解できるのは、ルソーがそうしないようにしようと決めているときには、はっきりと異なる二つの〈孤独〉をまったく混同していないということである。それはすなわち、自然の状態に固有の孤独と、社会の中で体験しうる孤独である。

しかしながら、彼はあくまでも〈自然の人間〉という同じ一つの表現で、過去の人間と未来の人間と同じくらいに異なる二つの実体を示し続ける。同意を勝ちとろうとする配慮が、ここでは真実への配慮よりも勝る。〈自然 nature〉という語は、追加的な意味上の変化をこうむっている。つまり、ひとつのコミュニケーションが、〈始原〉という意味と〈森〉という意味のあいだに確立したように思えるのである。ルソーが『告白』の中で、『人間不平等起源論』の概念を想起させるとき、彼はわれわれに形成されつつあるその接合点を示している。「その日の残りは、森の中に入り込んで、最初の時代のイメージを探し求め、そして見つけ出した。その歴史を私は意気揚々と辿っていたのだ」(Ⅷ、三八八)。つまり自然の状態は、森の体験の後に描かれたのであり、森の人間は、うまく命名されて、その両方の性質をもちえたのである。自然＝森は、第一段階では、その特徴のいくつかを、自然＝始原に付与した。だからそのぶんだけ簡単に、第二段階では、夢想した始原を現実の森の中で再発見し、想像上の〈自然の人間〉を、森林の孤独な散歩者、植物採集者と同一視することができるのである。

ルソーはいかにも強烈で、すこぶる厳密な思想家なので、彼がそうした同音異義、そうした両義性に思い違いをしていると仮定することはできない。彼がそうしたものを彼の著作の中にもち込むためには、ある強力な動機が、しばらくのあいだ彼の思考の警戒を弱めなければならなかったはずである。ところで、そのような動機が実際に存在するのであり、それはまさしくその影響をこうむる人を、一時的に盲目にしてしまうほど強い。それは、人生の〈自伝的な〉時期に、ルソーが、自然的人間、市民と対立する理想は自分自身である、と決めたということである。彼はそれについて『対話』の中ではっきりと説明した。つまり、彼はその中で自分を〈自然の人間〉として示し(Ⅱ、八五一、およびⅢ、九三九)、自分自身と〈人間の原初的自然〉との等価性を打ち立てるのである(Ⅱ、八五〇)。「一言で言えば、私は彼の書物の中に自然の人間を発見したように、彼の中に彼の書物の人間を発見した」(八六六)。「今日これほどまでに歪められ、誹謗されている自然の描き手や擁護者は、そのモデルを自分自身の心の中から引き出さなかったとしたら、どこからそれを引き出しえたのだろうか。彼はそれを自分自身で感じるままに描写した」（III、九三六）。

ルソーの理論的な著作と内面的な著作の連続性を確立させているのは、以上のようなことである。彼が示した人間のとるべき道の一つ、孤独な個人の道をもっとよく知ろうとするときに、彼の自伝的な作品のほうへ向かう根拠を与えてくれる——というよりも、向かわざるをえなくする——のは、以上のような理由からである。それはルソー自身が要求する連続性である。「彼のシステムは間違っているかもしれない。しかし、そのシステムを発展させながら、彼は自分自身を描いたのであり、その手法がひじょうに特徴的で、しかも確かなものだったので、私が思い違いをすることはありえない」（九三四）。しかしその連続性は、ルソーのシステムを首尾一貫したものにはせずに、曖昧なものにしてしまった。自然の人間は自分に似ていなければならないと決めてしまったので、ルソーは裁判の判事であると同時に当事者になってしまった。したがって、彼は常に公平な立場にいるというわけにはいかなくなった。〈自然〉、〈自然の人間〉、〈社会〉の二つの意味を当て込んでいる人は、論争の結果にはなはだ関心を抱いている。ルソーはここでは、彼の友人＝論敵、〈啓蒙思想家たち〉の中にあると彼が判断する欠点とは対称的な、その反対の欠点をもっている。啓蒙思想家たちが擁護する理論は、彼ら自身の生活によって例証しようなどとは、夢にも思わないものである。それは、近代の知識人に特有の無責任さを帯びている。ルソーは、言うこととすること、理想と現実のあいだに連続性が存在することを望んでいるように思われる——その点では彼は正しい。しかし彼はもっと先まで進む。つまり、彼は理想と現実を一致させるのである。それゆえに、彼は現実に基づいて理想を描く。というのも、日々実現されているがままの彼の生活そのもの、彼の存在が、彼にとってはモデルとして役立つからである。

しかしながら、彼自身は次のような類推が不当であることをじつによく理解した（ただし自伝的な文脈を除いて）。「もしも人間の行為から、人間の感情の証拠となるものを引き出すことが許されるなら、正義への愛はすべての人の心から遠ざけられていて、地上には一人のキリスト教徒もいない、と言わなければならないだろう」（『ナルシスの序文』、九六二）。自分自身の生活、特に子供たちを捨てたことを反省しているのだから、彼はやはり自分の生活を理想から切り離す明晰さを備えている。「まるで罪を犯すということは、人間のすることではないかのようだ、ましてや正しい人間のすることではないかのようだ！」（サン＝ジェルマン宛、一七七〇年二月二十六日、XXXⅦ、二七九）。もしそうではないとすれば、子供たちを捨てたジャン＝ジャックが、どうしてそれと同時に教育論を書く賢明なルソーになりうるだろうか。しかし、彼は自分自身の原理には従わず、自分の理想をあるがままの自分についての記述の上に打ち立てるのだから、彼が他の人たちに差し向ける非難、すなわち、事実から権利を導き出すという非難を、ルソー自身に向けることもできるだろう。このやり方は、ここでは専制政治の役に立つわけではないとしても、真理のためにも決して役立たない。このような理由で、ルソーが引き出す哲学的結論は、自分自身を理想の実例と見なすときには、すべて信用しがたいのである。つまり、誠実さは英知ではない。フィロネンコの指摘によれば、「純然たる建築学的瞑想によって、ルソーは、伝記へと通じる階段を駆け下りる」（『ルソー』、Ⅲ、二六〇）。〈啓蒙思想家たち〉の偽善（あるいは冷笑的態度、あるいは無自覚）は、弾劾しなければならない。だからといって、相手の陣営を支持したり、理想と現実の隔たりをすべて取り払ったりする必要はない。連続は一致という意味ではないのであって、理想は人生を方向づけるけれども、人生と混同されるわけではない。

根本的孤独は、人間のために理想を作り上げることはないであろう。というのは、簡単なことで、根本的孤独はありえないからである。ルソーが、孤独という名でわれわれに示すものは、二つの相互補完的な体験である。つまり、限られたコミュニケーションと呼びうるもの（特に『告白』の中で）と、自己の探求（『夢想』の中で）であり、ルソーはそこで純然たる存在感を切望している。この探求は個人にとっては正当な手段であり続ける。とはいえ、明らかに、そこで問題になるのは、私的な、極端な体験であって、その体験は自分のためには大切にできても、公的な理想にまで高めることはできないであろう。したがって、〈限られたコミュニケーション〉をもっと詳しく調べてみる必要がある。

限られたコミュニケーションとは、孤独のことではない。一人の作家、つまり他の人たちからやって来る言葉を操り、それらをやはり他の人たちのために新しく構築しながら人生を過ごす人間が、どうして孤独の化身になることができるだろうか。作家は他の人たちと絶えざるコミュニケーションを行なっている——それはなるほどメディアに媒介されるコミュニケーションであるが、だからといって強度が劣るわけではない。ところでルソーは、作家ではないとしたら、何だろうか、人生のさなかに書くこと以外の何をしているだろうか。彼は何千ページをも文字で埋め尽くしているだけではなく、そのことでとりわけ堅固なコミュニケーション、死でさえも中断することのできないようなコミュニケーションが確立することを知っている。そこから出て来る彼の心配の種は、自分の評判、未来の読者の意見に関することであって、その気苦労は自伝的な時期を通して、また人間嫌いの最悪の時期にさえ続いていた。「私は人間の記憶の中に少しも存在しないということには、苦もなく同意できるが、告白して言えば、人間の記憶の中に名誉を汚されたまま残るということには同意できない（……）。私は自分の記憶の回復を、人間にとってどうでもよいことととして見ることはできない」（『対話』、III、九五三）。これは本当に孤独な人なのだろうか、自分の原稿を信頼できる人たちに預け、その人たちに彼らがとるべき手順について的確な指示を与え、写しをとったり、さまざまな用心をしたりする人が。

われわれみんなと同じように、ルソーも人に愛されることを欲しているのであろう。「愛し、愛されたいという欲求にさいなまれ、それ以外のことにはほとんど心を動かされず」と、彼はソフィー・ドゥードト宛の手紙に書いている(一七五七年十二月十七日付、IV、三九四)。彼は、他の人たちが不完全であると知ってはいても、彼らと一緒に生きることを望んでいるように思われる。「私としては、私と同じくらい堕落した人間たちと一緒に生きてゆかずにすむ、なんてことはどれほどありえないことだろうと、つくづく感じているのです」(『フィロポリスへの手紙』、二三五)。しかし、運命は彼に好意的ではなかった。二つの要因が彼に反して結束したのである(それを確立しても目下の状況では大きな利益をもたらすことがないような規模で)。それはつまり、これほどけた外れの個性が周囲にまきおこす敵意と、彼自身の疑り深い性格である(換言するならば、迫害と、被害の妄想である)。そこで、彼は二重の策略にしがみつく。まず一方で、彼は、他のすべての人間たちの信用を失わせて、自分が彼らの判断には無関心だという態度を示すことができるようにする(これは「その葡萄は青すぎる〔すっぱい葡萄〕」という格言の変形である)。つまり、すべての人が悪であり、私だけが善である、というわけである。もう一方で、彼は〈代用品〉を頼みの綱とする。つまり、植物的な自然、想像的なものへの逃避、書くという行為、あるいは道具や物の役割にまで還元された人物たちである。しかし今だから分かるのだが、いつでも彼は代用品が原物におよばないということを知っている。だから、もう一つ別の〈代用品〉に関してジュリーはこう言う。「あなたが一人で楽しむときは、何を楽しんでいるのですか。そんな孤独な楽しみは、死んだような楽しみですわ」(『新エロイーズ』、II、一五、二三七)。

ところがこうした代用品こそ、ルソーが、自分自身に基づいて自然の人間を描こうと決めた後に、理想に仕立てあげなければならなくなっているものなのである。そして彼の論証がもはや通用しなくなるのは、まさしくここである。自伝的な探求に正当なモデルを与えていたものも、正式な手続きを踏まなければ、すべての人間のための手段、共通の理想となることはできないだろう。この共通の理想は、偶然〔運命〕とは別の基準に呼応するものでなければならない。その偶然〔運命〕が、人はそういうものではなくむしろこういうものだというようにしたり、人があえてそうしたことを言うようにしむけるものなのである。この視点から考察すれば、ルソーが実践するさまざまな〈代用品〉は、価値がちぐはぐである。孤独、想像的なものへの逃避、植物に囲まれての瞑想、書くことに対する好みは、道徳的には中立的な行動であり、個人の自由に（権利に）属する。だからといって、人間の非個人化も同じであるというわけにはいかない。ところが、それこそがルソーと、彼の親愛なる〈家政婦〉、テレーズをはじめとして、彼を取り巻く個人たちとの関係を規定している。他の人たちを単に自分に依存するだけのものにしてしまうこと、彼らにまったく対等の主体としての地位を与えないということは、人間の平等を放棄することである。もっともルソーは、そんなことを認めようとは思っていないだろう。

それゆえ、われわれはルソーの企てを読みとるときに、できる限り、作者の個人的な好みを考慮に入れないようにしなければならない。さもないと、われわれは袋小路《アポリア》に追い込まれる。ルソーという個人の人生は、傷つきやすく、疑い深い気質によって支配されている。この男は自分が迫害されていると思っている（それはたいていの場合たしかに根拠のある思い込みである）。そして時として人の集まりよりも、孤独のほうを好んだ――それはめったにないだけに、そのぶん望まれる孤独である。彼の自伝的著作は、そんな広場恐怖症のような性癖の擁護と顕揚を含んでいる。しかし、孤立に対する個人的な偏愛は、彼の頭の中では、人間の本質的な孤独についての理論的主張と混同されることはない。ルソーは、一般的な規則

（彼がエミールに与える忠告）と、例外（彼自身の運命）とのあいだの隔たりを確かにはっきりさせている。彼のほうは人間たちから離れたところにいるのに、エミールは「彼らの中で生き」なければならない（V、八五八）からである。

『対話』の一ページはこの点について、なおいっそう説得的である。ルソーはまず孤独に対する好みを繰り返す。しかしながら、彼は自分の人生の特殊性と、人間にとっての理想とを区別することも望んでいるので、次のように付け加える。「絶対的な孤独は、悲しい、自然に反する状態である。思いやりのある感情が魂をはぐくみ、思考の伝達が精神を活発にするのだ。われわれの最も心地よい生き方は相互的で、集団的なものであり、われわれの本当の**自我**はすべてわれわれの中にあるというわけではない。結局、こうしたものが人間をその人生の中で組み立ててゆくので、他者の協力なしに自我をうまく享受することなど決してできない」（II、八一三）。

『夢想』は、憂鬱にこう思い出させる。他の人たちが常に私自身の中にいて、彼らから解放されることは決してない。ルソーが自分を正当化しようとするよりも、むしろ世界について熟考するとき、彼は自我の一部分が他の人たちの中にあると主張し、それを嘆いてはいない。例えば彼は、それをドゥードト夫人に宛てた『道徳書簡』の一通でこう書いていた。「最も深い孤独の中でさえ、あなたの心は、あなたが一人きりではないと言うのです」（VI、一八〇一）。われわれの幸福は、社会的な人間の幸福である。またエゴイストの視点からでさえ、他の人はわれわれにとって不可欠なのである。ジュリーはすでにこう言っていた。「最も純粋な魂であっても、それだけでは自分自身の幸福には不十分なのです」（『新エロイーズ』、II、一一、二二五）。また「サヴォワ人助任司祭の信仰告白」は次のような言葉で終わる。「自分のことを忘れながら、人は自分のために働いている」（『エミール』、IV、六三五）。社会はその場しのぎ、〈代用品〉

ではない。社会は、社会なしには存在しないいくつもの美点を生み出す。そしてコミュニケーションは、それ自体が美徳なのである。サン＝プルーもまた彼なりにそれをこう主張していた。「人間が一人きりというのはよくないことだ。人間の魂は、そのすべての真価を発揮するために、結合されることを望む」（『新エロイーズ』、II、一三、二二八）。

独立の欲求

思想家ルソーは、確かに人間主義の系譜に属している。ただし、個人としてのルソーは時としてそこから逸脱することがある。思想家ルソーは、個人としてのルソーとは違い、他者なしで人間がなおも人間であるとは考えない。また、共同生活は、悪魔がわれわれに授けた自由と引き換えに悪魔に支払うべき代価だとも考えない。バンジャマン・コンスタンの文学的著作や、私的な著作にちりばめられている声明を検討すれば、同じような結論に達するであろう。それらの中では、孤独の欲求と決定的な〈独立〉の要求が読みとれる。彼の愛情に対する個人の〈自由〉は、国家に対する市民の自由というモデルに従っては考えられないだろう。愛情の独立性は、政治的自律性と同等ではない。コンスタンが夢見る独立性は、欲望＝欠如という作用の中の一瞬でしかない。つまり、主体がもはや欲しいものを何ももたず、倦怠から免れようとする瞬間である。孤独への熱望は、『日記』や書簡の中で数え切れないほど繰り返し述べられている——しかし、それは、かかわっているのが実現できそうにない欲望であり、その中にはもう一つ別の欲望が隠されているということなのである。コンスタンは最初の妻と別れると、イザベル・ド・シャリエールに宛ててこう書く。「一年以上前から、私はこの瞬間を望んでいました。私は完全な独立を熱望していました。その独立がついに訪れて、私はぞくぞくしているのです！　私を取り囲んでいる孤独に茫然としているような感じです。何ものにも執着しないことに私はたじろいでいます。何かに執着することであれほど苦しんだ、この私がです」（一七九三年三月三十一日）。二十年後に、彼は『日記』にこう記す。「私は一人だけで生きることをあれほどまでに望んだ。それなのに今は、そのことにおののいている」（一八一四年十月二十七日）。〈独立〉へのコンスタンのこの訴えは、その状況と無関係に読むことはできないだろう。

　これはまた『アドルフ』の教訓でもある。その物語《レシ》の冒頭で、主人公は自分にも同じような「熱烈な独立への欲望」があるのだと思う（I、一四）。ところが後に、彼はかつての自由な生活を悔やむのである。しかし、こうした主張は、アドルフの父親が主張する次のような心理分析に満足しないのなら、文字どおりに取るべきではない。「独立心に駆られ、あなたはいつでも自分が望まないことをするのだ」と、彼はいささか無邪気に自分の息子に手紙で書いている（Ⅶ、五四）。物語《イストワール》の終わりで苦い真実を発見するのは、アドルフ自身である。つまり、〈自由〉と〈独立〉は、相対的な――エレノールにとって、また彼女と彼の関係にとって相対的な――価値でしかなかったのだ、ということである。エレノールが死んでしまうと、自由や独立は、彼にとってもはや何ものをも意味しない。というよりはむしろ、それらはその裏面を彼に見せるのである。独立とは、「この世の砂漠」であり、自由とは、〈孤立〉、愛の不在のことである（X、七六）。「私にはなんと重いものなのだろう、あれほど私が惜しんだ自由は！　私の心には何と恋しいものなのだろう、私をたびたび憤激させたあの従属は！（……）私は確かに自由になった、だが私はもはや愛されていない。だから、私は誰にとっても無縁の者なのだ」（X、七九）。他者との関連における〈自由〉は、最終目標になるわけにはいかないだろう。その自由はむしろ、満足できない人間関係を別の、もっと緊密な人間関係で置き換えたいと思うわれわれの欲求がかぶせる仮面〔見せかけ〕であり、また、人を追い求める対象から離れたいと思う欲求に与える口実である。完全に〈独立した〉人生とは、意味が欠如した人生であろう。そしてそんなものは主体の存在そのものを危険に陥れるにちがいない。

確かに、一般的な理論と、歴史的な一時期としての同時代の分析を、改めて区別しなければならない。人間が必然的に社会的であるというのは、単に抽象的に言っているのではない。近代においては、破壊的な力が人間に作用しているのに、人間は公的なものへの配慮によって、自分たちの新たな自由の釣り合いを取ろうとしなければならない。しかしながら、個人が主人として支配する私的な世界によって、個人の新しい役割は、コンスタンにはひじょうに重要なものと思われるので、「近代」にふさわしい名前を探し求め、彼はそれをごく自然に〈個人の時代〉として示すのである（『平等についての略史』、三八九）。ヨーロッパの民衆（実際に彼の興味をかき立てる唯一の民衆）をこの地点にまで導いた発展を、彼は全体としては肯定的に見ている。ヨーロッパの民衆が到達した時代は、集団――国家であろうと、同業者組合であろうと、家族であろうと――が、もはや個人に対して行動を指示することのできない時代である。「家族自体は国家の中に含まれるのだが、その家族に個人が隷属する代わりに、各個人は自分自身の人生を生き、自分の自由を要求する。」もはやさまざまな思想に統一性はなく、無意識の社会的合意もない。だが、それは不都合ではなく、利点なのである。「人が遺憾に思う知的無政府状態は、私には英知のはかりしれない進歩だと思われる」（『百日天下』、「第二版の序文」、七一）。なぜならば、真理の探究が権威によって保証された絶対的真理の代わりとなったからであり、そんなふうになるのはきわめてよいことなのだ。

価値という次元で優れている近代はまた、主体の幸福を最高度に容易にしてくれる時代でもある。というのも、今、「人間が幸福になるために必要とするのは、ただ自分たちの仕事に、活動領域に、空想にかかわるすべてのことに関して、完全な独立を委ねられることだけだからである」（『征服』、II、七、一六六)。コンスタンがここで断固として擁護している「近代人」の幸福のためには、自由だけで十分だ、と考えなければならないのだろうか。私的な世界にすべて捧げられた人生が、想像しうる最良の人生だというのだろうか。これは疑わしい。しかし、コンスタン自身は「近代人」へのその無条件の賛辞に、完全に同意しているわけではない、と言わなければならない。

「古代人」の自由と「近代人」の自由とのあいだの対立をもち込んでいるテクストそのもの、一八〇六年の『政治の原理』の中で、コンスタンは二つの時代のあいだに五つの違いを定めている。ところが、長所は常に一方の側だけにあるとはかぎらない。「近代人」は個人の自由を享受するが、「古代人」は自分たちの都市の政治に積極的に参加する(そしてそこに自分たちの幸福を見出す)。「近代人」は休息を好む。「休息、休息をともなう生活のゆとり、そしてゆとりに到達するための生業《なりわい》が、人間がめざす唯一の目標なのである」(XVI、三、三六一)。「古代人」は戦争を好む。それは栄光と社会的団結をもたらすからである。「近代人」のほうが思いやりが深い。「古代人」のほうが毅然としている。最後に、「近代人」のほうが明晰であるが、「古代人」のもつ熱狂は「近代人」には欠けている。「『古代人』はあらゆることに対して完全な確信を抱いていた。われわれはほとんどすべてのことに対して見せかけの確信しかもてない」(XVI、六、三六八)。われわれはすべてのことを疑い、一つ一つの企てに取りかかる前にくたびれていて、われわれの制度の力を信用しない。「家庭内の愛情が、大きな公の関心事の代わりとなる」(XVI、七、三七〇)のである。

したがってコンスタンにとって、「近代人」が市民的な自由だけで満足するということは、喜べるような理由ではなくて、不安の原因、非難の理由となっている。熱狂、勇気、祖国愛の完全なる欠如、つまり社会的な配慮のかけらもないということは、栄光という称号にはなりえないだろう。ごく最初の政治的文書、『現政府の力について……』（一七九六年）の中で、コンスタンはすでにこのテーマに取り組んでおり、それはスタール夫人〔一七六六—一八一七年〕と一緒の時期にも共有されることになる。「休息はよいことであるが、活動しないということは悪である。」「目的、関心、狭い個人的なもの以外の希望の剝奪は」人生を軽薄にする。「自分のことだけしか考慮しないということの中には、常に何か生彩のない、色あせたものが存在する。」われわれ一人一人はまた、熱狂に駆られることや、逆に「同類たちの感謝によって心がジーンとしびれる」ことを欲する（Ⅶ、七一—七二）。

共同体にとっては、個人の道徳の衰退よりももっと重大なものがある。市民的自由そのものは、維持されるために、ある程度の政治的自由を必要とするということである。換言すれば、一人一人が自分自身のことだけにかまけていると、専横者が権力をさらってしまう可能性がある。ところが、専制政治の下では、人はもはや自分自身のことにかかわっているゆとりはない。屈服して、従わざるをえないのである。ただ〈家庭的な美徳〉だけを実践していると、人は自分たちの活動が、自分たちを尊重し、擁護してくれる社会——すべての社会がそうするわけではないが——を前提にしている、ということを簡単に忘れてしまう。「その自然の結果〔近代社会の結果〕は、各個人がそれ自体の中心であるようにすることである。ところで、各人がそれ自体の中心であれば、すべての人間が孤立する。すべての人間が孤立すれば、塵芥ばかりしか存在しなくなる。嵐が起これば、その塵芥は泥水となる」（『宗教』、「序文」、Ⅰ、ⅩⅩⅦ）。個人的な享楽だけに注意を傾けていると、個人は公の問題に無関心になり、他の人たちの不幸を無視しがちになる。そして自分自身の私的な充足が公的な充足に依存していることを忘れる。「利欲によって人は当然娘の持参金を危うくしたいとは思わなかったから、祖国の利益を捨て去ったのだ」（ⅩⅩⅩⅤ）。しかしもしその国が炎に包まれていたら、持参金も脅威にさらされはしないだろうか。この場合に、コンスタンにとって問題になるのは、単に空想的なだけの危機なのではない。それはまさに、社会をそのような状態に引き戻すことをもくろんだナポレオンの下で起こりつつあることであった。「市民を抑圧する政府の巧妙さは、市民を互いに遠ざけておいて、コミュニケーションを困難なものに、集会を危険なものにすることである」(『増補』、六二八)。個人の孤立化は、たぶん近代性の避けることのできない結果ではないのだろうが、しかし間違いなく近代性のありうべき結果の一部であって、近代の専制君主たちはそれを実現しようとするだろう。

だから嵐が過ぎ去ることを期待し、個人的享楽を保持することだけで満足してはならない。「近代人」自身は、自ら公の立場を捨て去ることなどできないのだ。コンスタンは、一七九六年の彼の最初の政治的文書以降、一八二四年に刊行し始める最後の大作、『宗教』に至るまで、同じ主張を繰り返している。私的領域に閉じこもろうとする近代的傾向に気をつけよう。各人にとって近づきやすいエゴイストの幸福で満足してはならない。われわれは、個人の次元を越えてゆく何かもっと高いものを必要としている。その上、もしも各人が自分だけで満足するなら、その幸福自体が消えうせてしまうだろう。公共の精神、政治的自由は、絶対に維持されるべきものなのだ。個人の自主性は、最終目標であってはならないであろう。

活動的生活と瞑想的生活

最後に再びモンテーニュに戻らなければならない。すでに見たとおり〔本書一四四ページ〕、彼もまた孤独の賛美に加わっていたからである。だからといって、彼が人間主義者の系譜を離れ、個人主義者の系譜に合流していると言えるだろうか。『エセー』を読めば気づくことだが、彼は、孤独と社会のどちらかを選ぶことなど意図していない。むしろ彼が意図するのは、社会生活の二つの形態、活動的生活と瞑想的生活のどちらかを選ぶということである。出発点については、彼は決して疑念を抱いてはいない。つまり、人間は社会的本性〔自然〕を備えているということである。そこにあるのは、人間という種の自己同一性そのものである。「自然はわれわれを社会へと向かわせたように思われるのであって、それ以上の何ものにも向かわせてはいないだろう」(I、二八、一八四)。会話以上に社会的なものがあるだろうか。ところで、それこそが「われわれの精神の最も実り豊かで、自然な営み」なのである(III、八、九二二)。個人的な理性の弱点は、少なくとも個人と個人とのあいだの、このような絶えざる交流によって部分的に補うことができるだろう。人間どうしのコミュニケーションこそが、われわれに人間性の定義そのものを与えてくれるのである。「われわれは言葉《パロール》によってはじめて人間なのであり、言葉《パロール》によってはじめてお互いに結ばれるのである」(I、九、三六)。社会は人間にとって自然なものである。「およそ人間くらい、非社交的で、しかも社交的なものは存在しない。一方はその不徳によるものであり、もう一方はその本性〔自然〕によるのである」(I、三九、二三八)。人間の本性〔自然〕は社会的であって、その堕落したものだけが社会的ではなくなる。社会性は人間の条件そのものに属する。

したがって、モンテーニュがどちらかというと孤独な生活のほうを好むのは、失われた自然を再発見するためではないし、孤独がそれ自体高等なものであるから、というわけでもない。彼は、他者から称賛を与えられるということが、単に自尊心を満足させるもう一つ別の手段となりうる、ということをもちろん知っている(II、一七、六四九)。彼が最も好んで提唱する孤独選択の理由は別のことである。それは、彼が公共生活に固有の隷属を恐れているということである。彼は自分自身の主人でありたいと思っている。そしてそのために「彼にとっては、他者の役に立つことが無益なものとなった」(六四三)。彼は報酬と従属の世界を好まない。それは〈高貴な人たちの宮廷〉の世界である。したがって、彼は国王の取り巻きの中で暮らしてはという提言を断り、自分の家の、書斎に引きこもることを選ぶ。それは、使命の一方がもう一方よりも優れているということなのではない。一方が、彼にとってはふさわしいということなのである。従属のもたらす不都合のほうが、彼にとっては、権力から生じる利点よりも優位に立つ。しかも、彼の視点から見ると、国王の運命そのものがうらやましいものとなることはほとんどない。「国王は本来の意味で自分のものを何一つもたない。彼は自分自身を他者に捧げる義務があるのだ」（III、六、九〇三）。

モンテーニュの立場は明らかである。結局、彼が避けているものは、一般的な人間社会ではなく、〈隷属と義務〉である。彼が大切にしているのは、孤独そのものではなくて、要するに、孤独によって自分に与えられるかもしれない可能性、他の人たちとよりよく意志を通じ合えるようにするために、精神を集中させたり、自己を取り戻したりする可能性である。「私は、えてして一人でいるときのほうが、国務や世界のことに身を投じられる」（III、三、八二三）。孤独は手段であって、目的ではない。モンテーニュの場合には、孤独が最良の社交性を生み出すのだ。孤独の要求はもちろん、われわれの社交的本性〔自然〕の現状と同じ次元に位置してはいない。孤独は虚栄と同様に社会的動物に固有の態度なのである。人が生きている枠組みと、ひとたびその枠組みが認められた後に人が選ぶ戦術とを取り違えてはならない。また遊びの規則を、程度に差はあれ卓越した技法と混同してはならない。社会性には数多くの形態があり、人はその好みに応じてそれらから選ぶのである。

したがってこれらの価値は絶対的なものではない。モンテーニュは、かつてのストア派のように、自分の選択には客観的な基盤があり、規則に仕立て上げられる価値がある、とは主張していない。彼は「夢想的な流儀」の中に身を置くという自分のやり方を確立している（八二〇）。人間は必要にせまられて社会的なのである。そして、公的であるか、私的であるか、群をなすか、孤独であるかは、選択による。ここでかかわっているのは、もはや原則の問題ではなく、各個人に最もふさわしい生活様式である。この点からすると、一つの理想的な行動があるのではなく、いくつもの理想的な行動があって、各人は自分の性癖に応じて行動する権利がある。こうした好みはもはや人間主義の理論を拘束するものではない、ということは確かである。人間主義の理論は、われわれには本質的な社会性があると宣言することだけで満足するのであり、社会性がとりうる形態をどのようにして選ぶべきかということは、われわれに教えてくれない。とはいえ、人間主義の理論には二つの限界がある。その一方の極限で、もはや人間主義の思想に合致しなくなっているのは、栄光や名誉への欲求に全面的に従う生き方である。というのも、この英雄的な理想は万人にふさわしいものではありえないからである。そこで人間主義者は、誰にでもあまねく受け入れられる理想を提起する。人は手柄をたてるだけではなく、普通の生活を送ることによっても、その理想に達することができなければならない。日常生活は功績の障害となるのではなくて、まったくその逆である。境界の反対側の端で、ほめそやされる行動の脅威から除かれているのは、社会的秩序にかかわるすべてのものに対して無関心なまま、もっぱら内面生活だけに気遣うような行動である。ローマが炎上しているときに、自分の菜園を静かに耕すことなどできない。それは、われわれの内にある他者の存在を否定し、他者の内にあるわれわれ自身の存在を否定することである。この除外されるべき両極端が浮き上がらせる広大な空間内で、さまざまな選択が受け入れられるのである。だから、議会の論争に巻き込まれたコンスタンと、書斎の中に引きこもったモンテーニュは、二人とも人間主義の思想に忠実であることに変わりはない。

モンテーニュが社会生活のこうした様式を序列化しようとするとき、たいていの場合、彼は一つの理論に従う。その理論は、ストア哲学やキリスト教とまったく同様に、プラトニスムから着想を得ることができたもので、外的世界よりも内的世界、物質的なものよりも精神的なものを、したがって社会的な精神の分散よりも孤独な精神の集中を、活動的生活よりも瞑想的生活を好む。しかしながら、『エセー』が全体的に伝えることはいささか異なっている。ある文章の途中で、モンテーニュはこう宣言する。偽りの言葉よりも沈黙のほうが社交的だ（I、九、三七）。したがって最も低い次元にあるのが、偽りの言葉、うわべだけの社交儀礼である。沈黙や孤独はそうしたものよりも好ましい。しかし〈偽りの〉という形容詞の使用そのものが、すべての言葉が偽りだとはかぎらないということを意味している。本当の言葉もまた存在するのであって、そちらのほうは沈黙に優る。モンテーニュは、供を連れて旅行をする可能性について言及するとき、その話題に戻ってくる。人間的存在は同類とともに生きるように作られており、モンテーニュはその人間の条件の中に自分の姿を認める。「いかなる喜びもそれを伝達する相手がいなければ、私にとっては味わいがない。」しかし至るところに仲間がいる。友情を結ぶことのできる優れた人士は、かけがえのない存在である。「しっかりとした常識とあなたと同じ習慣を備え、喜んであなたの道づれになってくれる、一人の誠実な人間を得るということは、たぐいまれな、しかもこの上ない慰めとなる財産である。」そのような出会いはめったにない。無味乾燥な道づれならごまんといるが、むしろそれは願いさげにしたい。「退屈な、くだらない人間と同伴するよりも、やはり一人でいるほうがましである」（III、九、九八六—九八七）。沈黙は本当の言葉には負けるが、偽りの言葉よりも好ましいというのとまったく同じように、孤独はめったにない友情には劣るが、共同体の混雑に勝るのである。

もう一つ別の機会に、モンテーニュはこの問題をもっと高いところからとり上げている。他者のための人生と、自分自身のための人生の、表面的な対立を克服しなければならない。人間の一部分だけしか満足させられないような解決策は、いずれも実際には人間を損なう。他者に何もかも要求する人は愚か者であるが、他者にすべてを与える人は自然に反した存在である。このような極端な選択を乗り越えるために、自分自身の中に他者の部分を認め、また他者を通して自分の成熟を認めなければならない。私が他者を必要としているのと同じように、他者も私を必要としている。「われわれが保持する重要な役割は、各人がそれぞれ自分自身の行動をするということである。」確かにその通りだが、しかし「少しも他人のために生きていない者は、ほとんど自分のためにも生きていない」（セネカの「君自身のために生きたいのなら、他人のために生きよ」の変形、『書簡』、四八、二）。この賢者は次のことを知っている。「他の人間たちや世間の慣例を自分自身に適用しなければならない。そして、そうするためには、自分もまた公共社会に対して、自分にかかわる義務と奉仕を捧げなければならない。」彼はまたうわべだけの社交性と、真の友情とを区別しなければならない。前者がわれわれに栄光と名誉、あるいは安易な交際を求めるようにしむけるのに対して、後者は内面的な喜びと価値の源である。後者を実践できる人は、社交界の人よりも、また孤独な人よりも優れている。なぜなら、その人は両者の対立の上に位置づけられるからである。「彼は人間的な英知とわれわれの幸福の頂点に到達したのだ」（III、一〇、一〇〇六―一〇〇七）。このような序列自体には厳密な規則はまったくない。モンテーニュは安楽な生活を送り、なにがしかの栄光を手にすることもいとわない。ただ、彼はもっと高い、もっと強い喜びが存在することを知っている。

人間存在は必ずしも都市生活を送るように決められているわけではない。モンテーニュは公的な社会参加を犠牲にして、精神生活、書物を友とする生活、私的関係を優遇する。彼はボルドーの市長職を離れ、自分の書斎に引きこもることに、何の未練も感じていない。しかし、公的な生活に対するこの自由は、人間が人間を必要とすることを、なおいっそうはっきりさせるだけである。快楽と幸福、真理と英知はこの発見を拠り所としている。だからこそ、友人どうしの会話、他者への尊敬と愛情の中での自由な真理の探求は、「われわれの人生のいかなる活動」(III、八、九二二)にもまして、モンテーニュがこの世の中で尊重するものなのである。

デカルトは、この点に関してはモンテーニュの忠実な弟子である。モンテーニュと同様に、彼も都市とのかかわりよりも隠遁の孤独——相対的なものであって、絶対的なものではない——のほうを好む。この理想的な孤独は、大都会の真ん中で見出される——そして、この点で、デカルトは革新的なのであるが——、それは外国の都会、この場合にはアムステルダムである。「私のいるこの大都会では、私を除いて商売をしていない人間はおらず、おのおのが自分の利益をあげることに血眼になっているので、私は誰からも見られることなく一生ここに滞在できそうです」(一六三一年五月五日)と、彼はギエズ・ド・バルザック〔一五九五年頃—一六五四年。フランスの書簡作家〕に書き送っている。彼は数年後にそのことを『方法序説』で確認する。「きわめて活動的で、他人のことよりも自分自身のことに熱心な、多数の人々の群れの中で、(……)私は最も人里離れた荒野の中で生きるのと同じくらい孤独な、隠遁生活を送ることができた」(III、一四六)。彼は、なぜ自分が孤独を必要とするのかをじつによく知っている。孤独は、彼が身を捧げようとして選んだ仕事の様式にとっては、成功の条件だからである。「生活のわずらわしさが要求する注意力の集中によって、私の精神が疲れてしまったら」、自分にとって大事な研究に思いを凝らすことはもはやかなわなくなるでしょう(エリザベート宛、一六四三年六月二十八日)。公的な名誉と、彼の精神を養う活動とのあいだで、選択をする必要にせまられる。そして選択をした結果、デカルトはどんな王宮よりも、彼の〈荒野〉のほうをとるのである。

そのようにしながら、彼は社会性を否定していない——否定せずに、彼に最もふさわしい社会性の形態を選ぶ。思索と著述を自分の仕事にすることを決めた者は、引きこもった生活のほうが有利である。社交生活の楽しみ、公的な場への出席は、彼にはふさわしくない。それは、彼がコミュニケーションを拒絶しているということなのではない。他よりも好きなコミュニケーションの一つの形態を選んでいるということなのだ。デカルトの作品のおよそ半分は、個人たちに宛てた手紙で成り立っている。彼は（離れているにもかかわらず）誠実な友人たちに囲まれている。しかも、彼がいつでも移動できる状態でいたのは、友人たちと出会う楽しみのためである。

じつを言えば、このような選択がデカルトの人生のほとんどを決定しているとしても、彼は常にそれに従っているわけではない。人は名誉や名声に対する欲望に完全に無関心であるというわけにはいかないだろう。特別賞与という約束につられ、彼はパリに赴くことになる——その結果、友人に会いたいという願いが単なるむなしい好奇心を隠していたことを発見する。「私にとって一番不快だったのは、彼ら「もてなしてくれる人たち」の誰もが、私の顔以外に私のことを知りたいという気持ちを示さなかったことでした。したがって私にはこう考える理由があるのです。彼らは象とか豹のように、珍しいから私をフランスに置いておきたいだけなのであって、何かの役に立てるためなのではない、と」（シャニュ宛、一六四九年三月三十一日）。とはいえ、この教訓だけではまだ足りなかった。国王の地位にある人物たちの偽りの偉大さに目をくらまされて、彼自身にはためらいがあったにもかかわらず、デカルトはスウェーデンのクリスティーナ女王（一六二六—一六八九年）の招待を受けるからである。しかしながらひとたび現実に直面して、彼は自分の過ちに気づき、自分の荒野に戻ることだけをひたすら夢見る。その荒野の外では「私が真理の探究に突き進んでゆくのは難しいのです。しかも、その探求の中にこそ、この世における私の本質的な幸福があるのです」（エリザベート宛、一六四九年十月九日）。しかしそれは不可能である。彼は毎日クリスティーナ女王に哲学の講義をし続けなければならない。そして彼女は朝の五時しか時間が空いていない！　宮殿に行くためにストーブから離れ、デカルトは風邪をひいて、一六五〇年二月に肋膜炎で死んでしまう。

この哲学者は、荒野の孤独と、真理探究によって得た結果を文書で伝えることを好んでいたときのほうが思慮深かった。ルソーが意図しているのも、確かにそのようなことである。ルソーも結局は、自分自身の孤独の選択はデカルトの選択とほとんど違っていない、ということを進んで認めている。あるいは、モンテーニュの選択とも、人間主義者であろうとなかろうと、他の多くの思想家・作家たちの選択ともほとんど違っていない、と付け加えることができるだろう。文章を書くということは、他者とより良く出会うために他者を避けることを要求する逆説的な行為である。そんなわけで、ルソーはディドロからと想定される非難に対して次のように応じることができるのである。「私としては、かの極悪人デカルトのまねをしたことを誇りとしているのです。彼は意地悪なことに北オランダの孤独の中に哲学をするために赴いたのです」（XXXVII、二八一）と、彼は皮肉をこめてサン＝ジェルマンに書き送っている。孤独もまた他の人たちとともに生きる一つの方法なのである。

第五章　愛の道

孤独は避けがたいものではないということ、共同生活は、人間存在そのものが他者との関係によって作られている限り、弱体化はしないだろうということを、過去の人間主義の思想家たちとともに認めることにしよう。こうしたことのすべてが、やはりわれわれに一つの消極的な確信だけは与えてくれる。つまり、社会性は実際には「近代人」の自由によって危険にさらされてはいないということである。しかしわれわれは、その自由が建設的な成果を生み出す、と期待することができるのだろうか。近代の人間の状況の中に、昔よりも豊かな、満足感を与える人間関係を約束してくれるような何かがあるのだろうか。われわれはここで愛というもののほうに向かい、次のように自問しなければならない。一方には愛があり、もう一方には、近代の人間が自由の代償を支払わなければならないという考えがあるが、両者のあいだの関係はいかなるものなのか。愛という、とりわけ人間主義的な概念は、何によって成り立っているのか。

手始めに、この愛《アムール》という語――われわれの語彙の中で最も多く利用され、最も使い古されたものの一つ――の意味を明確にしなければならない。以下のページにおいては、私は〈愛〉という語によってもっぱら人間どうしの感情的《アフエクテイヴ》関係のみを示すことにする。そうすることで、私は、愛の対象が人間存在ではなくて、事物、動物、神、さらには祖国、自由、人間性といった抽象的観念であるような場合の、この語のすべての用法を、一挙に取りのけることができるようになる。また同じ理由で、私はここでは自己愛《アムール・ド・ソワ》を対象とはしない。その一方で、この関係にある人々がどんな人であれ──つまり、この関係が位置づけられるのが恋人どうしであれ、両親と子どもたちのあいだであれ、友人どうしであれ──原則として、この愛という用語を保持することにする。それらの違いが重要ではないからというのではなく、それらの違いが特定化する一つの感情は、すべての変化を通してその同一性を維持しているからである。

置き換え不可能性

まず次のような確認から始めよう。人間関係においては、人物の置き換えは容易であるか、困難であるか、不可能であるか、のいずれかである。したがって三つのグループの事例を得ることができる。すなわち、ある一つの位置にすべての人が現われうるか、あるいは数人だけがそこに現われうるか、あるいはただ一人の人物だけが現われうるかである。この区別によって、各個人が関与している三つの関係領域を見分けることができる。**人道主義的**領域(例えば、私は危険のさなかにある人を、それが誰であれ、救わなければならない)。**政治的**領域(いくつかの点では、私のすべての同国人が交換可能である。ところが彼らは外国人とは交換可能ではない)。そして**個人的**領域。ここではいかなる置き換えも可能ではない。私は、取り替えることのできない個人として、私の父に、私の恋人に、私の友人に、私の子どもに結びつけられている。愛が属しているのは、明らかに、その最後の領域である。例えば、愛について最初の偉大な理論化を行なった一人、アリストテレスはそのことをすでによく知っていた。「愛は、いわば絶頂にまで高められる情動であろうと欲するが、これはただ一人の存在にしか向けられない」(『ニコマコス倫理学』、

IX、一〇、五)。人は何人もの人間を同時に愛することができないからではなく、愛には、置き換えることが根本的に一切不可能だという特徴があるためである。もしも愛される存在が別であれば、愛もまた別なのである。

これらの異なる領域を支配している論理は、同じものではない。個人的領域においては、個人の同一性は還元不可能である。逆に政治的領域においては、個人の同一性はさしあたり脇に除けておくことができる。政治的領域は、民主主義社会では、平等の原則の上に立っている。個人的領域は、その平等の原則をまったく使えず、各人がもつ特異なものを心にとどめておくような、個人的認識を前提とする。つまり、私がすべての人たちの中でその人を愛するのは、その人が他の人たちと同じだからではなく、その人が異なっているからである。そこで、バンジャマン・コンスタンは、この二つの領域の分離を次のように記述する。「司法官、裁判官、公人としての、彼の義務はたぶん正義を行なうことである。しかし、社会がいかなる権威もまき散らすべきではない彼の私生活の最も貴重な部分は、特別な存在、愛する存在、とりわけ自分と同類のすべての存在と区別される同胞たちによって取り巻かれているということである。他の存在に関しては、決して彼らを傷つけないことと、時として彼らに奉仕することだけで彼には十分である。しかし優遇するこの人の輪、愛と、感動と、思い出の輪に対しては、彼の献身、絶えざる配慮、そしてあらゆる種類のえこひいきがついてくる」(『ゴドウィンについて』、五六五)。

政治的領域では正義が君臨しなければならない。しかし、偏愛と拒否――これらは所を得てこそ完全に正当なものとなる――で織りなされている私的領域では、正義というのは明らかに問題外である。わが愛の対象の選択を、正義の規則に従わせようとするのは滑稽なことであろう。私が誰かに愛着を抱くのは、その誰かの代わりとなりえたであろうすべての人に、その人が似ているからではなく、その人が異なっていて、しかも私から見て、他の人よりもすばらしいからである。潜在的なライバルたちよりも立派で、魅力的で、心をほろりとさせるから、一言で言えば、ライバルたちよりも優れているからであって、ライバルたちと同じだからではない。この領域を構成する絆のうちで最も純粋に具体化したものが愛である。

愛のこうした際立った特徴は、いくつかの結果をともなう。第一は、愛の関係を話題にするとすぐに、個人の存在、互いに還元することのできない独特の存在をもまた前提として示さなければならないということである。特異な存在としての個人は、歴史が遅まきに獲得したものなどでは断じてない。われわれの伝統の中の最も古い物語は、今日のわれわれと同じくらい個人的な存在をすでに示している。アンドロマケは、トロイの一般的な兵士たちを愛するのではなく、唯一の、個人としての夫、ヘクトールを愛するのである。プリアモスには息子が何人もいるが、ヘクトールが殺されたとき、息子は取り替えがきくと自分に言い聞かせて自分を慰めることなど、彼の念頭には浮かんでこないだろう。つまり、ヘクトールだけがヘクトールなのである。愛と死、愛の中の死。ある存在をもう一人別の存在によって置き換えることは不可能である、ということをこれ以上にうまく示しているものはない。絵画であれ、彫刻であれ、個人的な人間存在の最初の表現は、まさしくこの種の状況、つまり愛する存在の消滅と結びついているのは確かだと思われる。他の社会的関係は、同じようなやり方で個人の単一性を必要とすることはない。例えば、私は労働者を雇う、私は商人と取引をする——他の人もまた、十分に自分の仕事を知ってさえいれば、うまく取引をすることができるだろう。たった一人の国王しかいないが、唯一なのは、その機能、すなわちカテゴリーなのであって、そのカテゴリーを具現化するのは個人ではない。その国王が死ねば、もう一人別の国王が彼に取って代わり、臣下に対して同じ尊敬、同じ謙虚さを要求するであろう。

ところで、愛の対象が唯一のもので、取り替えが不可能であるならば、その愛の対象はまた、それが結果となるようなさまざまな因果関係から部分的に免れていなければならない。愛の対象は因果関係の中に、差異の原因となるような、ある種の不確かさを加える。もしも個人が、この世界で働いていると認められる因果律の連続によって完全に演繹できるものならば、つまり、もしも個人の自己同一性を余すところなく記述するために、その個人の中で作用している生物的、社会的、精神的な条件を知ることだけで十分だとするならば、同じ因果律の連続が、最初の個人とまったく同一の第二の個人を、あるいはそのような個人の無限の連続を、生み出せないとする理由などまったくないであろう――そのような個人のあいだには、刷り上げられた何冊もの本と同様に、差異など存在しないであろう。意志の介入は、個人の独自性の確立のために不可欠なものではない、しかも、たとえ個人の責任ではないとしても、一つの顔は、厳密には別の顔と決して似ることはない。

愛を語る人は個人を語り、自由を語る。私が特定の女性を愛しているとしても、私は、彼女が多くの特徴を他の女性たちと、他のフランス人たちと、四十歳の他の人物たちと共有していることを知らないわけではない。しかし、彼女がそうしたものに還元されることはない。その個人的な、自由な部分がなければ、しかもまたその主要な原因となるのが彼女ではないとしたら、私の感情は〈愛〉と呼ばれるには値しない。したがって人間主義の思想と愛の経験のあいだには、密かな根本的な類似性がある。両者とも、ある種の個人の自由――ここでは愛される対象の自由であって、愛する主体の自由ではない――を主張したり、前提としたりしているからである。

愛の対象をもう一つ別のもので置き換えることが決してできないということは、愛と性との関連についてのわれわれのイメージに影響を与える。生物学者(すなわち、社会的事象にじかに生物学的説明を与えようと研究している人)の観点に立てば、愛は〈昇華〉によって性から派生したものと見なされることになる。ところでそのような考え方は、愛の中に両親と子供の関係、あるいは友人どうしの関係を含ませようとすると、ただちに恐ろしい問題を提起するだけではとどまらない。その考えはまた、愛される対象の唯一性を考慮に入れると、たちまち不十分であることが明らかになるのだ。ルソーは動物の性行動と人間の愛を区別している愛のそうした特性について強く主張した。概して、動物たちがもつ性行動においては、その相手は互いに交換が可能である。まれにしか見られないいくつかの種――われわれはまさにそのためにそれらの種を人類に近いものとして認識するのである――は、例外となる。したがって人間の愛は、この意味では〈反自然的〉である。というのも、人間の愛はわれわれに一人の相手を独占的に選ぶようにしむけるからであり、それは「もっぱら唯一の対象の上に」欲望を固定する「社会の慣例から生まれた、人工的な感情」だからである（『人間不平等起源論』、I、一五七―一五八）。もう一度繰り返せば、人は同時に何人もの存在を愛することができないというのではなく、各々の愛はその個別の対象によって規定されるのである。「愛は本性〔自然〕から生じるのではなく、本性の傾向に対する規制であり、抑制なのである。愛される対象が除かれると、性がもう一方にとってはもはや何ものでもなくなってしまうのは、愛によるからである」（『エミール』、IV、四九四）。ルソーの表現にはたぶん誇張がある。それでもやはり人間の愛情の弁別的特徴を特定化している。愛と性とは交差する二つの分野であって、各自が他方とともに、あるいは他方を欠いて存在することができる。

愛とそれ以外の個人どうしの関係とを区別するものは、まさしくこのように愛の対象を別のもので取り替えることができないということである。次に政治的領域に入るならば、そこでは全部ではないにしても、いくつかの取り替えが可能であって、われわれは**連帯**にかかわることになる。フランスの居住者はみな、「社会保障」や年金の基金を通じて、お互いに連帯している。またそれよりも制度的ではないが、私は、同年代の、同性の、あるいは同じ職業の、同郷のすべての人々と連帯することもできる。私は彼らのために行動し、さらには自分を犠牲にする覚悟がある。しかしこの感情は、友情を含んだ広い意味でとっても愛とはいえない。まさしく集団のメンバーが取り替え可能だからである。もしも集団の拘束が消滅し、すべての人間存在が同じ感情を得ることができるならば、われわれは人道主義の領域に入っていたであろう。この普遍的な愛の感情は、**博愛**《フィラントロピー》の名でギリシャの異教徒の伝統によって称えられ、また**アガペー**、すなわち慈悲の愛としてキリスト教徒の伝統によって称えられた。その場合に問題となるのは、個々の存在に対する愛であって、対象がまさに取り替え可能な愛なのである。敵対者も友人と同様に取り替えるに値する。したがってわれわれの視点から見ると、こうした関係は厳密には愛の領域に属しているのではなく、むしろ道徳の領域に属しているのである。

欲望の愛

置き換えが不可能であるということはすべての愛に関して言える。ところが愛は千差万別で、互いに似るところがない。ギリシャの思想が伝えてくれた区別の仕方をここで用いて、われわれの欲求に合わせることができる。**エロス**、すなわち欲望の愛と、**フィリアー**、すなわち喜びの愛との区別である。愛と人間主義の思想との関係について研究を続けてゆくために、私は今度はこの重要な二つの種類について言及することにしたい。

ここでまず、欲望の愛の特徴をいくつか挙げてみよう。欲望の愛は欠如によって成り立つ（満足の欠如がその最初の必要条件である）。欲望の愛は愛する主体から発するのであり、愛される対象から発するのではない。公然たる目的(しかしこれは決して達成されることはない)は、愛する二人の融合である。ギリシャの思想家とローマの作家によってヨーロッパ人に伝えられ、中世の吟遊詩人によって伝達されたそのカンバスの上で、ルネサンス以降今日に至るフランスの作家は、人間主義者であろうとなかろうと、倦むことなくその個人的な変異を描いてきたのである。

まさに欠如なのだ。つまり、愛はここでは不在の対象への欲望として解釈される。したがって欲望はこの欠如によって成り立っている。もしも欠如が満たされるなら、欲望は消え去り、しかも主体は満足する代わりに、欲求不満となる。主体はそれとは別の状態になるすべを知らないだろう。つまり、欲望の特異性は、あるものというよりもむしろある人物にかかわるために、〔ものであったら〕満足させられうる要求、実現させられうる願いごととは違って、それを体験させられうるだけで、決してかなえられることはないということから生じる。主体はその対象よりも、愛というものを愛するのである。そして、それを持続させるために、極端な場合には、主体は常にその対象から距離を置くような態勢をとる。その欲望は、ライバルや、ライバルが引き起こす嫉妬を糧にする。障害物がその欲望には不可欠なのである。例えば、一本の剣が寝台でトリスタンをイズーから引き離すのであり、消え去ったアルベルチーヌだけが唯一の愛しうるアルベルチーヌなのである。不在のものの祝賀である**エロス**は、死、すなわちそのエロスの密かなる同盟者であるこの上ない不在において絶頂に達する。

そんなわけでモンテーニュはこう考える。「われわれの欲望は困難によって増大する」(IIの題名、一五)。また「困難がものに対して価値を与える」(六一三)。抵抗する女性、あるいは嫉妬深い夫に擁護される女性は、彼女に恋こがれる男にとっては、ますます望ましいものとなるのである。ライバルの存在は欲望を駆り立てる。嫉妬、欲望、禁忌は、愛についてまわるというよりも、むしろ愛を生み出すのである。

人は自分がもっているものを軽んじ、自分に欠けているものを欲しがる。人はその論理に気がつくようになり、それを自分に有利なように曲げることができる。「私は困難によって、欲望によって、そして何らかの栄光によって、この快楽を研ぎ澄ませたいと思った」（III、三、八二六）。愛は不在の中でしか体験されない。「愛に包まれた状態というのは、それはわれわれから逃げ去ったものによって熱狂的にかきたてられる欲望でしかない」（I、二八、一八六）。

ルソーの作品の登場人物たちは、情熱が達成されるのを妨げることで、欲望の愛からその衰弱に対する治療法を引き出せると信じた。「愛は障害物によってかき立てられる欲望である。」それゆえ、「この欲望が満ち足りるのはよくない。快楽の中で消えてしまうよりも、この欲望が永続し、逆境の中にあるほうがよい」（『新エロイーズ』、III、七、三二〇）。愛の満足は愛の消滅を引き起こす。ところが、満たされない愛は、愛の完全なる不在よりも好ましいのである。快楽のない愛は、愛のない快楽よりも値打ちがある。「消え去った愛のイメージは、不幸な愛のイメージよりも優しい心のもち主をおびえさせる。また、所有しているものに対する嫌悪は、失ったものに対する哀惜よりも百倍も悪い状態である」（三二一）。重要なのは、愛するということである。愛の最大の敵は、すべての障害物の消滅である。つまり、新しい征服の可能性がことごとく消滅することである。幸福は退屈なものというのが、人間の欲望の法則となるであろう（VI、八、六九四を参照）。斬新さは欲望を増加させ、習慣は欲望を減少させる。最高潮に達した瞬間から、幸福はもはや衰えるしかなく、頂上に達するということは、下に降りなければならないということを意味する。

ジュリーはいとこのクレール（彼女は以上のような分析をした人物である）に同意する。つまり、愛の成就は愛の死を告げるのであって、「官能的な愛は、相手を所有することなしに済ますことはできず、所有することによってその愛は消え去る」（III、一八、三四一）。逆に、障害物はその愛をより激しいものにする。エミールの家庭教師のほうは次のように尋ねている。「もしも海がレアンドルをエローから引き離さなかったとしたら、彼はエローのために死ぬことを望んだだろうか」（『エミール』、V、八〇二）。したがってジュリーは、愛を不滅のものとするための解決策を見つけた。「いつまでも私たちが愛しあうためには、お互いに相手をあきらめなければならないのです」（『新エロイーズ』、III、一八、三六四）。こうして彼女の愛はずっと生き続けることになり、そのような彼女の信条は彼女に対して追加的なおまけを与えることになる。「人はある意味では、自らに課す禁欲によって、そのために苦しんでいるという意識そのものによって、またわれわれをその禁欲に向かわせる動機によって、喜びを得ることができるのです」（III、七、三二〇）。

　何世紀ものあいだ、情熱の愛とも呼ばれる、愛のこの変種の中に、人はすべての愛の真実を見たいと思った。この愛の概念の成功は、この概念の乏しさが明白なときでさえ、西洋の歴史全体を通じて絶大なものであったのだが、その成功は、物語《レシ》の構造との類似性に因るのではないか、と自問することができる。物語《レシ》自体が、欠如と、欠如を埋め合わせる企てを拠り所とするからである。どちら側にも、常に中断され、常に再開される探求、予期していなかった場所での障害物が発見される。しかし、物語《レシ》は美しいからといって、それを真実と見なさなければならないということになるであろうか。この成功を説明できるような他の理由も確かに存在する。つまり、物語は、あらゆる愛の関係の最初の形態（また、時としては唯一の形態）と一致する。そしてまた物語は、われわれの精神の中では、そうした局面をともなう強い身体的体験と結びついている（この〈身体的〉という語と〈エロティック〉という語を、互いに取り替えて用いることができるのではないだろうか）。

したがって、これが欲望の愛の最初の特徴であり、この特徴は対象を不在のものとしてとらえる必要性から来る。欲望の愛の第二の特徴――その自己中心主義――は、他者がここでは自我の展望の中にしか存在しないということから生じて来る。**エロス**はエゴイストだろうか。その反対と考えることもできるだろう。なぜなら、恋する者は、愛の対象を褒めそやし、愛の対象を最も美しい、最も強い、あるいは最も優美だと信じ、何よりもそれを欲しいと願い、それから引き離されたら破滅だと思うからである。しかしながら、誰もが、あるいはほとんど誰もが、次のような逆説を体験してきたのである。私はこの人のためには何ごとも辞さない、ただしそれは、この人が私を愛してくれるという条件の下でである。もしもその反対に、その人が私を愛することをやめるなら、憎しみが愛に取って代わる。極端な場合には、私はその人が第三者の腕の中で生きるよりも、私のものとして死ぬほうを選ぶ。嫉妬と独占欲は一緒に進行する。それは、愛の対象を通して私が愛するのは、やはりこの私だ、ということなのである。つまり、**エロス**は人間関係のエゴイスムに依存している。あるいはまた、神学者たちが言っていたように、それは色欲の愛なのであって、そこでは私は与えるよりもむしろ取ることを望む。ここで気づくのは、欲望の愛は、対象が取り替え不可能であることを欲する愛の特徴を、十分に具体化していないということである。もしも私の愛が愛の対象の不在によって確定されるのなら、その対象から私がとり上げる特徴は、その対象自体を特徴づけるものではなく、もっぱら私自身との関係によって特徴づけるものである。私が愛するのは、もはや唯一のその他者ではなく、その不在なのである――それは別の個人でも再生産することができるようなものである。

もしも愛が何よりもまず愛する主体の私心を満たすならば、愛される対象は無視される。愛される対象はまた、別のやり方にはなるが、主体と対象との融合に至らせるような計画においても無視される。その場合にもやはり、決まり文句は「古代」にまで遡る。この理想は愛にも友情にも同じように割り当てられている。プラトンの『饗宴』の中のアリストファネスは、次のように主張する。愛する二人は「ただ一つの存在に混じり合おうとする欲望」に駆り立てられる（一九一a）。「愛は、二つの存在から、ただ一つの存在になろうと試みる」（一九一d）。また、誰もが切望することは、「愛する対象と融合することである」（一九二e）。アリストテレスは、『ニコマコス倫理学』の中で、「友人たちはただ一つの魂だけしかもたない」（IX、八、二）という格言を思い出させ、「もう一人のわれわれ自身である友人」について語る（IX、四、五）。このイメージがラテン語による文学の中に移ってゆく。キケロによれば、友人たちはただ一つの存在を形成し、ただ一つの魂をもつ。各人はただ一つの魂の半分を所有する、とホラティウス（前六五―前八年。ローマの詩人）がその後を続ける。そして聖アウグスティヌスは、自分の友人を「もう一人の私自身」と言い表わす。「私は、私の魂と彼の魂が二つの肉体の中でただ一つの魂となっているのを感じた」（『告白』、IV、六、七二）。しかしながら、アリストファネスのイメージを説明しながら、アリストテレスはすでに融合の危険性について警戒を促している。唯一の存在は、いずれにせよ一つのイメージでしかない、ゆえに現実的関係の上に圧縮されたものでしかないのだから、その唯一の存在の形成は、当然のことながら代償として、以前の特異性の消失を引き起こすことになるだろう。「かつて二人であった彼らの、お互いが一つの存在になるということは」、必然的に「二つの個体が消え去る、あるいは少なくともそのうちの一方が消え去る」という事態を引き起こす（『政治学』、一二六二b）。

モンテーニュは、愛に関しては大した評価をしていないが、融合の理想は友情に限定する。彼はこう書いている。この場合の二つの魂は、「互いに混じり合い、一方が他方と一つになっている。あまりにも全体的に混じり合っているので、これらの魂は両者を結びつけた縫い目まで消し去り、もはやそれを見つけ出せなくなっている」（I、二八、一八八）。友人の意志は私の意志の中に姿を消してしまい、「われわれに固有に備わっていたものも、彼のものも、私のものも何も残っていない」（一八九）。ここでは、寛大さとか、感謝とか、義務といった概念はもはや通用しない。彼らにとってはすべてが共通のものなので、友人たちは「二つの肉体の中に一つの魂」を形成する（一九〇）。友人というものは「他者ではなく、この私である」（一九一）。彼が死んだ後では、「私にはもはや半分だけでしかないように思われる」（一九三）。

逆にルソーは、融合を愛のために取っておいた。「私の欲求の第一のもの、最大のもの、最も強烈なもの、最も癒しがたいものは、そっくり私の心の中にあった。それは親密な交際、可能な限り親密な交際への欲求だった。とりわけそのために、私には男よりもむしろ女、男の友人よりも女の友人が必要だった。この特別な欲求は、肉体がどれほど緊密に結び合わされてもそれでも満たされることはありえない、というほどのものだった。私には同じ一つの肉体の中に二つの魂が宿る必要があったのであろう。さもないと、私はいつも空虚を感じていたのだ」（『告白』、IX、四一四）。したがってルソーは伝統的なイメージを再びとり上げているのだが、彼はそれに逆説的な表現を与える。彼が求めるのは、もはや二つの肉体の中の一つの魂ではなく、一つの肉体の中の二つの魂なのである。彼は身体的融合を、つまり不可能を求めている。女性がここで男性と異なる（また愛が友情と異なる）のは、女性が異性である男性に対して、全体的に接触するという印象を与えるということでしかない。

したがって他者との関係の極致は、その没入ということになるだろう――それはまたその消滅をも意味する。もう一つ別の機会にも、ルソーは同じイメージを用いている。「差し向いでという代わりに、食べながら読むというのがいつも私が凝らしていた趣向だった。これは私に欠けている社交の代用なのである。私は本のページと食べ物とを交互にむさぼる。まるで本が私と一緒に食事をしているようなものである」

人の宿命でもあるのだろうか。本は友人の代用品である。しかし、一方で、本はブリオシュの部類に入る。それはまた友(VI、二六九)。融合――というよりはむしろ、これは不可能なのだから、融合を要求する二人の人生――は、反対の道を通って、無理解と同じ結果に至る。つまり他者は、まったく独自な主体としては存在しない。他者はここではもはや事物の中に消え去るのではなく、私の中に姿を消すので、もはや私の一つの部分でしかないのである。実際に、二つの存在のあいだの愛が、唯一の存在を創り出そうとするに至るのは、二人のうちの一方が、もう一方の利益になるように自分の生命を捧げることを選んだからである。あるいは、そうすることを余儀なくされたからである。だから、融合の結果は、実のところ服従の結果とほとんど違わない。

結局、欲望の愛は、その叙述を信じるなら、構造そのものによって挫折せざるをえないようである。それは果てしない欲求不満である、とすでにモンテーニュが指摘している。欲望の対象が不在であるか、あるいは、欲望それ自体が不在なのである。「欲望と享楽はわれわれに同じように苦労をかける」(II、一五、六一四)。欲望の愛の論理は悪魔的なものであろう。私が愛されない場合にしか私は愛さず、私が愛さない場合にだけ私は愛されるのである。人は常に相互補完的な二つの不幸にさらされている、ということになるだろう。つまり、この愛そのものから考慮して、応えてくれるものもなく愛する不幸と、応えてやることができずに愛される不幸である。愛されるという確信は、愛を萎縮させ、愛することを妨げる。しかしながら、これが紛れもない愛の目的なのである。われわれはみな、常にそれとは知らずに、われわれ自身の不幸を渇望しているのだ。われわれは愛されたいと思うが、そのことがわれわれに、われわれ自身が愛するのを禁じるのである。愛するということ、こちらのほうは、われわれを失望と倦怠に突き落としかねない状態だからである。しかしながら、われわれは愛を求めるのを抑えることができない。それゆえわれわれは、われわれの欲望の構造そのものによって、二つの欲求不満、愛されないという欲求不満と愛さないという欲求不満のあいだで、右往左往するように運命づけられている。

コンスタンはしばしばこの袋小路のようなイメージを伝えている。彼の厳密な論理に従えば、人間的主体は愛の中に幸せを見出す機会はまったくないように思える。愛されることは人を幸せにはしない。だから愛されることを人は望むべきではない。望むべきではないが、それでも人は愛されることを切望する。欲望の日常的悲劇とはかくのごときものである。私は愛する。しかし、私は二つの不幸のうちのどちらか一方を選択するしかない。私の愛の対象が要求に応える、そして欲望が死ぬ。あるいはまた、私の愛の対象が要求に応えない、そして欲望が満たされない、そのどちらかなのだ。コンスタンはそこに一つの宿命を見ており、それを際立たせることで、彼の作品の登場人物、アドルフを構想したと述べている。「彼の立場とエレノールの立場は救いようのないものだった。そして私が望んだのはまさしくそのことだった。私は、彼がエレノールをほんのわずかしか愛さないがゆえに、苦しむ姿を示したのだ。しかし、もしも彼がそれ以上に彼女を愛したとしても、彼の苦しみが少なくなるというようなことはなかったろう。彼は愛情がないために、彼女によって苦しんだ。もっと情熱的な愛情があったなら、彼は彼女のために苦しんだことだろう」(『アドルフ』、「序文」、八)。人間的な生活全体が、結局このような「不幸の選択」に帰するのだろうか。時としてコンスタンはそう信じているように見える。彼の生活のすべてが「苦悩と疲労の往復」であると、彼は伯母のド・ナソー伯爵夫人への手紙の中で書いている(一八〇八年、八月二日)。しかし、彼の言うところでは、彼の恋人、ジェルメーヌ・ド・スタール〔スタール夫人〕の人生もやはりそうなのである。「彼女は、煩わしいものと思わないようにしていたわれわれの関係について、常にこの種の不安を抱いていた」(『日記』、一八〇四年八月十九日)。

愛のこの概念の中には、人間主義の思想と結びつくものは何もない。主体の意志はここでは無に帰し、愛はすべての人間の行動を導く非人間的な法則に従っている。つまり、エゴイスム、欠如したものに対する欲望、不可能な融合への渇望、避けられない欲求不満である。これらの精神的な法則は生物学的コードの厳格さを備えていて、個人の行動は、その個人がまったく押さえることのできなかった一連の因果関係によって説明される。したがってこの概念はむしろ科学主義の理論に適しているだろう。しかしながら、この概念は近代のすべての系譜と縁続きの思想家たちの著書の中に存在する。そして、私が人間主義の作家たちの手になる表現を選んで引用することにしたのは、意図があってのことである。

喜びの愛

そういうわけで、欲望の愛は、愛される対象のかけがえのなさも、その自由も、さらにまた愛する主体の自由をも保証することのない愛の形態である。ところがもう一つの形態、喜びの愛については、同じようにはいかない。この喜びの愛は、性的関係の中で観察されるが、さらに親子のあいだでも、友人どうしのあいだでも観察される。この愛もまた対象の不在の中で体験されることがありうる（これはまさに、子供たちが大きくなって、親もとから遠く離れて暮らすことになった両親たちにはお定まりの境遇である）。しかし、この愛を構成したり、はぐくんだりするのは、対象の不在ではない。不在はむしろ一つの偶然であって、この愛を無くするほど強くはない。だから目の前にいるということは、この愛にとっては原則的に好ましいことである。この愛の領域は相互的である。この愛を構成する感情は、愛される対象が単に存在することだけでもたらされる喜びである。したがってこれは、再び神学者のような話し方をするなら、好意の愛であって、もはや色欲の愛ではない。この愛の目的は融合ではない。他者が私と別でなければ、私はその他者の存在を喜ぶことはできない。この叙述は――時として異なる名称で――欲望の愛を描くことができた人たちの中にさえ見つけ出すことができるだろう。しかし愛のこの新たな変種は、先ほどの愛とは違い、人間主義の理論と一致するだろう。それはいかなる理由によってであろうか。

モンテーニュにおいては、このような関係は、二人の人間の性的なかかわりのない友情の中で最も見事に具現化されており、エティエンヌ・ド・ラ・ボエシと彼自身との関係によって模範的に示されている。モンテーニュは、友情に関する叙述の中で、古代の作家たちが友情に与えていた大部分の特徴を再び見つけ出す。友情は友人たちとのあいだの類似と対等を前提とする。それが理由で、専制君主は哀れむべき存在なのである。つまり、専制君主は自分を取り巻く人々の誠実さを疑い、誰をも信頼することができない。したがって相互性は彼には禁じられている。ところが逆に友人どうしの信頼は全体的なもので、普通の人間関係の法則がその場合には逆転する。「私は、友人を私のほうに引き寄せるよりも、むしろ自分を彼に捧げる」（III、九、九七七）。そこで、愛について熟考しながら、モンテーニュは、人間関係に単なる経済学的な論理を適用することはできないと結論する。つまり、ここでは、与えることは手に入れることとなのである。「私が作り出す快楽は、私が感じる快楽よりも、私の想像力を甘美に刺激する」（III、五、八八九四）。

ルソーは愛のこの第二の形態についての評価を進展させる。『新エロイーズ』においては、彼はモンテーニュに近い。他者の存在によって引き起こされる相互性と喜びは、われわれが普通に愛と呼んでいるものの、融合を求める愛よりも、むしろ友情の特徴を示している。しかしながら数年後の、『ピグマリオン』（一七六二年）の中では、ルソーは、融合が是か非かの選択を別のやり方で提起する。彫刻家ピグマリオンはガラテアと一つになりたいという思いに駆られるが、彼は思いとどまる。もしも彼が彼女と一体になるなら、彼はもはや彼女を愛することはできないだろう。「もしも私が彼女と一つになるならば、私は彼女を見ることはなくなるだろうし、彼女を愛する男ではなくなるだろう！　だめだ、私のガラテアには今のまま生き続けてほしい、私は彼女と一つになってはならない。ああ！　私はいつも他者でなければならない。いつも彼女が彼女であってほしいから、彼女を見られるように、彼女を愛するように、彼女から愛されるように……」（一二二八）。融合は（単に想像的なものであろうとも）、究極的には、愛を不可能にするものだった。自己と他者との分離があって初めて愛は存在する。したがって、自己ははっきりとした一つの実体であり続けなければならない。同じ時期の、『エミール』における愛のほうは、ジュリーとサン＝プルーによって語られるものとは異なる種類のものであるように思われる。というのは、融合の代わりにここでは、相互性を愛の目的と見なしているからである。そしてこの相互性は、他者の認識を、自己と同等の権利をもち、自己に還元することのできない主体として理解するのである。さらにまた所有について語ることができるならば、これはきわめて逆説的である。なぜなら、所有というのは相互的だからである。「相互的ではない所有には、何の価値もない。せいぜいのところ性を所有するくらいで、個人を所有することはない」（IV、六八四）。人は誰かを奪い取ることを望めば、その人を消滅させてしまう。その人を尊重するなら、離れた存在として保持することができる。

その上、この新たな愛は、もはや**私** *je* の癒しがたい唯一の要求に向けられない。「要求するのと同じだけ与える愛は、それ自体公平さに満ちた感情である」、そして「真の愛」は、他者への尊重がなくては決して愛になりえない（V、七九八）。このような愛は、幻想の犠牲というよりも情熱である。というのも、この愛は、愛する人の精神を巻き込むのであって、単に心情だけを縛るわけではないからである。この愛は主体によって引き受けられる行為なのである。結局のところ、『新エロイーズ』に描かれているような愛と比べると、もう一つ別の大きな差異が認められる。この小説の中では、プラトンのようなタイプの（肉体的なものから精神的なものへ、特殊なものから一般的なものへという）〈愛の段階〉を観察することができた。サン＝プルーは、ジュリーのほとんどキリスト的とも言えるような愛のほうへ上昇してゆかなければならなかった。『エミール』では逆に、ソフィーに対する若い男の愛（あるいは彼に対するソフィーの愛）は、それが何であれ別の何かに変わるように定められてはおらず、愛がそれ自体の目的となっている。ルソーはここでは、愛を（ただ友情だけではなく）、目の前に存在することの喜びとして解釈する。ジュリーとヴォルマールの合意の彼方にまで進んでゆくこの愛は、結婚において開花するように定められている。

今度はこの第二の種類の愛が、第一の愛と同じ危険、すなわちすり減らされるという危険に脅かされはしないだろうか。ルソーはこう書いている。「もしも人が結婚の中で愛の幸福を引き延ばすことができるなら、人は地上に天国をもてるであろう、と私はしばしば考えた。そのようなことは今まで決して見られたことがない」（八六一）。モンテーニュはその幻滅を確認するだけで満足した。ルソーのほうは、障害を回避するための手段を考えようとする。その処方は簡単であって、彼はこう言っている。「それは夫婦となっても、恋人であり続けることである」（八六二）。ルソーが示唆することは、夫婦の愛情関係とまったく同様に、肉体的な愛にもかかわっている。つまり、二人がそれぞれ自由な主体、同等の権利をもつ存在であり続け、自らの意志を決して放棄せず、義務ではなく愛によってのみ行動しなければならないということである。「二人のうちのどちらも、自分の意にかなう場合だけしか、相手のものとなってはならない。」これはまた、結婚していようがいまいが、恋人たちは互いに拒む権利があるということを意味する。

こうしてみると、ルソーは家庭内暴力という概念をよく理解していたようである。「二人のうちの各々が常に自分の身体と愛撫の支配者であって、自分自身の意志でのみ相手にその身体と愛撫とを分かち与える権利をもちたいものである」（八六三）。喜びの愛においては、愛の対象は、欲望の愛と同じようなやり方で現われてくることはない。愛の対象は、絶対に取り替え不可能であるばかりでなく、そのうえ自律性を保持している。その自由はもちろん貞節さと共存する。他者を拒否するということは、第三者に身を捧げるということではないからである。簡単に言うならば、個人は、夫婦というこの共同体の犠牲にはならない。したがって、喜びの愛の存在は、自律性と社会性との両立を立証する。自由な人間は孤独に生きるよう強いられはしないのである。

その大きな特徴からして、喜びの愛は欲望の愛に一語一語対立する。目の前に存在することの喜びは、不在を崇拝することの代わりとなり、**君** *tu* は、ただ一人の**私** *je* との関連で定義されることはない。要するに、両者の交流を調整する理想は、もはや両者の融合なのではなく、相互性なのである。**君**はもはや手段ではなく、目的となる。しかも、**君**は意志の自律性を保持しなければならない。この二つの特徴から、喜びの愛は人間主義者の理論に類似するのである。しかしながら、その関係は依然としてゆるいもので、われわれの最初の問題はまだ答えを受け取っていない。愛のこうした概念は、人間主義者の企てに差し向けられた挑戦と、いかなる点で対応するのだろうか。

目的としての個人

すでに検討したとおり〔本書一七七ページ〕、愛が存在すると、その愛の対象を取り替えることはもはや絶対に不可能である。しかし、その愛の対象の立場と役割は、常に同じだというわけではない。欲望の愛においては、愛の対象は主体との関連で定められる（**君**は**私**にとって欠けているものである）。そして結局のところ、主体のために道具化されるのである。さらに、二人の関係は不変の法則に従っている。喜びの愛の場合には、愛の対象は、それ自体で定まっており、したがって唯一で、結局のところ自由である。また同時にそれは私の愛を受け取る人でもある。しかしながらそれは、私が愛する対象の人格の向こうにまで踏み込んでいくことができないということではない。

〈なぜ pourquoi〉という疑問は二重の意味をもつ。いかなる理由で、そしていかなる目的で、つまり、**ヴァールム** *warum* と**ヴォツー** *wozu*、**パチムー** *pochemu* と**ザチェーム** *zachem* である。ギリシャの伝統においては、原因にかかわる疑問が無益であるとは見なされない。それどころか、愛に値するのはいくつかの美点を備えた人だけであるとしばしば言われる。人物を通して、われわれが愛し、慈しむものは、まさにそれらの美点なのである。個人が別の個人のために道具化されるのではなく、愛が個人の長所によって正当化される。この意味では、個人は一つの抽象的観念、すなわち美とか、美徳とかの役に立つように用いられている。これが、プラトンの『饗宴』の中に描かれている〈愛の段階〉の意味である。個人に対する愛とは、個人の中の美に対する愛でしかなく、また個人の美のほうは、人がそこに向かって自らを高めようとするような美的観念の不完全な具現化でしかない。そして美しいもの自体は、結局善なるものと一つになる。プラトンの目から見ると、個人を個人として愛することは、あまり評価できない偶像崇拝に属することになるだろう。

アリストテレスにとってもまた、愛される人物の美点は無視できないものである。真の友情の愛（**フィリアー** *philia*）は、高潔で、品位のある個人のあいだでしか開花しない。もっともそんなわけで、真の友情の愛はごくまれにしか見られない。アリストテレスは、功利的な利害のからんだ友情とこの愛を注意深く区別している。それでもやはり、この愛は目的がなくても、さまざまな理由はもちうる。すべての人間存在は、たとえ奴隷であってさえ、愛の対象となるに値するという考えは、この思想とは無関係である。アリストテレスが何度も拠り所とした母性愛の例は、反証を示してはいない。つまり、どんな子供も、いかに品位と美徳が乏しかろうと、自分を愛してくれる母親をもつことができる——ただし、それが彼女の子供であればという条件だけはつく。

キリスト教の愛、慈悲の愛(あるいは**アガペー** *agapē*)の特性は、すべての人に及ぶということであり、したがって正当化を要求しないということである。金持ちであるから、美しいから、善良であるからという理由でその人物を愛するべきではないし、その人物がわれわれに近しいからという理由によるべきでもない。「異教徒自身がそれと同じようなことをしていないだろうか」と、「山上の垂訓」でイエスは叫ぶ(『マタイ伝』V、四七)。その人物が他の者たちのような人間存在であるがゆえに、その人物を愛さなければならないのである。神は彼のすべての子供たちを愛する、善なる者も悪なる者も、正しい者も不正な者も。地上における神の顕現であるイエスは、父親的なタイプのこの愛が、人間どうしの関係においてどのようにして生活の規則となりうるのかを示している。個々の人間は、聖人でもなければ、イエスほど完全にはなれないだろう。それでも、個々の人間は、愛に対して一切の正当化も求めることを拒否するこの理想を守ろうとするだろう。

ここでは原因を示す〈なぜ〉は、ギリシャの思想とは逆に、確かに退けられているが、だからといって目的を示す〈なぜ〉が退けられているわけではない。聖パウロはこう言う。神を愛するということは、近親者を愛するということ以外の何ものでもない。「他者を愛する人は、『律法』を遂行したのだ」(『ローマ

四、六および一人への手紙』、XIII、八。『コリント人への第一の手紙』、XIII、二―七、『ガラテヤ人への手紙』、V、四、『テモテへの第一の手紙』、I、五などを参照）。しかしそれは同時に次のことも意味している。つまり、他者を通して人は神を愛し続けなければならない。キリスト教における博愛主義は派生的で、従属的なのである。聖アウグスティヌスは、最も親しい友人の死に触れながら、その二つの愛を対比させる。彼はその友人自身を愛していたが、それこそが彼の間違いであった。もっとも、彼はそのために自分が感じた悲しみによって罰せられた。「私は死すべき存在を愛することで、砂の上に私の魂をまき散らしてしまった。まるで彼は死すべきではなかったとでもいうかのように」、と彼は書いている。このようなことが信者を脅かすことなどまったくないのだ。信者は決して何の危険も冒すことはないのだから。『あなた』を愛する人は幸せである。（……）ただ一人である彼は、いかなる親しい存在も失うことはない」（『告白』、IV、九、七四）。個々の存在を通して、アウグスティヌスは今度は愛を神に向けるのである。

キリスト教の中のある種の神秘的な傾向は、人間の愛を完全に引き離すまでになり、そうして原初のメッセージを変えてしまう。十七世紀に、聖フランソワ・ド・サル（一五六七―一六二二年。フランスの神学者）は、一人の女性信者にすべての人間的な愛を放棄するように命じる。「主はあなたを愛しておられるのです、マザー。彼はあなたのすべてを彼のものとしたいのです。（……）もはや友情のことも、神がわれわれを一つにまとめあげたことも、あなたの子供たちのことも考えてはなりません」（「マザー・シャンタルへの手紙」、一六一六年五月二十一日）。これがキリスト教徒のありのままの精神である。つまり、神はキリスト教徒にとってすべてであり、それ以外のものは無なのである。「神ではないものは、われわれにとって無なのです。（……）私は神以外のものは何も愛しません。そしてすべての魂は神のためにあるのです」（同上、一六二〇―一年）。ジャンセニスムに近いもう一人の作家、ニコル（一六二五―一六九五年。

フランスの神学者〕は細かい点まで明確に説明している。「神が本来人間たちに要求するのは彼らの愛だけである。しかしまた、神は彼らの愛をことごとく要求する。神はそれを誰かと分かち合うことは少しも望まない。そして、神は彼らの至高善であるので、彼らが神以外のものに愛着を抱かないように、またいかなる披造物にも休息を見出すことのないように望むのである。というのもどんな披造物も彼らの目的にはならないからである」(『見神者』、四六三)。愛も死も、個人を最終目的にするこのような行為を正当化しない。パスカル――たぶんフランスの反人間主義的思想家の中で最も偉大な人物――が、自分の死ぬ日に自分に関して与えた指令〔本書一三四―一三五ページ〕を思い出すことができる。私は愛着を、他人に対する私の愛着も、私に対する他人の愛着ももたないようにしなければならない。なぜなら、個人的存在は〈人の目的〉となるべきではないからである。

したがってプラトンにとってもキリスト教徒にとっても、個々の人間の崇拝は偶像崇拝に属するであろう。確かにキリスト教の愛は理由のないものであるが、しかし、キリスト教の愛は目的のないものではない。結局のところ、愛の正当化は必要ではないのだ。というのも、私はその個人をそれ自体として愛するのではなく、他の者たちと同様に神の子であるとして愛するからであり、また他の者たちも同様に神の子なのである。これは、慈悲の愛においても、愛の対象を取り替えることがやはり可能であることを説明する。私は誰や彼やに愛着を抱くべきではなく、すべての人に同じ愛を注がなければならない。理想的には、私の慈悲が向けられる人の名前も顔も知ろうとすることさえしてはならない。

人間は常に愛に対する賛辞を歌ってきたが、人間が愛に賛辞を与える理由は同じではない。人間は同じ語に同じ意味を置かなかったからである。愛が美に到達することを可能にするのは、また愛の実践が美徳の実践と一致するのは――というのも、人はそこかしこで他者の幸福を他者自身のために望むからであるが――、その場合に、人が美や美徳を高く評価するからである。したがって愛の価値は、反映される価値、あるいは道具のような価値ということになるであろう。愛が神の「律法」と一致するのは、「律法」がこの愛にその意味を与えるからである。しかし人間主義の作家たちが愛を理解するのは、そのようにしてではない。

まず人間主義の作家たちのうちの、古いけれども、最も感動的なものの中に残っている一つの表現をとり上げよう。アベラール(一〇七九―一一四二年。フランスの哲学者・神学者)への手紙の中で、伝統がエロイーズ(一一〇一―一一五五年)のものと見なしている表現である。われわれは一一三五年頃、〈宮廷風〉時代のごく初めにいると想定しよう。そしてかつての恋人たちは二人ともそれぞれの修道院に入っていて、自分たちの宗教的義務の遂行に従事している。このような状況の中で、また愛のキリスト教的教義をまったく忘れることなく、エロイーズは第一の手紙でアベラールに次のように書く。「神様はご存じですが、私は決してあなたの中にあなた自身だけしか求めませんでした。私が望んでいたのは、あなただけであって、あなたに属していたものではありませんし、あなたが表現するものでもありません」(一二七)。そして、アベラールからの警告の後で、彼女は第二の手紙でもそこに戻ってくる。「人生によって私が導かれたどんな状態においても、神様はご存じですが、私が傷つけるのを恐れたのは、神様以上にあなたなのです。私が気に入られようと努めたのは、神様以上にあなたなのです」(一六〇)。この愛はただひたすら人間的であって、もはやキリスト教的なところは何もない。

モンテーニュは、ラ・ボエシに対して抱いた完全な友情の中に同じ理想が開花したことを述べているが、ただちに次のことを認めている。この友情はなんらかの外的な目的に役立つわけでもなく、ラ・ボエシを選んだ理由に、この人物の個人的な独自性以外の理由などなかった、と。この事実から、友人という人格はいかなる一般的観念にも還元できないし、友人としての個人はいかなる概念も明らかにしない。昔の例とは反対に、それ自体で価値のある唯一の審級なのである。そこからあの有名な言葉が生ずる。なぜ私は彼を愛していたのか。「それが彼だったからだ。それが私だったからだ」（I、二八、一八八）。この表現がたった一度だけモンテーニュに現われたわけではなかった、ということを知るのは意義深いことである。彼は当初、彼の本の余白に「それが彼だったからだ」とだけ書いた。彼がこの表現の後ろ半分をつけ足すのは、やっと第二の時期になってからである（これが意味することについては後でまた触れなければならないだろう〔本書二四一ページ〕）。それは友情の存在は、個人を〈一般化する〉ことはできない、ということを証明しているのである。

したがって、古代の思想と比べたモンテーニュの斬新さは、友情に与えられた最上級の位置にあるのでもなく、二人の友人どうしを融合へと導く彼らの近さにあるのでもない。そうではなく、友人という個人の唯一無二の性格の中に、また友人に抱く愛に対して正当化を求めることを一切拒否することの中にある。個人に対する愛を美に対する愛の単なる一段階として示す、プラトン的な〈段階〉と比較しうるものは何もない。個人は、ここでは彼自身だけしか示していない。アリストテレスとキケロが友情を称賛するのは、友情が美徳の最良の具現化だからである。モンテーニュが友情を称賛するのは、友情が個人的な独自性の実現を称揚するためである。彼にとって道徳的な理由は問題とならない。アリストテレスもまた次のように言う。「彼が彼だからだ」、「彼がもともと彼だからだ」。しかしこれによってアリストテレスが意味するのは、彼がその感嘆すべき存在だからだということである。一方モンテーニュは、キリスト教徒のように、自分の愛に正当化を求めようとはしない。しかしキリスト教徒とは違い、彼は個人的な存在を神に近づく道とはしない。被造物への愛は、ここでは「創造主」への愛には至らない。彼はラ・ボエシを彼自身として愛するのであって、この人物は最終目的なのである。

思い違いをしてはならない。「それが彼だからだ、それが私だからだ」と言うことは、愛される存在がこの人であって他の誰かではないのなら、愛される存在の人格が私にとってどうでもよい、という意味ではない。この解釈が適用しうるのは、厳密には両親と子供が互いに抱く愛（私は母や息子を愛する、彼らが何をしようと、何になろうと）であって、二人の大人どうしの愛ではない。ここでは、愛される者の独自性は決定的なものであり、私は単に固有名詞とか、身体的連続性を愛するのではなく、愛する対象が私を魅了する長所を備えていると思うからその対象を愛するのである。第三者に対しては、「彼女が知的だから」、「彼が美しいから」というような異議申し立ての素材になりうるような説明を与えることを、私は嫌う。モンテーニュがラ・ボエシを称賛するのは、彼が聡明で、寛大で、勇気ある男であることに対してである。まさにそんなわけで、愛が永続することはない。〈彼〉は不動の者ではない。〈私〉も不動の者ではない。今日、独自性を組み立てているものが、明日には消滅するかもしれないのである――愛する者、愛される者、あるいは両者において。個人の中に一つの概念の現われを見ないということ、これがつまりは人間主義の見解における愛のしるしなのだが、だからといって人が自分の変転に無関心であるという意味ではないし、人が無条件の賛美者という純然たる受け身の役割を強いられるという意味でもない。

パスカルによって示された恐るべき問題と直面することは避けることができない（『パンセ』、B、三二三、L、六八八）。人が愛するのは、ある人物の抽象的な実体ではなく、その人物のさまざまな資質だけなのだという問題である。いずれにしても、われわれのすべての長所は〈借り入れたもの〉ではないし、また〈私〉を作り上げているのは、まさしくそれらの蓄積と結合であるということに変わりはない。滅び去るべきものは、この私自身なのである。これが人間の悲惨さであり、それがここでは人間の偉大さの源となるのである。それだけではない。精神的特徴の形態はすこぶる複雑なので、その形態がそのまま繰り返される恐れがない（ある人物の肉体的分身と同様に、その人物の精神的分身に出会うことはありえない）ばかりでなく、その上、人間をそれぞれ規定する自由の能力は、その人間の行動を予測不能なものに、もっと強い意味では特異なものにするのである。またわれわれが愛する人物のまなざしをとらえようとするのは、その人物の答えに確信がもてないからである。他者のまなざしには、常にためらいがありうるが、そのまなざしはわれわれにとって他者の自由へ接近する一つの道なのである。この道の単一性は根本的なものであり、しかもその人物の複雑さに制限されることはない。盲人は、他の感覚を発展させることによって、視覚の欠如を補う。しかしわれわれ目の見える者は、盲人を前にして不利な状況に置かれる。というのも、われわれは盲人の自由と特異性、すなわち彼らの生きたまなざしに到達するために、この特権的な手段をもはや自由に使えないからである。

ここにおいて、人間主義者の第二の公準が真に出現するのを目にすることができる。つまり、私が**君**の目的性と呼んだもの、他者を道具化することを一切拒否することであり、これは喜びの愛の中にその極致を見ることができる。この公準はもはや人類学に属するのではなく、広い意味での道徳に属する。つまり、それは、人間がどんなものであるかを述べるのではなく、人間に対してどのように行動するべきかを述べる。ところで、人々がそれまでは神を見出していた場所に、人間をこのようにもち上げるとしても、偶像崇拝に至るということはまったくない（この人間主義は〈素朴なもの〉ではない）。モンテーニュは、彼の友人が完全であるとか、神と同様に扱われるべきである、とわれわれに言ってはいない。彼は単にこの特異な存在に対して、彼自身の愛着を確認しているだけなのである。この点で、デカルトが次のように宣言するとき、彼はモンテーニュの後を受けている。「その人がどんなに不完全であっても、その人に対してきわめて完全な友情をもつことができないほど不完全な人間は存在しない」（『情念論』、八三）。感情の質は、その対象の美徳によって規定されるのではない、絶対的なものは、自然の中で与えられるのではなく、主体によって生み出される。

ほぼ二世紀後に、ルソーはジュリー――新エロイーズ！――の口で、この原理を表現することになる。それによれば、個人は常に人間関係の中で、一つの目的でなければならず、単に手段であってはならない。「彼女はこう言うのです。人間はあまりにも高貴な存在ですから、ただ単に他の人たちの道具として役立つべきではないのです。その人自身にふさわしいことを調べもしないで、他の人たちに都合のよいことにその人を使うべきではないのです」（『新エロイーズ』、V、二、五三六）。この恋する男は、喜びの中で道徳が各人に命じるとおりのことを行なう。つまりこれら二つの場合に、個人を道具としての役割に追いやることが拒絶される。これは、聖アウグスティヌスの有名な表現、「愛しなさい、そして君が望むとおりのことをしなさい」（『注解』、VII、八、三二八―三二九）の世俗的な解釈である。

不完全を愛する

愛の対象は善良である必要はないし、立派である必要もない。しかしながら、愛する者は愛の対象についてそのように考える。幻想を生み出し、愛する対象に最も大きな美徳を付与する愛の力（スタンダール〔一七八三―一八四二年〕が〈結晶作用〉と呼ぶようになったもの）は、ローマの文学以降、慣れ親しんでいるテーマである。しかし、その意味するところは変わっている。例えば、ラ・ロシュフーコーは、欲望の駆け引きをあばきながら、そこにさらに、われわれの無能力の証拠、われわれの精神の無力の証拠を見る。人は愛することをやめた後にやっと冷静になるということを、他のやり方でどうして説明することができるだろうか。「恋する男は、恋する女の呪縛がなくなってはじめて彼女の欠点が見える」(『死後刊行の箴言集』、MP四六)。「もはや愛し合っていないときに、かつて愛し合ったことを恥ずかしいと思わないような人は、めったにいない」(『箴言集』、M七一)。

ルソーはこうしたテクストを知っている。そこで、それらのうちの一つをジュリーに引用させるのだが、彼女は次のような見解を確認する。愛する存在をあらゆる美徳で飾りたて、われわれを幻想へと導くのは、ほかならぬわれわれの想像力である。また彼女は意識が正常なときに、付け加えてこう言う、私があなたの中で愛していたのは、私自身なのです(III、八、三四〇)。われわれが何かを望むだけで、想像力はそれを美化する役を引き受ける(VI、八、六九三)。ルソーはこの主張にとても執着しているので、この小説の第二の序文でそれを確認した後、『エミール』でもそう書いている。V、八二一)。エミールの家庭教師は断定的である。「真の愛とはそもそも何だろうか。妄想や、嘘や、幻想ではないとしたら。人はイメージを適用する対象よりも、自ら作り上げるイメージのほうがずっと好きである。愛するものをまさにあるがままに見るなら、地上にはもはや愛など存在しないだろう」(IV、六五六)。ルソーは彼自身の人生の中で、こうした主張をさらに繰り返す。彼は手紙にこう書いている。「愛は幻想にすぎないのです、(……)人は愛する限り、何ものもあるがままには見ないのです」(ドレイル宛、一七五九年十一月十日、VI、一九二)。しかしながら、ここでこれらの文章がもつ意味は、ラ・ロシュフーコーの意味ではない。

もしも真の美、本当の善を求めるならば、人はその存在をもはやあるがままのものとして愛するのではなく、その長所ゆえに愛するだろう。もしもそうした長所が存在しないなら、その存在を愛することをやめるはずだ。ルソーの言わんとすることは、人はそれぞれ個人を愛することができるのだということである。そのための正当化を求めることなど無意味である。いずれにしても、正当化は無駄なものになるだろう。われわれは幸いなことに愛の対象があらゆる完全さで飾られているのを見る。幻想を認めるということは、同時に、愛されるためには独自の美徳を備えるべきだ、とする要求を捨てることである。つまり、人間の生活は未完の菜園なのである。プラトンにとって、個人というものは幻影にすぎない。ただイデアだけが、したがってまた美だけが、真に存在するのである。逆にルソーにとっては、美はおとりであり、人間存在のあいだの関係だけが、確かに実在するものなのである。人間の弱さを示すどころか、愛の対象を美化するこの能力は、感情の偉大さを明示する。それは、たとえ愛する対象の美徳が空想的なものであるとしても、愛する人の心の中に愛が生み出す美徳は、はっきり現実的なものだということである。ルソーはサン゠ジェルマンに宛ててこう書いている。「私が理解している愛、私が感じることのできた愛は、愛する対象の完全さという幻想的イメージで燃え上がるものなのです。そしてこの幻想そのものが、愛する対象を美徳の熱狂にまで対象を導いてゆくのです」(XXXVII、二八〇)。

『エミール』の中では、「愛する女に自分の命を捧げる覚悟ができていないような、真に恋する男がどこにいるだろうか」(V、七四三)、というくだりを読むことができる。この行為は、幻想によって動機づけられてはいても、心の底から沸き上がってくるものであろう。これこそが人間の愛の中で最も貴重な特徴である。デカルトが言っていたように、まったく不完全な存在のおかげで、きわめて相対的な価値によって、人間の愛は絶対的なものを生み出すに至る。それゆえ人間という種は、有限を用いて無限を、束の間のものによって永遠を作り出すことができ、出会いの偶然を人生の必然に変えるという特性をもつのだと思われる。恋する男というものは、その愛する存在が自分一人が最も欲しているものなのではなく、客観的にすぐれた特性を備えているのだ、という不思議な感情を体験するときには、幻想を抱かない。だからわれわれが〈私はいつまでもあなたを愛するだろう〉と宣言しても、嘘をついたことにはならない。たとえ、この予言がたいていの場合に嘘であることが明らかになるとしても。この愛の言葉は、絶対的なもののない実生活の中に、絶対的なものが入るのを見たいというわれわれの意志を見事に表現している。「愛する人は、嘘を言いながら、少しも嘘をついていないのです」、とジュリーは言っていた（『新エロイーズ』、I、四六、一二九）。

ルソーが、さまざまな事件のずっと後に、最も愛した女性、ソフィー・ドゥードトを思いながら、描き出す彼女の身体的描写には、恋する男のまなざしが認められない。「ドゥードト伯爵夫人は三十歳に近かった、そして少しも美しくなかった。彼女の顔には天然痘の跡が残っていて、顔色には繊細さがなく、近眼で、少しどんぐりまなこであった」（『告白』、IX、四三九）。これでは愛の段階のほんの最初の第一歩でつまずいてしまう。ある存在が美や美徳の化身でないとしたら、どうしてその存在を愛することができるのだろうか。

幸いなことに、人間はみな一つの手段を意のままに使える。愛する対象を自分たちが望むとおりに見る、という手段である。ルソーはある時、彼の文学の登場人物、ジュリーの美点を描いていた。「私は対象のない愛に陶酔していた。この陶酔が私の目をくらまし、対象が彼女に定着し、私はドゥードト夫人の中にジュリーを見た、しかし彼女は、私がその心の偶像を飾り立てたばかりのあらゆる美点を身に備えていた」（四四〇）。ここで問題となるのは、ルソーが時おり彼の自伝的著作で行なっているように、夢想をともなって過去の人生をほめたたえることではなく、現実を加工する能力を、具体的な人間存在とわれわれとの関係に役立つようにすることである。幻想はもはや代替手段、補足的なものではない。幻想は、人間が相対的なものから絶対的なものを作り出すことを可能にし、人間感情の完璧さをめざす際に、個人のもつ不完全さが重大な障害とならないようにする手段なのである。その点において、この愛は、好意的な愛（あるいは〈純然たる愛〉）の古いカテゴリーを越える。この愛は無償であるばかりではない。さらに、私の想像力は欠けている完全性を埋め合わせることができるから、私は他者を不完全なままに愛する、ということなのである。

なぜ人間主義者が愛に対してこのような位置を設定するのか、今ではいっそうよく分かる。ラ・ボエシとモンテーニュの友情は、彼の目から見れば人生の頂点をなすのであって、モンテーニュはこの友人を喚起するために、「第一巻」の中央部に特別席を用意している。この関係と、モンテーニュが幾分軽蔑をこめて〈普通の〉友情、〈ありふれた〉友情と呼ぶもの、つまりなりゆき上の、あるいは都合上の単なる結びつきとのあいだには、質的な隔たりがある。この例外的な位置を正当化するものは、すでに見たとおり〔本書二〇〇ページ〕、友人の人格ではなく、体験自体の質である。モンテーニュの英知が言わんとすることとは、人生はその意味を生きているという事実そのものの中に見つける、ということである。しかし、人間主義者として、彼は個人的存在はそれ自体で完全であるとは考えない。人間は、友情を得ることによってしか、その十全さに達しない。他者は**私** *je* の外部であるが、愛のある友情は私の人生に必要不可欠な一部であり、この友情は、そのようなものとして、他にいかなる目的にも役立つことはないのである。

モンテーニュは何度も繰り返しそのことを主張している。友人という個人が彼の選択を唯一正当化するものであるのとまったく同様に、友情はそれ自体が目的なのである。「この交友の目的」は、正確に言えば共同生活、親密な交際、会話である。「他に成果のない、魂の修練」（III、三、八二四）、すなわち友情それ自体である。それが、友情を、道具のような目的をもつ他のさまざまな人間関係から区別する。とりわけ、快楽をめざす肉体的な愛から区別する。「逆に、友情は、望まれるのに応じて、喜びが得られる」のであって、それは何の道具でもない。「友情には、仕事もないし商売もない、ただ友情そのものしかない」（I、二八、一八六）。友情は「友情そのもの以外に、いかなる観念ももたない。そして、自分だけにしかかかわりえない」（一八九）。

愛と人間主義

個人個人が愛に与える価値はいつでも肯定できるとしても、その価値を説明することは彼らにはできない。宮廷の愛を歌う吟遊詩人《トルバドゥール》たちはそれを繰り返し言っている。「愛なしに生きることに何の価値があるだろうか」、「愛がなければ誰にも何の価値もない」、とベルナール・ド・ヴァンタドゥール（一一五〇年頃—一二〇〇年頃）は叫ぶ。七世紀近く後に、バンジャマン・コンスタンが彼に呼応している。「もはや愛されることがありえなくなったら、人生とは何でしょうか」（ジュリエット・レカミエ宛、一八一五年十月八日）。近代人――人間主義者たちは彼らの言葉に表われない思想を表現している――がそこで評価するものは、必ずしも美や、美徳や、英知であるとは限らない。そうしたものがたとえそこに投入されていても。近代人は、人間存在が自分自身だけでは満足しないということ、また存在するためには他の人たちが必要だということを、漠然と理解している。愛は、そのすべての形態において、その欲求を満足させ、その最も強烈な体験を具現化する。その賛辞は、人間主義の伝統の中心において見られるのだが、そこでは愛はまた一つの理想になる。その理由は簡単である。愛は、人間主義が望むように、他の人間を私の行為の最終目的に昇進させるからである。なるほど、人はすでにキリスト教を〈愛の宗教〉と呼んでいたが、しかし、先ほど見たように〔本書一九六ページ〕、人間の愛に対して崇高な正当性を与えなければならなかった。

その愛からあらゆる超自然的な動機づけを剝ぎ取り、ここに新しい時代を開始するのが、まさしく人間主義なのである。愛に対して階層の頂上に位置が一つ用意されたことによって、人間主義の思想がもう一度無効にするものは、人間を孤独な、自己充足的な個人に還元してしまうといって、人が愛にさし向ける非難である。

だからといってこの人間主義が〈素朴〉になるわけではない。人間はここでは価値として評価され、事実として評価されているのではない。愛は、その愛の対象が完全であるという理由で価値が与えられるのではなく(愛の対象は完全ではない)、そんなふうに誰かを愛するということが、それ自体において、それ自体のために、人のなしうる最善のことだから価値が与えられるのである。子供に対する母親の愛で感嘆すべきものは、子供ではなくて、愛である。愛される個人は、完全さの化身ではなく、単に人間的なものの化身である。人間的なものを慈しむ――レヴィナスの言うように、「他の人間の人間主義」を実践する――ということが、この場合には、至上の価値なのである。私が割り出したさまざまな特徴の総体――その対象を別の対象に置き換えることの不可能性、その対象を最終目的とすること、その対象のはっきりとした独自性の維持、その対象そのものを前にした喜び――は、われわれに片方の主役の内在的長所については何も示さない。それらのすべてがわれわれに示すのは、二者のあいだに作り出される絆なのである。

したがって、還元することのできない個人、人間的活動の目的ということが、主体の自律性と同じように、この思想の際立った特徴である。しかしながら、ちょっと見たところでは、人はその反対のことを考えるかもしれない。もしも、道徳的、政治的、社会的生活における自律性に関する場合のように、人間主義の思想が意志を称賛することだけに限られるならば、そのときには、愛の存在自体ほどそれに反するものはないであろう。というのも、愛する主体はその意志によって支配されるがままにはならないからである。人は愛することを決めたからといって愛することはできない。愛というものはその逆で、意志の行為の中に起源を見出せない行動の最も明白な例なのである。そのことを完全に知っているので、ルソーは、確かに、この確認事項にいくつかの制限をつける。まず、彼は愛の中に、自らの意志に合わせて行動する主体の権利が守られるように望む——しかし、その時、愛される主体、他者が問題になる。他者の自由はすでに彼の個別性によってあらかじめ想定されていたからである。ところで、目的としての人間は動作主としての人間と同じではないのであって、**君** *tu* は構造的に**私** *je* に還元されないのだ。たとえ両者とも単なる人間存在であるとしても。一方、愛する主体自身は受動性を強いられてはいない。もしも愛する対象の選択が、主体の意志(主体の自律性)に属さないのなら、主体がその対象とともに生きてゆく関係の選択は、彼にとって決着がついていない。そんなわけで、偶然を受け入れながら、しかし偶然に対し自分の責任で行なう決定を徐々に置換していきながら、彼は従属と自由との二律背反を克服することができる。もっとも、この二つを明確にしても、中心的な主張の力を弱めることはない。すなわち、誰も愛することを強制することはできない。偶然と不思議な親和力が主体の代わりに決定を下すと、この瞬間に働いている力の制御は彼の手から離れてゆくのである。

愛を意志に従わせることの不可能性は、なぜすべての〈思い上がった〉理論が、人間の全能性を前提しながら、挫折を余儀なくさせられるのかを示している。意志によってすべてが可能であるわけではない。というのも、意志は愛することができないからである。主体の自由は決して全面的なものにはならないだろう。主体の意志のほうが、無意志的な状態にある諸要素に左右されるからである。自由への嗜好さえも、トクヴィルが言っていたように〔本書六三ページ〕、人が自由に選ぶことのできない一つの本能である。人は、今がどんな状態であろうとも、自分の意志に即した行動を選ぶことができる。そしてそのことが政治的自律性の要求を正当化する。しかし、人は今の自分の状態を選ぶことができるだろうか。人は決して白紙の状態の個人に到達することはないのであり、ある何らかの〈与件〉が常に〈意欲〉に先行する。主体の自己自身による全体的な自己支配は不可能である。〈思い上がり〉はすべてここでは場違いとなることだろう。それは自由をむなしい言葉にしてしまうことではない。「私は自由ではない（自分の主人ではない）ということになるのだろうか。というのも、私は自由に私とは別の人になるわけにはいかないのだから」（『エミール』、IV、五八六）。しかし、愛はまったく別のやり方で、つまり人間存在を、もはやその行為の源泉ではなく、目的にすることによって、人間主義の理論を強化する。愛の称賛が人間主義の理論に入ってくるのは、**私** *je* の自律性によるのではなく、**君** *tu* の目的性によるのである。しかしながら、この両者は孤立してはいない。というのも、これらは二つとも人間存在の還元不可能な自由と結びついているからである。それはつまり、人間存在を自分の自然〔本性〕と対立させる自由、人間存在を予測不能なものにする自由である。

純粋に人間的なこのような目的の選択は、人間主義の思想を、他の近代的精神の系譜から区別する。保守主義者と科学万能主義者は、普通は、人間に対して人間を超越する目的を割り当てる。それは一方にとっては、神、自然、あるいは単に共同体である。また他方にとっては、プロレタリア、優秀な民族、あるいは人類の幸福である。国王のために、祖国のために、革命のために死ぬことは、結局のところ似通った選択である。どの場合でも、目的となるのは、個人を超えた一つの実体である。その一方で個人は手段としての役割に還元される。個人主義者は、それが何であれ個人を超えた目標に、個人を従属させることを拒む。私自身の開花が尊敬に値する目的と見なされるのである。人間主義の系譜も同じように、道具化されることを一切拒絶する。ただし、行為の目的はもはや主体自身ではなく、他者である。

人間主義は各個人の人生を超える価値を肯定する。しかしながら、それらの価値は、保守主義者がしばしば要求するような、神性と結びついてはいない。今や問題となるのは、側面的な、水平的な超越性なのであって、もはや垂直的な超越性ではないと言うことができるだろう。人間的なものが神の位置に置かれたのだ。しかし、人間的なものであればどんなものでもかまわないというのではない。私以外の個人の中で体現される人間的なものだけが大切なのである。いかなる場合にも、保守主義や、科学万能主義の他の形態のように、宗教的なものがここでは政治的なものと取り替えられることはないし、神が国家に、国民に、あるいは「党派」に取り替えられることもない。また、個人に対するこの愛は、社会のすべてのメンバーに要求される首長崇拝と混同されることはないだろう。首長が個人的な人物であるとしても、ここで崇拝されるのは彼の機能なのであって、その機能を引き受ける人ではない。だから、完全さは崇拝される対象とは切り離せないが、その一方で人は不完全な存在に対する愛で人を愛するのだ。

それは、人間主義の観点では、たった一人の人物に自分の人生を捧げなければならないということを意味するのではない。その他者は複数であることも可能であるが、大事なのは、それが常に特別な人間存在で成り立ち、まさしく〈人間性〉というような抽象的観念によって置き換えられることはないということなのだ。もしも人類の幸福のために個々の人間存在を犠牲にするならば、人間主義の系譜から離れることになる。また、もしもその逆に（例えばやはり科学万能主義におけるように）、人がその全生活を生活の手段に過ぎないもの、例えば労働、お金、成功といったものに従属させるなら、それもまったく同じことになる。これらは、対立的な二つの反人間主義的選択ということになるだろう。人間のさまざまな手段を目的に変える選択と、人間を超えた——神的な、自然的な、あるいは単に抽象的な——目的をめざして人間自身を手段に還元する選択である。

愛はこの二つの還元から免れる。したがって愛は、私が前のほうで〔本書四八ページ〕**能動的**人間主義と呼んだものの最良の具現化となるのである。つまり、ある種の不正が市民たちに加えられないようにする、市民たちの平等や自律性の要求だけでなく、また、各存在に一つの意味を与えることを可能にする肯定的な価値の推進である。同時にこの活動は、政治的活動からなる公的領域を非難しないとしても、特に愛着、献身、友情、愛といった関係が開花する私的領域を利用しているということが分かる。家庭的な、日常的な美徳、家庭生活、愛のある結婚が評価され始めると同時に、人間主義が人々の精神の上に支配力を増加させるのは偶然ではない。そこで、私的領域と公的領域の釣り合いを必ず求めたバンジャマン・コンスタンは、彼なりに愛の優位性を証明して次のように宣言したのである。「一つの言葉、一つのまなざし、一回の握手は、常に私にとっては地上のいかなる理性よりも、またいかなる王位よりも好ましいものに見えたのでした」(アネット・ド・ジェランド宛、一八一五年六月五日)。

第六章　個人——複数性と普遍性

人間主義者たちは、悪魔の第一の脅迫には根拠がないということを証明した。つまり、他者との生活は、その自由を守るために支払わなければならない代価ではないのである。**私** *je* の自律性は、各個人に自分自身の中に閉じこもったり、他の人間たちと交際を絶ったりすることを強制はしない。しかし悪魔が、手の内に他にも何枚かのカードをもっていることは、周知のとおりである。悪魔はまた、自分自身の行為の主体となることを自負するその個人が、実際には影響を受けやすく、変わりやすく、気が散りやすく、まとまった一つの存在というよりもむしろ束の間の場所なのだと主張する。

個人の自律性というのは、確かに、二重の意味で理解することができる。個人を含むより大きな実体との関連によるか、あるいは個人を形成するより小さな実体との関連によるかである。モンテーニュからトクヴィルに至るフランスの偉大な人間主義者たちは、近代人の自由を、彼が属する共同体との関連で可能であると信じた。だからといって、近代人が反対側からやって来る第二の試練に出会って無事ですむという保証はない。というのも、もしも個人が自分ではいかなる制御も行なえない多数の人物を一つにまとめている皮でしかないのなら、またもしも個人が一連の不連続な状態の上にたまたま貼りつけられたレッテルでしかないのなら、さらにもしも個人が何でもよいある統一性を決して誇ることができないのなら、その上でなお個人の自律性を話題にすることなどできないからである。自分が奉仕しなければならなかった権力の支配から逃れたとしても、人間は、自分に奉仕してくれるはずのさまざまな要素の作用に屈する恐れはないのだろうか。自由の享受のために支払うのがふさわしい代価は、契約の受益者と目されるこの人間の崩壊なのだろうか。

人間主義の思想によって人間の内面的な分析が推し進められるのは、一般的な理論の枠組みにおいてではなく、自己認識の周辺においてである。フランスでは、モンテーニュとルソーが、それについての二つの決定的な契機を具現化している。人間主義の理論がそこでは思いがけない展開をみるのである。

多様にして揺れ動くもの、人間

個別的な存在は多様であるという考えは、二つの異なるやり方で理解された。一方は、時間の中の変異、人生の細分化、〈水平な〉展開の中でのさまざまな変化として、つまり、有為転変としてである。もう一方は、もはや時間の中ではなく、空間における同時性の中の多様性として、また、さらに特徴をあげるなら、今度はそれを〈垂直に〉断ち切るような内的存在の層状の重なりとしてである。

〈空間的な〉複数性の原因は何だろうか。モンテーニュは、同じ一つの分析に、人間の複数性と人間の内面の複数性をまとめあげながら、その答えをどこに求めるべきかを一挙に示す。われわれは交流によって他の人たちとかかわり合うのだが、その交流はわれわれ自身の内部で続けられる。「あなたとあなたの友はお互いに相手に対して、あるいはあなた自身に対して、十分に満足できる舞台なのである」(I、三九、二四七)。つまり内的な対話は、外部で展開される対話と同じ次元に置かれており、その内面の複数性は、われわれを取り囲んでいる複数性と同じものである。「そして、われわれとわれわれ自身との違いは、われわれと他者との違いと同じくらいたくさん存在する」（II、一、三三七）。このような内的な対話が可能であるのは、私自身が多様だからである、あるいはモンテーニュが言うように、「われわれは、自分自身で迂回することのできる魂をもっている」からである（I、三九、二四二）。そこから次のように結論づけることができる。個人は――個人もまた――他者との接触によって作られるのであり、他者は多様で、その個人との関連でさまざまな立場をとるので、個人自身は無限の多様性をとらざるをえない、と。

モンテーニュは、われわれの中に同時に住みついているさまざまな人格に関して、長々とかかずらってはいない。その代わりに、彼は時間の中のわれわれの変わりやすさについては倦むことなく語っている。彼が叙述する果てしない話題は、同じ一つの存在の相次ぐ具現化のあいだに位置づけられる。そんなわけで、まず最初に、モンテーニュは自分自身を描くのである。言うならば、彼は絶えざる変化のとりこになっている。「この今の時間の私と先刻の私は、確かに別の二人である」（III、九、九六四）。そうしてみると、これはモンテーニュを他の人間たちと区別する特異な性格だというのだろうか。まったくそうではない。「多様で、揺れ動いている」のは、人間一般なのである（I、一、九）。「私にとって、人間が他のどんなものよりも不変であると考えるのは難しいが、人間の変わりやすさほど容易に考えられるものは何もない」（II、一、三三二）。人間は不安定で、動的なものである。だから、弁護士の仕事は、人間的条件の雄弁なイメージを提供するのである。つまり、弁護される訴訟はさまざまであるのに、弁護士は常に同じ確信をもって弁論している。

この内面的な多様性の第一の理由は、〈垂直的な〉複数性に関してと同様に、われわれの外部にある多様性である。私がこれほど簡単に変わるのは、私の内部が外部――これは当然、流動的である――に左右されるからである。自己と他者のあいだには一種の浸透性がある。「われわれの行為は、もち寄られたいろいろなもののつぎ合わせにすぎない」(II、一、三三六)。「人間は、あらゆる点において、また至るところで、つぎはぎ・寄せ集めでしかない」(II、二〇、六七五)。状況が私に対して決定を下すのだ。そして私は、内的基盤によるよりも、相次いで他からこうむる影響によって形成されるのだ。獲得されるもののほうが生来のものよりも優位を占める。「もしも新たに習得したものが私を変えるなら、私は明日は偶然によって別の者となるだろう」(I、二六、一四八)。また、もしも他者から受けた印象が矛盾するならどうなるか。そのときは、その矛盾は私の心そのものに入り込むだろう。ところがその一方で、「世界は多様性と相違でしかないのである」(II、二、三三九)。

『エセー』の第二巻は、この著作の初版では最後の部分であって、結論として、また先に述べたすべてのものをこだまのように繰り返す次の言葉で終わっている。「この世界には同じ二本の毛、二個の種子が存在しなかったのと同様に、同じ二つの意見は決して存在しなかった。そうしたものの最も普遍的な性質とは、多様性のことである」(II、三七、七八六)。その第三巻にしてもこれと異なる意見を述べることはない。「この世は永続的に揺れ動くものでしかない。すべてのものがそこでは休みなく動いている。大地も、コーカサスの岩山も、エジプトのピラミッドも、公的な揺れとそれ自体の揺れによって。恒常不変というものでさえ、幾分停滞した揺れにほかならない」(III、二、八〇四―八〇五)。人間をこれほど変わりやすくするものは、この世界のこうした多様性と可動性である。われわれの内部にあるとはいえ、われわれの理性自体も、進んでそれに加担する。「これは鉛でできた、ロウでできた器具であって、引き伸ばしたり、折り曲げたりして、あらゆる角度に、またあらゆる寸法に合わせることができる」(II、一二―五六五)。まさにそんなわけで、モンテーニュ自身は本来の姿を表現するのをやめ、変転に執着する。「私は存在を描かない。私は推移を描く。ただしそれは、ある年代から別の年代への推移や、人々が言うような七年ごとの推移ではなく、一日ごとの、一分ごとの推移である」(Ⅲ、二、八〇五)。

この極端な唯名論(存在するのはただ瞬間的な状態だけである)の結果、世界を正確に知ることや、世界について首尾一貫したイメージをもつことはできなくなる。それが「レーモン・スボンの弁明」の結論である。そうした動きを固定したいと思ったり、統一性を熱望したりするのは、狂気の沙汰である。「確かな、断固たる狂人しかいない」のであり(Ⅰ、二六、一五二)、変化することを望まない馬鹿者しかいない。その逆に、柔軟性と可動性は賢者の特徴である。「唯一の進行状況に執着し、やむを得ずそうしなければならなくしてしまうのは存在することであって、生きることではない。最も美しい魂は、より多くの多様性と柔軟性をもっている魂である。(……)絶えず筋が通っていて、自分の性癖にとらわれすぎるあまり、それから逃れることができず、それを曲げることができないというのは、自我の友であるということではないし、ましてや自我の主人であるということでもない、それは自我の奴隷であるということなのだ」(Ⅲ、二、八一八―八一九)。**私** *je* の自律性は、人が習慣に引きずられる限り、その被害をこうむるであろう。モンテーニュがそうした態度を取った結果、自我の探究に関する彼の著作は、次のような驚くべき結果に達する。モンテーニュの「中心的形態」は「無知」である(Ⅰ、五〇、三〇二)。しかしもしも自我が推移でしかないのなら、どのようにして、その自我を行為の責任者と見なすことができるだろうか。また、依然としてモンテーニュを人間主義の思想家たちの中に加えておくことがどうしてできるだろうか。彼らとしては、**私**の自律性がむなしい言葉であるなどとは思っていないのだから。

中心的形態

この点まで来ると、モンテーニュの読者は疑念にとらわれた感じがする。彼が手にして読んだばかりの本は、そうした宣言が当然彼に予想させたはずの混沌としたイメージを、彼に対して示していない。モンテーニュの思想は、たぶん体系をなしていないのだが、それでもやはりそれなりに彼の思想が首尾一貫していることにかわりはない。また、この作者が自分自身についてわれわれに委ねるイメージは、確かに複雑で、陰影に富んでいるのだが、支離滅裂なわけではない。計画された諸宣言は、テクストの進行そのものによって効力が弱められているということなのだろうか。というよりもむしろ、そのような宣言は、それ自体の枠組みの中で読まれなければならないということであろう。モンテーニュは一つの命題を強く主張する。それは人間の可動性という命題であって、彼はそれを詳細に記述している。特に、『エセー』の初版はその確認の言葉で始まり、それで終わる。個人は、生活の急展開に無感覚でいられるような本質を自分自身の中にもってはいないとモンテーニュは言明する。しかしそれは、もう一つ別の次元において、その個人がいかなる安定性ももたないという意味ではないし、またある個人から別の個人へと決して波及することはありえないという意味でもない。

『エセー』は、そうした主張が何を言い当てているのかということには触れないで、一字一句をゆるがせにせずその主張を辿っていくのである。習得することで、なるほど私は変わってゆくが、後天的に獲得したものを先天的なものと混同させるほどではない。私は「私の中にある自然の能力」を所有し、「私の固有の、自然の才能」を自由に使う（I、二六、一四六）、だから教育は「自然の傾向を歪める」ようなことをしてはならない（一四九）。さもないと、人は自らの願望によって、鉱物にも植物にも、動物にも天使にもなることができる、とピコ・デラ・ミランドラが信じたような、傲慢な人間主義に陥ってしまうだろう。「自然の性癖は教育によって助成され、強化される。しかし、それはほとんど変わることがない」（III、二、八一〇）。他者への依存は隷属になってはならないのだ。われわれは外部から受けるさまざまな作用によって作り上げられるけれども、それでもやはり固有のものは異質なものと区別されるのである。個人についても、都市についても事情は同じである。市民と異邦人とのあいだの差異は妥当なものとしてあり続ける。われわれの中には、異質な、借りものの欲望と、われわれの自然の欲望が存在する。ただし、異質な欲望は時として自然の欲望を排除する傾向があり、「それはちょうど、一つの都市の中に、ひじょうにたくさんの異邦人がいて、彼らが自然の住民たちを追い出したり、自然の住民たちが昔からもっている権威と権力をことごとく簒奪し、掌握して、それを消滅させたりするのと同じである」（II、一二、四七二）。

自分は絶えず分割されている、永続的に動いていると言っていたその人物が、また次のように主張する。「私の判断は、誕生したときからと言ってもいいほど、いつも一つであり、同じ傾向、同じ道程、同じ力をもち続けている」（III、二、八一二）。いかなる性質も自分を差し押さえることはできないと指摘した彼が、われわれに次のことも示すのである。「私の行為はきちんと決まっていて、私の本質に一致している」。その個人は、彼がわれわれに言うところでは、「普遍的な形態」、「普遍的に染まっている色」をもっている（八一三）。つまり、それは一般的、支配的なもので、もはや無知ではなく、別の言葉で言うならば、すべてに対して未分化の開始状態である。モンテーニュは次のことを確信さえしている。もしも自分が千年生きなければならないとしても、自分は同じ状況において常に同じように対処するだろう、と。そして彼は、自分の本質の真の姿を歪めるような連中に反駁するためなら、いつでも別の世界から戻ってくる用意があると言っている（III、九、九八三）。それゆえにその真実は実在するのである。

可動性と安定性を、同時にこのように二つとも主張することを、どのように説明したらよいのだろうか。これは、われわれの自由は原則的なものであるが、事実の上では限定されることもありうるということである。人間は、唯一の、永遠の自然〔本性〕をもたないで、ある一定の空間と時間の中に生きている。ところが、この場所にこの瞬間に存在しているという事実は、欠けている本質とは別のやり方によるのだが、人間に自己同一性を与えるのである。この場所とは、一つの文化への、あるいはモンテーニュの言うような、一つの慣習へのわれわれの帰属のことである。人間は空虚の中に生まれるのではなく、すでに存在している社会の中に生まれる。「われわれは、人間をある習慣によってすでに拘束されていて、それによって形成されるものととらえている。ピュラやカドモスのように、われわれは人間を生み出しはしない」(III、九、九五七)。ピュラやカドモスとは、石や竜の歯から人間を出現させる想像上の人物なのである。「われわれの人生を、好むがままに具体化させるのは、習慣である」(III、一三、一〇八〇)。慣例はそれ自体によってわれわれを鍛える。個人にとって、習慣は自然に劣らぬほど強力なものとして現われる。「習慣は第二の自然であって、やはり自然と同じくらいに強力である。私の習慣にないものは、初めから私にないものだ、と私は思っている」(III、一〇、一〇一〇)。それについてモンテーニュが示している例は雄弁である。彼はフランス語以前にラテン語を学んだ。だから、フランス語は彼にとって慣例に属し、ラテン語は彼には自然によるものなのである(III、二、八一〇―八一一)。そうしてみると自然とは最初の慣例でしかなかったのだろうか。

モンテーニュの社会的保守主義が基盤とするのは、習慣のこの絶対化である。習慣を越えては何ものも存在せず、習慣の唯一の聖別〔容認〕が持続から生じてくる以上、反抗する前に二度にわたって熟考しなければならない。「認められている法律をたやすく変えないこと」(I、二三の題名)を受け入れるほうがよい。すべての民族の自民族中心主義に腹を立ててはいけない。その民族が別の民族のまねをしようと試み、自ら変化しようとしても、事態はうまくいかないであろう。ある価値のほうがもう一つ別の価値よりも優れているかどうか（例えばプロテスタンティスムがカトリシスムよりもよいかどうか）を知ることは、時として不可能なので、伝統によって伝えられた価値、人が生まれた環境の中の価値だけで満足するほうが好ましい。「より多く使われていて一般的な生きる形態が、最も美しい」（III、一三、一一〇四）のであり、これは集団にとっても、個人にとっても真実なのである。「変化は、いかなるものであれ、驚かせ、そして傷つける」（一〇八五）。

人間は文化的な枠組みにだけ属しているのではない。どんな人生も時間の中で繰り広げられている。したがってさらに、人間は個人的な歴史をもつ。一人の人生の結果とは、個人の自己同一性のことである。その〈本質〉とは、実在の産物なのであって、実在の源泉なのではない。にもかかわらず、その本質はやはり確固としている。一時的なものが恒常的になって、その魂は決して消えることのないひだを掌握したのである。「私はもはや大いなる変化に応じて、何か新たな流れに身を投じることはできなくなっている。（……）もはや別のものになる時ではない。（……）長い慣例によって、この形態が私の本質となり、運命が私の自然〔本性〕となったのだ」（III、一〇、一〇一〇—一〇一一）。また、もう一度言うと、これはもっぱら彼だけの特徴なのではない。どんな個人についても事情は同じなのである。例えば、「古代」のあの賢人たちにとって、「徳に対するきわめて完全な習慣は、（……）体質にまで移っていった。（……）それは彼らの魂の本質そのものであって、彼らの魂の自然な、普通の動きなのである」（II、一一、四二五—四二六）。この発見の衝撃的な結果は、人間は老いるにつれてますます本物になるということである。人生とは自分＝そのものに＝なるということであり、年をとった人間が子供に対してもつ特権は、偶然に対する首尾一貫性という特権である。ところで、すでに見たように〔本書一七九ページ〕、固別化は自由と強く結びついている。私の自由が増大すればするほど、私はなおいっそう私自身に、独自の存在になる。そして、成熟した男性や女性の二つの顔のあいだには、生まれたばかりの二つの顔のあいだにおけるよりもはるかに多くの相違がある。

したがって、人間存在とは、われわれが再び観察できたように〔本書二〇六ページ〕、初めのうちは、真の自己同一性をもたないが、しかしその上で、一つの自己同一性を自らに作り上げながら人生を過ごす奇妙な動物である。人間存在は形態を実体に、運命を自然に、習慣を本質に変える。社会は習慣だけを認め、〈自然〉を無視する、と言うだけでは十分ではない。習慣こそはひとつの自然になるのだ、と付け加えなければならない。マルセル・コンシュが言うように、モンテーニュは「歴史を自然に組み込む」のである（『モンテーニュ』、九五）。そして習慣と国家との関係は、伝記と人間との関係に等しい。モンテスキューは（パスカルに続いて）この教訓を理解し、彼が今度は次のように言う。「恣意的であったものが必然性になった（……）。慣習でしかないものが自然法と同じくらい強力なものになった」（『わが思想』、六一六）。そこから次のような結論を下さなければならないだろうか。ここでモンテーニュによって創始された〈歴史的〉かつ〈文化的〉人間主義は、〈人間の自然〉という概念を拠り所とするもっと実質的な人間主義と対立するのだ、と。そんなことはない。というのも、この〈自然〉は、まさにわれわれ人間の不確定、個人的かつ集団的同一性をもとうとするわれわれの能力の中に存するからである。自然はわれわれを自由な、解放されたものとして産み出したのである。

この中心的形態の設定は、必然的なものである。しかしこれはまた一つの価値でもある。なぜならば、それが人生に統一性と意味とを与えるからである。モンテーニュは、友情の名において、ラ・ボエシのイメージが散乱するのを防ごうとする。「失くした友をもしも私が全力で維持していかなかったら、彼は無数の相反する顔つきに引き裂かれてしまったであろう」(III、九、九八三)。したがって次のように結論づけなければならない。われわれがみな似たように備えている肉体的自然のまさに外部では、個人の内的な多様性と内的な対話には、これまた〈自然の〉、しかし別の種類の限界があるのだ、と。出発点では人間は確かに多様で、揺れ動いており、そのさまざまな相貌に直面することは、仲間と一緒にいることとの代わりになるかもしれない。しかし、人間的な生活への歩みは、各人がその中心的形態を発見し、それを保持するように導いてゆく。内的な対話は、この対話という意味で、しばらくするとよりいっそう反復的になり、やがて本当に、われわれが友人たちや愛する人たちとともに交わす対話に匹敵するものとなる。その人たちを、われわれはその人たち自身のために、またあるがままの姿で愛するのである。そして、この対話は果てることがない。

ここでモンテーニュによって具体化されている人間主義の思想は、個人の自由を主張するのだが、その中には限界が定められている。一つは肉体的な限界で、それは出発点で示される。もう一つは精神的な限界で、到達点に置かれる。自然はあらかじめ一人一人の人間が、また各民衆が何になるのかを規定しない。一つの位置が、偶然、自由、意志のために用意されている。しかし最初からそうではなかったものに人は結局なってしまう。完全にというわけではないにしても。つまり、歴史は自然へと変わってゆくのである。歴史はそのことで新たな機能を発見する。人間主義者たちは、歴史は現状を受け入れ可能にするための正当化であると見なすことを拒む(あるものが存在するからといって、それが正当であるとは限らない。歴史がしたためるものは力の勝利であって、権利の勝利ではない)のに、その一方で、彼らは歴史に人間存在の形成の場を見ている。モンテーニュとは、彼の人生、彼の著作、他の人たちとの彼の交際が作り上げたものであって、それ以外のものではない。内的な複数性が、一つの新たな統一体の頂点に到達するのである。

目的としての個人（その二）

モンテーニュが取り組んだ自己の認識の作業は、内的な多様性を越えて、人格の自己同一性を発見することを可能にした。この内的な多様性は、**私** *je* の自律性にとって脅威とはならない。しかしこの作業はさらにまた別の面で、一人一人の個人を認識に値する対象とすることで、人間主義者の理論に貢献している。『エセー』は、この視点から新しい道を切り開いている。

じつを言うと、その計画は一挙に決まったのではない。最初の段階では、モンテーニュは当時のもっとずっと一般的な作品形態、古代の英知の集成のようなものを念頭に置いたらしい。それは古代の哲学者や作家から採取され、それらの格言や**先例**《エクセンプラ》 *exempla* がモンテーニュ自身に示唆する考察で飾られるはずだった。しかし、作業の途中で計画は変更された。その結果が、今日われわれが知っているような『エセー』という本になったのである。

この作者にとって徐々に重きをなすようになってきたその新しい概念は、世界認識を自己認識に従属させ、したがって対象を主体の認識のための道具にすることである。一方では、興味深い話や役に立つ格言の集成が、他方では自画像が、相反することはないにしても、完全に独立した二つの計画に拠っているように見える。とはいえモンテーニュはそれらを一つに融合し、その各々に手段と目的の役割を与えている。彼の本を読むと、一つの新しい立場を発見することができる。他の作家たちはもはや単なる素材だけしか、あるいは表現のための適切な手段だけしか提示しない。この本の真の主体はモンテーニュである。「私自身が私の本の素材である」(I、「読者に」、三)。「私はここではただ私自身を発見することだけしか目指さない」(I、二六、一四八)。「私は事物を認識させようと努めているのではなく、自分自身を認識させようとするのである」(II、一〇、四〇七)。「ここで私が書きなぐっているこのごった煮のすべては、私の人生の体験の記録でしかない」(III、一三、一〇七九)。自分の肖像を作るというこの計画、これがまさに彼をすべての人間から分かつものなのである。「人々は常に向き合って見つめる。私は、自分の目を内部に向け、そこにしっかり据えつけ、その目を楽しませる。誰もが皆自分の前を見つめる。私は、自分の内部を見つめる。私がかかわるのはただ私だけであり、私は絶えず自分を考察し、自分を制御し、自分を評価する。他の人たちがもしも伝統的な考え方をするなら、彼らは常によそへ行く。彼らは常に前に行く、(……)だが私は、自分自身の中で転げ回っているのだ」(II、一七、六五七—六五八)。

なぜモンテーニュは、自分自身でもそれが特異だと知っている、このような道を辿るのだろうか。彼はこの疑問に対していくつもの答えを出している。しばしば、彼はわれわれにこう言う。自分は友人たちのために書くのだ、彼らが自分について忠実なイメージ、よく似た肖像、変わらぬ思い出を保持することができるように、と。例えば、「読者に」の意見の中に、またII、八、II、一八、III、九などにある。とはいえ、この弁明は何か媚びのようなものが染みついているように見える。そうでないとしたら、なぜモンテーニュは(すでにマルブランシュが指摘したように)個人的に配布するだけで満足せずに、彼のエセーを出版するのだろうか。もっとも彼は、自分が友人たちのためだけに書くのではないということを知っている。「私が誰にも言いたくないようないくつかのことを、私は人々に語る」(III、九、九八一)。別の折には、彼は、情念の認識は情念を鎮めるのに役立つと主張する(III、一三、一〇七四)。しかしこの道徳的教訓は実のところ、『エセー』の中にはほとんど現われてこない。そしてモンテーニュは、彼の企てが終わる頃になっても、自分が刻み込んだ道を、自分はうまく進んできたのか確信さえもてない。「私が自分自身につきまとって、自分のことを知ろうとすればするほど、私の歪みはますます私を驚かし、私はますます自分の中の自分が分からなくなる」(III、一一、一〇二九)。

もっと念入りにモンテーニュの企てを調べてみよう。彼の斬新さは、自伝的な素材にあるのではなく、彼がこの自己の認識を、彼にとっては外側にあるようなごく客観的なものから抽出するという事実にある。モンテーニュは自分の存在を語ることはない。自分という存在は、どんなやり方をしても、際立ってしまうからである。彼はまさに、主体に与えられた位置から主体に内在する重要性を結論するような、読者の側からの推論に対して、警戒するように気を配っている。「人は私にこう言うだろう。自分のことを書くための主題に使うというこの企ては、たぐいまれな、有名な人たちには許されるであろう。彼らはその評判からして、彼らと知り合いになりたいという欲望を引き起こしたのであろうから。(……)自分のことを人に知らしむるということは、人にまねされるだけのものをもっている人、その生活と意見が人の鑑となりうるような人でもないかぎり、まったく似合わない」(II、一八、六六三)。それゆえモンテーニュは読者に対して規則的に、彼の人格には感嘆すべきものは何もないということ、それどころか彼の人格には多くの場合非難されるべき余地さえあるということを喚起する。「他の人たちが自分のことについて語ろうという気持ちになったのは、そこに語るにふさわしい、豊かな主題を見出したからである。ところが私は、あべこべに、その主題があまりにも不毛で、あまりにも貧弱なことに気づいたので、誇示しようとする懸念が沸き上がってくることなどありえないのである」(六六四)。

それより百五十年前に、ロベルト・カンピン〔一三七八―一四四四年。フランドルの画家〕とヤン・ファン・アイク〔一三九〇年頃―一四四一年。フランドルの画家〕は、この世の偉大な人物の肖像画ばかりではなく、もっと一般的な人々の肖像画も描こうと決めた。そして、個人の特異性が表現のための十分な理由となったのである。十六世紀には、この動きが文書《エクリチュール》にまで広がってきた。むろん好んで出版されたのは、有名な人間たちの人生の物語ではあるが。ベンベヌート・チェリーニ〔一五〇〇―一五七一年。イタリアの彫刻家〕は、彼自身の『生涯』の存在を、芸術の中で彼が手にした〈大成功〉によってしか正当化していない（一一）。近代的な自伝の最初のものは、聖アウグスティヌスやアベラールのように、神の意志の例証としての個人の運命に関心を示すことはなく、あるがままの個人に関心を示すもので、これは十六世紀の後半にまで遡る。しかしモンテーニュはそうした自伝を知ることはできなかった。それらは彼の死後にしか刊行されなかったからである。

だがその方法についての理論を生み出すのは、彼、モンテーニュである。それゆえこの次元で、彼は独創性を主張する。「これは、このたぐいのものとしてはこの世でたった一つの本である」（II、八、三八五）。そして彼はそれについてこう説明する。「私は、文法家、詩人、法律家としてではなく、ミシェル・ド・モンテーニュとして、私という普遍的な存在によって、［自分を民衆に伝える］最初の人間である」（III、二、八〇五）。この有名な表現は、個人の先行性と〈目的性〉とを同時に主張する。詩人、文法家、法律家というのは個人を越えたカテゴリーであって、他の個人によっても等しく明示されうるカテゴリーであろう。彼一人だけが、普遍的に、すなわち全面的に、ミシェル・ド・モンテーニュでなければならないのである。彼が言おうとすることは、彼の人格によって例示される特性が善であるということではなく、彼の人格が何かを例示することがないとしても、その人格に関心をもつ権利が彼にはあるということである。個人は、それ自身として知られるに値する。モンテーニュは、彼が理解するウィリアム・オブ・オッカムの唯名論から、人間という種にかかわるあらゆる結論を引き出す。世界には個別的な対象しか存在しない。人類に関して、存在しているのはただ個人だけである。精神の規範も、社会の規範も、個人の自己同一性を論じ尽くすことはできない。「人がわれわれを各自別個に判断し、それに応じて私から世間一般的な実例を引き出さないようにすることを、私は特に欲している」(I、三七、二二九)。この点において、『エセー』の企ては人間主義の思想を共有する。

モンテーニュは、自分の人格について何も隠すことがないように熱中する。彼の目的は、自分がどうあるべきかを示すことではなく、自分が今どうであるかを示すことである。マキャヴェリ以降、「近代人」はこの二つを切り離すことができる、そして、存在の認識に好んで身を捧げる。「私は、素朴で、自然で、普通であって、苦心したり策を弄したりすることのない、私の流儀による自分を人に見てほしい」(I、「読者に」、三)。彼が描く顔はたぶん完全ではないが、彼は「はげていて、白髪まじり」であろう(I、二六、一四八)。そしてそれが自分のものであるという価値を抱いている。「いかに調子が乱れていようと、自然な、普通の私の歩みを、私は人に見てほしい」(II、一〇、四〇九)。

ここにはまさに道徳的視点から見て補完的な利点があり、その利点は、告白、しかし人間的交流という世俗的空間の中に移し替えられた告白の実践と一致している。つまり、告白された罪はそれほど重くはないのである。「私心のない自由な告白は、非難を弱め、侮辱を和らげる」(III、九、九八〇)。なぜそんなふうになるのだろうか。告白はそれ自体で罪を許すに足るからというのではない。そうではなく、一般大衆の目に自己をさらすことが、ある種の品位につながるからである。「何でも言わざるをえない人は、口をつぐむように強いられることについて、何もしないようにせざるをえないだろう」(III、五、八四五)。公的な言葉の空間の中に入ること、またまさにそこからその正当性を認識することは、その性癖に身を委ねるよりもよいことである（ラ・ロシュフーコーもまたそう言うだろう）。したがって告白はよい方向への一歩である。その理由は、「嘘は好色よりもなお悪いもののように私には思われる」からである（八四六）。同時に、他の人たちに対する誠実さは、自己に向かって実践する誠実さを保証する。「他者に対してそれを秘密にする人々は、概して自分自身に対してもそれを隠すものである」（八四五）。モンテーニュにとっては、公的な耳が聴罪司祭の耳の代わりとなったのである。しかし、その変化は彼が言っている以上に根本的なものである、と付け加えなければならない。もしもそうした言葉が神に向けられずに、純粋に人間的な空間の中に閉じ込められたままであれば、もはや告白など実際には存在しなくなる。メッセージの受け手がメッセージの内容を変える。人は全知全能の存在に対するように、兄弟姉妹に向かって話すことはないからである。

モンテーニュが自分の本を書くのは、世界を知るためでもないし、自分を実例として示すためでもない。自動詞的に、自分自身を知るために書くのである。ここでは彼が友人の選択に際して提示した説明を繰り返すこともできるだろう。なぜ彼は自分を描くのか。なぜならそれが彼だからだ。個人というのは彼を越えたところにある正当化を必要とはしない。その個人自身が最終的な正当化なのである。友情へと向かわせる衝動が道徳的な目的を必要とせず、友人というその特別な他者によってのみ説明されるのとまったく同様に、自己の認識は、主体のかけがえのない唯一性によって、また主体が自分自身に対して占める例外的な位置によって正当化されるのである。とはいえ、違いも一つある。**私** *je* は**君** *tu* と同じように唯一のものであるが、**君**の唯一性は価値の源泉であり、一方、**私**の唯一性は単なる事実でしかない。モンテーニュがここで正当化するのは、自己愛ではなく、自己の認識である。今のこの場合に、それがモンテーニュは、自己を導いて、彼の存在をこの認識上の企てと徐々に一致するようにしむけるのである。

分が誰であるのかを知ろうと努める人以外の何者でもない。「私は、中断することなく苦労することなく、この世にインクと紙がある限り進んで行ける一つの道を選んだ」（III、九、九四五）。「われわれ、私の本と私は、一体となって、同じ一つの歩調で進んでゆく」（III、二、八〇六）。本を生み出すのは、もはや人間ではない、その逆に本が人間を作り上げるのだ。

唯一の存在

モンテーニュがモンテーニュという個人を知りたいと思うのは、その唯一性のためである。つまり、それは彼だからである。その二世紀後に、ルソーが自分自身の自伝的な試みに取り組むとき、彼はモンテーニュの企てを思い出すのだが、それだけで満足はしない。ルソーの企ては別のものとなるであろう。彼がルソーという個人を知りたいと思うのは、類似した他のどんなものにも属さないからである。この個人はもはや簡単に他の者たちに還元できない。この個人は他の者たちに似ていない。彼は単に唯一なだけではなく、異なっている。『告白』の第一巻の冒頭で、ルソーはそのことをあらん限りの力を込めて次のように表明する。「私は、私が出会ったいかなる人とも同じように作られてはいない。現に存在するいかなる人とも同じように作られてはいないと信じている。私のほうが優れていないにしても、少なくとも私は別の人間である。」この地上に彼よりも先に存在していた人々のあいだにも、彼に似た人はやはり一人もいなかった。さらになお意味深いことではあるが、未来にも一人も存在しないだろう。というのも、自然は「私を投げ込んだ鋳型」を壊してしまったからである（五）。ルソーは別個の種類の存在であり、したがって完全に新しい分析を要求する。自分と他者たちとのこの断絶を主張することで、ルソーは人間主義的な思想の領域を離れ、自伝的著作の中で繰り返し行なっているように、戦闘的な個人主義の領域に入ってゆく。つまり、各個人は孤立した、計り知れない存在なのである。

彼と彼以外のすべての人間のあいだのこの絶対的な差異は、何によって成り立つのだろうか。ルソーが示す第一の答えは、『告白』の存在そのものを拠り所としている。というのも、それは他に比べるものがまったくない本だからである。「私はかつて例のなかった、そして今後もその制作をまねる者がいないようなものを作る」（同所）。「これは自然のままに、完全に真実のままに正確に描かれたたった一つの人間像であって、このようなものは決して存在していないし、また今後もおそらく存在することはないであろう」（「緒言」、三）。ルソーの言うところによれば、斬新なところは、彼が単に嘘をつかないということだけでなく、もはや自分の存在の一部分だけ（最良の部分か、最悪の部分かはどうでもよいとして）を語るのはやめにする、という点にある。また、**すべて**を読者に委ねて、読者に読者自身の結論を引き出す自由を残しておく、という点にある。ルソーが行なうやり方を見ると、彼の企てのただ一つの規則は、ちょうど今日、精神分析医が患者に押しつける規則そのもののようである。すなわち、何でも言うことである。「私は誠実になろう。私は無条件に誠実になろう。私は何でも言うことにしよう。善いこと、悪いこと、結局すべてのことを」（『告白の草稿』、一一五三）。この点で、彼の本は唯一無二の作品なのである。

自伝の言語は透明なもので、体験全体の純然たる媒介ということになるのだろうが、それは自発的に本のページを埋めようとするだろう。とはいっても、ルソーはすべてを語ることが不可能だということを知っている。体験は汲み尽くすことができないからである。彼はまた、過去の体験ばかりでなく、表現の形態をも選ばなければならないことを知っている。言葉はそれ自体で確立されるものではないし、また事物の中にも行為の中にも記載されてはいない。「私が言わねばならないものに関しては、私の企てと同じくらい斬新な言語を創出しなければならないだろう。どんな調子、どんな様式を選ぶべきかということなのだから」（同所）。それを考えながら、ルソーは鋭い洞察力で表現様式の特徴を確定する。「受けとめた印象の思い出と、現在の感覚とに同時に身を委ねながら、私は魂の状態を二重に描こうとする。すなわち、その事件が私に起こった瞬間と、それを私が書いた瞬間に身を委ねるわけである。私の様式（……）それ自体が、私の物語の一部をなすだろう」（一一五四）。ところでこのような〈職業的な〉指摘から明らかになるのは、読者への配慮と形態に対する注意であって、それらはもはやすべてを語り、体験を透明なものにするという単純な企てとは一致しなくなる。

『告白』の破棄してしまった序文の中で、ルソーはモンテーニュに対し、彼が唯一の規則に従わなかったという非難を差し向けた。「モンテーニュはよく似た自分を描いているが、しかしそれは横顔である」（一一五〇）。『夢想』を書いているときに、彼は自分自身の『告白』を振り返って考えながら、次のようなことを認める。『告白』の記述には事実と同じくらい想像が混じっていた、自分はある瞬間を美化し、別のある瞬間を書き落としていた、自分は本当らしさに従っていたのであって、事実に従っていたのではなかった。「私は、忘れてしまっていたことを、私にとってはそうあるべきだったと思えるように語っていたのだ」（『夢想』、Ⅳ、一〇三五）。彼は、自分がモンテーニュよりもうまくやりおおせたのではないということを謙虚に認めている。「時としてそんなことは考えもせずに無意識のまま、私は自分の横顔を描きながら、醜い側面を隠してしまった」（一〇三六）。肖像画はすべて、それがどんなものであれ、常に〈横顔〉になるのではないだろうか。

したがってその企ての形成以降、何年かが過ぎただけで、ルソー自身が次のことを認める。彼が制作した自画像は、彼が先人たちの自画像について主張していたこととそれほど違っているわけではない、と。

この作家は、結局、他の作家たちに似ているということになるのだろうか。ルソーはそのことを認めたくはないのであろう。そこでまずそれに代わるいくつかの答えを試そうとする。自分はとにかく、一人だけで体験しなければならない快楽によって、万人とは異なっている、と彼は言う。すべての人間が他者との近接関係を必要とする。そこに彼らの自尊心を満足させるものを探すためである。しかし彼だけはその必要性をほとんど感じない。あるいはまた、彼が公平な判断力をもっているという点でも、彼は例外的である。「この世界で私が彼の中にしか見出せなかったものは、最も残酷な敵が生み出したものに対しても同じ彼の愛着である」(『対話』、II、八〇三)。彼の寛容さは特異なものである。「私はみんなが寛容さについて語っているのを耳にした。しかし私はただ一人彼だけにしか真の寛容さを認めなかった」(八一二)。彼の晩年、『夢想』の頃に、彼は自分一人だけがすべての不安とすべての希望から解放された、したがって平和と平穏の中に生きられると信じるのである。

ところで、絶対的な差異というこの新たな説明は、前の説明と同様にほとんど満足のいくものではない。ルソーは真実を語っていると仮定しても、彼が割り出す特徴は、ほんのわずかとはいえすでに他に存在している特性の極限のものであるにすぎない。彼以外の人たちも孤独を愛したし、寛大さや寛容さだって実践した、また別の人たちは平穏な生活に行き着いた。その差異は量的かつ相対的なものでしかありえず、もはや絶対的な差異ではない。たぶんそのために、『対話』の中で、ルソーは自分の差異の最終的な説明を試みるのである。そこで彼は今度はこう主張する。彼を他のすべての人たちと区別するものは、彼一人だけが〈自然の人間〉であるということだ、と。他の人たちはみな偏見や、自尊心の情熱のとりこになっている。「すべての人が見せかけの幸福を探し求めており、誰一人として現実を気にかけない。すべての人が自分の存在を外見の中に預けてしまっている。すべての人が自尊心のとりことなり、だまされ、少しも生きるために生きてはおらず、生きたと思い込ませるために生きている。」彼だけがこの規則を免れている。そしてその証拠に、もしもそうではなかったとしたら、彼は自分の本を書くこと、自分の理論を打ち立てることができなかったであろう。「そのようにわれわれに原初的な人間を示すためには、一人の人間が自分自身を描かなければならなかったのだ、そしてもしも『作者』が彼の本と同じように特異なものでなかったとしたら、彼はそれを書くことはなかったであろう」(III、九三六)。したがってルソーは単に異なっているだけでなく、さらに、〈人間の人間〉という種よりも優れた種である、〈自然の人間〉の唯一の典型として、すべての人間の中で最良のものだということになる。

すでに指摘したとおり〔本書一五六ページ〕、ルソーという個人的な例を理論的構築の上に投影させることのような企ては、理論的構築の一貫性にとっては有害な結果を招く。しかし、そうした投影がその作家の特異性を際立たせるのにより役立つとは確定できない。というのも、実際に彼はここでわれわれに何と言っているだろうか。彼がすべての人間たちと異なるのは、自分が決してすべての人間たちと比較されることがないという点である、というのである。彼の言によれば、彼のルソーは、「自分を比較することなく」自分を愛し、「絶対に他者によって自分を推しはかるということは念頭に浮かばない」(II、七九八)。ところでこの断言も、絶対的特異性と似通ったすべての主張と同様に、おのずから無効となる。自分の差異を確立するために、ルソーはとにかく自分を他の人間たちと比較しなければならなかったのである(さもなければ、彼の主張は根拠のないものとなるだろう)。しかし、彼は実際にそうしたけれども、もはや自分を他の人たちと異なっていると言うことができない。他の人たちのように、彼は自分を比較し、推しはかるのである。差異の確証は比較から生じる。したがってその差異は、自尊心の不在から、すなわち比較の不在から成り立つことはありえない。

ルソーは、事情はそうなっていること、認識は比較なしではすまされず、比較だけが彼に類似と差異の秘密を打ち明けるのだ、ということをよくよく知っている。「というのも、ある存在を、彼自身の中にある関係だけで、彼を何ものとも比較することなしに、どうして明確にすることができようか」(『告白の草稿』、一一四八)。それゆえ、彼の絶対的差異を正当化するこの最終的形態もまた崩れ去る。だから、ルソーの途方もない主張を支えるものなど何もないのであって、その主張は単なる原理の請願にとどまっている、ということをしっかり確認しなければならない。

私と他者

しかしながら、ルソーはいつでもこれほど極端な位置を占めているわけではない。『告白』に関する仕事と同じ頃にまで遡る別の記述は、もっと慎重な野心を示している。その当時彼は、自分が取り組んでいる自分の人生と自分の人格の探究が、同時代の読者たちに役立ちうるのだと考えようとしている。どんなやり方によってであろうか。相変わらず自分という特異な存在の認識によってなのであるが、しかしそれはもはや他の個人たちと根本的に異なるものではない。

ここではルソーは、ラ・ロシュフーコーのような人とはまったく正反対の立場をとる。ラ・ロシュフーコーにとって、自己の認識は不可能である(虚栄心のためである)が、他者の認識は実りの多いものである。逆にルソーにとっては、他者の認識はすぐに限界に達する。というのもわれわれはそこには直接に接近できないからである。自己の認識は無限に遠くまで進んで行くことができる。ルソーは虚栄心の議論を遠ざける(それは避けるべき悪徳のようなもの、無分別の源のようなものだからである)。自分の虚栄心を認めることは、虚栄心の強い人の行為ではない。そして人は自分の自尊心による偏見を乗り越えることができる。逆に、「いかなる人も自分自身のことだけしか人間の人生を書くことができない。内的なものである彼の方法、彼の真の人生は、彼によってしか分からない」（『告白の草稿』、一一四九）。ルソーはまたこうも言う。私は自分自身の存在しか感じることができない、他の人たちについては、私は外部から彼らを知ることだけで満足しなければならない、と。彼の中には、どんな障害をも乗り越える人間存在の能力に対する信頼がある。とはいえそれは全能なものの主張とはならない。それはむしろ、人が自然の世界から離れることを強いられない限りは、いかなる限界であれその限界を決定的と見なすことは拒否するということなのである。ルソーとラ・ロシュフーコーとのあいだのこの論争に決着をつけようとしても、おそらく利益がない。二つの認識のそれぞれが、それぞれの分野でかけがえのないものだからである。ここで重要なことは、ルソーによって選ばれた道がどのように書かれているかである。

　人は自分のことだけしか知ることができない。しかしながらこの認識そのものは、比較が完全に欠如しているということによって阻害されている。この障害をどのようにして乗り越えればよいのだろうか。機械的に自分を他者に移し換えることによってではない。他者が自分自身の内的な探究から作り上げたであろう物語《レシ》を調べることによってである。したがって、その物語は細部にわたるまで真実であると同時に、公開されていなければならない。もしもそのような物語が存在するならば、各人は、自分自身の存在を探究することと、その道を先行したもう一人別の個人と自分とを比較することが同時にできるであろう。「自分以外に少なくとも自分の同類を一人知らなければならないだろう。自分自身の心の中で、種に属するものと、個人に属するものとを見分けるようにするために」（一一五八）。以上のことが、まさしくルソーが自分自身に割り当てているすでに確かに野心的な使命である。一つの物語を生み出すこと、一人の個人の認識は、他のすべての個人が自分を発見することを可能にするだろう。「私は、自分を評価できるようにするために、人が少なくとも比較するものを一つもつことができるようにしたいと思っている。また、各人が自分ともう一人の他者を知ることができるようにしたい。そうすればその他者は、他ならぬこの私自身となるのだ」(一一四九)。ルソーは、自伝的探究におけるイエス＝キリストとなるのである。彼は、彼の後に来る人たちが自分自身で自らを明らかにすることができるようにするために、認識の祭壇上に自分自身を捧げるのだ。

ルソーが確保している役割は、例外的なままであるが、しかしもはや彼と他の人たちのあいだに根本的な断絶はない。彼は他の人たちに、彼の例外的な自己観察と想起の能力を利用するようにさせるだけである。彼が他のところで言っていたことには反するが、すべての人が彼の後を追ってこの道を辿ってゆくことができる。「読者一人一人に私のまねをしてほしい、私がしたように読者一人一人が自分自身の中に戻ってほしい」(一一五五)。読者の作業はルソーの犠牲によって容易なものとなるだろう。しかしその結果は必ずしも異なるわけではないのだ。この回り道によって、ルソーは最初の主張とは矛盾する到着点に達した。人は自分は他の人たちとは違っていると思いたがる。ところが違っているのは普通ごくわずかでしかない。「もしも私が某氏の立場だったら、私は彼がするのとは別のやり方でするのだが、と人は言う。その人は間違っているのだ。もしも彼の立場だったら、彼とまったく同じようにすることだろう」(一一五八―一一五九)。人は自分の行動を選ぶことができるし、その行動の拠り所をありのままの自分の存在の中だけに据えることができる。しかし、人は自分の存在そのものを自由に選ぶことはできないであろう。自由は現実的なものであるが、しかし相対的である。したがって自伝的な探究は個人を他のすべての人たちから引き離さない。それどころか、自伝の一つ一つはその後に続く自伝を用意している。

ではモンテーニュはどうだろうか。ある意味で、『エセー』はやむをえない代役でしかない（ルソーなら、補足と言うだろう）。『エセー』は、ラ・ボエシの死がなければモンテーニュがこの友人に差し向けたはずの手紙や言葉の代わりとなった。さらにまた『エセー』は、ラ・ボエシが彼について保持したはずの思い出を再現している。「彼だけが私の真のイメージをもっていてくれた、そしてそれをもち去った。そんなわけで私はこれほど念入りに私自身を解読するのである」、と一五八八年版で読むことができた（III、九、九八三）。彼が書き始めたのは、友の死によって投げ込まれた茫然自失の孤独状態から抜け出すためであった。また彼は、もう一人別の〈誠実な人間〉が『エセー』の中で自分を認め、いつの日か彼との交友を求めてやって来るのではないかと、絶えず期待している（III、九、九八一）。

友情の崇拝と自己の認識は、モンテーニュの企ての中では複雑な階層を形成している。『エセー』は、まず第一にラ・ボエシの思い出の記念碑として、ほとんど霊廟のようなものとして理解される。だから、「第一巻」の中央部は、亡くなった友の主要な作品、『自発的隷属論』についての言説によって占められなければならなかった。しかしながら、モンテーニュは第二の時期に、そのような出版はフランスを分裂させている宗教戦争の状況の中では不適当であろうと判断を下す（ラ・ボエシのテクストは、君主制に対する闘いの中で新教徒たちによって利用された）。そこで、彼はこのテクストを、ラ・ボエシのもっと安全なテクスト、彼の恋愛のソネットに置き換える。この置き換えが容易であったのは、フランソワ・リゴロが見事に証明したように、〈自発的隷属〉が専制君主制の結果ばかりでなく、この友人にとって有利になるような高潔な服従をも示すことができるからである。ところが新たな方針転換があり、少したってから、モンテーニュはそれらのソネット自体が『エセー』の中ではもはや所を得ていないと判断する。そこでそれらは『エセー』から取りのけられることになる。結局のところ、ラ・ボエシは確かにその霊廟を得たのであるが、ただその中心は空虚なのである。あるいは、モンテーニュが用いるもう一つ別の比較によるなら、その絵の中心をなすはずだったものが、その枠となるもの、モンテーニュ自身の「風変わりな絵」(I、二八、一八三)によって侵略され、そしてついには置き換えられてしまったのである。ラ・ボエシは確かに個人としてはもはやそこに存在しておらず、彼はもはや友情についての一般的考察の口実でしかない。彼は『エセー』のエクリチュールを必然的にし、そのあとでは可能にする不在のものでしかない。個人としてのラ・ボエシはもはや目的ではなく、手段なのである。

　モンテーニュは最初に、たぶんアリストテレスの表現から着想を得て、「なぜならそれが彼だったからだ」と書いた。次いで、彼は「なぜならそれが私だったからだ」と付け加えた。『エセー』の時期よりも前に、ラ・ボエシという個人の発見が、モンテーニュに自分以外の個人を目的として考えるようにさせたのだとでもいうかのようにすべてが行なわれる。しかしながら、今度は、自分自身をそのようなかけがえのない個人として発見するために、つまり『エセー』を執筆するために、ラ・ボエシは死ななければならなかった。まず肉体的に、次いで象徴的に。つまり彼は、モンテーニュの本の中で補助的な役割を演ずることだけで満足しているということなのである。〈私〉は単に〈彼〉に付け加えられるのではなく、〈彼〉を押しのける。『エセー』にはもはやラ・ボエシの栄光をたたえるようなものは何もない。『エセー』はモンテーニュの単一性が展開される場となったのであり、彼は『エセー』の唯一の目的＝としての＝個人なのである。

　このような検証は、一五七〇年、すなわちラ・ボエシの死の七年後、『エセー』の初版の十年前に、モンテーニュが語っている物語《レシ》を手掛かりにすると、そのすべての意味が明らかになる。モンテーニュは自分の父親に、事細かに友人の死の病の進行状態を語っている。そしてその後に彼の最後の言葉がやって来る。「彼は急に極端な熱意をこめて私に懇願しては、また懇願するということを始めました。自分に一つの場所を与えてくれと。それで私は彼の判断力が損なわれたのではないかと心配しました。(……)『わが友よ、あなたは私に一つの場所を与えるのを拒むのか。』理性で自分を納得させるように、また自分に向かって、あなたは息をし、話をしているし、それに肉体をもっているのだから、結局あなたは自分の場所をもっているのだ、と彼に向かって言うように私に強いるほどでした。その時彼は私に答えました。『確かに、私は一つの場所をもっているが、でもそれは私が必要とする場所ではない。それに、すべてが語られたとき、私にはもはや存在するものがなくなってしまうのだ。』」(「ラ・ボエシ」、二〇三)。まるで超自然的な予知能力でも備えているかのように、ラ・ボエシは、友の言説の中に一つの場所が自分のために用意されることを求めるだけでなく、自分の漸進的な消失をも予測しているのである。『エセー』は、二人の人間の友情によって、次いでその友人の死によって可能なものとなった。しかし、完成された作品の中に、ラ・ボエシはもはや場所をもたない。すべてが語られるのだが、彼の存在はそこにはないのである。しかしモンテーニュはそれらの言葉を忘れたことはなかったはずだ。

モンテーニュは、どんな個人もその人自身として認識されるに値する、と主張するだけでは満足しない。実際に、もしも彼がそこでやめてしまえば、一つの困難が生じるであろう。どのようにして、自分をその作業の唯一の受け手とするのだろうか。どのようにして、自分の目的は他者よりもむしろ自分に向かうのだということを主張したらよいのか、という問題である。ところがその一方で、自分と他者とのあいだに断絶はないのであり(モンテーニュ自身がそのことをわれわれに教えてくれた)、われわれは他者によって作られ、われわれの中には他者が含まれている。もしもモンテーニュが、友人のラ・ボエシとともに一つのものでしかないのなら、彼はどうして自分自身にだけ向かうことができるのだろうか。注意深く自分を観察することによって、モンテーニュは自分自身の中心的形態を特定できるようになった。それによって彼は、すばらしい人間的交流の中で、彼自身の生存の理想をかいま見る。「私の本質的形態は伝達と制作に適している。私はきわめてあけっぴろげな、はっきりした人間で、社会と友情の中に生まれたのである」(III、三、八二三)。書物には人間存在以上の価値はない。作品としては子供たちよりましではあるが、友人と比較するなら、やはり取るに足りぬ代用品なのである。

そして、この友人が死んでしまうと、その本は絶えず他の人たちに差し向けられる。当座はそれを理解することができないような若い読者に対して。しかしまた、さらに、善意あるすべての読者にも差し向けられる。「私は、自分が出会う最初の人に話しかけるように、紙に向かって話しかける」(III、一、七九〇)。言葉は万人のものであるから、同時に他者に向かって訴えかけることなくして、自分を叙述することと、すなわち自分という存在を発話に変えることはできない。これはまた、他者との関係から切り離された自分にエクリチュールによって到達することはできないだろう、ということをも意味している。それが理由で、モンテーニュは書き方を変えたのだ、とわれわれに教えているのである。実際に、最初の一時期、彼は短い形態、彼の性癖にひじょうに適した短いエセーを選んでいた。彼は長々とした陳述が好きではなく、それよりもむしろ「一貫性のない作品」のほうを好んでいる(II、一〇、四一三)。しかし、読者を本当に意識するようになってから、彼は作者のためにではなく、読者のために最も都合のよいやり方で書こうと決心する。「各章をひじょうに頻繁に区切るというやり方を私は最初に用いていたが、そうすると読者の注意が生まれる前に断ち切られ、分散してしまうように私には思われたので(……)、私は各章をもっと長くし始めた」(III、九、九九五)。また同じ理由でモンテーニュは、難解であることによって深いという印象を与えようとする人々を軽蔑し、各人が理解できるように話すソクラテスのほうを好む。「私が好む話し方は、単純で自然な話し方である。口から出る言葉でも紙の上に載せる言葉でも」（I、二六、一七二）。言語活動のこの単純さは、読者に対する尊重以外の何ものでもない。

このような展望の中で自分の企て、自己の認識を考え直しながら、モンテーニュは今度は、その認識が自分自身だけでなく、万人に向けられるのだ、と付け加える。人間はみなお互いにどれほど異なっていようとも、「各人が人間の条件ゆえの完全な形態を備えている」（III、二、八〇五）のだから、この普遍化に取り組むことは可能なのである。モンテーニュは他のところでは、特異なものから普遍的なものへの移行の可能性を疑い続けているが、この主張は強力である。彼自身としては、自分を認識しようとしながら、さまざまな事件の寄せ集めでとどまるのではなく、それらの下に隠れている同一性を捉えようと切望している。その点で、『エセー』の企ては自伝の企てを越えている。「私が書くのは、私の振る舞いではなく、私自身であり、私の本質である」（III、六、三七九）。同じように、この個人的な企ては、彼が「人間一般、私はその認識をしようとしている」（II、一〇、四一六）とか、「私が行なっている研究、そのテーマは人間である」（II、一七、六三四）と語るのを妨げるものではない。まったくその逆であって、一方はもう一方に通じるのである。「自己を考察する際に私が用いるこの長い注意力が、他者を同じように十分に評価する際の私を鍛えてくれるのだ」（III、一三、一〇七六）。〈自分を描くこと〉と〈自分を他者に差し向けること〉とのあいだにもはや矛盾はない。そこでモンテーニュはたった一つの文で次のように書くことができるのだ。「私の肖像画は完全に一般大衆のおかげなのである」（III、五、八八七）。自分をよりよく認識することが、他者とよりよく意思を通じ合うことを可能にする。

モンテーニュは、自分の人生を実例として示すことを望んではいない。というのは、自分の人生が他者の人生よりもよいわけではないからである。逆に、彼の真理の探究は、他者の役に立つことができる。そうすることで各人は自分を知るように駆り立てられるからである。「自分自身を記述する困難さと比べられるような記述はないし、またもちろんその有用性と比べられるような記述もない」（II、六、三七八）。したがって、彼が自分自身の探求を展開するとき、「一般大衆の教育という意図がないわけではない」（II、一八、六六五）。自分の認識は、人間どうしの意思の疎通に役立つ。逆に、二人の人間の最良の友情と最良の対話は、認識するという衝動によって活気づけられる。「真理に対する動機は、両者に共通の動機でなければならないだろう」（III、八、九二四）。

それゆえ個人は、結局のところ、普遍化することができる。この結論を、あのもう一つ別の結論、モンテーニュが友情についての考察の中で辿りついたと思われる結論、すなわち、個人とは友人の人格のなかに具現化されているように、個人を越えたところに属するのではない、という結論とどのようにして両立させたらよいのだろうか。モンテーニュの思想（はっきりと表現されたことは一度もない）が次のようなものであるかのごとく、すべてが展開される。一人一人をとり上げてみれば、人間はお互いに似通っている。人間たちの相互作用や友情や愛の中で考えると、彼らはお互いに還元可能である。未来のすべてのナルシスたちが考えるであろうことに反して、私の本来の自己同一性の中の私自身は、他のすべての人間たちと完全に異なっているわけではない（私と他者とのあいだに、唯一のものと普遍的なものとのあいだには、確かに浸透性がある）。異なっているのは、他者、すなわちある別の人と比べた私自身なのである。そして異なっているのは、もちろん、その実体ではなく（彼自身の視点から見れば、彼のほうもまた人間の条件の一つの審級である）、私自身と比べた彼の立場である。他の誰でもない、彼こそが、私の友人だったのだ。最初の個人とは、君であって、私ではない。というのも、君という存在はそれぞれが一人の私を前提としていて、個人はもっぱら関係の中でのみ存在するからである。**君** *tu* という存在はそれぞれが特異なものであり、**私** *je* という存在はそれぞれが共有されるものなのである。一人一人考察する限り、人間はお互いに似通っている。しかし、人間をきら星のごとき彼らの関係の中で見ると、彼らは異なったものに、取り替えることのできないものになるということを認めなければならない。私の母親はこの女性であり、私の息子はこの子供である。私が愛するのはこの個人なのであって、別の個人なのではない。

モンテーニュが熱中する彼自身という存在についての探究は、人間世界のこの二つの次元を結びつける。一方で、認識する主体と認識される対象とに二分されたことで、モンテーニュは自分自身の人格が一人の他者であるかのように考察することができる。書物の主人公、作者の分身は、作者との関連で、彼の友人ラ・ボエシと同じくらい特異な位置を占めている、そして今度はその作者を特異な存在、つまり主人公を認識しようとする存在にするのである。**私**は別のところにおける**君**のように、最終目的となることができる。それは私自身が相互主観的なネットワークの中に捉えられているということである。他方で、唯一の個人を知ることによって、モンテーニュは人間というものを発見する。最終目的を形成するどころか、彼の人格は人間の条件を問いかけるための道具となるのである。

ポルピュリオス〔二三四年頃―三〇五年頃。ギリシャの哲学者。新プラトン学派〕は、アリストテレスの論理学の注釈の中で次のように書いた。「この種の存在は個人と呼ばれる。彼ら一人一人がさまざまな特性によって成り立っており、その特性の集まりはある別の存在においては決して同一ではないからである」（『イサゴーゲー』、七、二〇）。これが実体的個人性というものである。モンテーニュは、自身の懐疑主義と唯名論によって、この主張を頂点にまで推し進める。しかし、人間存在に属するものに関しては、その彼方にまで進んで行く。人間はみな比類のない個人である。にもかかわらず、各人は自分の中に総体としての人間の条件という痕跡を刻み込んでいる。それはもう一つ別の位置関係によって決まり、もはや実体的ではない個人性であって、他に還元することができない。つまり、（私にとっては）それが彼だからであり、（彼にとっては）それが私だからである。ラ・ボエシは彼自体として特異なのではない。彼は、この新しい意味では個人である。というのも、彼は、**私にとっては**、一つの場所を占めているからであり、その場所を他の誰も要求することができないからである。私自身は、主体と対象という二重の存在になるならば、特異なものになることができる。個人は実際のところ、他者によって確立する関係によってしか、他の個人たちと異なることはないのである。**私**は他のすべての者である。ところが、他者は**私**に還元することができない。かくして個人の特異性と人間の普遍性が両立する。

人間についてのモンテーニュの思想は、私が冒頭で述べたように〔本書六四ページ〕、人間主義の理論を構成するすべての要素を含んでいる。それらがここでは結びついていることを確認した。作者による**私**の自律性は、この認識、構築、伝達作業に意図的に取り組む。そして**君**の目的性に差し向けられる。つまり、各個人は私との関連で一つの特異な位置を占めるが、友情の中ではその他者は彼自身を越える何ものにも行き着かない。**彼ら**、すべての人間の普遍性は、同じ人間の条件を共有する。この複数の要求には一つの理由がある。それは、人間の次元そのものが多様であり、お互いに還元不可能であるということである。客観的な世界では、各人は同じ種族の一員である。相互主観的な世界では、各人は特異な位置を占める。自分自身と向かい合った場合、各人はただ一人であり、また自分の行為に責任がある。特異なものにして普遍的なもの、唯一のものにして他者とともにあるもの、これがモンテーニュによって人間主義の伝統に伝えられる人間の姿である。

第七章　価値の選択

悪魔は、自由の代価はまず第一に、他の人間たちから離れることである、と主張した。モンテスキュー、ルソー、コンスタンは、そうではないということを示した。悪魔は、近代人はまた自己同一性とすべての自己抑制を放棄しなければならない、と付け加えた。モンテーニュは、どのようにしてまたなぜ、彼が同時に多であり一でありうるのかを見事に説明した。まだ悪魔による第三の脅迫が残っている。次のように言うことによる脅迫である。服従よりも自由を選んだのだから、近代人はもっぱら個人的な価値を除き、それ以外の価値を要求する機会を完全に失った。神は死んだ、そして神の代わりにしようと試みた偶像が消滅するのはますます早くなっている。ところで、共通の価値の消滅が今度は、新たな、同じように大きな破綻を引き起こす。共通の価値も理想もない世界においては社会は解体する。あるいは、官僚的な規則や力の関係によって支配される企業のようなものに変貌する。そして、個人自体はもはや動物や機械でしかなくなってしまう。したがってこれらの危険から逃れるためには、自由を放棄したほうがよい。

しかしながら、すでに述べたように〔本書四五ページ〕、人間主義の大原則――**私**の自律性、**君**の目的性、**彼ら**の普遍性――は、人類学、政治、道徳に同時に依存しており、これらは人間という種の特徴と共通の価値とを一緒に反映させる。自律性と権利の平等は、政治上の重要な価値、および〈受動的〉人間主義の本質をなす。そこでわれわれにとって、〈能動的〉人間主義、したがって人間主義の道徳をもっと綿密に調べ、そのつながりを分析する時がやって来た。私はこの〈道徳《モラル》〉という語を、広い意味で使うが、これは個人の領域に位置づけられる価値とのすべてのつながりにまで及ぶ。したがってこの語は愛や宗教にかかわる問題をも含んでいる。そして単に〈人類学〉と〈政治学〉にだけ対立するのであって、〈倫理学〉とは対立しない。しかしもっと先に進む前に、他の近代的系譜の理論の中で、道徳的価値が占めている位置を考察しなければならない。そんなわけでこの章はそれらのためにに充てられる。

道徳に関しての保守主義者の立場は、比較的単純である。彼らは自律性よりも他律性のほうを好む。言い換えれば、彼らの住む社会が定めた、共通の価値の存在を信じる。道徳的であることは、現行の規範に自分を一致させることである。その規範の起源はまた別の問題である。ヨーロッパでは、それはたいていキリスト教の教義と結びついている。「福音書」の世界では、道徳的存在となるために、掟に従うだけでは十分ではない。しかし、保守主義者にとっては、「福音書」の教訓に従うだけで十分に称賛に値するのである。ボナルドは、毎回キリスト教の原理にまで遡ろうとはしなくなる。彼にとっては、盲目的服従――つまり自律性の反対――を美徳の第一として称揚するだけでこと足りるだろう。「好奇心の抑圧、そして信仰による理性の服従は、人間の、すべての人間の精神を定着させるための、より効果的な、より一般的な方法である。ゆえにこの方法は」自由な探究よりも「社会にとってより適している」（『理論』、II、三〇〇―三〇一）。

科学万能主義の系譜は、すでに見たように〔本書三四ページ〕、原則として価値のための位置をもつべきではないとする。すべてが必然性である世界では、〈よい〉とか〈悪い〉という言葉はもはや意味をもたない。もしも私の所作が全面的に私の遺伝的性格、私の社会的地位、あるいは私の精神的歴史によって規定されるなら、どのようにして私はそこから誇りを引き出すことができるだろうか、また逆に、それを恥じることができるだろうか。そこには長所も欠点もないであろう。ところが、それにもかかわらず科学万能主義者は、価値がしみ込んだ至上命令を公式化せずにはいられないのであって、そうした至上命令は、彼らが科学的基盤を拠り所とすると主張するぶんだけ、なおいっそう厳密に遂行されなければならないのである。テーヌ〔一八二八―一八九三年。フランスの批評家〕が言うように、「科学は、真理だけを追い求めることで、道徳に到達する」(『最終論文』、一一〇)。科学によって発見されるこれらの価値は、必然的に万人にとって同じものである。というのも科学は一つだからである。そんなわけで、フランスにおいて、科学的な思想を準備する人たち――「啓蒙思想」の唯物論者たち、コンドルセ、サン゠シモン、オーギュスト・コント、実証主義者たち――は、また普遍主義者でもあって、唯一の世界国家の樹立を夢見ている。

この科学万能主義の理論が政府の政策の基盤として採用されるとき、これは二十世紀の全体主義国家の事例となるが、その理論は注目すべき修正をこうむる、と言わなければならない。理論的に科学を基盤とするこれらの価値は、普遍的であることをやめ、一つの集団の価値となるのである。この変化がドイツ国家社会主義においていっそう容易であったのは、ドイツ国家社会主義が、社会的ダーウィン説に根拠を置くことを決定したからである。それはすなわち、すでに見たように〔本書三六ページ〕、〈最も適した者が生き残る〉という法則の単純すぎる解釈である。ソビエト共産主義は、原理としては普遍主義の理想を表明している。しかしそこに到達するために採用した方法――ブルジョワ階級の完全なる排除に至るまでの、階級間の情け容赦のない闘争――は、その理想の中味を無効にし、そして平和ではなく戦争を正当化する。結局のところ、すべての人間が同じ尊敬に値するとは限らないのだ。というのも、彼らのうちのある者は敵だからである。ところで、敵は人間以下であり、絶滅されて当然だというのである。

その上、イデオロギー的な要求は、たちまちのうちに抑圧のための単なる口実になってしまい、その抑圧のたった一つの目標は、権力の剝奪に成功した集団を、権力で維持することである。したがって、科学を引き合いに出していたこれらの国家は、実際にはすべての自由な探究の精神、唯一の理性を基盤とするすべての論証を排除することに躍起となる。現実の存在として、これらの国家は奇妙にも保守主義に範をとる独裁体制に近くなり、同じ服従という美徳をはぐくむ。全体主義の国家では、道徳にかかわることを各人に任せるよりも、むしろ道徳への順応を点検しようと努める。この意味では、そこでは道徳が政治に取り替えられると言うことができる。個人は、自問をする代わりに、集団全体の規則に従わなければならない。

これら二つのタイプの価値の選択は、比較的簡単で、明白である。しかし個人主義の系譜についても同様というわけにはいかない。そこには数多くの分裂が見られるからである。

個人主義の処世術

前の二つの系譜のメンバーたちとは反対に、個人主義者は主体の自律性を信じるが、彼らは人間の相互作用に特別な役割を演じさせることはない。各人が自分なりに理想のほうへ進んでゆく。そんなわけで、たぶんこの場合にはもはや〈道徳〉について論じないほうがよいのかもしれない。道徳は常に共通の、個人を越えた規則を含んでいるからである。そしてただ価値について論じ、価値の体系化を〈処世術〉として示すほうがよいのかもしれない。価値に関する考察は、個人主義者の視点からすると、社会のメンバー一人一人に及ぼす共同生活の影響を観察するようにではなく、彼らが最大限に開花するほうへ、彼ら自身の運命が成就するほうへ、彼らの幸福を作り上げるもののほうへ進んでゆくのを教えるように導く。

道徳よりもむしろ処世術の探究のほうへ向かいながら、個人主義者は長いキリスト教の伝統と関係を断ち切り、しばしば、ギリシャ人やローマ人によるキリスト教以前の概念を復活させる。もちろん、ギリシャ的道徳とキリスト教的道徳のあいだの対立を把握するには、多様な方法がある。時として、前者は幸福を熱望し、後者は善を熱望すると言われる。また前者は人間の完成をはぐくみ、後者は神と人間との関係をはぐくむとか、前者が自然を完成しようとするのに対し、後者は自然からの離脱を渇望するとか、さらに前者は人間の目的を尊重し、後者は人間の義務を尊重するとも言われる。しかし、今のこの文脈においては、それらの古代の異教的原典とキリスト教とのあいだの大きな違いは、社会生活に付与される役割の中にあるのである。たとえその役割が、計画の一部分として表に現われてくるのではなく、暗にほのめかされるものだとしても。

古代の異教徒たちにとって、理想とは快適な生活、すなわち宇宙の、自然の秩序の中の快適な場所に組み込まれる生活の理想である。ソクラテスは自分の魂の完成を熱望する。人間のこの理想的な自然は、何によって成り立つのだろうか。その点について意見はさまざまである。古代の多くの思想家にとって、人間の固有性は、人間を動物から区別するもの、すなわち人間の合理的、精神的な能力である。したがって最良の生活は、その能力を十分に時間をかけて養ってゆくようにさせる生活である。それは、哲学者が隠遁生活の中で送るような瞑想的な生活である。しかしながら、アリストテレスやキケロのような何人かの作家たちは、次のこともまた主張する。人間は社会的な存在であるから、能動的な生活と、最も高度な人間的関係、つまり友情の中でしか、そのすばらしさに到達することができない。例えば、キケロはこう書いている。「自然はわれわれに友情を与えてくれた（……）、美徳――これは、その人間だけでは、完全なものにはなりえない――が他者と結びつくことによって、完全性を目指すことができるようにするためである」（『友情論』、XXII、八三）。

目的、これは個人の卓越性である。手段――人間の社会的本性によって条件づけられる――は、友情ということになるだろう。どちらの場合でも、他者との関係は最終目標ではない。他者との関係はせいぜいのところ美徳に達するために効果的な手段として役立つくらいである。しかし能動的な（他者との）生活を選ぼうが、あるいは瞑想的な（孤独な）生活を選ぼうが、目的は常に個人と、その個人が置かれている自然の秩序との調和なのである。人間の〈美徳〉は、対象の美徳と連続している。一人の戦士は、一個の盾として――それらの対象がその機能を完全に果たしさえすれば、またそれらの対象が本質的な自然の中に刻み込まれた目的に近づきさえすれば――すばらしいものとなりうる。

逆にキリスト教徒にとっては、善は隣人愛と一致する（すべての人間は神の子だからである）。したがって道徳はこの場合には、親切心と慈善、他の人たちとともに立派に行動する能力として解釈されるのであり、他にこれといった特性のない、快適な生活への単なる熱望としては解釈されない。道徳の枠組みはもはや自然との関係ではなく、人間どうしの関係である。すべての「掟」は次の二つの命令に要約される、とキリストは言う。神を愛すること、隣人を自分自身のように愛すること（「マタイ伝」、XXII、三七―四〇）。聖パウロがそれに付け加える。神を愛することは隣人を愛すること以外の何ものでもない。慈悲の愛がなくては、信仰は不十分である。神秘主義とか、修道院生活の称賛といったどちらかといえば周辺的な傾向は別として、キリスト教は人間的交流の世界に位置づけられることを選んでいる。そして信仰心は慈悲の同義語になっている。こうした同等化と表裏の関係にあるのは、すでに見たとおり〔本書一九七ページ〕、人間存在を人間存在として愛するのではなく、神のほうへ向かう手段として愛するということである。

〈隣人〉とは、これもまた指摘しておかなければならないが、近親者ではない。キリスト教徒は単に自分の両親とか、同国人だけを愛するのではなく、外国人、敵、身を落とした人間をも含め、万人を愛するのである。彼の愛は個人主義的なものではない。それは、時として言われるように、**慈悲の愛**《アガペー》 *agapē* であって、もはや**喜びの愛**《フィリアー》 *philia* ではない。キリスト教的道徳とギリシャ的道徳の違いは、あれやこれやの命題の内容にあるというよりも、むしろ全体的構造の中でそれらが占めている位置にある。ギリシャ人たちもまた友人に対する愛だけでなく、博愛《フィラントロピー》、すなわち普遍的な愛や、外国人びいき《クセノフィリー》、すなわち外国人に対する愛を知っている。しかし道徳的な要求そのものは違った方向に向けられる。つまり、存在の遂行として理解される完成のほうへ向けられるのである。それは、彼らが人間の社会性を考えるときに、個人や同類に対して唯一の同じ位置を確保するということである。逆にキリスト教の伝統の中では、友情によってたまたまそこに達することがあるとしても、個人の卓越性はもはや問題とはならない。この場合にはもはや快適な生活それ自体を話題にすることはできない。というのも、定義上、善は他者に対する親切を拠り所とするからである。自分のための他者というこの新しいタイプの必要性は、単なるわれわれの同類ではないキリストに付与された例外的な位置に基盤を置く。キリストは、すべての他者が救われるようにするために十字架の上で死ななければならなかった。そしてこれらの他者はキリストと同一化することはないが、キリストの犠牲を利用するのである。キリストをまねながらも、人は隣人と自分を混同することはないし、われわれの共通の人間性を肯定するだけで満足することもない。人はその隣人のためにその隣人ができないことをするから、その隣人にとっては補完的なものであり、したがって不可欠なものである。この意味で、相互主観的な次元がキリスト教徒においては決定的な位置を占めるのである。

ギリシャ人は自然に合わせて生きることを望み、そのようにして幸福に達する。そして幸福は同時に善でもある。キリスト教徒は自然は悪だと考える（これが、原罪の教義が示していることである）。そして、自然に順応することを熱望する代わりに、自然を従わせなければならないと考える。理想ははっきりしていて、しかも自然と対立する（それが「掟《ロワ》」である）。そして善の探求それ自体が、善良なキリスト教徒を幸福にするはずなのである。

　したがっていくつかのギリシャ的な美徳は、キリスト教の観点からは美徳ではなくなる。もしも私の存在の完成が私の最終目的であるならば、他者よりも強力になることで、私はそれに達することができる。アキレウスは感嘆すべき存在である。しかし、キリスト教の視点から見れば、彼はおそらく傲慢な存在でしかないだろう。中世にもこのような対立が見られる。例えば、キリスト教的イデオロギーがその目的のために騎士道物語を使おうとする場合である。もしも「聖盃」、すなわちキリスト教の聖遺物に到達することが重要であるならば、勇敢な戦士たちが最大の評価をされるということはなくなる。ギリシャ人にとっては、勇気は美徳そのものである。キリスト教徒にとっては、勇気は神と人間たちの役に立つ場合に限り美徳なのである。

　社会性というものに対して特別な位置をもたないがゆえに、個人主義者はより簡単に「古代人」の倫理的傾向と結びつくことができる（功利主義の雄弁なる代弁者、ミル〔一八〇六―一八七三年〕は好んでエピクロスを引き合いに出す）。「古代人」のように、成熟と幸福に達するために、個人主義者は自分自身の自然〔本性〕を発見し、それに順応しようと努める。しかし彼らは同時に自分をそれから引き離す。大きな違いは、近代の個人主義者がそれと同時に自律性を選択したということである。ギリシャ人が宇宙のイメージをもっていて、それが社会的規範の一部をなしていたのに対し、個人主義者は共通の表象を用いることをやめ、各人が各様に、自分自身の自然〔本性〕を求めることだけで満足する。したがって個人主義者は二重の意味で社会性を拒否するのである。まず、親切よりもむしろ快適な生活を選ぶという、彼らの選択の内容において（キリスト教徒というよりもむしろギリシャ人のようである）。次に、各人が自由に自分にふさわしい生活を選ぶのであるから、彼らの選択の形式において（「古代人」というよりもむしろ「近代人」のようである）。共通の規範がない社会では、快適な生活への熱望（「古代人」の熱望）は、（近代的な）真摯《オータンテイシテ》さの崇拝に変わる。各人が自分にふさわしいことをすること、これこそが個人主義者のスローガンであって、その最初の表明の一つは、（グイエが指摘するように）十七世紀初頭の、テオフィル・ド・ヴィヨー〔一五九〇―一六二六年。フランスの詩人・自由思想家〕の作品に見られる。

「私は各人が自分の本性に全面的に従うことに賛同する。
その帝国は快適で、その掟は厳しくない。
……
楽しいと思うことに心を打ち込んでいる人を
決して私の判断力は非難すべきものとは見なさない。」
（『第一の風刺詩』、一六二〇）

個人主義者に共通の、この一般的な枠組みの中には、多種多様な観点が残っているが、私はそのうちの意義深い例をいくつか以下にとり上げることにする。

モンテーニュの思慮分別

モンテーニュの思想をいくつかの面から見れば、彼は人間主義の伝統に属する。別のいくつかの面から見れば、彼は個人主義の到来を準備する。彼の人類学は根本的に人間主義である、と主張することができる。彼は人間の自然が不確定であると信じているのだが、その自然は、慣習によって、また主体の〈意志の自由〉によって方向づけられるだろう。彼は、その自然が社会的であるということを知っている。結局彼は、すべての人間が同じ種に属し、その帰属は国家の規定よりも重いということを忘れない。とはいえ、国家の規定も決して無視できるものではない。彼は、階級の違いが共通の人間性の前で消え去ることを知っている。ある人間存在は、他のいかなる人間存在とも同じように立派に人間性を表現する。「ささいな人間も偉大な人間と同様に、完全な人間なのである」(I、二〇、九六)。「皇帝の魂も靴直しの魂も、同じ鋳型に投げ込まれる」(II、一二、四七六)。「男も女も同じ鋳型に投げ込まれる。制度と慣習を除いて、そこでの違いは大きなものではない」(III、五、八九七)。これらの文章には革命をもたらすような潜在力があるが、モンテーニュはそれを開発することはなかった。それでも彼はやはりここでは人間の普遍性を主張しているのである。

モンテーニュの道徳的見解は、人間主義者の見解と類似したものでありながら、全体的な構造によってそれとは区別される。彼を他の人間主義者たちに近づけるものは、自然的、人間的規範によって決定される行為というよりも、むしろわれわれの自由な行為に対する彼の好みである(**私** *je* の自律性)。そして最終目的としての友情に関する彼の解釈は、何一つ正当化を要求することはない(**君** *tu* の目的性)。モンテーニュを他の人間主義者たちから遠ざけるものは、彼の倫理的思想が善に役立つのではなく、幸福に役立つということ、また古代の賢人のように、彼は親切さという視点に立つのではなく、快適な生活の視点に立つということである。モンテーニュにとって、思慮分別の手段は他者との特別な関連など一切必要としない。それは、この世の目的を追い求めるように個人を導いてゆくものであって、その目的とは、ただ単に存在するということなのである。賢い生活の目的は、ここでは目的と方法の違いを消滅させることだと言えるのではないだろうか。それは人間の行為の意味をその行為自体の中に見つけることである。

もっと正確に言うならば、モンテーニュは、数多くの対象が道具として利用されるよう運命づけられていること、また多くの人間の行為も同様であることを、じつによく知っている。人は裁判をするが、面白くてそうするのではなく、罪人をやりこめるために、犠牲者を守るためにそうする。医者が自分の腕を振るうのは、自分の喜びを求めるためではなく、病人の苦痛を和らげるためである。知識は有益なものである。しかしモンテーニュは知識を切望しない。彼が求めるものは、思慮分別《サジェス》、すなわち人間が、彼自身は不完全でありながらも、幸福に近づいてゆく状態なのである。そしてその領域では、行為の目的はその行為自体の中にある。モンテーニュが一生を捧げることになるその行為、すなわち自己認識は、それを越えるような目的をもたない。確かに、先刻見たとおり〔本書二四四ページ〕、モンテーニュは自分自身を越えて人間というものを認識しようと切望する。しかしそれは、各個人がすでに完全に人間であって、普遍性はその対象に向けられる行為以前の、その対象の中にあるからである。友情自体がこの同じモデルによって解釈される。私を他者のほうへ運んでゆく動きは、その他者を越えたいかなるものも対象とはしない。友情は人生の目的とはならない。というよりもむしろ、最良の友情においては、人は友情を越えた目的などもたずに生きている――ちょうど人生の残りを生きてゆかなければならないのと同じである。友情は生活の中の最も美しい部分であり、友情をそっちのけにすることは、遺憾なことであろう。とはいえ、**君** *tu* に奉仕することは、**私** *je* にとっての義務とはならない。

ある種の行為、ある種の対象は、目的をそれらの外部に見出す。しかし人生それ自体は、人生そのもの以外に目的をもたない。「生きることの有用性は空間の中にあるのではなく、その使い方にある」(I、二〇、九五)。人生は「それ自体が目的でなければならない」(III、一二、一〇五二)。生きることは、「あなたの用事の中で最も根源的であるばかりでなく、最も華々しいことである。(……)われわれの偉大な、輝かしい傑作は、時宜を得た生き方をすることである」(III、一三、一一〇八)。思慮分別は、この自動詞性、つまりどんな行為においても道具として扱われることの拒否に至ろうとするであろう。「私は散歩するために散歩するのだ」(III、九、九七七)。「踊るときに、私は踊り、眠るときに、私は眠る」(III、一三、一一〇七)。「アレクサンドロスは、自分の仕事の目的は仕事をすることだと言った」(一一一二)。

人間の生活は時間の中で展開される。生活の目的を生活自体の外部に求めるのをやめるということは、現在の中で生きることを受け入れるように導く。モンテーニュがセネカやホラティウス〔前六五―前八年。ローマの詩人〕から学んだことは、絶えず未来に自分を投影する人々は、絶えざる欲求不満を強いられるが、その一方で、現在に生きることを知っている人々は、幸せに満ちているということである。生きているあいだは近親者とけんかをしてはならないし、また彼らを評価するのはその死後でなければならない。あたかも本当の人生はもっと後で始まるかのごとく、時間を過ごそうとしてもいけない。今か、あるいは決してないか、いずれかなのである。確かに、われわれの意識からある事柄の前と後の思考を完全に払拭することは不可能である。しかし、人は近づきがたいある他の場所に喜びを遠ざけてしまうよりも、むしろ現在の中に喜びを見つけることができる。同じように、個々の行為は潜在的に、人間を完全な形で含んでいる。「人間の一つ一つの部分、一つ一つの活動が、その人間を際立たせ、もう一つ別の部分、活動と同様に、その人間を表わす」(I、五〇、三〇三)。そこで、もしもモンテーニュが本当に選ばなければならないとしたら、彼はこの世の偉人たちの例外的な人生よりも、その共同生活のほうを選ぶだろう。「最も快適な生活というのは、私の意見では、整然と、しかし奇跡でも非常識でもなく、共通の、人間的なモデルで整えられている生活のことである」（III、一三、一一一六）。

完全な人間性は、いかなる存在にも、いかなる行為にも具現化されるのだから、われわれに巡ってきた運命を変えようとはせずに、その運命だけで満足しなければならない、とモンテーニュはわれわれに教える。価値を本性によって正当化するのを拒否することで、彼が保守主義へと導かれた（生まれた国の法律だけで満足する）のとまったく同様に、ある存在のすべての側面を尊重することで、彼は人生を改善しようとするよりも、むしろあるがままの人生を受け入れるようにする。「哲学が言うように、どんな行為も賢者には等しく似合うのであり、また賢者に名誉をもたらすのである」（III、一三、一一一〇）。今いるその場所で、あるがままに、自分を享受することを学ばなければならない。「私は、神がわれわれに授けてくれたとおりの人生を愛し、その人生をはぐくむ」（一一一三）。ここでモンテーニュが熱望している処世術は、集団的な行為によるいかなる計画とも、いかなる戦闘的態度とも対立する。思慮分別とは、来るがままの人生を楽しむことである。この意味で、自分の自然に従うという古代の教訓を理解しなければならない。自分と世界をこのように受け入れることが、思慮分別の到達点である。「自分自身の存在を堂々と楽しむことができるということは、絶対的な、神の手によるような完成である」（一一一五）――一人の存在自体は、完全さを別とすれば、すべてなのである。幸福に導いてゆくものは、自分自身の浄化ではなく、自分自身の完成である。「私はそんなふうにできているので、賢明であるのと同じくらい幸福であることを好むのである」（III、一〇、一〇二四）。義務と性癖は、反対方向に進んでいってはならない。「自分を大事にせよ。君が最も好むものを信ぜよ」（III、一二、一〇五〇）。自由と自然がここでは共存している。

これらすべての選択によって、モンテーニュは思慮分別の古代の概念に近づいてゆく。しかしながら、彼は同時にそれらから離れもする。彼が一つの手段を選ぶと、その手段は歴史によっては知られているのに、彼の社会の手段とは完全に異なる、という事実によってまさに彼はそうするのである。彼の時代と彼の国の習慣が欲したように、信心深いキリスト教徒であり続けることで満足するのではなく、モンテーニュは自分の人生を二つの部分に分割する。膝を折り曲げて祈り、彼の公的活動は習慣と一致するが、しかし、彼の理性と判断は自由のままであり、彼は個人的に自分にふさわしい処世術を自分のために選択する。ただしそれを他者に押しつけようとは思わない。それは結局次のように言うのと同じことである。自律性を選び、彼が自由に採用した原理に従って生きることを決めた以上、モンテーニュはやはり一人の「近代人」なのだ、と。またさらに正確に言えば、彼は、必ずしも同時代の人々の理想とは限らない一つの理想を歴史の中で選ぼうとする個人主義者の態度を準備しているのだ、と。つまり、私は自分で決めて、仏教徒にも、儒教の信奉者にも、アニミズムの信奉者にも、あるいは、もちろんキリスト教徒にもなることができる。

モンテーニュは、理想と現実との隔たりを不幸と見なさないという点でも近代的である。彼は探究する人間であろうと欲している、そしてすでに真理を見つけ出している人間ではない、ということを残念だとも思わない。周知のとおり、哲学において、彼は思想家を三つのグループに分類している。真理がどこにあるのかを知っている人々、真理を探求するのをやめた人々、最後に真理の探究をかたくなに続ける人々である。彼はこの最後のグループの一人に数えられる。だから、完全さよりも不完全さのほうを好むのである。彼は「真理を打ち立てるためではなく、真理を探求するために」書く（I、五六、三二七）。人間は、真理の探究において過ちを犯すことで咎められるべきではなく、探究を放棄することで咎められるべきである。「ざわめかせ、狩り出すのは、まさしくわれわれの猟の獲物である。われわれは、その要領が下手で、的はずれになることが許されない。しかし捉えそこなうということは、また別の問題である。なぜなら、われわれは真理を探し求めるべく生まれたからである。真理を所有するということは、もっと偉大な力をもつものの役目である。」レッシング〔一七二九―一七八一年。ドイツの劇作家〕が二世紀後に言うように、真理の所有は、神にふさわしく、真理の探究だけが、人間にふさわしい。だから単なる人間の観点に身を置いて、モンテーニュは次のように締めくくることができるのである。「この世は調査研究のための学校にすぎない」(III、八、九二八)。探求のための、研究のための学校であって、成功は、そうしようと試みればすぐそこに現われる。

幸福に関しても同様である。モンテーニュは、人間の条件を不完全さそのものとして受け入れ、完全な満足に到達することの不可能性の中に満足しうる理由を見つけ出そうと決めた。「なぜなら、動物的な魂であろうと、神聖な魂であろうと、魂にしかこの下界では満足はないからである」(III、九、九八七)。アリストテレスは、ただ神々と動物だけが孤立して生きることができると言った。共同生活は完全なものとはなりえないとほのめかすかのように、モンテーニュは、その不可能性を完全な幸福への熱望にそっくりそのまま転移する。しかしそれは人間の特性なのである。「人生は物質的、肉体的な運動であって、それ自体の本質からして不完全な、規則外れの行為なのである。私はその人生によって人生を満たそうと躍起になっている」(九八八)。賢明で、幸福であるということは、完全さに達したということを意味するのではなく、不完全さと有限性の中で生きることを受け入れたということを意味する。モンテーニュは次のように結論を出す。私は「せっせとキャベツを植えていて、死には無頓着で、私の未完の菜園にはなおさら無頓着な私のところに死がやって来る」ことを望んでいる(I、二〇、八九)。

ラ・ロシュフーコーの誠実さ

モンテーニュの約百年後に、ラ・ロシュフーコーが個人主義の道徳のもう一つ別の解釈を表明する。彼は、民衆に属するものに関しては、現行の規範に従うことだけで十分であると判断する。しかし、ラ・ロシュフーコー自身もその中に含まれる、真の紳士《オネットジャン》たち、一流の人たちにとっては、要求は異なる。望まれるのは、自分自身との一致であって、他の人たちの期待や、支配的な規範との一致ではない。『考察』の中で（特にI、III、およびXIII）、ラ・ロシュフーコーはその要求の二段階を強調する。つまり、社会的順応主義に対する（〈虚偽〉に対する）批判、自分自身の誠実さの（〈真実さ〉の）擁護であって、それは等しく受け入れられる生き方の多様性を意味し、その多様性のほうも人間自体の多様性に根差すということである。彼の考察の肯定的なこの側面は、あまりにもしばしば忘れさられている。だからここで思い起こす価値がある。

「よい模造品など少しも存在しない」、とラ・ロシュフーコーは宣言する（『考察』、III）。この形容詞（よい）は、この名詞（模造品）に適用されることは決してありえない。よいことは自分自身に対する誠実さを意味するのであって、他者に対する誠実さではない。「模倣というものは常に不幸である」（『箴言集』、MS四三）。ところが、普通の人は模倣しようと努める。「人は自分自身のよいところを蔑ろにして、他人のよいところを求めようとするが、そういうものはたいてい自分自身にはふさわしくないのだ」（『考察』、III）。そうした模倣者は、にせ者であることを強いられ、故意に他者をあざむくか、自分自身にずっとだまされ続けるかのどちらかである。しかしながら、自分自身に対する真実は、美徳の順守よりもなお重要なものなのである。人は、「それ自体としてはよい性質ではあるが、その人自身には似合わない性質によって、自分をよく見せたいと思うことで」にせ者となる。「一般的によいものと、自分にふさわしいものとを見分けること」のできない人々はそんなふうに行動する（XⅢ）。

快適な生活のための根本的規則が、自分自身に対する真実となる（MS四九）。そしてこれは、自然がわれわれに与えてくれた素質に従って生きる、とストア派の人たち（パナイティオス〔前一八五年頃－一〇九年頃〕）が述べていたことの近代的解釈である。「各人が、本当に自分に属するものをきちんと評価できるように、自分自身の性癖を統制できるように、そして他の人たちがするように振る舞うことが、自分にとってもふさわしいのかどうかを探し求めることなどないようにしたい。各人にとって最もふさわしい行動とは、ほかならぬ自分自身の行動である」（キケロ、『義務論』、XXI、一一三）。真理という言葉は、ラ・ロシュフーコーによって、多様性という意味と両立できるような意味で用いられている。客観的で、絶対的な真理（あるいは価値）にかかわるのではなく、むしろ人のあるがままの姿と、その人がすることとの一致にかかわるのである。人々は、「彼らが本当にあるがままの自分である限り」本物であって、そうして各人は、自分の仕事と自分の性癖に従う。そんなわけで、「一人の主体がいくつもの真理をもつことができ」（『考察』、I）、唯一の存在が自分の人格の中でいくつもの相貌を示すことができ、したがって場合によっては何人もの人物として自分を実現することができる。それらの人物の各々に対して、自分自身との一致というその同じ要求が主張されるのである。

逆に、何人もの存在が同じ性質の真理を、すなわちその最良の表現を熱望することもありうる。彼らがそれに近づく手段は多様なので、彼らの独自性は、なるほど異なっていても、「同じ一つの真理」に属するであろう。それは、「口調や態度には一般的な規則などない」（Ⅲ）ということである。それゆえ、各人は自分の本性に従うことだけで満足しなければならない。すでにキケロが主張したように、「何よりも適切なことは、まず第一に自分の行動と計画において、自分自身と一体であり続けることである」（XXX

IV、一二五)。ラ・ロシュフーコーの個人主義は、ストア派の教義に根づいている。そしてストア派の教義を多様性のほうに曲げてゆく。この場合に義務の道徳(それが規範であるからそのように行動しなければならない)から、誠実さの倫理学(自分に忠実であるようにするために、自分の個人的本性を完成させるために、そのように行動しなければならない)へと移行する。それと同時に、世襲的貴族階級を精神的貴族階級(〈真の紳士《オネットム》〉)へと変える可能性がかいま見られる。したがってわれわれが普段自己同一化する社会的役柄よりも、もっと真摯な自分自身が存在する。それを探し求めるのがわれわれの務めであって、またそれを見つけた後には、それと一致することがわれわれの務めとなる(そこには、やがて「近代人」にはおなじみのものとなる行動様式の第一歩が認められる)。

ラ・ロシュフーコーは、生活習慣や、人間の心を引き裂く情念の精通者であり分析者であるという意味で、確かに一人のモラリストである。しかしながら、彼がわれわれ人間の行動に関して確かな忠告を表明するときには、彼は道徳を述べるというよりも、修辞学を(あるいは、今日われわれが言うような美学を)述べるのである。親切心はここではいかなる特別な位置も占めない。ラ・ロシュフーコーが、エクリチュールの規則を人生のコードに移し換えることによって、自分のさまざまな教訓を見つけることができたのは、修辞学の伝統の中なのである。しかもその修辞学の伝統を、(言葉の普通の意味での)モラリストたちは、常に疑わしいものと見なしてきた。修辞学の伝統は、正・不正を問わず、どんな命題に対しても、可能なかぎり最大の効果をあげて役に立つということをわれわれに教えてくれるのではないだろうか。修辞学の伝統はわれわれに、唯一の美は存在しないが、主体と同じ数だけの美があること、作家の技術は各人にふさわしい美を見つけ出すことにある、と教えてくれるのではないだろうか。

ところで、ラ・ロシュフーコーは今度は、修辞学の理論の鍵となる概念、**適切さ** *convenance* を、われわれの振る舞いの作法における主要な語と見なす。すべての主体に対して同じ要求を押しつけるのではなく、常に各人にふさわしいものを探し求めなければならない。適切さは、順応主義の反意語である。「一人一人の人間の顔と才能にふさわしい態度が存在する」、「ある何人かにふさわしいものが、すべての人にふさわしいとは限らない」。これと同じ要求が、個人的な生活の内面に移し換えられるだろう。人はたった一つの自己同一性だけをもっているのではなく、まわりの状況に適応しなければならないのだ。人は「軍隊の先頭に立ったときと散歩のときでは」同じ歩き方をしない。各々の状態にふさわしい異なった口調、行動様式、感情がある。一つ一つの仕事、一軒一軒の家が、それらに固有の美をもっている。理想的な行動を描くためにラ・ロシュフーコーが用いる別の言葉も、すべて同じ方向に進む。さまざまな要素の**一致** *accord*（III）、それらの間の**均衡** *proportion*（XIII、『箴言集』二〇七を参照）、言葉と思考、口調と感情、行動様式と顔つきとの間の**調和** *harmonie*（『考察』、III）を求めなければならない。

　万人の万人に対する戦いや、自尊心どうしの敵対関係において、各人は根本的に一人である。社会的順応主義や、人間に悪徳を隠すようにしむける偽善によって、個人は群衆に従う。真の紳士《オネットム》は一人きりでもなければ、万人と一緒にいるわけでもない。彼は限られた、より抜きの仲間、つまり他の何人かの真の紳士たち《オネットジャン》を選んだのだ。それゆえ最も評価される行為は、社会的行為である——しかしどんな行為でもよいというわけではない。『自画像』の中で、ラ・ロシュフーコーはそれについて二つのことしか言及していない。「私は才気ある人物と一緒に本を読むことにこの上ない満足を覚える」（一六七）。また「真の紳士たち《オネットジャン》との会話は最も私の心を動かす楽しみの一つである」（一六六）。

　その上、この二つの行為は、容易に一方から他方へと移行する。共同での読書は、新たな楽しい話題を供給し、その新たな話題が今度は、新たな読書を生み出せるようにする可能性をもつ。まさにこんなふうにして、『箴言集』は創り出されたのである。サブレ夫人〔一五九九―一六七八年〕のサロンで、まず最初は、真の紳士たち《オネットジャン》――このサロンの女主人、ラ・ロシュフーコー自身、彼らの友人ジャック・エスプリ、そして時には他の何人かの人たち――のあいだの機知の遊びとして、それに続いて、手紙によって伝えられ、したがって炉端での新たな会話や、新たな解釈の口実となるテクストとして。そうした友人たちの各々が、今度は自分で箴言を作るだけでなく、他の人たちの箴言を修正したりもする。その結果、紛れもなく集団的な作品をそこに見ることができるのである。相手が期待を表明して箴言を書くように促すと、それに続いて彼は箴言の形式を修正する、そして相手の最終的な称賛があって初めて、箴言は公に伝えられる対象となる。「箴言はあなたがたがほめてくれた後でしか箴言にはなりません」、とラ・ロシュフーコーはサブレ侯爵夫人宛の手紙に書いている〔一六六三年八月十七日〕。真の紳士たち《オネットジャン》のあいだで、話し・聞き、読み・書くということは、人が熱中することのできる高級な活動なのである。

一流の人たちのあいだにあっては、他者の虚栄心を傷つけることなく自分の虚栄心に気を配ること、各々の自尊心の一徹さを、自分の外部の、似たような別の自尊心の存在と折り合わせることが可能である。〈真の紳士たちの交流〉のよい展開のために必要な条件は、まず第一にパートナーどうしの相互的信頼である。これは、各人が他者に完全に身を委ねなければならないということでもなければ、他者に全幅の信頼を求めるということでもない。それよりもむしろ、われわれの口から漏れる話題が間違って用いられるかもしれないということを、恐れる必要はないということである。もう一方で、この共同生活は束縛と感じられてはならないのであって、「各人は自分の自由を保持しなければならない」。交際すること、あるいは交際しないことを、拘束にとらわれずに行なわなければならない」。重要なことは、同じ一つの目的をめざして仕事をすることである。つまり、「共に生きたいと思う人々を楽しませるために、できる限り貢献すること」、「社交界の楽しみ」に役立つことである（『考察』、II）。だから一通の手紙の中で、ラ・ロシュフーコーは友人に「もしできるなら、最も楽しいことに専念する」ようにと勧めている（とはいえ彼がすぐにつぎのように付け加えるのも事実である。「こうした助言は、従うよりも与えるほうがはるかに容易なのです」、ギトー伯爵宛、一六六六年十一月十九日）。パスカルやジャンセニストたちと同じような、見せかけの美徳に対する糾弾から出発したものの、ラ・ロシュフーコーは反対の結果に到達する。娯楽の精神、このレッテルで示される社交生活のすべてをパスカルは激しく非難したのであるが、ラ・ロシュフーコーはその娯楽の精神を咎めるどころか、その完成に貢献しようとする。

したがってラ・ロシュフーコーは、教育者よりもむしろ、その扱う素材が人間存在そのものであるような芸術家のことを考えさせる。「われわれにとって自然であるような態度を知って、そこから少しも逸脱しないようにし、また可能な限りそれを完成させるように努めなければならない。」ストア派の人たちがすでに推奨したように、真の紳士《オネットム》は、彫刻家が大理石の塊の中に含まれている形を解放し、その素材から真実を取り出そうとするようなやり方で、自分自身の存在を鍛える。快適な生活とは、見事な作品として造形することのできた生活である。さらにまた、真の紳士《オネットム》は、われわれのすべてが大いなる芝居の上演に巻き込まれているのだということにまったく憤慨せず、その〈人間喜劇〉の展開の中に、一人の演出家として介入し、その上演をいっそう調和のとれた、面白いものにする。役者はそれぞれが自分にふさわしい役割を見つけだし、それに自分を合わせてゆかなければならない。この劇団全体が、少しずつより大きなまとまりのほうへ向かって進んでゆかなければならない。パスカルが高潔な人間にとっては最悪の脅威だと見なしていた演劇は、人間の生活と世界の流れを把握する手段そのものとなる。ラ・ロシュフーコーはここではジャンセニストの対極に位置している。彼はジャンセニストのように人間の本性について暗い見解をもっているのだが、彼のペシミズムは絶望的なものではない、だから人間の心を最も残酷に描き出すこの画家は、われわれに処世術を伝えているのかもしれない。

ラ・ロシュフーコーは、個人が自分自身を形成する能力、つまり**私** *je* のある種の自律性に対してなにがしかの信頼を人間主義者と分かち合っている。しかしこの特徴は、人間主義者と個人主義者に共通のものである。確かに、彼はこの特権をある人たちにしか定めていないが、しかし、この点についての彼と民主主義的人間主義者たちとの違いは量的なものでしかない。彼と彼らを根本的に隔てるものは、何よりも一つの人類学的仮説である。彼は、利己主義的な打算と自尊心がわれわれの行為を全面的に支配していると考える。そして社会的規範とは、個人の欲望が第一に支配している領域にもたらされる、遅まきの（しかも偽善的な）治療薬の役割をするものだとしてこれを格下げする。彼の道徳に関しては、**君** *tu* はここでは特別な役割をまったく果たさない。それを私の行動の最終目的にすることは、問題ではないのである。

ボードレールの唯美主義

アンシャン・レジームの下では、たとえ実際に世俗的権威が思いのままに振る舞うことが可能であっても、精神的権力は「教会」に属すると見なされている。十八世紀半ばから、もう一つ別の社会集団、文学者たちが、その役割における司祭たちに取って代わろうとする。ポール・ベニシューが〈作家の聖別式〉と呼んだものを熱望するのである。フランス革命の直後には、その夢が手の届くところにあるように見えたかもしれない。なぜなら、キリスト教の「教会」がその特権を失ったからである。文学者たちが権力に近づくことを許さなかったナポレオン帝国の崩壊の後、作家たちの第一世代――ユゴー（一八〇二―一八八五年）、ミシュレ（一七九八―一八七四年）、ラマルチーヌ（一七九〇―一八六九年）――は、同時代の人々の精神的な師として振る舞おうとする。彼らが擁護する価値は、新しいものではない。変わったのは、価値が明らかにされる場所である。

しかしながら、幻滅が夢のすぐ後に続いてくる。詩人・思想家たちは、精神的権力の奪取を望んでいたのに、明白な事実に屈しなければならなくなる。生じた変化は、彼らが期待していたものよりもなお過激なのである。排除されたのは単にかつての立役者――「教会」――だけではなかったのだ。人が演じているのは、もはやその同じ芝居ではないし、また新たなドラマの中では、もはや国家から独立した、別の精神的権力の所持者のための役割など存在しない。異議を唱えるべきは、いわゆる人間主義的な価値――政治家は必ずこれをもち出す――よりむしろ、その制御を要求する文学者の権利のほうなのである。そこで、詩人たちの新たな世代、ボードレール（一八二一―一八六七年）の世代の思想において逆転が生じる。彼らの中の年長者たちは、芸術が公的生活を支配すべきであると主張した。「信仰が民衆に欠けているときには、彼らには芸術が必要である。予言者の代わりに、詩人だ」とヴィクトル・ユゴーは叫ぶ（「『内心の声』の自作説明」、四八四）。この主張はむなしいと気づいたので、年下の者たちは、外的な格付けを諦める。しかしその代わりに内的なものの破壊を選択する。彼らの主張によれば、大衆が自分たちを手本にするかどうかをあまり気にかけずに、倫理的な価値を美学的価値に取り替えなければならないのである。この選択を**唯美主義**と呼ぶことができる。

この置き換えは二つの主要な形態をとるが、それらは二つともすでにボードレールの作品の中に見られる。ボードレールは、なおも先人の企ての挫折の苦渋をとどめており、「行為が夢の妹〔同類〕ではないような世界」（『聖ペトロの否認』、I、一二二）を嘆いている。一方では芸術作品と化した人生をほめたたえながら、もう一方では芸術作品の創造を人生の戴冠と見なしながら、彼は芸術に自分を合わせるのである。

人生に対して快適であるよりもむしろ美しくあることを求める、これがボードレールの時代に**ダンディー** *dandy* と呼ばれる人の道徳である。「このような存在は、自分の人格の中で美の観念をはぐくみ、感じたり、考えたりすることで自分の情熱を満足させるのであり、それ以外のいかなる境遇ももたない」(『現代生活の画家』、II、七〇九―七一〇)。この崇拝の第一の形態は、肉体的な美に対する無条件の賛美である。だからボードレールは次のように主張する。

「肉体の美は崇高なる賜物であり、
すべての卑劣な行為から謝罪を締め出してしまうのだ。」
(『寓意』、I、一一六)

他の個人主義者たちのように、ボードレールはキリスト教の伝統を越えて、異教徒の価値を復活させているように思われる。彼にとってもプラトンにとっても、「美」は必然的に「善」と連動している。しかし表面的な一致の下には、大きな違いが隠されている。プラトンにとって、肉体の美は美徳の推定的指標なのであるが、その美が現前することは要求されない。その証拠がソクラテスの醜さである。逆にボードレールにとっては、美は卑劣な行為と共存する。とはいえそれよりはずっと重い。その上それは芸術に対する(外見に対する)賛辞であって、自然に対する賛辞ではない。プラトン的な階層はここでは上下逆方向に置かれる。ところでこの美学的理想に従わなければならないのは、ダンディーの肉体だけではなく、ダンディーの人格全体である。そうして、他のすべての要求は取るに足りないものとして放棄される。なぜならば美は自動的により優れた善を生み出すからであり、また美は悪をかばうからである。

「お前が天から来ようが地獄から来ようが、それが何だというのか、
おお「美」よ！　巨大な、恐ろしい、無邪気な怪物よ！
……
悪魔から来ようが神から来ようが、それが何だというのか？　天使だろうがセイレンだろうが、
それが何だというのか？　もしもお前が、——ビロードの眼の妖精よ、
律動よ、芳香よ、輝きよ、おおわが唯一無二の女王よ！——
この世界の醜さを減らし、この一瞬一瞬の重さを減らしてくれるのなら。」
（『美の賛歌』、I、二一五）

ダンディーにおいては体験の質が他のすべての考察よりも勝る。「一瞬のうちに無限の享楽を見出した者にとって、永遠の劫罰が何だというのか？」（『悪しきガラス売り』、I、二八七）。美が善に取って代わったり、善を従えたりすることを要求するのは、詩人だけではない。エルネスト・ルナンは学者であり哲学者であるが、一八五四年に次のように書いている。「私は同様に将来、道徳という語が不適切なものになり、もう一つ別の語に取り替えられると考えている。個人的な用法では、私は好んでそれを美学という名詞に置き換えている。ある行為を前にして、私はそれがよいか悪いかよりもむしろそれが美しいか醜いかと自問する」（『砂漠とスーダン』、五四二）。しかし、一八四八年に執筆された最初

の大作で、早くも彼はこう宣言している。「『美しくあれ。そして絶えずお前の心がお前に吹き込むことをせよ』、これが道徳のすべてである。他のすべての規則は、その絶対的な形態として間違いであり、嘘である」(『科学の未来』、八七一)。したがって善をなすということは、芸術家として振る舞うことである。というのもその行為は、道徳的な、順応という要求よりも、むしろ美学的な整合性という要求に従うからである。「私としては、こう断言する。立派な行ないをしているとき、(……)私は、魂の奥底から美を引き出してきて、その美を外部で実現させる芸術家の行為と同じように独立した、自発的な行為をしているのだと(……)。有徳の士とは、彫像家が大理石の上で美を実現し、音楽家が音を通じて美を実現するように、人間的な生活の中で美を実現する芸術家のことである」(二〇一一)。もしも美の内在的な基準(ある存在やある人生の各部分の調和)が、善の超越的な基準の代わりに置かれているのなら、美学は倫理学に取って代わったのである。芸術のための芸術の運動から出発し、あらゆる道徳的、宗教的、政治的な保護から美学を解放したいという衝動をもつ唯美主義は、これらの領域の新たな統合に向かうのだが、ただし今度は美の支配下においてそうするのである。

唯美主義のもう一つのあり方は、最も高貴な行為を成就するのが職業的な芸術家であると主張することであり、その行為はすなわち、一冊の本、一枚の絵、一つの音楽作品を創造することである。そこで詩人の願いは次のようなものとなる。「ああ主よ! いくつもの美しい詩句を生み出すことができるように私に恩寵を授けたまえ。人間の中で私が最も下等な者ではなく、私の蔑む人々よりも私がなお劣る者でもないということを、私自身に証すよすがとなるように!」(ボードレール、『午前一時に』、I、二八八)。芸術の生産はここでは人生の贖罪となる。どんな行為も芸術の生産に勝るということはない。そんなわけで、神は詩人のために玉座のすぐ近くに一つの席を取っておく。ところで、すべての人が詩人であるわけではないので、二つの分銅《おもり》、二つの尺度が存在するという結果が生じる。芸術家のための道徳と、一般の人々のためのもう一つの道徳である。「いくつもの道徳が存在する。すべての人が従わなければならない現実的、実践的な道徳がある。しかし芸術のための道徳というものがあり、これはまったく別物である。（……）同様に何種類もの「**自由**」が存在する。「天才」のための「自由」があり、悪童どものためのきわめて制限された自由がある」（『わが弁護士のための覚え書き』、I、一九四）。

ラ・ロシュフーコーの場合と同じように、世界は優れた人々と一般の人々のあいだで分割されている。二つの道徳が存在する、そして二つだけなのだ。外から押しつけられる伝統的な道徳と、優れた個人によって実践され、美を生み出す道徳である。まさしくこの点において、『悪の華』の裁判の日にボードレールを弁護した友人バルベー・ドールヴィイ〔一八〇八―一八八九年。フランスの詩人・小説家〕は、ボードレールと袂を分かつのである。「『芸術』が人生の主要目的であるとか、美学がいつの日か世界を支配しなければならない、ということをわれわれは信じていない」（ボードレール、『マルジナリア』、II、三四二）。

それでもやはりボードレールの後継者たちは、この第二の道に等しく踏み込んでゆくのであり、しかもその数が多い。公的生活における詩の役割に関して、マラルメ〔一八四二―一八九八年〕はこの先輩の幻想を共有しない。したがって失望も共有しない。「一人の現代詩人の愚かさは、**行為が夢の妹〔同類〕ではない**、と嘆くに至ったのです」、とマラルメはカザリスに宛てて書いている（一八六三年六月三日）。それでいてなお彼は次のような有名な表現の作者でもあるのだ。「すべてのものが、この世では、一冊の書物に到達するために存在する」（『精神の道具、書物』、三七八）。またマルセル・プルースト〔一八七一―一九二二年〕は、オスカー・ワイルド〔一八五四―一九〇〇年〕のダンディスム、人生に芸術の基準を課すあの試みについて、いくつかの留保を表明するものの、彼なりにマラルメによって選ばれた変形を引き合いに出す。「真の人生、ついに発見され、解明された人生、したがって十分に生きられた唯一の人生、それが文学である。（……）人生の至高の真実は芸術の中にある」（『見出された時』、四七四および四八一）。

唯美主義は、どの点で人間主義と異質なのだろうか。まず何よりも、他者との関係が、またなおさらに、**君** *tu* の目的性がそこでは重要な役割を演じていないという点である。唯美主義は、**彼ら** *ils* の普遍性を拒むことも、拒まないことも可能である（ボードレールの唯美主義ではそうである）。しかしいかなる場合でも、唯美主義は人間の社会性に対して特別な位置を用意することはない。したがって、唯美主義は**私** *je* の特性だけを価値あるものとする。人間主義の理論は、倫理学と美学のあいだに最終的な一致があることを肯定もしないし、反対もしない。しかし人間主義の理論は、倫理学を美的要求の単なる表現として解釈することを禁ずる。なぜなら倫理学全体が人間主義の理論にとって相互主観的な世界に属しているからである。

第八章　人間性のために作られた道徳

さて今や人間主義の道徳そのもののほうに向かうことができる。それを検討するために、私は順を追ってフランスの最も偉大な人間主義の代表者二名、ルソーとコンスタンの思想に触れるつもりである。ルソーの考えによれば、人間主義の道徳は次のような二つの態度に同時に反対しなければならない。つまり、私が個人主義者と呼んだ人たちの中に観察することができたような、共通の価値の破壊、および教義に対する彼らの服従である。ただしその教義は、保守主義者が求めるように、神の意志から来ると見なされている。人間とは「社会的な存在であり、彼には人間性のために作られた道徳が必要なのです」(『ボーモンへの手紙』、九六九)。したがってルソーは、互いに対立する二つの思想とは同時に一線を画さざるをえない。しかし彼のやり方を観察する前に、彼の道徳的考察が、社会についての彼の政治的考察と個人についての彼の心理的分析との関連で、どのように位置づけられるのかを思い起こさなければならない。

第三の道

十八世紀の「啓蒙主義」の支持者たちは、人間性が自分たちの流派に置かれることによって、その害悪を癒すことができるのだと考える。つまり、学問と芸術の開花に貢献し、学問と芸術を万人にとって近づきやすいものとし、したがって文明の恩恵を広げることによって、人は地上に繁栄と幸福とを行き渡らせうるというのである。公開の論争にルソーが初めて参加する、『学問芸術論』は、彼が幻想であると判断するものに直接に反論する。違う、文明の拡大は人間性の運命を改善することに貢献はしないと彼は反駁する。提起された治療法は一つではない。だがそれは、悪というものが正確に識別されていなかったということなのだ。人間はその自由によって、ゆえにその道徳によって規定されるのであって、その知識によって、またその英知によって規定されるものではない。だから本当に人間性の運命を改善するのは、それらを拡大することによってではないのだ。ルソーは学問と芸術を実践し続ける。というのも、彼の敵対者たち、「啓蒙主義」の擁護者たちは、彼がそれらに〈反対している〉とそ知らぬ顔で決めつけたが、じつはそうではなく、彼が人間についてのもう一つ別の概念をもっているからである。今日われわれが、二十世紀のヨーロッパの文明ほどに進歩した文明が、アウシュヴィッツやコルィマの恐怖を生み出したということに驚くとき、われわれはずっとルソーの警告を聞かなかったヴォルテール〔一六九四―一七七八年〕やダランベール〔一七一七―一七八三年〕の弟子として振る舞っているのである。人間がよりよいものに、すなわちより人間的になるのは、より多くの知識を積み重ねることによってでもないし、より頻繁に劇場に行くことによってでもない。「われわれは、学問がなくても、人間的になることができる」（『エミール』、IV、六〇一）。ルソーはこの点ではキリスト教の精神に忠実であり続ける。

「百科全書派」とその友人たちによって推薦される空しい解決策は、ルソーの意見によると論争を曖昧にするだけなのであるが、それを払いのけると、今度はルソーがそれに直面することになる。まず第一に、人間の悲惨さは何に原因があるのか。よい作法、洗練された物腰、教養の欠如にあるのか。否である。

「第二の論文」、『人間不平等起源論』が、的確な仮説を打ち立てようとする。人間たちの不幸は、各人が他のすべての人間を犠牲にして自分の目的を達成しようとするのに、その人間たちが必然的に一緒に生きているという事実に由来する。動物たちは自分の必要性を満たすだけで満足している。人間は、他者が自分に注ぐまなざしに気づいたのだ。だから、人間は自分を他者に、また他者から自分にはね返ってくる自分自身のイメージに比較せずにはいられないのだ。ところで、他者よりもよいということはまた、他者は自分よりも悪いはずなのだということを意味する。私の幸福を望むことは、他者の不幸のために精を出すことである。人間たちは羨望と嫉妬に責め苛まれている。そして各人は他者の幸福を犠牲にして、自分の幸福を求めるのである。他者は私の支配者になったばかりでなく（彼らは私がしなければならないことに決定を下す）、さらに彼らは私の敵でもある、だから私は彼らを排除しなければならない。何年か後にルソーが言うように、人間の不幸が生じてくるのは、「世界全体が一人一人の人間にとって必要なものであるとする見解が、人間たちすべてを互いに生まれながらの敵とし、そして誰もが他者の災いの中にのみ自分の幸福を見出している」からなのである（『ボーモンへの手紙』、九三七）。人類は社会的状態の中に入って後戻りできないのに、その社会的状態は嘆かわしいものである。これが、彼の観察から引き出される第一の結論である。

このような状況をどうしたら改善できるだろうか。時には、ルソーはこう考える。人間の条件は矛盾するものであり、個人の願望は社会の願望とは一致しないのに、自分がそこに属しているのだから、解決策は他者を犠牲にしてさまざまな要素から一つを選ぶことであろう。「人間の悲惨さを作り出すものは（……）自然と社会の制度とのあいだの、人間と市民とのあいだの矛盾である。（……）人間をそっくりそのまま国家に委ねよ、さもなくば人間をそっくりそのまま彼自身に委ねよ。しかしもしもあなたが人間の心を共有すれば、あなたはその心を引き裂くことになる」(『政治的断章』、VI、五一〇)。

他の政治的な著作と同様に『社会契約論』は、第一の選択の結果を分析している。人間を完全に社会に委ねる、したがって人間から〈自然を剝奪する〉ような選択である――しかしそこで問題になるのは、すべての人間を有徳の士とするような理想的な社会である。しかしながら、この選択の論理を最後まで探求することができる一方で、ルソーは確かに、近代の人間がもはや神話的なスパルタの住民ではないということ、自分を社会的実体の単なる一部分と考えることはもはや受け入れられず〔本書一四六ページ〕、自分自身を一つの全体と見なす、ということを忘れていない――それにまた、ジャン＝ジャックという個人は、個人が完全に集団性に従わなければならないような国家の中では、きわめて不幸になるだろう、ということも忘れていない。したがってルソーが理想的な国家を描くのは、適用すべき計画に役立つようにする(もっともそのためには革命が要求されたであろう。ところが、ルソーはそれには反対である)ためではなくて、概念的な分析の道具を備えつけ、理想的なさまざまな国家を理解し、評価するためなのである。『エミール』の中で『社会契約論』を要約しながら、ルソーはそれに自分の利用法を添えている。つまり、それは行動計画ではなく、精神的道具である。「われわれのあいだではまず初めに政治的権利について真の原則を打ち立てることが問題でした。その基盤が据えられている今は、人間たちがその上に何を築いたのか調べに来てください」(『エミール』、V、八四九)。

現実の政体が『社会契約論』の図式と一致することは決してないであろう。しかしその隔たりの中にはいくつもの段階があり、それらの段階が、制度に対する個人の態度を規定するのである。「社会契約が少しも守られなかったとしても、それはどうでもよい。もしも個人の利益が、一般的意志によるかのように、彼を保護したのであれば。もしも公的な暴力が個人的な暴力から彼を守ったのであれば。もしも社会契約の作り出した悪が、彼に善なるものを愛するようにしむけたのであれば。そしてもしもわれわれの制度自体がそれらに固有の不正を彼に知らしめ、彼にそれを憎むようにしむけるのであれば」（八五八）。与えられた社会は受け入れることができる（だからといって完全というわけではない）、もしもその社会がその構成員たちの批評的精神を発達させることができるのであれば――つまり、もしもその社会が彼らに理想と現実の区別を可能にさせるのであれば――、そしてその社会が地上の天国であると主張するように、彼らに強いるのでなければ。そこから見て取れるのは、社会生活に関するルソーの観念が、全体主義的な計画からどれほどかけ離れているかということである。ところが時としてルソーはその全体主義的な計画の元凶であるとされてきたのである。

確かに〈社会的な〉解決策だけが、一つの解決策なのではない。そこでルソーの個人的な性癖は、彼によって考慮された第二の選択のほうへ彼を導いてゆく。つまり、人間はそっくりそのまま自己自身に委ねられなければならないということである。すでに見たとおり〔本書一四八ページ以降〕、彼はそれを自伝的著作の中で詳しく探求した。しかし彼は最終的には次のことを認めたのであった。この道は前の道よりも実践的なものではない、と。おまけに、一人の個人（ジャン＝ジャック）に文字どおり役立ちうるものが、万人に勧められるとは限らないのである。だから、その選択がいかなるものであろうと、失敗がわれわれを待っている。そこでルソーは苦々しく次のように締めくくる。人間は決して黄金時代を知ることはないだろう。「黎明期の愚かな人間たちには不可能で、繁栄期の啓蒙された人間たちの手からは逃げ去った、黄金時代の幸福な生活は、常に人間という種には無縁の状態であった。それは、人間がそれを享受できるときにはそれを無視し、人間がそれを体験できたであろうときにはそれを失ってしまったためである」（『社会契約論』、初版、I、二、二八三）。ルソーが提起する世界観・歴史観は、原始主義者《プリミティヴィスト》の観点よりもはるかに悲劇的である。社会は人間を堕落させるが、人間は社会の中に入った以上、実際にもとのままの状態ではない。この逆説から抜け出ることはできないだろう。われわれの使命は同時にわれわれの不運でもあるのだ。

しかしながら、すべてが失われているわけではない。人間は、確かに、二重の存在である。だが、彼の側面のいずれか一方を選ぶことよりも、むしろその側面の一方を他方に合わせるようにすることができるのではないだろうか。この問題の解決法は、他方を犠牲にして一方を選ぶというようなことではない。そうではなく、この両方の人物を互いによりよく理解できるようにさせることである。解決法は、改革の中にも逃亡の中にもない、最も広い意味で理解される、教育というものの中にあるのだ。相反するものをこのように統合すること、社会的現実の中に自然の理想をこのように包含すること、これを『エミール』の中でルソーは最もうまく成功させるのである。そしてこの作品は自伝的な作品よりも先行しているのであるが、彼自身はこれを彼の思想の頂点と見なしている。だから、体系的概論（『社会契約論』）が結局は市民の道を描写するのにふさわしい形態であったのとまったく同様に、自伝、孤独な個人の自伝、特別な文学様式は、第三の道を呼び起こすのに適している。つまり、『エミール』は個性的であると同時に非個性的な、虚構と考察の混じり合った作品なのである。これは、社会の中で理想的な人間（ということはルソーの語彙の中ではやはり〈自然の〉人間）を形成するための書物なのである。「自然の人間を育成しようとするとき、その目的のために野生の人間を作り上げ、彼を森の奥に追いやってはいけない」（IV、五五〇）。「自然の状態で生きている自然の人間と、社会の状態で生きている自然の人間のあいだにはまさしく違いがある。エミールは無人の地に追いやってしまうような野生の人間ではなくて、都会に住むために作られた野生の人間なのだ」（III、四八三—四八四）。しかしながら、統一を夢見るルソーは、あるがままの自分を見ることを知っている。「この私は、混じり合った存在だ」、と彼は自分のことを『フランキエールへの手紙』で言っている（一一三九）。

人間の問題の解決策は、社会への完全な従属の中にはありえないし、孤独への隠遁の中にもありえない。その点については万人が同意するだろう、しかしこの不毛な二者択一を乗り越える方法を、どのように考えればよいのだろうか。人間の第一の道は、（〈完全に＝電化された〉というように）人間を〈完全に＝社会化された〉ものへと導いた。この語を文字どおりの意味で理解するならば、それは〈社会主義〉の道、と言うことができるだろう。それはまた科学者が好むような道でもある。第二の道は、人間を〈完全に＝個人的な〉ものの中に閉じ込めようとするものだった。ゆえにそれは個人主義の道であった。しかしルソーはまたこの対立を乗り越えることを思いついた。つまりそれが、この対立の彼方に導く第三の道である。ただし彼はそれに特別な名前を与えることはなかった。ところで、その第三の道は、〈人間主義の〉と形容されるのがふさわしい。というのも、それは社会性と同時に個人の自律性を認めるからである。ルソーはここではもはや人間から自然を剝奪しようとはしない、人間の本性〔自然〕を実存する社会に適応させ、同時に人生を理想に近づけようとする。「絶えず脇道にそれ、背を向けるようなことをしてはならない。社会的な人間が完全に人為的なものにならないようにするために、多くの技巧を用いなければならない」（『エミール』、Ⅳ、六四〇）。根本的な孤独というものは、反対に、純然たる自然の状態にあるのではなく、実際に存在しているような人間の自然の中に、すなわち社会の中にある。たとえ万人がこの道を辿ることができなくても、人間の社会性を否定することなくこれを昇華することが可能である。「他の人間たちは、他人の力とまなざしだけしか探し求めない」、と『新エロイーズ』の中では読むことができた。しかしながらある者たち、その圧力に抵抗しようと決意する人たちは、「優しさと平和」に到達するのである（Ⅰ、六〇、一六五)。この選択の可能性そのものが重要なのである。

ルソーはこの第三の道を、社会に関する考察の最初から検討している。ただし彼は常にその第三の道に、最初の二つと同じくらい明白な位置を与えているわけではない。『人間不平等起源論』の中で展開されているような、人間性の理想的な歴史は、実際には二つ以上の段階をともなう。自然の状態(想像上の始原)と社会の状態(今の現実)とのあいだには、第三の、中間的状態が存在していて、そこでは人間はもはや動物ではないのだが、それでもまだ悲惨な存在となったままである。それが〈野生の〉状態である、と言ってもよいだろう。その状態で、人類はその最高の幸福さを知ったのである。「人間の能力のこの発達段階は、原初的な状態の無頓着さと、われわれの自尊心の活発な作用のちょうど真ん中に位置を占め、最も幸福な、最も永続的な時代であるにちがいなかった。そのことを考えれば考えるほど、この状態が最も革命に陥りやすいものではなく、人間にとって最良のものであったということ、また人間がそこから抜け出たのは単に何か痛ましい偶然のためだったにちがいない、ということが分かるのである」(『人間不平等起源論』、II、一七一)。

『ボーモンへの手紙』は、同じような言葉でこの理想的な〈第二の状態〉を描いている。「人間は同胞たちに視線を投げ始める。人間はまた(……)適合、正義、秩序といった観念を理解し始める。立派な道徳が彼らに感じ取れるものになり始め、良心が作用する。」そして人間は「本質的に善良に」なる(九三六―九三七)。したがって社会の真実を自然の理想と融和させるこの状態は、確かに可能である。ルソーは、自然の状態への回帰を説いてもいなければ、この〈野生の〉状態に戻るように勧めてもいない。しかし、われわれが生きている嘆かわしい社会の状態を、何と取り替えるべきなのかを実際に探し求めようとして、彼は再び自然の状態と社会の状態の妥協、中庸の、あるいは混じり合った理想を考える。

ここはやはり前の対立と相関関係にある対立、自己愛と自尊心との対立〔本書一二五ページ〕に戻らなければならない。結局のところ、もしもルソーが、われわれの社会性と同一視される自尊心を非難するだけで満足してしまっていたら、彼の先駆者たち、ラ・ロシュフーコー、パスカル、あるいはその彼方のストア派の人たちが残した道筋からは大きく離れてしまっていただろう。正当な問題となるのは、自尊心——他者を越えようとする虚栄心と欲望——を基盤とするような関係のタイプが、社会的なものの領域全体を枯渇させるのかどうかを知ることである。時としてこれらの先駆者たちは、それをほのめかし、そうすることであらゆる人生に対する非難の拠り所を社会性に求めているのだが。あるいはまた、それとは別の、同じように社会的であるが、もはや類似を拠り所とはせず、したがって比較、置き換えようとする気持ち、競争関係には至らないような関係が存在するのかどうかを知ることである。ところで、その場合にもまた、ルソーがそうした別のタイプの社会的関係を検討し、人間の同一性についての自分の影響を予見しているということを認めることができる。とはいえ彼がそれを示す用語は、〈自己愛〉や〈自尊心〉ほど日常的なものではない。他の二つのものの中間にある、この第三の感覚は、「敬意という観念」(『人間不平等起源論』、II、一七〇)であって、これはまだ虚栄心や不信に悪化していないわれわれの人間性の再確認なのである。純粋な自然の状態においては、人間はその同類たちを見もしないし、同類たちによって眺められることもなかった。想像上のポーランドに反映されるような、純粋な社会の状態においては、万人が〈互いに視線を交わし〉、自分が見られていることを知るようになった。その両者のあいだに、中間の世界が存在するのであるが、そこでは社会性は基本的な骨組みであるものの、その骨組みの中で人は群衆の視線の下で生きるか、引退し、なじんだ者たちのあいだで生きるか、あるいは匿名で生きるかを選ぶことができる。

ルソーが認めたその第三の道は、彼の理論の大筋だけにとらわれると、気づかずに通り過ぎてしまう恐れがある。しかしながらこれはきわめて重大な意味をもっている。この第三の道は根本的には他の二つと対立するものではなく、それらの要素のうちのいくつかを組み込んでいるし、つなぎ合わせてもいる。そして、最初の二つの道が、それぞれ単独では首尾一貫しているにもかかわらず、人間を不幸に導く（というのも、人間はまさしく、存在の一部を犠牲にせざるをえないからである）のに対して、第三の道だけは、慣れ親しむという脅威を免れているがゆえに、幸福を約束するのである。その幸福は不確かである、とはいえ可能なのだ。これは、ルソーの解釈においては浮き彫りにされることのめったにない事実である。彼は、仮定的に、純粋な自然の状態や純粋な社会の状態、個人と社会を探求することができるのだが、その一方で、現実的な人間の望ましい運命について自分の見解を表明しようとするとき、彼は〈ちょうど真ん中〉を選んでいるのである。しかし正確なところそれは何によって成り立つのだろうか。

二重の生き方

ルソーは、エミールの教育（ついでに言うならば、この絶えざる教育の要求がまたしても、ルソーがまったく原始主義者ではないことを示している。子どもは完全な状態で生まれることは決してないのだ）における二つの大きな段階を想像することで、生き方の対立的な二つの側面を折り合わせるに至る。第一段階は、すでに見たのであるが〔本書一〇六ページ〕、ルソーが〈消極的教育〉と呼ぶもので、われわれはそれを〈個人的教育〉として示すことができる。その第一段階は誕生から〈物心のつく年頃〉まで続く——すなわち、ここでは、だいたい十五歳くらいである。そしてその時期に、第二段階、社会的（あるいは

〈積極的〉）教育の段階が始まり、こちらは死とともにしか終わることがない。第一段階の目的は、われわれの中の〈自然の人間〉の発達を助けることである。第二段階の目的は、われわれの人生を他の人間存在に適応させることである。第一段階のさなかに、エミールは「自分自身にかかわるすべてのことを」学ぶことになる。第二段階のあいだに、彼はさまざまな〈関係〉を知り、〈社会的美徳〉を身につけることになる（Ⅲ、四八八）。

自然の人間が知っていたのは事象に対する関係だけであって、市民の理想はそこに等しく人間に対する関係を引き戻すことであった。それはまた、教育の第二段階の原則ではなく、第一段階の原則ということになる。「肉体的存在だけで経験する限り、彼は事象との関係によって自分を研究しなければならない。それが彼の子供時代の役どころである。自らの道徳的な存在を感じ始めるときに、彼は人間たちとの関係によって自分を研究しなければならなくなる。それが彼の全生涯の役どころである」（Ⅳ、四九三）。「子どもは事象を観察し、人間たちが観察できるようになるのを待つ。人間ともなるとまずその同胞たちを観察することから始めなければならない。次いで時間があれば彼は事象を観察する」（Ⅴ、八三二）。したがって個人的な教育は何よりも肉体的存在を対象とする。それは感覚を鍛え、器官を完全なものにする手助けをする。それは具体的な計画に基づいて子どもを独立させようとする（これは小児化の逆である）。意志が実現されるために、彼は「他者の腕を自分の腕の先端につなぎ止める」必要があってはならない（Ⅱ、三〇九）。この独立性はもちろん孤独な個人の理想、自給自足に匹敵するものではない。その自給自足は大人の生活の目的であり、肉体的なものよりむしろ道徳的なものにかかわる。ところが子供の独立性は、最初の自由、最初の自律性の獲得につながるものなのだ。つまり、子どもは独力で行動することを学ぶ。

ここで言わなければならないことは、もしもルソーの主張を文字どおりに把握するならば、その主張は支持できなくなるだろうということである。一人の子供が成長するにあたって、ルソーが考えているように、事象に対する関係と人物たちに対する関係が、一方の**後で**もう一方が現われてくるのだとか、子供は人物たちに対する関係を事象に対する関係に還元するのだ、と考えることなど決して理解できなかったに違いない。「年齢に応じて育てられる子供は唯一無二のものである。（……）彼は自分の姉を腕時計のように、自分の友人を犬のように愛する」（IV、五〇〇）。これは経験的に言って偽りである。ルソーのように、生まれたときから子供を取り巻いているすべての人たちに（特にその母親に）その子供を結びつけている関係を無視して、十五歳の年齢になって初めて他の人たちに興味をもち始める、と考えるのが偽りであるのとまったく同じである。「人は自分を取り巻いている人たちに興味を抱き始める。人は一人きりで生きるために作られてはいないということを感じ始める。こうして心は人間的愛情に目覚め、愛着を抱くことが可能になる」（五〇二）。それゆえもしもわれわれがルソーの指摘に一つの意味を見つけたいと思うなら、われわれはもう一度、それらの指摘が投げ込まれた時間的次元においてそれらを抽出し、その二つの形態の教育、つまりは二つの段階の個性を、同時性の中で、さらには無時間性の中で考察しなければならない。ルソーの観念は、子供の発達の二つの局面にかかわっているのではなく、われわれ自身の存在の、絶えざる進化における二つの側面にかかわっているのであろう。

そこで、〈消極的〉教育の目的とは、独立性の獲得そのものである、と言うことができるだろう。まず最初は肉体的な独立であって、これはすでに見たとおりである〔本書一〇六ページ〕（すべてのことを自分自身ですることができる）。しかしこれは社会生活においてもその延長を見ることができる。エミールは、人間たちの中で生活しているときでさえ、自分の周りで受け入れられている意見の強要に従うことなく、「自分の目で見て、自分の心で感じ、自分自身の理性の権威を除いて、いかなる権威にも支配されない」

ようにしなければならない（五五一）。彼は権威――これは政治的、社会的、家族的起源をもっており、公然と行使されたり、内にこもっていたりする――よりも、個人の意識、理性、理性によって表明することのできる判断、訴えかけることのほうを優先しなければならない。慣例、紋切り型、様式の強要からのこうした解放が、肉体的な独立の獲得を成し遂げ、かつそれを増加させる（この場合にわれわれはまだ**私**的の自律性の領域にとどまっている）。

したがって（もはや限定的な意味ではなく）完全な意味での自由は、最初に与えられるものではなく、教育の結果――ただし常に不完全である――ということになる。「人間は自由に生まれる」、とルソーは書いている（『社会契約論』、I、一、三五一）。しかし**人間はみな**独立して生まれるのだ。まず第一に彼らが生きのびてゆくための世話をしてくれる大人たちから独立して、続いて彼らの存在を具現化する共通意見から独立して。消極的教育は、漸進的な解放であり、人間はみな成熟するにつれてますます自由になってゆく――そしていつの日か彼らは自分自身の習慣の奴隷となり始める、あるいは老年の支配下に陥るに至る。ルソーはここではアウグスティヌスにかなり近いのであって、その敵対者ペラギウスからはむしろ遠い。ペラギウスは最初からの完全な自由を信じていた。ルソーにとって自由は獲得されるものなのである――個性と同様に、また道徳と同様に。だから人間という種の弁別的特徴としての自由を、個人の漸進的、条件的なこの自由と混同してはならない。

家庭教育の第二段階――というよりもむしろ、第二の側面――は、まったく異なるものである。「エミールはずっと孤独であり続けるように作られてはいない。社会の一員として、彼は社会の義務を果たさなければならない。人間たちと一緒に生きるように作られており、彼は人間たちを知らなければならない」（『エミール』、IV、六五四）。まさにこの第二段階、社会的教育のほうが、ルソーの目にははるかに重要である。「ここまではわれわれの関心事は、児戯のたぐいでしかなかった。それがやっとここから真の重要性を帯びるのだ。普通の教育が終わるこの時期こそ、まさしくわれわれの教育が始まらなければならない時期なのである」(四九〇)。〈消極的〉教育によって、個人は内的な統一性に到達する。自分の行動にかかわる判断は、自分自身にしか属していない。ここに、社会的教育が準備する第二の試練が介入する。その行為はこれからはすべての存在に共通の基準を満たさなければならなくなるのだ。その行為は人間どうしの関係という状況の中にしか基準を見つけ出すことができない(われわれはここで君 *tu* の目的性に近づくわけである)。

教育の二つの側面は、ルソーによる人間性の二つの〈状態〉(自然の状態と社会の状態)に対応する。前者によって、孤立した存在とその能力が開発される。したがって理性や道徳への呼びかけは退けられる。逆に、その理性や道徳が第二段階の中心に据えられる。しかし、第一段階の教育の理想が孤独な個人というものではないのと同様に(自分自身に期待するということはむしろすでに社会的になっている個人にとっては可能性というものである)、第二の教育は、ルソーがこの語に与えている意味では、市民を生み出すことを目標としない。新たな道、エミールの道は、最初の二つの道(市民の道と孤独な散歩者の道)に由来するさまざまな要素を機械的に付け加えても獲得することはできない。人間社会はここでは最大限にまで拡大して把握される。もはや一つの国にかかわるのではなく、地球全体にかかわっているのである。政治的な著作の中で、ルソーは市民の公民教育とはっきり区別される、社会的、道徳的教育のこの道をすでに考慮に入れていた。それはソクラテスの姿で(『政治経済論』の中で)、あるいはキリストの姿で(『社会契約論』)体現される。ルソーの人間主義はここで彼の〈社会主義〉と袂を分かつのだが、しかしだからといって個人主義ではないのである。この個人は必然的に他の人間たちとの相互作用によって生きている。

道徳の擁護

今やわれわれの目にはルソーの思想における道徳の位置が見え始めている。人間は常に善と悪とを区別することができるということが、彼の人類学の一部をなしていることは、すでに見たとおりである〔本書一二八―一二九ページ〕。というよりもむしろ、もしもこの能力が証明されないとしたら、**人間的**であることを問題にする理由はないであろう。道徳はただ単に推薦に値するといったものではなく、それは存在するのである。道徳の消滅は、もしもそれが明白であるなら、病理学に属する問題となろう。「良心《コンシアンス》〔これはルソーにとって道徳の同義語である〕の声は、思考能力における理性の声と同様に、人間的な心の中ではもはや押し殺されることはありえない、そして道徳的な無関心は狂気とまったく同様にほとんど自然的なものではない」(『対話』、III、九七二)。善と悪とを区別できる能力は、人間の自然〔本性〕の中にある。奇形が存在しても種の同一性が損なわれることはないのだ。

したがってルソーがその途上で出くわす最初の論敵は科学万能主義者である、あるいは、彼の言う、唯物論の哲学者なのであって、彼らは善と悪とを区別するこの能力を否定する。というのも彼らは、人間の行動のすべては、個人を越えた因果関係の連鎖の避けがたい結果であると考えるからである。自由がなければ、人間にはまた必然的に道徳もない。「煩わしい道徳による支配が彼らの陣営を邪魔することがないように、すべての宗教、すべての自由意志、したがってすべての良心の呵責を一掃することで、彼らは道徳を根底からくつがえしてしまった」（九六七）。

ルソーのこの非難は正しいのだろうか。じつを言うと、彼の人間主義は唯物論の立場と両立しないわけではないのだ（そして周知のように、ルソー自身が自分の考察に『賢者の唯物論』という題名を与えようと考えていた。『告白』、IX、四〇九を参照）。これは二つの理論が同一の対象をもたないということである。唯物論は世界の構造についての一つの仮説である。人間主義は一つの人類学であって、それとの関連で道徳的、政治的価値が確立される。しかしながら、この両者は次のときから両立不可能になる。唯物論が科学万能主義に変わり、そして価値が存在する限り、その価値が科学によって発見された人間の特性の必然的結果として提示されるとき。つまり、集団がそうした発見を利用できるようになるや否や、個人の意志が集団の意志に従わなければならなくなるときからである。

ここでルソーが念頭においている唯物論は、まず人間を利己主義的な、孤独な存在に追い込んでしまい、次いでそのエゴイスムは社会の規範となるに値すると宣言する。したがってルソーが闘っている対象は、唯物論そのものではなく、同時代の唯物論者が人間についてなしうると考えている描写や、存在するものにそうあらねばならないという当為を基礎づける理屈なのである。科学万能主義者と呼ぶほうがよい人たちの立場は、人間を無生物のレベルにまで貶め、人格をものに変えてしまう。純粋に人間的な調整を自然の原因と同じくらい拘束的なものにすることによっても、同じ結果をうるかもしれない。そしてそれこそが常に科学万能主義者の夢だったのだ。「もしも国の法律が自然の法則と同じように、いかなる人間の力をもってしても決して打ち破ることのできないような不屈のものをもちうるとすれば、そのとき人間への依存は再び事物への依存に戻ることになるだろう」（『エミール』、II、三一一）。これもやはり人間の真の本性に加えられた暴力にほかならないであろう。

他方、道徳は個人主義者によって攻撃される。じつを言えば、人間を情け容赦のない法律に従うものと想像するその同じ〈哲学者たち〉が、一方では自分自身のために例外を作り上げ、個人的には個人主義者として振る舞うのである。つまり彼らは最大の満足を与えてくれる道を自由に選ぶことができると思っている。これがディドロやグリム(一七二三—一八〇七年。ドイツの批評家)の立場である。「すなわち、人間の唯一の義務とは自分の心の傾向にそのまま従うことである」(『告白』、IX、四六八)。エミールの家庭教師のほうは、心の動きだけで、あるいは感じられる快楽の強さによって自分の行動が誘導されるようなすべての誘惑を避けるように、自分の生徒に注意を促している。「とにかく私に教えてくれ、自分の心の望みだけを掟としている者、そして自分の欲することについては何に対しても抵抗できない者が、どのような罪に陥るかを」(『エミール』、V、八一七)。もしも個人が完全に自分のことしか考えないのなら、善とはもはや快楽の余分な同義語でしかなくなってしまう。

個人主義者は道徳的な態度を否定はしないが、各人が思うがままに判断を下すことを望む。つまり国民と国民が、さらには個人と個人が各様に判断を下すことである。したがってルソーの擁護の駆け引きがここで変化する。彼にとって、モンテーニュが行なったように、文化がついには自然へと変わると宣言するだけでは十分ではないのである。ルソーにとっては、ある種の価値には、人間の自然(本性)と彼が信じているものと一致し続けるという補足的な長所が備わっている。「自然とは習慣でしかない、とわれわれに言う人がいる。これは何を意味しているのだろうか。力ずくでしか身につくことがないにもかかわらず、決して自然を押し殺すことのない習慣があるのではないか」(I、二四七)。ルソーが示す類例は、無理強いして枝を水平に伸びるようにしむける植物の例である。このような枝の伸ばし方がもう一方の場合と同じくらい自然であるのは、この事実が明白であるからというわけではない! 自然とは単に第一の習慣というものではない。ルソーは、道徳の大原則はどこにおいても同一であって、慣用によって影響されることはほとんどないと言うまでになる。

『エミール』やそれと同じ頃の著作で、ルソーが道徳的生活について作り上げる概念は、キリスト教の伝統を出発点としているので、「古代人たち」の異教的伝統ではない。彼は、各個人を引き離して快適な生活の理想に導いてゆくような処世術を確立しようとしているのではなく、好意的関係《ビヤンヴエイヤンス》、つまり社会性を前提とする関係といった観点に身を置いている。ある意味では、宗教がここでは道徳と連携している。「人間が社会のために作られているとすれば、最も真実の宗教もまた最も社会的、かつ最も人間的なのです」(『ボーモンへの手紙』、九六九)。道徳、自由、社会性は常に連携している。ルソーは、キリスト教徒による以外の道徳観念が可能であるなどと想像することさえ望んでいない。「いかなる国、いかなる宗派においても、何よりも神を、そして自分の隣人を自分自身と同じように愛することが、法の概要なのである」(『エミール』、IV、六三二)。

キリスト教について語るとき、ルソーは見事に選択した解釈を行なっている。彼がキリスト教から取り出すものは、まさしくその好意という観点、つまり基盤としての社会性という観点と、キリスト教の普遍的救済論《ユニヴエルサリスム》である。この普遍的救済論はルソーにとっては、キリスト教徒による特殊な貢献のように見える(しかしこれは歴史的に言えば正しくない。というのもストア派の人たちがすでに〈人間という種の社会〉を擁護しているからである)。「すべての人間にとっての自然の権利と、共有すべき同胞愛という健全な観念は広まるのがかなり遅かった。そしてこの世の中でごくゆっくりと進歩したので、その観念を十分に普遍化したものとしてはキリスト教しかないのである」(『社会契約論』、初版、I、二、二八七)。ルソーは、この普遍性がただ人間と神の関係だけにかかわるのであって、地上の王国にはかかわりがない(キリスト教は奴隷制に反対しない）という事実を指摘しない。そして同時に、キリスト教はルソーが〈人間の宗教〉と呼ぶものにほとんど還元されてしまっている。「この聖なる、至高の、真の宗教を通じて、同一の神の子どもたち、人間は、みな互いに兄弟として認め合うのである」（『社会契約論』、IV、八、四六五）。

ルソーにとっては、美徳と道徳は社会の中にしか存在しないのだが、そればかりではなく、この美徳と道徳は他者の生活を考慮するということ以外の何ものでもない。美徳と道徳はその同じ態度を人間の種全体に拡大する可能性によって定義される。正義はその普遍性と堅く結ばれている。「われわれの気づかう対象が直接われわれ自身にかかわってくるということが少なければ少ないほど、個人的な利益の幻想は恐れるべきものではなくなってくる。その利益を一般化すればするほど、それはますます公平になってくる。そして人間という種に対する愛は、われわれの中の正義に対する愛以外の何ものでもない」（『エミール』、IV、五四七）。無私無欲は人間にとって英知の源なのである。「彼の気づかいが他者の幸福に捧げられるようになればなるほど、その気づかいは見識のある、賢いものになるだろう、そして彼は、何が善であり悪であるのかについて間違いを犯すことが少なくなるだろう」（五四七—五四八）。そんなわけでサヴォワの助任司祭は、善人と悪人を、愛他主義者と利己主義者と同一であると見なす。「善人はすべてとの関連で自分自身を秩序立てるが（……）悪人は自分自身に合わせてすべてを秩序立てる。悪人は自分をあらゆるものの中心とするが、善人は自分の領域の半径を測定し、その円周でとどまる」（六〇二）。

だからルソーは、個々の国家がそれぞれその市民たちに差し向けるべき要求について何も知らないというわけではないのに、そうした要求を越えたところに道徳の普遍的な原理を据えるのである（問題となるのは論理的な次元であって、年代学的な次元ではない）。「まず第一にこの信仰とこの道徳を見つけましょう。それはすべての人間のものとなるのですから。次いで、国家的な表現が必要になるなら、われわれはその基盤、関係、しきたりを検討しましょう。そして人間とは何であるかを述べた後で、引き続き市民とは何であるか述べることにしましょう」(『ボーモンへの手紙』、九六九)。この普遍的な博愛精神、あるいは正義、あるいは道徳は、近しい存在に対する愛とは混同されない。

同時に、ルソーの普遍的救済論は一般的なものであって、抽象的なものではない、ということをはっきりさせておかなければならない。すべての人間は同じ種としての性質を帯びている。しかしだからといって個々の人間を人間性という抽象観念で置き換えることはない。これは、そうすることで〈哲学者たち〉が非難されるようになる悪癖であって、その悪癖が結局は各個人を一つの概念に至る手段に変えてしまうのである。ルソーは「誰をも愛さない権利をもつためにすべての人を愛していると豪語する(……)あの国際人と称する者たち」を激しく非難している(『社会契約論』、初版、I、二、二八七)。「人間」を擁護しようとして、その「人間」のためにいつでも人間たちを犠牲にすることのできる者たちに用心しよう。〈人間性〉の理想が受け入れられるのは、その〈人間性〉が一人一人からなるすべての人間によって作られている、ということを忘れないときに限られるのだ。

ルソーはキリスト教を二つの表現、人間の普遍性と隣人への愛に単純化して、それを「キリスト教の本質的真理」と呼んでいる。それを出発点にして、彼は、この理論が「すべてのよき道徳の基盤として」(『ボーモンへの手紙』、九六〇)、すなわち彼自身の道徳の基盤として役立つと主張することができるのである。しかし、彼が用語を選択して次のように論じるとき、おそらく彼はもっと正当であると言えるのだ。「あらゆる国民に共通する」(九七五)、一つの「本質的な宗教」(九七七)が、「すべての人間にとって一般的な共通の原理」(九七一)を基盤として打ち立てられるのだが、そのために用いられた唯一の基準は、その宗教がまさしく万人に向けられるということ、すべての国境を乗り越えるということである。というのも「不実なのもまた人間である」からである。だからこれは「いわば人間的、社会的な『宗教』とも言える、普遍的な宗教」なのである（九七六）。しかしそのような宗教は人間主義の道徳以外の何ものでもあるまい。

キリスト教の道徳に対する批判

ルソーとキリスト教の道徳との関係は、彼がその核心であると判断するものを引き出すだけで終わってしまうのだろうか。そうではない。というのも、彼は同時にいくつかの批判も述べているからであり、それらの批判は彼自身の立場をより鮮明なものにしてくれる。

まず第一にルソーは自律性に関しては「近代人」と同じ選択をする。他の人間たちから来たものであれ、神から来たものであれ、最初に個人によって受け入れられることのなかった、外部から来た規範に対して盲目的に従うことに反対する。これが「天啓に対する疑念」（九九八）をいくつか感じる、と彼が認める理由である。あるいはまた、単純な信者たちと違って、「天啓の中に信者たちが見出す確証を体験する幸福」（九六四）をもっていないと認める理由である。彼は善と悪の基準を、神の言葉の中にではなく、自分自身の心の中に求めようとする。同じ理由で、彼はカトリックの上下階級よりも、福音書に見出す原理のほうに従うことを選ぶ（この点には彼が受けたプロテスタント教育の痕跡を見ることができる）。

ルソーが要求するこの良心の自由は、それと同時に、特に『社会契約論』において呼びかけられる〈市民の宗教〉、つまり国家によって引き受けられる規範の総体への要請によって損なわれはしないか、と自問することができる。しかしこの市民の宗教の内容を調べてみれば、矛盾は消え去る。ルソーが想定しているのは、国家がその良心の自由の（したがって善の概念の複数性の）保証人となることであり、ゆえに国家がそれに反するすべての人々を罰することである。唯一の不寛容は不寛容な人々に対して発揮される。「社会の基盤を攻撃する宗教が存在することもあるのです。だから国家の平和を保証するためには、まずそうした宗教を根絶しなければならないのです」（『ヴォルテールへの手紙』、一〇七三）。人間に対する憎しみを教える理論は、憎まれて然るべきである。『ボーモンへの手紙』は、〈本質的な宗教〉の最小限の教義に触れた後に、こう付け加える。「もしも誰かが社会に反する教義を論じるなら、その人は社会からその根本的な法律の敵として追放されるべきなのです」（九七六）。もしも誰かが社会の破壊を奨励するなら、社会はその人に対して自らを守る権利があるし、さらには義務さえある。市民の宗教に当てられている『社会契約論』の章は、その主題を再びとり上げ、承知の上で規則を犯したような者たちには追放に加えて死刑を設定しているが、それは確かに行き過ぎである。しかしこれはルソーが、ここでは個人の宿命ではなく、国家の論理を叙述しているということなのである。個人は、暴力的手段（不寛容）によって社会（寛容）を破壊しようとしない限り、いかなる罰に脅かされることもない。

別のいくつかの面で、ルソーはさらにはっきりとキリスト教の伝統から切り離される。キリストは、隣人とはもっと特徴的に言えばどういうものかと問われて、良きサマリア人のたとえ話で答える。このたとえ話には二つの特異な要素が含まれている。まず第一に、このたとえ話は苦しんでいる存在、身ぐるみ剝がれ傷ついた旅人のことを語る。ところがその後で、これは答えの中心をずらすのだ。「私の隣人とは誰のことですか」という問いに対して、イエスは「苦しんでいる人の隣人とは誰のことですか」という問いに置き換える（「ルカ伝」、X、二九―三九）。したがって関係の主軸は、もはや**私** *je* なのではなく、**君** *tu*

である。キリスト教では、個人の苦しみは選ばれたしるしとして解釈されうる。私自身、あるいは私の近親者が幸福であるとき、われわれはそれが神の意図を表わすものと確信することができない。というのはその幸福が私の利益の中にあるからである。ところが苦しみは、私が望むものではありえないから、神意が介入するしるしなのである。ルソーは**君**をこのように浮き彫りにしたことには同意するが、彼の場合には他者の苦しみが同じような役割を演じることはない。ルソーの理論に現われてくるような〈同情《ピティエ》〉は、慈悲《シャリテ》なのではなく、同じ種に共存しているという感情である。苦しむ存在はここでは特別な身分規定をもたず、各人に単に他者と同一化するのに最も便利な手段を示しているだけである。だから苦しむ存在は青少年の教育を容易にするのである。

ルソーはさらに、比較することをすべての道徳の試金石としないようにすべきだと考えている。なぜならその時に道徳は、自己満足と他者に対する甘やかしに堕することがあるからである（その他者が悪人である場合）。愛と友情は個人的な存在のためのものであり、苦しんでいる未知の〈隣人〉のためのものではない。もしもそれらを一般化したいと思うなら――ルソーにとってもこれは実際に願ってもない変換であるのだが――、その好意を、苦しんでいる人だけではなく、万人に広げるほうがよい。したがって普遍的な原理によって、キリスト教の慈悲の愛（**アガペー** *agapē*）よりも、正義に委ねるほうがよい。「そこで、同情が正義と一致する場合に限り、人はそれ［同情］に身を委ねることになる（……）。理屈からしても、われわれに対する愛からしても、われわれの隣人に対するよりもはるかに多く、われわれの種に対する同情の念をもつべきである」（『エミール』、IV、五四八）。ソクラテスの特徴とされる人間性の感情も、イエスの人間性の感情も、苦しむ人に対する憐憫の情というよりは、普遍的な正義を際立たせる。ルソーはその点では過去の別の哲学者たちの後を辿っている。その哲学者たちが好んでいたのは、人が憐憫の情よりも理性によって行動することであったが、しかし彼らは急いで付け加えてこう言った。理性的な態度をとれない場合（このような状況はどれほど頻繁に現われることだろうか）、それでも同情だけは、受け入れることのできる唯一の反応である、と。

さらにこれからルソーがキリスト教の道徳に加えようとする最も重要な方向転換を検討しなければならない。それは悪の本性についての考察の中に位置づけられる。その方向転換をよりよく把握するように、道徳概念が善と悪との起源の場所のあいだに設けている距離に従い、その道徳概念の特徴を描き出すことができるだろう。キリスト教の理論はこの問いに対して、いくつかの答えを示している。「教会」が組織されるために必要としたのは、驚くべきことではあるが、善を「教会」そのものと同一化し、悪を他者（ユダヤ人、異教徒、異端者）と同一化することであった。地上の源を越えて、善は神に由来する、悪は悪魔に由来する。このような解釈は〈外的な善悪二元論〉に属すると言うこともできるだろう。悪の源は善の源とは完全に異なっており、またそれはわれわれの外部にある。

とはいえ別の時期には、善と悪はどんな人間の中にも等しく内在するものとして認識される。しかしその善と悪は、相反する二つの審級に由来する。ここでその審級は地上と天上の同義語である肉体と精神として同一視される悪に対する善の勝利は、精神が肉体に及ぼす支配力によって保証されている。なぜなら、聖パウロが絶えず注意を促しているように、肉体のほうは悪魔のものであり、精神は「主」である神のものだからである。悪は原罪によって人間の中に導入されたのであり、善の可能性はキリストの犠牲のおかげで生じた。そこでわれわれは〈内的な善悪二元論〉（初期のマニ教徒たちはすでにこれを知っていた）と呼びうるようなものに直面する。対立は常に同じようにはっきりしているが、その二項は一人一人の人間に固有のものである。そのためにキリスト教徒たちは、原則としてはその〈内的な善悪二元論〉に属する相互主観的な枠組みから道徳を切り離すことができる。つまり、修道院生活を送ること、苦行で肉体を苦しめること、快楽を自らに禁じることは、それにかかわるのが孤独な一人の主体だけであっても美徳行為となる。禁欲主義はいかなるものであれ福音書に示されているようなイエスの教えとは無縁である。しかしそれはずっと後で、キリスト教に導入されることになる。純粋さを求める欲求が愛を求める欲求を促し、さらにはそれに取って代わるのである。この第二の形態の下では、キリスト教はいくつかの理論と似通っているが、プラトン哲学のように、それよりも先行しているものと、時にはカント哲学のように、その後に来るものもある。

ところでルソーは、個人としては肉体を前にして突然の恐怖を感じるのだが、にもかかわらず観念の中では（いくつかの曖昧な表現は別として）彼はすべての形態の善悪二元論を拒否する。悪は肉体に由来するのではないし、もちろん精神に由来するのでもない。美徳も悪徳もまさに同じ源から生じてくるのであって、その源とは人間の社会化《ソシアリザション》（つまり、すでに見たような、人間化《ユマニザション》）である。善と悪との可能性そのものは、人間が他の人間たちの存在に気づくときに出現する。まさにそれが理由でルソーは、われわれのすべての欠点に責任があるとはいえ、われわれの社会的状態に対する純然たる非難だけでは満足することができないのである。われわれの社会的状態は同様にわれわれの最大の長所の基盤をなす。「善と悪は同じ源泉から流れてくる」（『美徳についての書簡』、三二五）。『政治的断章』の一つはこの問題を直接扱う。「この［社会的な］交流から、彼らの美徳と悪徳が生まれてきた、それにある意味では彼らの道徳的存在のすべてが生まれてきたということは確実である。（……）では道徳的に言って、社会はそれ自体としては善なのだろうか、それとも悪なのだろうか。答えは、その社会から生じるよいものと悪いものとの比較に左右される。つまりその社会を構成する人々の中に、その社会が生み出した悪徳と美徳の釣り合いに左右されるということである」。一見したところでは、悪が勝っている。しかし急いで結論を下すのは差し控えなければならない。なぜなら、こうした問題では数を考慮するだけでは十分ではないからである。「悪人たちのすべての罪悪が人類を堕落させる以上に、たった一人の善人の美徳が、人類を高尚なものとする」(VI、五〇五)。

人間の同一性そのものを規定している特徴の両価性を強調するのが、ルソーの人類学的思想の基調である。個人の完成は人間という種の衰退と一緒に進行する、と彼は『人間不平等起源論』でも述べている。人間の社会性、万人が互いに相手に対して感じる欲求が、われわれの堕落の理由なのだが、それはまたわれわれの救済の希望でもあるのだ。以上が、キリスト教の教義の代わりにルソーが設定する非宗教的な物語である。

他の人間たちが自分に投げるまなざしの発見によって、したがってその結果としての自意識によって、動物から分かれ、そのようにして自然の状態から離れた後、人間は自己変革の動きの中に入っていった。つまり人間は、ルソーが言うように、完全になりうるのである。ところでこの自由こそが、善と悪の共通の源である。この二つの起源はまったく同じものである。人間の中に、神に由来する部分と悪魔に由来する部分があるというのではない。「神は人間が悪を行なうのをくい止めてはくれないと不平を言うことは、神がそれ［人間］をすぐれた本性をもつものとしたこと、神が人間の行為に、その行為を高尚なものにする道徳を注ぎ込んだこと、神が人間に美徳に至る権利を与えたことについて不平を言うことである」(『エミール』、IV、五八七)。

そこから結論すべきことは、ルソーの最も有名な公式的表現のいくつかを、文字どおりに捉えてはならないということである。人はしばしば彼の理論を要約して次のように言う。ルソーにとって、自然の人間は善良で、社会は悪である、と。ところが、こうした命題はどれも正しくないのだ。自然の状態では、確かに人間は悪を行なうことはない。しかし人間は善を行なうこともない。他の人間たちを知らないのだから、その人間はこの善悪という概念の意味までは見分けられないのだ。まさにそんなわけで彼は完全に人間になっているというわけではない。一方、社会は彼のために善と悪とに同時に通じる道を開いている。人間が最終的には自分の中の悪から解放されるとは考えられない。そうであれば、人間はまさしくその人間性までも奪われることになるだろう。だから、すべての人間を善良に、幸福にしようとして、一世代後の（あるいはさらにそれ以降の）革命家たちのようなやり方で社会の改革をめざすとき、正当なものとしてルソーを引き合いに出すことはできないのだ。どんな社会も、いかに完璧であろうと、共同生活を組み立てている道徳的な両価性を除くことはできないだろう。ある社会の人間たちが悪人であるとしても、それはその社会の落ち度ではない。その人間たちが社会的で、自由で、道徳的な存在であるがゆえに、つまり換言すれば彼らは人間的であるがゆえに、彼らは悪人なのである。

人間主義者の道徳は、ここでは人間主義的人類学を基盤とする。この視点から見ると、ルソーはモンテーニュにかなり近いということが分かっても驚くにはあたらないだろう。モンテーニュは、人間が「殺人の快楽」を感じることを確かに知っている（II、一一、四三二）。それは人間を完全なる悪人にするのではなくて、人間を二重の存在、あるいは両義的存在にするのである。またこの悪の快楽は善の快楽と切り離せない。「憐憫の情に駆られているあいだ、われわれはその中に他人が苦しんでいるのを見る意地悪な快感の、何だかよく分からない、甘いような苦いようなものを感じる」（III、一、七九一）。この快感の源は独立したものではなく、この快感は他者に対する愛の真ん中で湧き出すのだ。あるいは、逆説的な表現によれば、「自然それ自体が人間に対して、非人間性を含んだ何らかの本能を与えたのではないか、と私は恐れている」(II、一一、四三三)。人間の自然〔本性〕とはいまさらながら驚くべきものである。それは自らの中に非人間性を含んでいるのだ。悪へのこの傾向はいったいどこから来るのだろうか。人は他者なくして生きることができないという事実そのものから来るのである。モンテーニュの本の最も短いエセーの一つは、題名からして一つの解釈を示している。「一方の利益はもう一方の損失である」(I、二二)。そしてそれはこの錯綜した状況を想起させる。一人一人が利益を求める、ところがわれわれは数が多い。だから他者に損害を与えることなく満足することは不可能である。「一人一人に自分の心の底をさぐってもらいたい、そうすれば、われわれの内心の願いの多くが他人を犠牲にして生まれ、かつはぐくまれることに気づくだろう」(一〇七)。

人間は、善と悪とをただ社会的な状態の中で、また社会によってのみ発見する。しかしその発見が人間をある方向へ、あるいは別の方向へ向かうように規定することはない。その発見はただ善人**になる**か、悪人**になる**かという可能性を提示するにすぎない。道徳的視点から見ても、やはり人間はその改善可能性、すなわちその不確定性と、自分を変えてゆく能力によって際立っている。もう一度言うなら、ルソーの人間主義には〈素朴な〉ものは何もない。人間をあるがままの姿以上によいものだと想像させることがまったくなく、人間を善も悪も可能な、潜在能力として見るようにしむけるのである。その選択の自由が、ジャンセニストたちとルソーを区別するのであって、キリスト教のすべての伝統と彼を区別するのではない。胸の内でルソーがこの論争を知らないわけがないのである。「神は、自ら造り出したものに対して何の義務も負わない、と人は言う。私が思うに、神は、彼らに生を授けるときに彼らに約束したすべてのことで義務を負う。ところで、善という観念を彼らに与え、善の必要性を彼らに感じさせているということは、彼らに善を約束しているということだ」(『エミール』、IV、五八九)。神はわれわれに何の義務も負わない。

ジャンセニストのこの表現が意味するのは、高潔であろうとするわれわれの努力のお返しとして、神からのこの世における報酬をわれわれは期待すべきではないということである。人間には自らを救済したり、破滅させたりする自由はない。救済は神の恩寵によってのみやって来る。それに反してルソーは、善と悪とを区別する可能性そのものが、われわれの中に神が現存する証拠であると考えている。しかしまた、それ以外にはないだろうとも考えている。したがって善に近づくように行動するのは、人間たちの責任である。神の報酬とは、その行為を通じて感じ取る満足感以外の何ものでもないだろう。

ルソーは、あいかわらず同じペラギウス的精神で追求する。「彼ら［伝統主義的キリスト教徒たち］は、しかじかの事柄を告白しなければならない、しかも天国に行くためにはそうするだけで十分である、ということを確信した人々として生きています。ところが私は、逆にこう考えるのです、宗教の本質は実践にあって、寛大な、人間的な、慈悲深い善人でなければならないし、しかも本当にそのような人なら誰でも、十分にそう信じて救われるのだ、と」（『ボーモンへの手紙』、九六二）。ルソーにとってもペラギウスにとっても、原罪という仮説はもはや受け入れることはできない（「教会」がこの点に関して彼らを異端と見なすのも当然である）。しかしながらペラギウスとは異なり、ルソーは人間が完全無欠なものになりうるとは考えない。社会的状態が、人間に悪徳と美徳とを同時に備えつけ、しかもそれは取り返しがつかない。人間は、最初は、完全な悪人というわけではない、しかしだからといって彼が善人であるわけでもない。ルソーにとって必然的に社会的となる人間の生活は、キリスト教理論にとっての原罪と同じ役割を果たす。救済のためには行為だけで十分であり、恩寵はまったく必要ない。しかしその救済は結局部分的なものでしかないだろう。人間は自分の運命の一部を手中にしているのだから、彼が成し遂げる善と悪の責任は彼自身にある――もしも彼が完全に悪人であるならば、そんなことは不可能であろう。

ルソーの道徳的観念は、(社会性が強調されることによって)個人主義の処世術と、(特に自律性を選択することによって)キリスト教の道徳と、同じようにはっきりと区別されるが、根本的にはこれらと対立するものではない。この両方からさまざまな要素を借りて、それらを斬新なやり方で組み立てる。すでに見たように〔本書二七九ページ〕、ルソーは人間の生き方を、個人的であると同時に社会的な、二重のものとして考察した(そこからはまた、消極的かつ積極的な、二重の教育が生じる)。その区別を道徳の次元にも延ばすことができる。個人主義者のように、ルソーは自己との整合性という美的要求に敏感であるが、それが及ぶ範囲を限定している。同胞たちとのコミュニケーションに関しては、この原理だけでは不十分である。他者の善は、私が自分自身と一致し続けるということによっては発展しない。できる限り強烈にその体験を要求することは、その人の内的な首尾一貫性や、その生き方の調和に満ちた形態を要求することと同様に、不当なことではない。そうした要求によって、ある個人に対して抱く称賛の大部分を理解することさえ可能になる。しかしながらそうした要求に対して、どんな制限をも認めようとせず、そうした要求を存在全体にまで広げようとすると、そのときからそうした要求は擁護できるものではなくなる。

このように限定する理由は、それらの価値が人間の社会性を考慮していないということによるのである。人間存在が地上にたった一人で生きているのなら、問題はないだろう。内的な首尾一貫性の内在的基準は、まさにその結果、普遍的基準となるだろう。ただしその場合に、孤立した人間存在は実在せず、われわれの行為の一つ一つが、単に内的な快楽を得るという目的のためだけに行なわれても、近親者にさまざまな影響をもたらすことになる。私の快楽の追求が、彼ら一人一人に、また共同体にもたらす影響を考慮に入れなければならない。善は他者との関係の中にしか存在しない。そして、個人的なものと社会的なものを分ける分割線を引くことができる。ボードレールを例にあげて言うならば、午前一時に、部屋の中で詩を書く行為は、その仕切りの一方の側に属し、ガラス売りの無色のガラスを割って、人生を美しくすることに貢献しないと彼を罰する行為は、もう一方の側に属する。内在的な基準は無視されてはならないものだが、しかしその基準を全面的に行き渡らせることはできない。なぜならその基準は、人間の必然的な共存に背を向けるからである。

ルソーは、普遍的なものと特別なものとの二律背反を、彼の道徳理論の正真正銘の要《かなめ》、良心という概念によって乗り越えようとする。良心は人間の特徴であり、これは善と悪とを区別する能力である。したがって良心は、それがなくては道徳が意味をなさない、人間の自由の片割れ《コントルパルティ》である。「善と悪とを過つことなく裁くもの、人間を神に似た存在にしてくれるもの(……)、お前がいなければ、私は自分の中に、獣たち以上に私を高めてくれるものを何も感じないのだ」(『エミール』、IV、六〇〇—六〇一)。ルソーはまた次のようにも言う。これは、人間の中にある神の一部であり、「正義がこの世の利益とは別の基盤をもっている」という証拠である(『対話』、III、九七二)。すべての人間が良心をもっている。しかし一人一人がそれを個人的に所有しているのだ。良心は個々の人間の精神の中にのみ存在するのであり、国家、民族、階級のような抽象的な実体の中には決して存在しない。「そうした集合体の中には、正義に対する無私無欲の愛などまったく存在しない。自然はそのような愛を個人の心の中にしか刻み込まなかった」(九六五)。善悪の尺度を各個人の内面に置くことによって、ルソーはプロテスタントの伝統に忠実であり続ける。ルソーが個人主義の自由意志に傾倒していると想像してはならない。良心の規範は万人に共通なものであり、それは人間という種の定義そのものに属する。それは人間の中の神の部分である。ところが神は一人なのである。ルソーはその規範をやがて分けてこう書く。自律性、目的性、普遍性と。

良心、すなわち道徳的な判断能力は、感情からも、理性からも同じように区別されるべきである。感情は、個人によっても状況によっても変化する。ところが良心は、すべての人間の中で同一であり、われわれが同じ種に共通に属しているということのしるしである。というのも、良心は社会的事象の内面化から生じるからである。人間は、人間であるがゆえに、良心を備えている。これは、人間性を失った人間など存在しない、という意味ではない。人間性を失った人間とは、善と悪とを語るその声を自分の中で消えてゆくままにした人のことだ。一方、理性も同様に万人に共通の能力である。しかし理性には中身がまったく含まれないので、それはわれわれをどんな目的のほうへでも導いてゆくことができる。道徳が伝統に従うように追い込まれることはないだろうが、だからといってルソーは理性を基盤にして道徳を作り上げるようなことはしない。「私はこうした規則を高尚な哲学の原理から引き出すのではない、そうではなくて、私の心の奥底に消すことのできない文字で自然〔本性〕によって書かれているのを、私は見出すのである。自分がしたいと思っていることは、自分自身に聞きさえすればよい。私がよいと感じることはすべてよいのであり、悪いと感じることはすべて悪いのである。すべての決疑論者《カジュイスト》の中で最良のものは、良心である。そして人が巧妙な理屈に訴えるのは、良心をごまかすときに限られるのだ。（……）あまりにもしばしば理性はわれわれを欺く。われわれはもう十分すぎるほどに理性を拒否する権利を獲得した。しかし良心は決して欺くことはない。良心は人間の真の案内人なのである」（『エミール』、IV、五九四―五九五）。

これは、良心が理性にいかなる援助も見出さない、ということを意味するのではない。人間は、良心か理性かどちらかを選ばなければならないというよりも、この両者の相互補完性を利用することができる。良心がなければ、理性は口をきくことができない。「良心とは無関係に、単に理性によるだけでは、人はいかなる自然の法則も打ち立てることができない」（五二三）。しかし一方、理性がなければ、良心は盲目で、間違いを犯すかもしれない。「理性だけがわれわれに善悪を知ることを教えてくれる。良心は、理性とは無関係であるとはいえ、われわれに善を愛し、悪を憎むようにさせるもので、ゆえに理性なくして良心が発揮されることはありえない」（I、二八八）。「善を知るということは、善を愛することではない。人間は善に関しては先天的な識別能力をもっていない。しかし理性によって人間が善を見分けられるようになるとすぐに、良心は人間に善を愛するようしむける」（IV、六〇〇、『新エロイーズ』、VI、七、六八三も参照）。したがって良心と理性の二つが結合した活動が求められなければならない。道徳の観念とは、「理性によって啓蒙される、魂の真の愛情」であり、「われわれの原始的な愛情のきちんとした進歩」なのである（『エミール』、IV、五二三）。ルソーにおいてはしばしば起こることであるが、こうした統合的な態度は、彼の進歩の遅い時期にだけ現われるのではなく、生涯を通じて、他のいくつかのより偏った視点と競合しているのが見られる。一七五一年に彼はすでに次のように書いている。「最も純粋な魂も、精神と理性がその魂を導いていかなければ、善への途上でさえ迷うこともある」（『英雄の美徳について』、一二六九）。

良心と理性の相互補完性についてはさらに別のやり方で示すこともできるだろう。カトリックの伝統においては、個人は自分自身の良心に問いかけることはない。個人にとって正しい道を知るためには、神の「戒律」か、その地上での代弁者、「教会」に相談するだけで事足りる。共通の価値は、これまた共通の機関によって示される。この構造はカトリシズムの外部でも見られる。例えばホッブズは、国家とその主権者が万人のために正義と不正を定めることを望む。そして個人は、疑問を抱くのではなく、服従しなければならない。逆にプロテスタントの伝統では、「教会」の仲介はもはや存在せず、各人は神の声を聞くために自分の心の底を探らなければならない。それによって彼は制度と戒律に異議を申し立てる権利が与えられる。個人に委ねられたこの自発性こそは、まさしくホッブズの度肝を抜くものなのである。この自発性は、宗教戦争にまっすぐ行き着く恐れはないのだろうか。

ルソーはだいたいのところはカルヴァン主義の選択に従っている。しかし彼はまず第一に、個人の単なる性癖と良心の声を区別することに気を配っており、その良心の声は神によって吹き込まれるのだから、すべての人にあって同じであるとルソーは考える。彼にとってはそうすることでその内容を明確にすることができる。とはいえ、個人の二つの良心が食い違うということ、カトリック教徒とプロテスタント、キリスト教徒とイスラム教徒、信仰者と無信仰者では、心の奥の信条が一致しないということは納得しにくいことなのではないだろうか。ルソーはこのような形の問題を検討してはいないのだが、理性が介入しうるのは、まさしくこの点であるように思われる。良心が普遍的霊感を帯びているとしても、その良心は個人がそれに与える表現を通じてしかわれわれに知らされない。ところが理性のほうは、万人に知られた共通の規則をもっている。したがって理性は、良心と良心のあいだに軋轢がある場合、仲介者として役に立つこともできる。この意味で、〈魂の愛情〉は〈理性によって啓蒙される〉。理性は、普遍性がすべての人間によって認められるような枠組みを提供するのである。

義務と歓喜

良心の要求にかなうようにするには、どのように振る舞えばよいだろうか。人間の自然〔本性〕は悪ではなく、中性である、というよりもむしろ不確定なものであるという前提を立てた後で、ルソーは善の二つの形態を考えることができる。人間は、自分の内なるよい性癖に従うか、あるいは悪い性癖を克服するかして、善に辿りつく。第一の道は善意の道である。それは（一部分の）自然に従うことである。第二の道は義務と美徳の道である。この場合には人は意志の命令に従い、自分の自然の別の一部分を克服する。したがって一方は善なる人間で、彼は「正義を行なうことで、自らの性癖に身を委ねるのです、ちょうど悪人が不正行為を行なうことで、その性癖に身を委ねるのと同じです。よい行ないがしたいというわれわれの気持ちを満足させるのは、善意であって、美徳ではないのです」(『フランキエールへの手紙』、一一四二―一一四三)。またもう一方は、徳のある人間である。「美徳は、単に正しいということだけで成り立つものではなく、自分の情念を克服し、自分自身の心を支配しながら、同時に正しいということで成り立つものなのです」(一一四三)。

ルソーはこの二者択一の二つの項目に関して、常に同じ判断を下すとは限らない。綱領的なテクストにおいては、彼は善意を犠牲にして美徳に特権を与えていると言うことができるだろう。善意は不確実なものである。それは他のところからわれわれのもとに来るからである。一方、美徳は信頼に値する。それはわれわれ自身の意志の産物だからである。「単に善良であるだけの人は、善良であることに喜びを感じているときに限り、善良であり続けるのだが、その善意は、人間の情念の衝撃で砕け散り、滅び去る。善良であるだけの人は、自分自身に対してだけ善良なのである」(『エミール』、V、八一八)。逆に、徳のある人間は事情をよく知って行動する。なぜなら彼の意志が善良だからである。彼は自分の行為に価値を置いている。ルソーの道徳のこの側面は、やがてカントによって体系化される。

しかしながら別の機会には、とりわけもっと私的なテクストの中では、ルソーは、意志の美徳よりも自然〔本性〕の善良さのほうにより大きな共感を示す。あるいは少なくとも、美徳は常に善良さを補わなければならないという遺憾の念を示す。義務よりも性癖によって善を行ないたいと思っているような、彼自身とそっくりの存在を想像して、彼は次のように解説する。「自然が彼をそういうふうに作り上げたのだから、彼は善良であろう。彼にとってそうすることが心地よいのだから、彼は善を行なうのだろう。しかし、もしも自分の最も大事な欲望を抑え、自分の心を引き裂いて、自分の義務を果たさなければならないとしたら、彼はやはり同じようにするだろうか。私は疑わしいと思う。自然の法則、自然の声はとにかくそこまでは届かない。その場合には命令をして、自然に沈黙させるもう一つ別の声が必要である」(『対話』、II、八二三)。善なるものが私の喜びに反するときには、義務が自然に代わるようにしなければならない。しかしながら最良の解決策は、そのような軋轢の中に追い込まれないようにすることである。ルソーはここでは押しつけられた美徳よりも、われわれの善良な本能のほうを信頼している。「自然の本能《アンスタン》が(……)美徳の法則よりも確かなものであることは間違いない」と彼は書いている(八六四)。われわれの中の自然の善良さに語らせるだけで十分である。その結果は同じものになるだろうし、しかもそれは美徳によって得たような結果よりも優れているだろう。

『孤独な散歩者の夢想』の中では、ルソーはこの方向にどんどん遠くまで踏み込んでいくので、人間主義の枠組みからはみ出してしまう。彼の性癖が善良であるかどうかもはやはっきりしないにもかかわらず、彼は自分の性癖に従うことを決心する。今度は彼はいつでも善良さの主張を放棄できる状態にある。そして自分の欲求の単なる充足によって自分にもたらされる幸福だけで満足する。「今私が置かれている状況では、私はもはや、気兼ねすることなく完全に自分の性癖に従うこと以外に行動の規範をもってはいない。(……)英知そのものがこう主張するのだ、自分の手の届くところに残っているものに関して(……)気まぐれ以外には何の規則ももたずに、自分にとって楽しくなることを何でもするように、と」(VII、一〇六〇)。しかし、自分にとって楽しくなること、自分の性癖を満足させてくれることが、自分だけではなく、他の人たちにとってもよいことだと、どうして確信できるだろうか。純粋に個人的な基準を採用することで、体験の質を保証することができるのに、彼は自分の美徳についてはわれわれに何も言わない。この場合、ルソーは「善悪を越えたところに」身を置いている。

それでも彼はこの態度の中に「偉大なる英知と、偉大なる美徳さえも」見ようと思っている（二〇六一）。しかしこの主張を支えるものは何も出てこない。この個人は気兼ねすることなく自分の性癖に身を委ねることで、幸福になることができる。語の意味をあらかじめ変えていなかったとしたら、彼は英知に関して、美徳に関して、こうした別の形容語を自分のために要求することなどできないだろう。実際に、ルソーはここで処世術の探求に没頭するために、道徳の探求を放棄した。だから彼は、この二つが必ずしも両立するとは限らないことを確かに知っているのだ。例えば、『エミール』のあるページに、彼は苦々しい気持ちでこう書く。「幸福な人間の姿は、他の人たちに愛よりもむしろ妬みを吹き込む」（IV、五〇三）。憐憫の情は人間にとって自然なものであるが、妬みや邪《よこしま》な快楽も、モンテーニュのように言うなら、それに劣らず自然なのである。われわれの周りのすべての人間が、幸福であるよりもむしろ不幸であることを知らないほうがよい、などと確信することはできない。しかし、もしもそうだとしたら、われわれはそれでもなお自分の心や自分の選択を信用することができるだろうか。自然の性癖のほうが、世間の思惑からわれわれに伝わる性癖よりも好ましいと、前もって宣言するだけで済むだろうか。われわれは確実に、いつでもその両者を見分けることができるのだろうか。そのような立場は、もはや個人主義者の立場と少しも異なっていないだろう。

ルソーはここで、ヨーロッパの道徳の思想史を構成している大いなる二分法に直面する。すなわち幸福と美徳という二分法である。われわれはこの二分法にすでに一度出会っている〔本書二五三ページ〕、そしてそれはわれわれが個人主義の処世術を定義するのに役立った。そこではわれわれは主として社会性とのかかわりをとり上げた。ここではこの二分法そのものに取り組むことにしよう。自然〔本性〕との調和を目指す古代の道徳は、幸福へと行き着くものである。キリスト教の道徳にとって、自然は罪の刻印を押されており、そこでこの道徳は善を熱望する。あるいは、もしかするとこう言うべきなのかもしれない。幸福と善というこの二つの言葉の一方は、そのつど他方を自分に従わせ、極端な場合にはそれはどちらでもよいとする、と。しかしその格付けは同じではない。今ここでは美徳が勝っており、かつては幸福が勝っていた。それぞれ二つの伝統の中にもまた対立を見ることができる。例えばストア派の人たち〔禁欲主義者〕の主張は、極端に単純化され、そのためにキリスト教に近づくが、こうなるだろう。美徳は幸福である、だから徳のある人になりなさい、そうすればあなたは幸福になれるだろう、と。逆にエピクロス派の人たち〔快楽主義者〕の主張、すなわち彼らの近代の弟子たち、個人主義者や、功利主義者の主張はこうなる。幸福は美徳である、幸福を熱望する美徳以外の美徳など存在しない（この視点からすれば、モンテーニュはエピクロス派である）、と。

ルソーはこの二つの道をよく知っている、だから彼はどちらの道も利用できるのである。彼は第二の道〔美徳の道〕を次のように表現する。「正しい人間になりなさい、そうすれば君は幸せになれるだろう」（『エミール』、IV、五八九）。「よいことをする」のもまた「生活を楽しむ」一つの方法である（V、七七一）。しかしこの結びつきには明白なものは何もない。ルソーは、幸福になるためには善良であるだけでも、徳があるだけでも十分ではないということを知っている。ただし、そうでなければ、幸福になれないことも確かなのである。「美徳は幸福をもたらしません、しかし美徳だけが、美徳を手にして幸福を味わうことを教えてくれるのです」、と彼はオッフルヴィルに宛てて書いている（一七六一年十月四日、IX、一四七）。第一の道〔幸福の道〕のほうが『孤独な散歩者の夢想』の道により近い。私は人生を楽しんでいる、したがってこれはよいことなのだ。

しかしながら、この二分法がすべてか、無かという選択のように示されると、何か不満が残る。人間主義者は、この二つの言葉が別々にとり上げられると満足できない。個人の幸福を最終目的とすることは、結局人間の共同生活を無視することになるからである。しかし、義務や美徳に従うよう要求することは、個人の自律性をほとんど尊重していないということを意味する。この二つの言葉の一方を除いて済ますということもやはりできない。美徳、義務、意志を放棄することは危険なことである。われわれの性癖はすべてが善であるとは限らない。これらに対して、われわれの利益だけでなく他の人たちの利益をも考慮に入れるような点検が行なわれなければならない。しかしその反面、幸福を放棄すること、したがって善良さを大事にするのをやめること、自分の情念を常に抑え込むということも、やはり満足できることではない。そうでなければ、ただ悪人だけが徳ある人になってしまう、という逆説的な結論に至るだろう。つまり、善良な存在には克服すべきものが何もなくなるのだ！

人間主義の立場はここでは、自然なものと人工的なものの関係と同様に（またそれと同じ理由で）、この二つの言葉の一方を選ぶのではなく、選択そのものを越えることである。それはどうしたら可能だろうか。カントの一つの表現は、釣り合いをめざすこの探求を見事に示しているが、それはルソーが常に意識していたわけではないにしても、同様に熱望していたものであった。「エピクロスは美徳に一つの動機を与えようとした、そして美徳からその内在的価値を奪った。ゼノンは美徳に一つの内在的価値を与えようとした、そして美徳から動機を奪った。ただ一人、キリストだけが美徳に内在的価値と動機を与えている。［……］エピクロスは幸福を求めることを教えた、しかしとりわけそれに値するということはなかった。ゼノンは尊厳を求めることを教えた、しかし幸福を視野には入れなかった。キリストは幸福を求めることを教えた、そして実際にそれに値した」(『政治的断章』、XIX、六八三八および六八九四)。

愛の中で、美徳と幸福、義務と善意のあいだの緊張は解除される。「自己愛は、その自己愛の分割でしかない友愛と同様に、それを起こす感情以外には規範をもちません。人はあらゆることを自分のために行なうように、友人のために行なうのですが、それは義務によるのではなく、歓喜によってなのです」、とルソーは書いている(ソフィー・ドゥードト宛て、一七五七年十二月十七日、IV、三九四)。歓喜《デリース》は愛における幸福なのであるが、これが今度は善に通じるのである。ルソーが愛について与える解釈からすると、またそうしてかいま見られる自然と自由の統合からすると、彼は善と幸福との結合をも構想に入れている可能性がある。愛は人を幸福にする、それは善を生み出すからである。快楽《ジュイサンス》はそれ自体としては善ではないが、善が快楽となることはある。例えば愛の場合がそうなる。この場合、人間はもはや一人きりではない。と同時に、彼は自分の性癖に反しない。自分を受け入れ、世界を受け入れるためには、自分自身を愛さなければならない。これが『孤独な散歩者の夢想』が踏み込んでいく道であり、結局はモンテーニュが入り込んだ道だった。『エミール』が教えてくれるように、利己主義よりも愛他主義を好み、美徳を求めるようにしなければならない。しかしまた、われわれは他者を愛する**必要**があり、他者の幸福がわれわれの幸福を作り出す、ということを知らなければならない。

人間主義の愛の観念と道徳の観念は、ここでは**君** *tu* を**私** *je* の行為の最終目的とすることによって合流する。しかし、道徳が束縛であるのに対して、愛は喜び《ジョワ》である。モンテーニュはすでに義務としての道徳を、愛の支配によって乗り越えられると指摘していた。「そのような友人たちとの結びつきは本当に完璧なので、その結びつきが彼らにそうした義務という感覚を失わせるのである」(I、二八、一九〇)。この二つの力を区別するものは、それぞれの目的なのではなく、作用する領域である。人は何人かの個人だけしか愛せないが、すべての人間に対して道徳的になりうる。私生活と公的生活にはそれぞれ原則がある。両者を混同するのではなく、連携させ、葛藤的なものではなく、相互補完的なものにしなければならない。この二つの力を区別するものは、それぞれの意味なのではなく、存在様式である。道徳は意志に属するが、愛はそうではない。それゆえに、愛を意志によって補完しなければならないのである。しかしまたそれゆえに、〈思い上がり〉はいかなるものであれ人間に禁じられるのである。人間は決して自分の運命の完全な支配者になることはできないだろう。自分の愛を制御することは決してできないからである。もしも人間の行動が完全に意志に属するならば、前もって決めた計画に合わせて、新しい人間を生み出すためには、意志を独占するだけで十分だろう。しかしルソーは人間主義者であって、科学万能主義者ではない。彼は、人間が自分自身の手の中でも（すべてが意志である）、神の手の中でも（意志は何の力もない）、無限に細工を施すことのできる固まりであるとは思わない。人間は二重である、あるいは両方の混じり合った存在である。だから人間には道徳**ならびに**愛が必要なのである。

善意は自然的なものでも人為的なものでもない。善意はすでにわれわれの中にあるものを培うことである。自分が社会的であることを発見して、人間は愛着という感情の必要性を実感する。したがって愛と友情が人間を構成する。まさにそんなわけで、真摯な心の要求と美徳の要求が、両方ともルソーの思想の中に存在していながら、これらのあいだに矛盾はない。真摯な人間は、何よりも自分自身に忠実であろうとするのだが、だからといって一人きりではないし、単なる利己主義者でもない。真に自分自身であるためには、他者を通過しなければならない。愛着がなければ、人間はもはや本当の人間ではないのだ。真摯な心で生きることをやめるような者は、ルソーのいう優しい、徳のある人間ではない。それはサドのような孤独な利己主義者である。愛することによって、人は自分という存在を犠牲にはしない。自分という存在を成就させるのである。

しかしながら、一人の個人を愛することによって、私は他の人たちよりもその個人のほうが好きになるし、その人もまた私を愛してくれるようにと願う。「愛や友情とともに、不和、敵意、憎しみが生まれる」（『エミール』、IV、四九四）。しかし同時に、道徳的行為そのものが生じてくるのもそこからである。「愛と憎しみの感情から、善と悪の最初の観念が生まれてくる」（五二二）。なぜ教育が特に重要であるのかが理解できる。われわれを作り上げている情念は、それ自体としては善でも悪でもないのだが、善や悪になってゆくのである。

自然と意志、必然と自由は両立することが可能である。人間は不確定な存在であり、潜在的に善であり、また潜在的に悪である。すべてが可能で、確実なものは何もない。自然に対立する必要もないし、また服従する必要もない。自然の中で選択し、それを方向づける必要がある。善への傾向はわれわれの中にある。しかしそれをはぐくまなければ、それは涸れて、死んでしまう。「自然と秩序による永遠の規範が存在する。賢者にとってはそれらが現実的な法律の代わりになる。それらは良心と理性によって賢者の心の奥底に書き込まれている。自由になるために賢者が従わなければならないのは、まさしくそれらの規範である」（V、八五七）。服従と自由はここでは共通の地盤を見出している。

はかない幸福

他者に善を施すということは、他者を自分の行為の目的とすることである。キリスト教徒と違って、ルソーは人間たちを通じて神をめざすのではないし、抽象的観念によって神をめざすのでもない。ところで愛においては、**君**もまた**私**の行為の目的となる。愛は、美徳となることはまったくないのに、善の成就なのである。人は義務ゆえに愛するのではなく、歓喜ゆえに愛する。善の道徳と幸福の倫理、親切の理想と快適な生活の理想が結びつく可能性があるのは、愛を通じてである。

とはいっても、ルソーがかいま見るような人間の至福は、幸福や快適な生活に関する他の理論家たちの至福とは似ていない。ルソーの探求が決定的な答えを見つけることは決してありえない。ルソーのいう人間（これはルソーという人間とは違う）は、人生をそのすべての多様性の中で受け入れられるようにするあの英知を求めない。彼は、あるがままのものをよしとする、とは決して言わないだろう。しかし彼にとってはまた、モンテーニュのように、人は自分自身の不完全さを決して克服することができないだろう、と言うことだけではやはり不十分である。もっとも、彼はモンテーニュのような冷静さを分け与えられてはいない。もう一方で、彼はもはや、無限の、過ちを犯すことのない存在、神との直接的な関係がもたらしてくれる確信を拠り所とすることはできない。この人間の幸福は厳密に人間的な領域に限定されている。まさにそれが原因で、彼は常に脅威を感じている。

ルソーは、すべての安易な楽観主義に対してわれわれに用心させるためであろうか、『エミール』に加えた未完の続編、『エミールとソフィー』の中で、このカップルが別れ、新たな苦しみを体験することを物語る。しかしルソーは、すでに『エミール』の中で、われわれにこの結末に対し心の準備をさせている。つまりこの結末は、人間の条件の中に刻み込まれているのであって、その人間の条件とは人間が他者を必要だと感じることにより、また人間が依存関係の中で生きていることにより、構造上の不完全さを課せられているということである。人間が幸福に至るためには他人を当てにしなければならない。ところがその他人は彼と同様に有限な存在であって、信頼に足るものではない。彼ら自身の欲望がてんでんばらばらで、変わりやすいからである。「もしもわれわれの一人一人が他人をまったく必要としなければ、他人と結びつくことなどほとんど考えもしないだろう。だからわれわれの弱点そのものから、われわれのはかない幸福が生まれてくる」（IV、五〇三）。

他者がいなければ幸福はない、とルソーは言う。「誰でも感じるであろうが、自分の幸福は少しも自分自身の中には存在せず、自分を取り巻くすべてのものに左右される」、と彼は『美徳についての書簡』に書いている（三二五）。また『エミール』の中ではこう書く。「私は、何ものも必要としない人が、何かを愛せるとは思わない。何ものも愛さない人が、幸福になれるとは思わない」（IV、五〇三）。人は、愛するがゆえに幸福なのである。人は、他者がいなくては不完全であるがゆえに愛するのである。しかし、われわれの幸福がもっぱら他者に左右されるとしたら、この他者はまたその幸福を破壊する潜在的な手段を保持していることになる。「われわれの貧困よりもむしろわれわれの感情から、人生の不安は生じてくる。」肉体的、物質的な欲求は、もちろん最初に満たさなければならない。しかしながら、人間的な生活の本質をなすものは感情であり、それは他者に左右される。「彼［人間］が愛情を募らせれば募らせるほど、自分の苦しみを増加させることになる。」最初のうちは、愛情を募らせることは、生きているという実感を強める。しかしそんなふうに他者に依存することで、人は限りない危険を背負い込む。というのも、「われわれの愛するものはすべて、遅かれ早かれわれわれから去っていくからである。しかるにわれわれは、それがあたかも永遠に続いてゆくかのように、それにしがみついている」（V、八一六）。愛を除いて幸福はない。しかし愛は脆いものなのである。

ではどうすればよいだろうか。賢明なストア派の人たちが推奨するように、将来の失望を免れるため、孤高の中に閉じこもるべきだろうか。「初期カトリック教会の教父たち」やパスカルが勧めるように、唯一無限の存在、神のみを限りなく愛するため、現世の幸福から離れるべきだろうか。ルソーは魂の不死性を信じたかったようである。だから場合によっては彼は現世において魂に匹敵するもの、つまり作品によって保証される不死性を考慮することもある。しかし普通の人間——彼らは、ルソーが教えてくれたことによれば、〈哲学者たち〉に引けを取らない——に開かれた道について考察するときには、彼はもはや万人にとって近づける道だけしか認めない。それはつまり、愛着、友情、愛であって、これらは幻想や幻滅を避けることのできない運命をともなうのである。

第九章　高揚の欲求

人類学を基盤にして道徳を築こうとはしなくても、道徳と人類学が緊密に結びついていることに変わりはない。人間がどうなっていくのが望ましいかを決定するためには、人間が今どんな状態なのかを知らなければならない。ところで人間についてのイメージは、ヨーロッパの歴史の中では、他のイメージよりも影響力が大きいことが明らかになった、そのため、科学万能主義者や個人主義者におけるのと同じくらいに、保守主義者においてもこの人間のイメージを見出すことができる。ただし各々がそこから同じ結論を引き出しているわけではない。それは本質的には孤独な、利己主義的存在という人間のイメージであって、「人間は人間に対して狼である」という諺がこのイメージを要約している。この場合にキーワードは〈利益〉という言葉になるだろう。これは人間の行動を支配する動機に対してつけられた名前である。バンジャマン・コンスタンの道徳理論が磨き上げられるのは、人間とこの概念との葛藤の中においてである。キリスト教的背景の外に立つならば、フランスでは、利益に関する理論の最初の雄弁な代弁者は、ラ・ロシュフーコーである。そこでまず彼が提示する見解を調べることから始めよう。

利益が支配する世界か？

『箴言集』全体の冒頭の銘句として次のような文が見られる。「われわれの美徳はたいていの場合、偽装した悪徳でしかない」、これは削除された箴言から抜き出したもの（初版の一八一）であるが、自尊心がこうした偽装作業を行なう、ということがはっきりと述べられていた。自分の著書で一貫して、ラ・ロシュフーコーはこのテーマに触れ、情念を覆い隠す薄地の布（『箴言集』、M一二）、意志が利用する隠れた欲望、秘訣、回り道（M五四）、欺瞞（M六二）、偽善（M二一八）について語っている。また「われわれのすべての美徳」は、実際には「誠実に見えるようにする技巧」（『削除された箴言集』、MS三三）、「われわれの情念によって作り出される亡霊にすぎず、それに対して人々が、自分のしたいことを罰せられずに行なうために、立派な名前をつけているだけなのである」（MS三四）、と語っている。そしてこの文集の最後の箴言で、彼は自分の仕事の観察対象を、「すべての表面的な美徳の虚偽性」として要約している（M五〇四）。

その点に、ラ・ロシュフーコーの箴言集の根本的な意味の一つがある、と言うことができるだろう。つまり、われわれが素朴に美徳であるとか、この上ない善意によって成し遂げられた行為であると見なしていたものが、実際にはわれわれの利己主義、われわれの利益に役立てようとする願いの産物でしかない——とはいえ、利己主義と利益は、用心のために自らの不正行為の上につつましやかな（かつ〈有徳の〉ヴェールを投げかける——ということをわれわれに示してみせるのである。ラ・ロシュフーコーが自分に定めている目的は、われわれの卑小さを自ら分かるようにし、自分自身を高く評価することがないようにし、「美徳という見せかけの外見」に満足して、「［人間の心を］満たす滑稽な思い上がりをくじく」ことである（トマ・エスプリ宛、一六六五年二月六日）。われわれの道徳はすべて偽善である。われわれは道徳に従うことで**利益**を得るからである。「人が悪徳を非難し、美徳をほめるのは、ただ利益によってでしかない」(MS二八)。われわれが善という名で成し遂げようとすることを、われわれは実際には利己主義からそうしているのである。「われわれの最も立派な行為でさえ、もしも人々がそれを生み出したすべての動機を見抜くなら、われわれは時としてその行為を恥じることになるだろう」(M四〇九)。

冒頭の宣言では、確かに、ラ・ロシュフーコーは気を配って、自分がかかわる分析はただ異教徒の美徳だけであり、キリスト教がはぐくむ美徳ではない、と主張している。「異教徒である古代の哲学者たちの美徳については、彼らが大いに話題にしましたが、これは間違った基盤の上に打ち立てられたのです」と、彼は自己を正当化しながら、トマ・エスプリ神父に宛てて書いている。人間は、美徳のような外見によって、自分でも思い違いをしますし、他者を欺くのです——しかしそれはただ「信仰が少しもかかわっていない場合」、彼が「キリスト教によって支えられ、鍛えられる」ということがなかった場合なのです(一六六五年二月六日)。したがって、おそらくはラ・ロシュフーコーの同意を呼び起こすであろう美徳が一つある。つまりそれは謙虚さ、「キリスト教の美徳の紛れもないあかし」である(M三五八)。われわれ自身の弱点、悪意、無知を認めるということは、実際には自尊心の利益に完全に反することである。しかしラ・ロシュフーコーはすばやく次のように言葉を続ける。この美徳はきわめてまれであるだけではないのだ。『死後刊行の箴言集』、MP三五)、この美徳のほうは、これと反対の、思い上がりによって操られる可能性があるのだ。そのとき謙虚さは、思い上がりの絶好の偽装となる。「謙虚さは時として、人が他人を従わせるために使う見せかけの従順さでしかない」(M二五四)。

数多くの箴言がこの教訓を再確認するだけでは満足せず、さらに、冒頭の銘句の統辞的構造を模倣する。その構造は次のように公式化することができるだろう。「A(美徳)は、たいていの場合(慎重さのための決まり文句）、B（悪徳、情念）でしかない（暴露）」。このような例はひじょうにたくさん見つけ出せるから、これは箴言の紛れもない原型、箴言を作り出す装置である。「正義に対する愛は、多くの人間にとって、不正をこうむるかもしれないという不安でしかない」（M七八）。「気前のよさと見えるものはしばしば、隠された野心でしかない」（M二四六）。「多くの人間に見られる忠実さは、自尊心が作り出したものでしかない」（M二四七）、以下同様……。

したがって人間のすべての行動は、利益によって彼らに命じられる。実際に、ラ・ロシュフーコーは、自分の説明原理が無制限に拡大されることに驚いて、『箴言集』の第二版の「読者への意見」では、あわてて次のように釈明する、「『**利益**』という言葉で常に物質的利益を意味するとは限りません、たいていの場合、むしろ名誉とか栄光といった利益を意味するのです」。このような説明によって主張はより弁護しやすいものになるが、冒頭の意図の過激性は大幅に奪われる。人間の活動を駆り立てる主たる要因が、金銭的利益や利己主義者の満足にも似た財産に対する欲望ではなく、栄光や名誉への熱望だとすれば、唯一それを供給することが可能な、他者なしに済ませることがどうしてできるだろうか。人間は自分一人だけでやってゆくことができない。ラ・ロシュフーコーが「人は利益なしには決して誰をもほめない」（M一四四）と主張するとき、二つの事柄のうちの一つを選ばなければならない。一つは、〈利益〉という語が普通の意味を保持しているときであるが、その場合にはこれだけではすべての賛辞を言い表わすのに不十分である。もう一つは、この意味が拡大して満足させるべきすべての要求を含むときであるが、その場合には利益という語の適用は正しいとしても、その意味の普遍性によってわれわれはもはや彼から大したことを教わることはないのである。

利益と感情

十九世紀初頭に、利益の理論に対する論証を組み立てようと試みるのは、バンジャマン・コンスタンである。

周知のように、コンスタンは若い頃、自分をエルヴェシウスの弟子と見なしていた。そのエルヴェシウスは、ラ・ロシュフーコーの後をうけて、利益の概念を自分の哲学の要《かなめ》としたのである。だからコンスタンは、初期の理論的著作、例えば『共和国憲法』論では、人々が利益のことを考慮に入れるようにと、執拗に要求している。一般意志は、共通の利益によって方向づけられるが、共通の利益のほうは個々の利益の組み合わせから生じる。コンスタンは、大げさな言葉がいかなる具体的な現実を指しているのかと自問することなく、その言葉に高揚することを好まない。政治的構造が堅固になるためには、その構造が関与する者の利益と一致する必要がある。「この原理を保証するのは、支配者と被支配者の利益、およびその利益の産物である公共の精神である」(Ⅷ、一一、四二〇)。コンスタンは生涯を通じて、人間活動のこの本質的な動機を忘れないように心がけている。「高潔な本性のほうが利己主義の狭い観念に勝っているような個人がいるのだから、利益がすべての個人の動機ではないとしても、利益はすべての階級の動機なのである」(『フィランジェーリ』、Ⅰ、五、二〇四)。『日記』の中で、コンスタンは人間活動のこの本質的な動機について多くの実例を示している。この動機を指摘するには、中心人物が公言する動機の向こう側を探せばよい。

利益に応じて動くということは、特権や名誉とは違い、すべての人間に共通する特徴である。したがって利益は、平等という理想に基づいた世界観の中にも容易に占めるべき位置を見出す。各人の利益を尊重するということは、とりもなおさず各人に同じ尊厳を与えるということである。しかしながら、エルヴェシウスやラ・ロシュフーコーのようなやり方で人間の行動を分析する際に、この利益という観念の**排他的な**用法を正当化するには、それだけでは十分ではない。十九世紀の初頭は、コンスタンがゴドウィン〔一七五六—一八三六年。イギリスの思想家・小説家〕を翻訳し、ベンサム〔一七四八—一八三二年。イギリスの法学者・哲学者。功利主義の提唱者〕の作品や功利主義思想一般を研究していた年月にあたるのだが、それは、必ず留保がついた。〈当然の利益〉という観念を引き合いに出していた。そんな時期に、動機としての利益を準拠することには不十分である。コンスタンの人間主義が、彼らの個人主義と袂を分かつのは、ほかならぬこの瞬間からである。以上のようなカテゴリーしか扱わない一般的な人類学は学問としては不備である。そんなわけで、コンスタンは自分の支持者のように見える人たちを批評的分析に委ねるのである（ここでは彼が歴史的に正しいかどうかは重要なことではない）。つまり、「古代人たち」の中ではエピクロスを（『多神教』、Ⅷ、二）、「近代人たち」の中にあってはエルヴェシウスその人を（『宗教』の「序文」を参照、Ⅰ、XXXⅠ）、あるいはベンサム（一八〇六年の『政治の原理』）、すなわち功利主義を。

まず最初にこの利益という言葉の意味について、理解の一致をみるようにしておかなければならない。先ほど見たように〔本書三二六ページ〕、ラ・ロシュフーコーは、この意味を拡大して、直接的であれ、間接的であれ、主体にとってのすべての利益を含むようにしようと試みた。この用法に従えば、利益は、人類の幸福のために個人の幸福を犠牲にすることにも見出されることになるだろう。この言葉のきわめて一般的な意味としては、常に個人の利益が問題となる。しかしルソーがすでにそのような意味の拡大に対して警戒を促していた。そんなことをすれば、この言葉から区別の効力が奪われてしまうからである。「誰もが自分の利益のために公共の利益に貢献するのだ、と言われている。しかし、それでは正しい人が自分の利益に反しても公共の利益に貢献するのはなぜなのか。自分の利益のために死に向かってゆくのはどういうことなのか。確かに、誰も自分の利益のためにしか行動しない。しかし考慮しないといけない道徳的な善というものがないとしたら、本来の利益ということでは悪人の行為だけしか説明できなくなってしまうだろう」（『エミール』、IV、五九九）。このことについてルソーは当時の手紙の中でもっと詳しく次のように説明している。ごく一般的な意味では、どんな行為も主体の利益に反しては（自己愛に反しては）達成されることはなかったのです。しかしそんな場合でも、金銭的な利益を獲得しようとする商人の利益と、誰の利益をも侵害せず、しかも「われわれの絶対的な幸福」に貢献する「精神的、道徳的な利益」を区別しなければならないのです（オッフルヴィル宛、一七六一年十月四日、IX、一四四）。

コンスタンはルソーとまったく同じ意見である。もしも私の利益が他の人たちに利益を与えることであるならば、もはや〈利益〉と言うことはできない。真の唯一の〈利益〉とは、私の利己主義をじかに助けるものであって、義務という観念や、無関係な受益者という人が媒介になる余地はまったくない。「当然の利益だって？ そんなものは、不合理な曖昧さを基盤にした哀れな学説であって、情念に利益の判断を委ね、最も狭い利己主義と最も崇高な献身とを同列に置き、まさに計算という名目でこれを貶めるものだ！」（『宗教』、I、三、I、七三）。したがって、〈利益〉とか、〈効用〉といった語のこれほど当惑するような使い方はやめるほうがよい。

利益という言葉ですべてを説明しようとして、コンスタンが差し向ける批判は、道徳的なものと、事実に関するものと、二種類ある。もしも利益のみが人間を支配すると仮定するならば、人はすべての道徳を棄てざるをえないだろう（『政治の原理』、II、七、六四）。ところで、われわれが自ら進んで作り上げるイメージは、われわれの行動に影響を及ぼす。つまり、自分を不道徳と思う人はそうなるのである。しかしもしもこの理論を拒絶する理由が単に、この理論を採用したなら引き起こされたであろう好ましくない結果の中だけにあるのだとすれば、この理論から本当に離れたことにはならないだろう。というのも、この原理を効用という尺度で測っていることになるからである。したがってコンスタンは、利益の絶対的な支配を拒否するために、第二のタイプの論拠を提示する。それは、利益によっては人間の行動の大部分が説明されないということである。すなわち、「利益とは無関係に、あるいは利益とはまったく逆の意味で、魅了され、支配され、高揚する」人間の魂の能力というものである（『宗教』、「序文」、I、XXVI）。この能力を例証するために、コンスタンがよくあげる例は、宗教的感情、愛、高揚、犠牲的精神である（この点については再検討する（本書三三四ページ））。利益はこの場合、人間のあるべき姿ではなく、人間のあるがままの姿を理由に押しのけられる。

排他的な利益＝支配の理論は間違っているが、この理論がほとんど広まっていないのは、そのためではない。この理論は近い歴史においてはまさに強力な化身を得た。すなわちナポレオンその人である。コンスタンによれば、この皇帝の実践的哲学は結局この原理に要約されるのである。ナポレオンは「打算の権化」であった（『征服』、「補遺」、二、二五九）。「彼は人間を道徳的存在ではなく、ものと見なしていた」（『百日天下』、II、一、二〇六）。コンスタンによると、「人類は利益にしか忠実でなく、力にしか従わず、軽蔑にしか値しないという確信」が、ナポレオンの精神を特徴づけている（I、六、一三〇）。このような人間観を基盤にして、彼の政治は築かれているのである。「人間の心の中に利益しか存在しないのなら、専制政治にとって人間を支配するためには、人間を震えあがらせるか、誘惑するだけで十分だろう。」しかしこの有害な理論の責任は、ナポレオンだけにあるのではない。この理論はすでに十八世紀に、〈野蛮な〉快楽主義を信奉する絶対君主制によって実践され、推進されたのである。その一方で、この理論は

「啓蒙主義」の唯物論的思想家たちによっても表明されていたが、彼らは「人間は自分の利益以外に動機をもたない」、とおごそかに主張していた。しかしながら、事実は別の教訓を教えてくれる。ナポレオンの専制政治は、権力に服従することを好む民衆そのものによって助長されたということである。大衆は「いそいそとナポレオンに奴隷制度を懇願した」(『征服』、「補遺」、二、二六〇)。そしてコンスタンは、十二年間、「鎖を求めて哀願するような手だけ」を目にしていたことを忘れなかった(『百日天下』、II、「八番目の覚え書き」、三〇三)。ここには〈利益〉の単なる表現だけが見られるのだろうか。

理論の貧困さは、結局のところ、ナポレオンの失脚をまねいた。同時に、その失脚自体が理論の間違いを示している。「人間を知るには、人間を軽視するだけでは不十分である」、とコンスタンは激しく述べて、西洋の近代思想の大きな流れに反対する(『征服』、I、四、一二八)。真実は、たとえ時間がかかろうとも、必ず明らかになるのだ。ここでは、作家や思想家に割り当てられる役目を、裏返しにかいま見ることができる。つまり、人間と社会とに共通な表象を批判し、改善する役目である。ナポレオンの専制政治は、少なくとも部分的には、人間を利益支配に従う存在にしてしまった哲学的理論の成功によるものなのだ。

一方コンスタンのほうは、全面的に自己中心的な人間のイメージを認めない。人間存在には、利益にとらわれない行為が実際にあるということは、どのようにして説明されるのか。最も哲学的なテクストの一つで、コンスタンは人間のイメージを感覚よりも理念の優位性に再び高める。つまり、誰でもみな「未来の感覚に対する期待、すなわち一つの理念」のために今の感覚を犠牲にすることができる(『改善可能性』、五八四)。われわれがもはや現在の瞬間に満足できなくなると、その時からわれわれは、他の人たちや世界へのわれわれの依存関係についてあれこれ考察をさしはさむようになる。そしてそれらはもはや単なる利己主義者の利益に還元されることはない。要するに、利益の理論から導かれる唯一の解釈は、人間を直接的な快楽の単なる遂行者に還元することであろう。ところがこれは誰の目にも明らかに間違っている。人間は自分自身についての意識、その時代に属しているという意識、したがってまた自分の有限性の意識をもっている。もしも死ぬということがないとしたら、人は利益だけを理由にして人生を送り、最大限の収益を積み上げ、保存しようとすることもできるだろう。しかし事実はそうではない。「死は、そうした打算を中断させ、そうした成功を無益なものにする。権力をつかまえて裸にし、無力にしたその権力を深淵に突き落とす死というものは、われわれをこの世の外へつれ出すすべての感覚と、雄弁に必然的につながっている」(『宗教』、II、四、I、二八六)。死の意識は、利益の独占的な支配を不可能にする。

換言すれば、もっぱら利益の原理によって人間の行動を説明するのは不十分なのである。なぜならそれは、各個人が自分自身と完全に一致するということを意味するからである。ところが、誰でもみな時間的に、空間的に、自分の外へ広がってゆく。時間的にというのは、他の動物たちと違って、人間は自分の死を、したがって自分のいない世界の生を想像できるからである。また空間的にというのは、他の人間存在が彼の一部をなし、かつその事実が彼の意識の中にも等しく現存するからである。これが理由で、人は他の人間たちのいない人間を考えることができないのである。またこれが理由で、個人主義の処世術ばかりでなく、人間主義の道徳が必要なのである。

最初の一時期、個人的な利益を高く評価することには解放的な意味があり、それが近代の到来を告げた。各人の利益を尊重することは、変わることのない階級制度を備え、権力の保持者だけがそれで得をするような社会に従順であることよりも好ましい。権力者は服従者の利益を軽んじ、名誉を分け与えることで彼らを懐柔する。民衆の主権とは、民衆が自分自身の利益のために行動することをも意味する。しかしまさに近代性の中で、いくつもの理論が対立し合う。排他的な利益支配の理論や、高揚という感情によって緩和された利益の理論である。人間主義の視点からすれば、高揚のほうが価値としては利益よりも勝っている。

中心からずらされた人間

コンスタンが社会性に対して定めていた位置と、各個人の中心は個人自身の内部にあるということを認めない彼の見解については、すでに見たとおりである〔本書一三七ページ〕。しかし、その中心が個人の中にないというなら、それはいったいどこにあるのだろうか。中心は動くのである、とコンスタンは答えるだろう。中心はある場合にはわれわれの内部に、ある場合にはわれわれの外部に位置を占める。重要なことは、いかなる人間も終始一貫して、ここだけに、今だけに、自分の欲求だけに、自分の生物的な本能だけにとどまることはないということである。「人間にいつもついてまわってきた考えは、人間はただ遊ぶためにだけこの世に存在するのではないということ、また、生まれ、住みつき、息絶えることが人間の唯一の目的ではないということであった」(『宗教』、II、二、I、二五七―二五八)。すべての利欲を満たすことができた人間でも、まだ満たされてはいない。彼は自分の外部にある何かによって呼び寄せられる。「それゆえわれわれの中には、われわれの表面的な目的や、われわれをその目的のほうへ進ませるすべての能力と矛盾するような、ある性癖が存在するのである。それらの能力のほうは、すべてわれわれの用途にぴたりと合って、それらのあいだで連携し合い、われわれを助け、われわれに一番役に立つ方向へと向かってゆく、そうしてわれわれを唯一の中心と見なす。ところが、今述べた性癖は、それとは逆に、われわれをわれわれの外部に押しやり、われわれの役に立つということを目的としないような動きをわれわれに起こさせる、そしていつもの生活や日々の利益とはまったく似たところのない、未知の、目に見えない中心のほうへわれわれを運んでいくように思われる」（I、一、I、三一―三二）。
日常的行為の自己中心主義《エゴサントリスム》と対立するのは、もっとまれではあるが少しも例外的ではない、こうした所作の〈他者中心主義《アロサントリスム》〉と呼びうるものであろう。両方ともまったく同じくらい自然なものである。「人間に自己保存のために自己愛を授けた自然は、共鳴する心、寛大さ、憐憫の情を人間に授けて、同胞たちを犠牲にしないようにした」（『フィランジェーリ』、IV、六、四〇一）。コンスタンはここではルソーが歩いた後を辿っている。

　コンスタンが提示する例（それらはすでに一八〇六年の『政治の原理』に列挙されているが、一八二四年に補足され完成し、含みをもったものになる）を観察すれば、この〈不可解な心の状態〉の内容を明確にすることができるだろう。「こうした情念はみな（……）何かしら不可解な、矛盾したものを含んでいる」、と彼は書く。「愛は、ある対象にだけ向かう偏った好みであるが、われわれは長いあいだそんな対象なしに済ますこともできた。それに他の多くの対象もその対象と似通っている。栄光への欲求は、名声への渇望であるが、これはわれわれの後に続いてくるべきものである。われわれが犠牲的精神の中に見出す喜びは、われわれの自然（本性）の普通の本能に反する喜びである。わびしさ《メランコリー》は、理由のない悲しみであるが、その中には分析できないような快楽が潜んでいる」（『宗教』、I、一、I、三二―三三）。したがって人間主義の道徳の基盤である社会性は、人間という種の特徴を示すこの他者中心主義の体質の一部をなしている。それに付け加えられるのが、自然の広大さを前にしてのある種の恍惚感であり、それは「夜の静寂の中で、海岸で、平原の孤独の中で」、「憐れみや高揚」のように、われわれを捉える（三〇）。そうした恍惚感の中に、コンスタンはこの本で彼の研究対象そのものとしているものを位置づける。すなわち、宗教的感情であって、これは「未知なるもの、無限なるものへの心の高揚」（三五）に答えてくれるもの、「人間が自分を取り巻く自然と接触したいと感じる欲求、また人間にとってはその自然を活気づけているように見える見知らぬ力」として定義される（II、一、I、二一九）。宗教にこれほどの中心的な位置を用意するのは、フランスの偉大な人間主義者の中では、コンスタンただ一人である。しかし彼の考察の対象は、断じて神々の本性などではなく、人間の宗教的感情だけである。

これらのすべての例に共通していることは、まず第一に、われわれの所作が明らかに不合理だということ、直接的な効用が完全に欠如しているということである（これらの例は利益の論理には属していない）。もっと明確に言えば、これらの例もまたそれぞれ〈他者中心主義《アロサントリスム》〉によって特徴づけられている（ただしとりわけ不可解なわびしさ《メランコリー》は例外である。なぜこれが快楽なのだろうか。ルソーはすでにそのことをこう指摘していた。「わびしさは快楽の友である」（『エミール』、IV、五一五）。自然と神、愛される存在と身を捧げる存在、栄光の源泉としての偉大な理想、これらの共通点は、これらが主体の外部に位置づけられるということ、主体に内在するのではなく、主体を超越するということである。自分自身を乗り越えようとするこの欲求を感じないような人間は存在しない、とコンスタンは考える。「高揚を得たいと思う欲求はいかなるときにも存在する」（『宗教』、XV、一、V、一七〇）。最後に機能的な特徴がある。われわれの他のすべての所作や活動は、最終目的に使われる可能性があるけれども、最終目的にまで昇格されるわけにはいかない。ところがこれらの〈情念〉は、そうした事項を、したがってまた生き方の方向を規定することができる。だからこれらの〈情念〉はもはや手段ではなく、目的なのである（I、一、I、三〇）。

安心させるような幻想にだまされてはいけないし、〈無邪気な〉人間主義を信奉してもいけない。人間は利益によって動かされる**代わりに**高揚を得たいという欲求によって動かされるというのではない。コンスタンが主張するのは、利益の原理だけに満足しては人間の行動を全面的に説明することはできないということだけである。それゆえに、人間は「二重の、不可解な存在」なのであり、またそれゆえに人間は「時としてこの世で位置をずらされたように」感じるのである（三四）。したがっていかなる状況においても、「肝心な問題は、感情が支配しているのか、それとも利益が支配しているのかを知ることである」（II、二、I、二六四）。

人間活動のこの大きな二つの動機と並んで、理性、熟慮、英知といった、第三の動機がある、ということをほのめかす人がいたかもしれない。われわれの活動のいくつかは、その純然たる結果ではないのだろうか。そうではない、とコンスタンは反論する。というのも、理性は意のままに曲がりやすく、すべての支配者に仕えることができるからである。理性は道具であって、力ではない。「論理は、あらゆる命題に対して賛成と反対の解決不能な三段論法を供給する」（I、三、I、七五）。理性は個別的ないかなる称賛にも値しない。到達すべき目標がどんなものであれ、理性はそれにふさわしい論拠をもたらすことができる。知性は「良心から離れると、最も卑しい道具」になると言うコンスタンの知性は、常にルソーに近い（I、四、I、九二）。「絶対に過つことのない理性という名において、人はキリスト教徒を野獣に引き渡し、ユダヤ人を火刑台に送った」（I、三、I、七六）。それとは逆に、幸福という名において、個人を虐殺することは不可能である。二つの〈システム〉しか存在しない、とコンスタンは結論する。「一つはわれわれに行動原理としては利益を、目的としては幸福を割りふる。もう一つはわれわれに目的としては完成を、行動原理としては心の奥の感情、われわれ自身の自己犠牲、犠牲的行為の自由を提示する」（「序文」、I、XXXIX）。

人間存在のこの二面の力関係はどのようになっているだろうか。この場合にもやはり幻想に欺かれてはならない。ほとんどいつでも、優位を占めるのは利益である。無私無欲の感情が支配するのは、「ごく短い時間、われわれの生活の残りすべてとはほとんど似るところのない時間」だけである（I、一、I、三一）。誰もが知っている愛でさえ、「われわれ一人一人をそれ自体の中心に、それ自体の目的に」する際にわれわれの性癖を抑えはしても、「束の間の逆転」しかもたらさない（X、一〇、IV、一九〇—一九一）。たいていの人間はこの感情をもみ消す。これが、「六十歳で」コンスタンがたどり着く苦い結論である。ある何人かの人たちだけが、この感情を維持することができる。「人間はその本性によって二つの階層に分けられるように思われる。英知が利益や自分本位の関係を超越している人々と、逆にその領域の中に閉じ込められている人々である」（『歴史的回想』、八〇）。だがそんなことはどうでもよい。重要なのは、人口のどのくらいの割合が正義と愛の理想に駆り立てられるのかを知ることではなく、その理想が抑えきれないものであるということである。「正義が情熱であり、弱者の保護が欲求であるような人間たちが常に存在し続けるだろう。自然がそうした継承を望んだのだ。誰もそれを決して止めることができなかったし、これからも決して止めることはできないだろう」（『征服』、II、一八、二二一）。

〈高揚〉と〈利益〉の対立によって、コンスタンは当時の功利主義に反対する彼の立場を明確にすることができるのであり、したがってその対立が人間主義者と個人主義者の関係を解明するのである。ベンサムの功利主義は単なる利己主義ではなく、各人が自分の利益となるものを求めるだけで満足する、ということを前提にはしていない。しかし彼の功利主義は善と悪の判断を、共同体にとって最も役に立つようにその共同体が下す決定に委ねる。コンスタンはすぐにその危険に気づく。個人はもはや自分自身に帰するいかなる権利ももてなくなるだろうし、公共の利益に貢献する場合に限り個人に認められる特権だけしかもてなくなるだろう。ところでそのような特権は不安定なものである。例えば、もしも私の身体的免責特権が社会にとって有益であるという理由だけで保護されるなら、その特権は、社会が別の判断を下すときに、保護されなくなる可能性があるだろう。同様に、もしもある行動がある社会にとって有益であるとしても、それが別の社会に害を及ぼすというのであれば、それはやはり正しいことにはならない。そこから結論できることは、個人の幸福も共同体の幸福も、詳しい説明は抜きにして、道徳生活の最終目的になることはありえないということである。個人の幸福の場合は、それが彼の周囲の別の個人に害を与えることもありうるし共同体の幸福の場合は、それが個人の幸福や、別の共同体の幸福を犠牲にすることを要求することもありうるからである。

人間は正義、犠牲的精神、愛を知っているという見解が、道徳を別の観点から考えるようにさせてくれる。「道徳の定義は」、とコンスタンは書いている。「どのようにしたら人間たちが幸福になれるのか、そして同時に彼らの同胞たちを幸福にすることができるのかを人間たちに示す」ことである(『増補』、五二五)。幸福に至るための手段を示すことが、コンスタンと功利主義者たちとを区別する。他人の幸福がわれわれの幸福のために必要不可欠であり、個人も共同体も単独では幸福になることができない。社会そのものは互いに似通っている個人たちが単純に積み重なったものではない。われわれは幸福に生きるために互いに相手を必要とするのである。

このように〈利益〉よりもむしろ〈高揚〉に共感を寄せ、この利益という言葉の意味を功利的な、自分本位の利益に限定し、自分を功利主義者たちと区別することで、コンスタンはルソーに忠実なのであるが、しかし、一人一人の人間存在の合理的欲求としての利益の中に、情念の害悪に対する治療法を見たり、中世の規範の古めかしい遺物である、栄光や名誉への抑えがたい欲求に対する治療法を見つけようとする以前の伝統ともやはり対立する。マキャヴェリ、ホッブズ、スピノザ〔一六三二―一六七七年。オランダの哲学者」の考えによれば、利益は、情念の不吉な結果に対する防壁として役立つことができる。モンテスキューも同様にこの見方を受け入れ、次のように書いている。「情念が人間に邪悪であるという考えを吹き込むにもかかわらず、人間が邪悪ではないことで利益を得る状況に置かれているのは、人間にとって幸福なことである」（『法の精神』、XXI、二〇）。

この場合にコンスタンは、モンテスキューよりもルソーの後を辿ってゆくことにためらいをおぼえたかもしれない。というのも、コンスタンがほとんどいつも考える害悪、すなわち「恐怖政治」の行き過ぎは、自分本位の利益への盲従や、とどまることを知らない利益の追求によって説明されるよりも、むしろ情念の逸脱によって説明されるからである。ある人間たちにとって「正義は一つの情念であり、弱者の擁護は一つの欲求である」のだが、ロベスピエールはそんな人間たちの一人である。各人の利益の追求によって導かれるのではなく、感情と高揚によって導かれたこの政治が、どんな恐ろしい結果に行き着くかは周知のとおりである。いかなる時代の革命家も、高く掲げた理想によって導かれるのであり、同胞たちの利益だけに満足することはない。このような好みは、諸国民の近代史の中に革命が残すであろう血の痕跡が原因ではないのだろうか。

この反論に正面から取り組むためには、〈感情〉、あるいは〈高揚〉の二つの形態を区別しなければならない。とはいえそれは二つとも、狭い意味での利益とは対立する。コンスタンは抽象的な言葉でその区別を表現はしないが、さまざまな例に目を向けるとき、その効用を見つけ出している。人は、抽象的な大義によるか、または自分以外の個人に気を配ることで、自らの利欲を克服することができる。自己を乗り越えるこの二つの形態がぶつかり合うときには、コンスタンは後者を選ぶ。彼はスタール夫人の選択に全面的に従うのである。彼の回想によれば、スタール夫人は政治的な好みが決まっていたが、王党派であろうと革命派であろうと区別なく、少しでも脅迫され、迫害されると、その人たちに等しく救いの手を差し伸べる用意があった。「苦しんでいる人を見ると、彼女は、この世には自分にとって大義の勝利や意見の勝利よりもはるかに尊い何かが存在するのだ、ということを思い出すのだった。（……）どんな見解をもった追放者たちも、彼女の中に、逆境の中で彼らを保護するのだという強い熱意を見つけたが、それは、彼らが権力を握っていたときに彼らに抵抗する彼女の中に見出した熱意以上のものだった」（『スタール夫人について』、二一二―二一三）。また、これと同じような、隣人に関するキリスト教の定義と似通った言葉で、彼は女友達ジュリー・タルマを讃える。「彼女は自分の党派に反する党派を憎んでいたが、弾圧されているように見える個人はすべて、熱心に、粘り強く擁護しようと努めた。（……）政治的動乱のさなか、誰もが次々と犠牲になっていくあいだ、われわれはしばしば彼女が、迫害された反対派の人たちに対しても、勇気ある行動をとってあらゆる援助を差し伸べている姿を目撃した」（『ジュリーに関する手紙』、一八七）。

　ここには人間主義の根源的な価値としての**君**の目的性が認められる。個人に対する愛、犠牲的精神、憐憫の情が属している価値の系列は、その価値のためにギロチンを動かすといった類のものではない。他の人たちが受ける苦しみや抑圧が最も容易にこれらの感情を始動させるが、それらだけが始動させるのではない。コンスタンが語る〈高揚の欲求〉は単に、必要となれば自分自身の利益を、他者の生命ではなく、おそらくは自分自身の生命さえもいつでも捧げられる、ということだけを求めているのだ。コンスタンにとって、道徳は、高貴な目的を追い求める能力の中にあるのではなく、自分を優先させることを放棄する能力の中にあるのである。それを彼は「犠牲的能力」と名づけているが、それは「すべての美徳の母なる能力」なのである（『スタール夫人について』、二一二）。

道徳と宗教

したがってどんな人間存在の中でも、二つの傾向が対峙している。一つは自分の利益であり、もう一つは自分の〈感情〉である（自己中心主義と、〈他者中心主義〉）。さらに後者のほうは、抽象的な大義のための社会参加を考慮に入れなくとも、二つの形態をとることができる。個人の外部にあるこの場所が、別の人間存在の中に具現化されるか否かということである。一方は、愛、犠牲的精神、名誉への欲求であり、もう一方は、自然と聖なるものである。この二つの変種は、一般的には、前者が道徳的感情、後者が宗教的感情と呼ばれる。これらの感情は二つとも、人間を自分自身の外部に導き、またそれぞれが互いに調和的に結びついている。しかしながら、道徳的感情と実際の宗教については、常にそうなるわけではない。この二つはいかなる関係を維持しているのだろうか。この問題を検討することが、宗教に関する著作でのコンスタンの主要な動機の一つである。彼はしばらくのあいだその著作に次のような示唆的な題名をつけていた。「『古代』の民衆における宗教と道徳の関係について」（『日記』、一八〇四年九月六日）。

道徳は、この言葉の一般的な意味、すなわち個人的な利益の超克という意味では、コンスタンが問題にする感情の純然たる具現化である。それはまた普遍的なもので、人間という種の特徴である。「人間社会の関係はどこでも同じであって、そうした関係の理論である道徳律もまたどこでも同じである」（『宗教』、XII、一一、IV、四九二）。それでもやはり個人個人はお互いにそれほど道徳的なものではなく、彼らは程度に差はあれこの理想に近づいてゆくだけである。道徳は「すべての精神の前に姿を現わす」、ただし単に「その精神が自らを啓蒙するのに応じて」である（XII、一二、IV、五〇三）。しかしながら、感情とは違い、実際の宗教や宗教の形態はおそろしく多様であり、それらは利益の産物であると同様にこうした感情の産物でもありうる。実際に、人は無限のものと関係をもとうとして、宗教を用いることもあるし、また日常的な仕事において神の助けを願うこともある（したがってまったく功利的な魔術は、宗教的感情の欠けている宗教ということになる）。

宗教は、無私無欲と利欲、道徳と政治のあいだで揺れ動いていると言えるだろう。宗教の主要な二つの形態の一つ、ひたすら宗教にだけ奉仕する階級の存在を必要とする形態——コンスタンの用語では、〈聖職者の宗教〉——は、もう一方の形態よりもはるかに政治と妥協しやすい。そしてコンスタンは、まさにそれが理由で、そのもう一方の形態、聖職者なしの宗教のほうを好む。この視点から見れば、プロテスタンティスムのほうが、カトリシスムよりも優っている。したがってこの検討の第一の結論は否定的である。つまり、宗教は道徳の基盤としては役立たないし、また宗教は政治的権威と切り離されれば切り離されるほどよいものになるということである。第二の結論は肯定的である。宗教が道徳の基盤となりえないのに、道徳のほうは、個々の宗教を評価することのできる尺度となる。だから、各々の宗教は利欲を離れ、政治的権力から遠ざかれば遠ざかるほど、宗教的感情により近づくということである。「したがって道徳は、人々が宗教的観念を委ねる一種の試金石、一つの試練となる」（XII、一二、IV、三五八）。神への道は入り込むことのできないものではない、それは正義の原理に従っているのである。

宗教的行為をこのように解釈し直すことによって、コンスタンが民主主義の内部の宗教と見なす立場を理解することができる。彼の理想は、中央の権力が宗教を自分自身で選んで実践する権利を一人一人に保証するような、政教分離の国家である。宗教を個人の私的領域の中にとどめ、そのようにして新たな宗教戦争に至らないように気を配るためには、さまざまな宗教の中から一つを選ばなければならないとするよりもむしろ、それらの宗教を全部受け入れるようにすることが、なぜできないのだろうか。「これほど宗派が多いことで不安にはなるけれど、これは、宗教にとってはむしろ健全なことである」（『政治の原理』、

Ⅷ、三、一四六）。こうした宗教的多元主義（これはもちろん多神教への回帰ではない）は、私的なものと公的なものとを区別する自由主義の政治にかなうばかりでなく、宗教自体の完成や、社会にかかわる宗教の作用にとっても等しく好都合である。「急流を分岐させよ、あるいは、もっと正確に言うならば、急流を無数の小川に分散させよ。そうすれば、急流が荒した大地をそれらの小川が肥沃にするだろう」（『宗教』、XV、四、V、二〇七）。このモデルは、善のさまざまな概念にも適用することができるだろう。コンスタンは自分の（人間主義者としての）道徳をもっているが、彼のそばにいる人たちは保守主義者であり、規範との一致を優先させる。この人たちもやはり個人主義者なのであるが、彼らは個人としての成熟だけを念頭に置く。国家は一つを選ばなければならないのだろうか。もちろんそうではない。善と真理の自由な探求は、ここでは国家の唯一の価値となる。だから、人間主義ではなく、多元主義が国家の信条とならなければならない。国家はさらに、ただ一つ、どんな集団も政治的権力を独占することがないように、また別の集団を激しく弾圧することがないように注意しなければならない。不寛容に対しては寛容ではいられない。

道徳が純化された宗教のように思えるこの二つの観念の最初の結合も、まだすべてを語ってはいない。道徳的であるということは、まず何よりも、自分よりも他者を優先することができるということである。したがって極端な場合を想定すれば、次のように言わなければならないだろう。道徳的であるということは、自分を犠牲にできること、自分自身の生命よりも高い価値を見つけることができるということである。しかし、その生命が存在している唯一のものである、と考えるならば、どうして自分自身の生命以上の何かを優先することができるだろうか。「あの世に虚無だけしか見ない人にとって、生命以上の何が存在するのだろうか」（『宗教』、I、四、I、八九）。もしもこの命が私の所有するすべてであるとしたら、どうしてこれを危険にさらすことができるだろうか、どうしてここから最大限の直接的な快楽を引き出そうとしないでいられようか。もし神が死んだのなら、すべてが許されるのではないだろうか。「もしも人生が、結局のところ、未来も過去もない、おかしな幻でしかなく、かろうじてこれが現実なのだと信じられるくらいに短いものだとすれば、少なくとも時間的にかけ離れたところでしか適用されない原理のために、わが身を犠牲にして何になるのだろうか。続いて来る時間には確信をもてないのだから、今という時間を活用するほうがよいのだし、快楽が可能なあいだは、各々の快楽に酔いしれるほうがよいのである」(八八—八九)。

「道徳は時間を必要とする」、とコンスタンは主張する(『征服』、I、五、九六)。すなわち、死後の生への指示を必要とするのである。古代の民衆たちは道徳に到達するために、宗教以外にもう一つの手段をもっている。それは、彼らが栄光という価値を信じているということである。後に続く世代も含めて、栄光の座はわれわれの中にあるのではなく、われわれの外部にあるのだ。それゆえに、古代の英雄アキレウスは、輝きのない長い生活よりも栄光ある死のほうを選ぶことができる。しかし、個人のための時代、日常生活を尊重する時代である、近代の人間たちは、栄光を求めることをやめてしまい、私的な楽しみだけで満足する。そしてそのことに幻想を抱いてはならないのである。「われわれに欠けているもの、またわれわれに欠けていなければならないものは、信念、高揚、世評のために利益を犠牲にする力である」(『宗教』、「序文」、I、XLI)。そこでコンスタンは、そのようにして基盤を剝ぎ取られたら、道徳自体が消滅する恐れはないのかと自問する。

コンスタンはここでは論証をいささか強引に進めていて、科学万能主義者に向かって宗教的感情を擁護するときのように興奮しているのが見てとれる。また彼は、以前に書いた他のページがほのめかす手掛かりを忘れている。自己を克服するために唯一可能な基盤となるのは、不死性の信仰、つまり宗教なのだろうか。彼自身はわれわれに、われわれすべてがもう一つ別の克服の形態を知っている、と指摘していた。その克服の形態は、はるかに身近にあって、時間の中でではなく空間の中で、絶えずわれわれの生活を特徴づけている――それぞれの**私**のために、他者が表現してみせてくれる克服の形態である。コンスタンはこう書く。「犠牲という観念は(……)、強い、深い愛情そのものから切り離すことができない。愛は、好きな存在のために、すべてのものを犠牲にする、それも自分がもっている最も大切なものをすべて犠牲にすることに喜びを見出す」(II、二、I、二五〇)。また、宗教に関する彼の本の冒頭で、〈他者中心主義的〉体質の他の形態に触れるとき、コンスタンは、宗教的感情の後で、愛、高揚、共感、犠牲的精神を列挙する(「序文」、I、XXVIII)。しかし、もしも愛とそれ以外の真摯な感情が、犠牲の力を日常的に例証するというのであれば、どうしてわれわれは不死性などを必要とするのだろうか。死後の生よりも当てになるものは、われわれの外部に生きていながら、われわれの一部をなしている存在、彼らの幸福がわれわれの幸福をも生み出すような存在のほうではないのだろうか。たとえわれわれにたった一つの人生しかなくとも、またその人生がわれわれの死の瞬間に完全に終わるとしても、われわれはその人生を至高の価値にまで高めるように運命づけられてはいないのだ、と結論することができるだろう。なぜならば、内部と外部には連続性があり、社会性が不死性に取って代わるからである。まさにそこから、人間の偉大さが生じてくるのだが、同時に人間の悲惨さも生じてくる。というのは、他の人たちもまたわれわれと同じように、過ちを犯す存在だからである。

道徳と真実

人間の世界における道徳の位置はいかなるものだろうか。コンスタンは二つの相互補完的な展望を区別するように提起しているが、その二つは一方から他方へと還元できるものではない。第一は、客観的世界の展望であり、第二は、その世界で生きている主体＝人間の展望である。後者は単に、むなしい試みが成功につながるようなやり方で、前者のほうへ通じてゆく道ではない。後者は、前者とは別に、それ自体の理想を備えている。第一の展望は科学（コンスタンは哲学と言う）の展望であって、その目的は真実である。第二の展望は道徳（ということはつまり歴史的に言えば宗教）の展望であって、これは真実ではなく、善を求める。この二つの展望のどちらを選ぶかは、われわれが追求する目標次第である。

以下に掲げるのは、宗教の歴史に映し出されたこれら二つの描写であるが、この中では多神教が扱うのが前者であり、キリスト教が扱うのが後者である（したがってこの描写は、結局「古代人」と「近代人」の対立に極めて近いものであり、そもそもこの研究もその対立から始まったのである）。「哲学が支配していた古代の信仰［多神教］においては、人間はこの宇宙の広大さの中でごく小さな原子の地位にまで下げられていた。新しい信仰の形態［キリスト教］が、人間に世界の中心としての位置を回復させる。この世界は人間のためにだけ作られていたのだ。つまり、この世界は神の作品であると同時に、神の目的でもある。哲学的観念のほうがおそらくはより真実に迫っているだろう。しかしもう一方のほうが、ずっと熱意と生命感に満ちている。ある視点から見れば、それはまたより高い、より崇高な真実を備えている。その偉大さを現実にこの形態を構成しているものの中に位置づけるなら、天体の構造全体よりも、高潔な思考の中に、深い感動の中に、犠牲的行為の中により多くの偉大さが存在する」（『宗教』、I、五、I、九九―一〇〇）。じつのところ、人間は宇宙の中で迷った原子にすぎない。しかし人間の世界は（ただ単に）客観的な真実の世界なのではなく、それはまた熱意と偉大さの世界でもある。道徳と科学は、それぞれ一方が他方に従ってはならないものなのだ。そして、厳密に人間主義的な展望だけにとどめておくならば、道徳のほうがより高い価値を有している。

コンスタンが初期の作品を刊行するのは三十代の頃であるが、そのうちの一つで、彼はすでにこの問題に出会っていた。政治的な論理を組み立てる途中のことであった。彼は抽象的な公準と個々の事実とのあいだに、自ら介在的原理と呼ぶものを導入する必要性を主張した。そして彼はこの要求をカントの命題の批判によって例証した。「例えば、真実を述べることは義務であるという道徳原理が、絶対的に、他と切り離してとり上げられるなら、この原理は社会全体を堪えがたいものにしてしまうだろう。われわれは、一人のドイツの哲学者がこの原理から引き出したきわめて直接的な結果の中に、その証拠を見ることができる。この哲学者は次のことまで言うようになった。あなたの友人を追いかけている暗殺者たちが、あなたの家にその友人が隠れていないかと尋ねたのに対して、嘘をつくのは犯罪になるだろう、と」(『政治的反動』、VIII、一三六)。このような結果が非常識であるために、コンスタンはこの一般的原理を適切な枠組みの中に収めようとするのである。そしてここで、コンスタンの人間主義は、カントの道徳的合理主義と訣別する。真実を述べることが義務となりうるのは、個人どうしがお互いに協力し合っている社会の中だけである。暗殺者たちとその犠牲者は一つの社会を形成していない。両者はむしろ交戦している二つの国家のようなものである。ここではもはやいかなる義務も課せられない。「したがって真実を述べることは、その真実を受ける権利がある人たちだけの義務である。ところで、他者を傷つけるような真実を受ける権利のある人間などいない」(一三七)。社会の原理は真実の原理よりも勝っていて、友情の要請は嘘を許容する。

カントはコンスタンの論拠をよく調べた後で、痛いところを突かれたと感じ、同年、一七九七年に、『人間性によって嘘をつく権利と称せられるものについて』と題する小論文で反駁する。何よりもカントの心を乱すのは、コンスタンの言う一人一人の直接的体験の効用である。カントにとっては、原理は理性から生じてくるものであり、個々の苦悩（ここでは、迫害された人の死）の偶然の観察結果とは何の関係もない。カントはある行為の実際の結果には関心がない。嘘をつくことは、その状況がどうであれ、それ自体として、善の原理に反するのである。コンスタンが抱く価値の体系は違っている。他者を傷つけないということが目的であり、この目的はしばしば真実を語ることによってかなえられるが（例えばあらゆる契約上の関係）、別の場合には、嘘によってかなえられることもありうる（例えば暗殺者たちを前にした場合）。コンスタンによれば、隣人への愛は真実への愛に勝っていなければならない。道徳的行為の出発点は、**私**ではなく、**君**である。すべては、他者を苦しめることよりも優先される。だから、他者を苦しめないために、自殺が美徳となることもありうる。「拷問を見て、自分は友情を裏切るかもしれない、不幸な人たちを密告するかもしれない、自分の信仰に託した秘密を暴露するかもしれないと感じる人は、自殺をすることで義務を果たすのだ」（『宗教』、XIII、四、V、七五）。他のすべての原理はこの原理の前に屈する。それは、われわれがみな英雄になりうるということを意味するのではない。われわれが同じ理想を分かち合うということを意味するのである。

またもコンスタンは、私が**君**の目的性と呼んだ人間主義の公準に対して強い愛着を表明している。他者の幸福は、普遍的な道徳的義務といった、何らかのより高い目標の下に置くことができるという考えを拒否することによって、彼はわれわれにそのことを示しているのであるが、これはカントの原理をカント自身に対して用いているのである。コンスタンは具体的なものの確かな感覚によってそこに導かれる。つまり、彼は人類というものの幸福よりも、むしろ一人一人としてとらえた人間たちの幸福のことを考える。他者は常に目的であり、手段ではない、道徳的な規範を勝利させるための手段ですらないのだ。同じ理由で、コンスタンはゴドウィンを批判する。ゴドウィンは、すべての人間関係が正義に従うことを欲していて、愛が、正義とは無縁のもので、同時に正義よりも優先されるべきものである、ということを理解できない。「最も甘い愛情を気にかけていたら、人間という種に幸福がもたらされることはないだろう」(『ゴドウィン』、五六五)。

二人の個人のあいだの関係は、科学の客観的な展望の中にはない。その関係は真実を切望するのではなく、友情の要請に従う。確かに、他者の苦悩は、私の行動全体を指図するべきものではない。というのも、他者の苦悩は本当か、偽りか、あるいはその両方かであり、他から受けたものか、自ら選んだものか、あるいはその両方かであり、第三者——これもまた一人の他者(一人の君)になりうる——を苦しませるものか、あるいは苦しませないものかのいずれかだからである。コンスタンのように言うならば、その一般的公準を〈介在的原理〉によって規定しなければならない。それでも、他人に対する私の行動においては、私は真実の原理によってではなく、善の原理によって導かれることに変わりはないのである。コンスタンの一番の女友達、ジュリー・タルマは、彼の目の前で死に瀕している。彼はそのことを彼女に知らせるべきだろうか。「真実を告げることは義務ではないのか、と私は自問した。しかし真実の結果はどうなったであろうか、その真実を耳に入れるのをジュリーは恐れているのに」(『ジュリーに関する手紙』、一九八)。愛、友情、愛情は、義務を凌駕するのだ。ジェルメーヌ・ド・スタールの家でコンスタンは暮らしているが、彼女の利益のいくつかはコンスタンの利益と一致しなかった。彼は細かい点まですべてはっきりと説明するべきだろうか。「私は真実でないようなことは何も語りませんが、しかし真実をすべて語っているわけではありません」（ロザリー・コンスタン宛、一八〇三年七月二十三日）。彼はおそらく自分が行なう選択を間違えている。とはいえ彼は自分の原理を放棄することはない。「私の振る舞いには二心があるとあなたは言うでしょう。しかし情熱的な人に対しては、苦しみを免れさせる二心は、苦痛をより多く生み出す率直さよりも価値があるように私には思われるのです」（ナソー伯爵夫人宛て、一八〇九年七月十三日）。情念に関しては、真実は優先権をもてない。「私はこの世で一番正直な人間だ、愛に関することを別にすれば」と、コンスタンは『日記』に書いている（一八〇五年四月十三日）。

内輪の世界では、真実を述べる義務は副次的な役割しか演じない。公的な世界でも、重要なのは真実を述べることではなく、真実を探し求める可能性をもつことである。コンスタンは、モンテーニュのように、次のように宣言することができるだろう。真実そのものは神だけにふさわしい、われわれ人間は真実を探求するために生まれたのだ、と。コンスタンはこの問題に、一八〇六年の『政治の原理』の一部分を当てている。過ちを保持することは、確かに、公共の精神にとっては有害なことである。しかし、すでに確立している真実を押しつけることも、それに劣らずやはり有害なのである。真実は、客観的な世界にかかわることについては必要不可欠である。しかし真実の利点が、その社会的存在様式によって、当局によって押しつけられる義務によって、帳消しにされることもありうる。真実が欠如しているのは有害である。しかし盲目的な服従も、それに劣らず有害なのである。ただ単に真実に従うのではなく、自ら真実を探求することに乗り出すならば、人は、真実の「自然の道」を形成しているもの、つまり「論理、比較、検討」を受け入れることができるだろう（XⅣ、三、三二〇）。方法の効果が、この場合にはその結果の効果に勝っている。そんなわけでコンスタンは次のように結論することができる。「自由な過ちは押しつけられた真実よりも価値がある」（『フィランジェーリ』、Ⅳ、六、四〇八）。人から強いられた真実は不毛であるが、自由な探求は実り豊かである。だから、コンスタンにとって、自由の真の長所はまさしくその自由によって、あらゆる意見の検討、あらゆる論争の続行が可能であるという点にある。そこから次の逆説が生じる。「迫害と保護のどちらか一つを選ばなければならないとすれば、迫害のほうが啓蒙にとっては有益であろう」（『政治の原理』、XIV、四、三一六）。

コンスタンは次のようには言わない。一人一人が自分の真実を信じているが、それは結構なことだ。しかし、彼は次のように言う。さまざまな意見の自由な対立、議論され反駁される討論、論敵を尊重したり批判したりする会談は、独断的に組み立てられた真実への同意よりも、社会的にはるかに高い価値である。たとえその真実が神の啓示であろうとも、国家によって課せられる原則であろうとも。「真実がとりわけ貴重なのは、真実を発見しようとする欲求が人間に吹き込む活力のためである」（『M・デュノワイエについて』、五六一）。真実の手段にすぎない論争が、ここでは目的になっている。社会的な世界にこのように真実を刻み込むことは、もちろん真実であることを放棄することではない。心地よい嘘による慰めなどではない、真実の探究は、あらゆる認識活動の地平であり続ける。しかし、明らかに人間たちと認識する主体自体が属しているこの世界の客観的なヴィジョンは、相互主観的な関係の特殊性を損なうものではない。道徳的な世界が彼の世界であるのだが、その中でもしも真実と人間性とのあいだに最終的に相いれない対立関係があるとすれば、コンスタンが選ぶのは人間性のほうである。

終　章　人間主義者の賭け

過去を知るということは、まず根源的な人間の欲求を満足させる。つまり世界を理解し、編成し、そこで相次いで起こる混沌たる出来事に意味を与えるという欲求である。われわれは過去によって作り上げられている、ということをよく知っているが、ただし、常にそれを考えているわけではない。過去を理解できるようにすることは、また自分を認識し始めるということである。過去の光に照らしてみると、現在が変わってくる。当事者たちは自分たちの行為に対して、自己を正当化したり、自己を顕揚したりする解釈を与えたがるが、われわれはそうした解釈を文字どおりに取ることをやめ、彼らの行為を歴史的展望の中で読むようになる。言葉はどんな使い方にも応じるものである。したがって、同時代の人たちが用いている記述を信用することはできない。一見すると回り道になるが、過去と比較することによって、われわれは自分たちを取り巻く世界に、ずっと容易に、直接に到達することができるのだ。かつての思想を理解することが、今日の思想を変えることを可能にし、その今日の思想が今度は未来の行為に影響を与える。人間たちの意志に直接働きかけることは困難であり、しかも無益である。間違いを犯すのは、彼らの意志ではなく（人間は常に自分たちの善を欲している）、彼らの判断だからである（人間はその善をそれが存在しないところに探し求めている）。判断力を啓蒙することが、彼らの意志に働きかける手段である。そして歴史が手助けできるのは、その点にある。歴史家によって構築される過去の再現は、現在における行為である。別のやり方で自ら考えるということは、われわれの行動様式を変えることを可能にする。語るということは、ここでは行なうということなのである。

二十世紀の終わり、二千年紀の終わりにある今日、われわれはどこまで進んでいるのだろうか。ヨーロッパの過去と現在について、ヨーロッパの思想の（ささいな）一断片の研究は、われわれに何を教えるだろうか。

長い十九世紀のあいだに（一七八九―一九一四年）、世界の中のこの部分〔フランス〕は、近代に移行することを受け入れた。この移行は、貴族の時代から民主主義の時代へ、前もって編成されている階級化された世界と社会から、平等の原理を要求したり、自分自身の意志の選択を大事にすることができる状況への移行である、とトクヴィルは述べた。前世紀の哲学者たちの思想は、政治的、制度的な次元では、事実の中に組み込まれた。しかしこの変革はさまざまな新しい苦悩を生み出した。そこで人々は、いくつかの試みの中にその治療法を求め、近代という大いなる選択を忌避しようとした――そのような試みが、今度は、短い二十世紀を支配したのである（一九一四―一九八九年）。

イデオロギーの次元では、それらの試みは、異なる二つの精神の系譜から着想を得ている。一つは保守主義の系譜であり、もう一つは科学万能主義の系譜である。保守主義者は昔の社会をもち出す。実際には、彼らは昔の形態と近代の形態の妥協で満足する。他のみなと同じように、彼らは医学の進歩の恩恵に浴し、子どもたちを学校に通わせ、選挙に参加することを受け入れる（自分の意志と選択を行使することのできる、同じだけの状況がある）。神や自然によってすでに与えられているものを、受け入れて満足する代わりにそうするのだ。政治においては、保守主義者は強権政治を優遇するが、個人の自律性をすべて排除するまでには至らない。彼らは公的なものと私的なものの区別を尊重し、経済に関しては自発性を奨励する。というのは、それが豊かさの涸れることのない源泉であることが明らかになったからである。彼らは「教会」と手を組んでいるが、真の神権政治による国家を樹立しようとはしない。良心の自由を根絶するようなことは、あまりにも高くつく企てであろう。彼らは国家主義をもち出す、したがって個人的なものを犠牲にして集団的なものを選ぶが、「国家《ナシヨン》」の祭壇に個人を無条件に犠牲に供することは要求しない。保守主義復興のためのこうした試みは、今世紀の半ば、南ヨーロッパで（ポルトガルからギリシャにかけて）ある程度の成功をみたが、それ以降は、いずこにおいても、よりはっきりとした民主主義の政治形態に地位を譲った。

強権体制はしばしば過去に根拠を求め、全体主義体制は未来に根拠を求める。しかしそれだけが唯一の違いなのではない。全体主義の擁護者は、世界を厳密に認識することももち出す。というのも彼らは、人間存在が非人間的な、情け容赦のない法則によって完全に規定されている、という前提に立つからである。まさしくそれが、科学万能主義精神の系譜に対する、彼らの関心を正当化するものである。確実な認識、彼らが伝統を軽蔑する動機は、目標に到達するために、手っ取り早い、その上暴力的な方法を好んで選ぶようにしむける。ドイツのナチス党員たちは保守主義の理想を分かちもっていたが、この科学への訴えによって、また世界を変えるために革命的、暴力的手段を拠り所とすることによって、同じ系譜の他のメンバーたちと袂を分かつのである。彼らはその点では、科学的なユートピア主義のもう一つの解釈、共産主義につながる。この共産主義は、近代のいくつかの理想を確保しておくと主張しながら、それに辿りつくために選ぶ方法によってその理想を裏切る。つまり、人間という種の普遍性は情け容赦のない階級闘争によって否定され、敵対する階級の物理的排除に行き着かなければならないのである。自分の運命を選ぶ主体の自由、普遍的理性への訴えは、集団的意志への事実上の服従によって否定され、集団的意志のほうは、職業的闘士から成る一つの党派に乗っ取られ、実際には何人かの個人の意のままにされる。この革命的ユートピア主義は、科学を引き合いに出すけれども、現実には科学的なものは何もない。まず最初に決定論を絶対化し、次にそこからさまざまな価値を引き出そうとするのだから、これは決定論が堕落したものなのである。

治療法のほうが病気よりもなお悪いことが明らかになり、改めて、前よりも深刻になった。この治療法は無数の犠牲者を出した後で廃棄された。ドイツのナチズムは、軍事的敗北によって、廃棄されたのはかなり早かったが、ロシアの共産主義は、見せかけの寛大さの背後に最高の偽装を施していたので、廃棄されるのはずっと遅くなってしまった。科学的ユートピア主義、それに教権政治は、今日ではヨーロッパの外でしか権力を維持していない。内にあっては、それらは確かに過激派集団を扇動し続けているが、しかし今のところ、民主主義を傷つけることはできても、転覆させることはできない。

短い二十世紀は、政治の次元では、いろいろな治療法が試されては拒否され、一時棚上げにされたような外観を呈している。この視点から見れば、二十一世紀は十九世紀と再び結びつく。二十一世紀は、民主主義的構想への支持を十九世紀から受け継ぐのだが、同時にある種の病も受け継ぐ。伝統的な形態の植民地意識は消滅したとはいえ、国家主義と外国嫌いが目覚める。物質的な不平等、したがってまた社会的緊張も激化する。ほかにも今までにない新しい危険が生じてくる。とりわけ自然に重くのしかかってくる脅威がある。**与えられるもの**を犠牲にして**意欲**を優先させたために、人間は、魔法使いの弟子のように、自然の資源を破壊することで、自分自身の生命を危険に陥れた。過去から伝えられたイデオロギー的な装置の中には、こうした害悪と戦いうるような他の武器があるだろうか。

遠い過去や、不確かな未来の代わりに、現在の改革を断念するのは、実際には、この現在へのあらゆる働きかけを断念するということではない。そうではなくて、その働きかけを、この現在と釣り合うような原理、ここでは民主主義の原理を基盤にして築き上げたいと望むことなのである。二つの新たな選択がここに生じるが、それはわれわれの周囲で現に行なわれていると指摘することができる。一つは、狭い意味での個人主義の強化であり、もう一つは、ユートピア的ではない、技術的科学主義の実践である。

個人の自律性に認める新しい立場を理由にして、近代のすべての動きを時として個人主義と言うことがある。しかし狭い意味では、個人主義者とは、人間の必然的な社会生活を気づかうことなく、個人的意志の権利を主張する人々のことである。自律性は、主体によって受け入れられる一つの規範を意味するのであり、この自律性は社会を認める。個人的欲求と意志の表現である独立性は、個人主義者が大事にするものである。一九六八年五月は、共同体の生活を調整しなければならない政治的構想が、百花繚乱と咲くのを体験したが、同時にこれは、逆説的に、〈禁ずることを禁ずる〉というスローガンを振りかざした個人主義の、(象徴的な)大勝利によっても記憶に残った。禁止がないということは、すなわち法がないということであり、それはつまり個人に対して社会から来る強制がないということである。

個人主義は常にこれほど軽々しい形態をとるわけではない。現代社会の最も変化に富んだ様相の中に、個人主義が機能しているのを見ることができる。複合的な、階層化された住宅環境であった町や村に取って代わって、徐々に、家が一軒一軒立ち並ぶ一戸建ての居住形態や、互いに交換可能な住宅の巨大な集合体である団地が見られるようになってきた。誰もが自分の車の中に一人だけ取り残されている——また同時に、逆説的になるが、公共の交通機関の中では、誰もが無名の存在に追いやられる。私が書き物をしているこの今、郊外の団地で一つの運動が広がっている。団地と町の他の地域を結ぶ最後の絆の一つである、公共事業体の乗合バスが非難を受けているのだ。新たな形態のコミュニケーションや情報伝達が、人間の相互作用を必ずしも円滑にするとは限らない。一人一人が自分のパソコンの画面の前に一人きりですわっている。また、われわれがテレビの同じ番組を何人かで見ているときでさえ、われわれの視線は平行なままで、互いに交わる機会はない。ある人たちは宗教に心の拠り所を求めるが、しかし宗教が常に絆になるとは限らない。というのも、一人一人が選ぶ宗教は、何世紀にもわたる時代と、さまざまな文明との膨大なリストの中から取り出されるものだからである。子供たちもまた一人きりで大人になるわけではないが、しかし時として、親しむことができるのは片方の親だけというような場合や、両方の親であっても交互に別々にというような場合がある。

このように増大する孤独、このような社会的自閉症は、個人のあいだのもっと大きな分化に至ると人は予想したかもしれないが、その逆で、そこまでには至っていない。モンテーニュはすでにそのことを理解していた。人間を個別的に捉えれば、人間は互いに似通っている。比類のない、唯一のものとは、彼らの星まわりなのである。人間の行動が同じ様式に従い、同じイメージに合わせようとするとき、自由は幻想になってしまう。

民主主義社会の中に痕跡を残す科学主義は、全体主義の中に見られる科学主義とはまったく異なる。民主主義社会の場合には、革命的企ても、個人の暴力的な支配もないので、したがって恐怖もない。しかしながら、民主主義社会でも全体主義社会でも、人は、社会の中で機能している一定の規範を守っているのだと思っている。そしてその規範を活かして自分の行為を定める。したがって政治は、人々が政治の専門家たちに意見をきく、一つの専門分野となった。それで論争はもっぱら手段の選択だけに限られ、目的の選択にはかかわらない。われわれは道具としての思想が支配する時代に入っており、ここではどんな問題も、ひたすら技術的な解決策だけを見つけ出さなければならないのである。この視点は、社会における生活の構造に深い影響をおよぼしている。〈技術者〉（集団的で、匿名の技術者一般）が、名声を博すだけではなく、その上に、あるものを作れるという可能性が、そのものが作られるための十分な理由となった。**できる**が**欲する**となり、それが今度は**しなければならない**に変化する。技術官僚主義《テクノクラシー》と官僚主義《ビュロクラシー》が神聖化され、手続きと規則が不可侵のものとなる。

おそらく、民主主義社会の中で経済活動が果たす役割ほど、このような道具としての思想の支配をよく示すものはほかにないであろう。重要なのは、経済についてのある概念を別の概念と対比させることではない。経済のカテゴリーそのものが、途方もない次元に達してしまったのである。政治的目標をすべて従属させることで、経済的繁栄はこうした社会の唯一の尺度、唯一の目的になった、というような印象をしばしば与える。社会的な立場はすぐに消費能力の用語で表現され、そのことによって当事者は受動的状態に追いやられる。ところが経済現象のこの排他的な支配は幻想なのである。より高い給料の要求の後ろには、しばしば、より大きな社会的認知、より多くの敬意、より尊敬に値する共同生活の要求が隠されている。人間の要求はすべてお金で計られるとは限らない。消費社会はわれわれにこの確固たる事実を忘れさせるようにつき動かす。

ユートピア的科学主義においては、個々の人間存在は、最終目的になるどころではなく、人間存在を越えた目標、理想国家に到達するための手段に変えられてしまう。技術的科学主義においては、人間の幸福のための道具――効率、生産、消費――のほうが、最終目的に変えられるのである。しかしその結果、人間は道具の道具、道具の奴隷になってしまう。ところで、もしも最終目的が経済的効率であるならば、個人に対して増大する強制力の行使に対して扉は開かれている。この場合の抑圧は、全体主義国家が実践するものとは違い、暴力的ではない。この抑圧は間接的で、拡散している。しかしそのために、この抑圧は限定したり、拒絶したりすることがずっと困難なのである。

技術的科学主義は、外見的には両立不可能な次の二つの原理によって支配されている。すなわち、すべては決定されている（生命は厳密な法則に従っている、科学はなおも進歩し、最後には人々がそうした法則を全部知るようにしなければならないだろう）。また、すべては可能である（人はどんな目標にも到達することができる、それを望むだけで十分である）。われわれの社会の後者のような側面が今度は、すべての不幸の後ろに法的な責任を追及せよという、一段と激しい要求を生み出す。制御できない力が、私の家の浸水や、屋根を崩壊させるような悪天候や、息子を運び去るような雪崩を引き起こしたのかもしれない、ということを私はもはや認めようとはしなくなる。すべては制御が可能であるから、こうした災難にも人間の責任が存在するはずであり、その責任を法廷にもち込むことができるのだ。私はもう病気に苦しめられるのはごめんだ。これは、病気を引き起こした社会の落ち度だ、あるいは病気を治そうとしなかった医者たちの落ち度だ。社会が、あるいは医者たちが償わなければならない、といった事態になる。

その上、確かに、人間の運命に影響を与えるさまざまな可能性が、数十年前から目を見張るような勢いで増加してきた。意欲の割合が増え、与えられるものの割合が減少している。全体主義の支配者たちは、生まれつきの弱点から免れた、新しい人間たちを作り出そうと夢見た。しかし彼らが意のままにできたのは、手っ取り早い手段、すなわち洗脳、拷問、強制収容所だけであった。民主主義社会の技術者は、生物の種の遺伝情報を制御しようとしている。したがって彼らは生物の新しい見本を作り出すことができるだろう。もしも彼らが望むなら、彼らはわれわれの遺伝子を変えて、遺伝的欠陥を除去することもできるだろう。時期が来れば、彼らは人間の種そのものを変化させることもできるようになるかもしれない。歴史の中で初めて、人類は自分自身の望みどおりになる状態に置かれるのである。

個人主義と技術尊重の民主主義に対する批判は、新しいものではない。そうした批判はしばしば保守主義や全体主義の企ての出発点となった。しかしわれわれは実際にその二者択一の中に閉じ込められているのだろうか。民主主義の伝統そのものの中には、そこから逸脱したものと戦うことを可能にするものはないのだろうか。私はあると考えている。それは人間主義の核であって、近代民主主義の構想が練られたのと同じ時代、同じ精神の中で形成されたものである。この新人間主義の方針をもっとよく理解するためには、十六世紀から十九世紀までの、形成過程における人間主義を調べることが有益である。開拓者たちの力強い思想は実際に、われわれが馴染んでしまっていて、もはやわれわれの注意を引かなくなっている、色あせた教科書的な説明とは天と地ほどの対照をなす。まさにそれが理由で、本書は、モンテーニュからトクヴィルに至るまでを、デカルト、モンテスキュー、ルソー、コンスタンを経由して、フランスの人間主義の伝統の研究に当てたのである。

人間主義は、まずは人間についての観念、人類学である。この人類学の内容は豊かなものではない。それは三つの特徴に限られる。すべての人間、そして人間だけが、同一の生物学的種に属するということ。次に、人間の社会性、すなわち食物を摂取し、子孫を残すためばかりでなく、意識をもった、話す存在となるための人間どうしの相互依存。最後に、人間の相対的な不確定、つまり人間がさまざまな選択にかかわることができるという可能性であって、この選択が人間の集団的な歴史や伝記を組み立て、人間の文化的、個人的自己同一性の原因となるのである。これらの特徴――〈人間の自然〔本性〕〉と言ってもよい――は、これらだけでは価値がない。しかし人間主義者がこの最小限の人類学に道徳と政治を付け加えるとき、彼らが選ぶ価値は、その〈自然〉に合うようなものであって、単なる人為的なもの、自由意思の産物などではない。この場合に、自然と自由はもはや対立しない。これが、**彼ら** *ils* の普遍性、**君** *tu* の目的性、**私** *je* の自律性の立場である。人間主義の道徳のこの三本柱は、実際に、人間という種のすべての構成員に等しい尊厳を認識させ、私の行為の最終目的として私以外の個々の人間存在を高く掲げ、最後に、強制されて達成する行為よりも、自由に選ぶ行為のほうを好ましいものにするのである。

これらの価値はどれも、別の価値には還元できない。場合によっては、これらの価値が互いに対立することもありうる。ところで、人間主義の理論を特徴づけているのは、それぞれの価値が単独で存在するのではなく、それらの価値が相互に作用し合うということである。自由の称賛、主権の選択は、他の、個人主義や、科学万能主義の理論の中にも同じように見られるが、人間主義においては、これらは**君**の目的性と**彼ら**の普遍性によって限定されるのである。私は従うことで満足するよりも、むしろ私の個人的な自由を行使したいが、それはただ、自由の行使が他人を害さない場合だけに限られる（私の拳の自由は私の隣人の頬の前でとまる、とジョン・スチュアート・ミルは言ったが、それが人間主義者が共有する精神である）。私の国家は独立国であって欲しいが、しかしだからといって、他の国家を屈服させる権利は与えられていない。自律性は友愛と平等によって支えられる自由である。**君**と**彼ら**もまた等価値ではない。市民としては、ある社会の構成員はすべて互いに交換が可能であり、彼らの関係は平等に基づく正義によって規定されている。個人としては、同じ人がそれぞれ別の人に還元されることは絶対にありえず、また重要なことは彼らの違いなのであって、平等ではない。彼らを互いに結びつける関係は、好みや、愛情や、愛を要求する。このような価値の多様性が今度は、なぜ、反人間主義であることにいくつもの流儀があるのかを説明してくれる。ボナルドやテーヌは（それぞれ理由は異なるが）**私**の自律性を否認する。パスカルはその上に**君の**目的性を拒む。ゴビノー（一八一六―一八八二年。フランスの外交官・小説家。外相トクヴィルの秘書を務める。マーリア民族の優秀性を唱えた彼の説は、後にナチスに利用される〕、ルナン、ボードレールは**彼ら**の普遍性に反対する。

人間主義者は人間を〈信じて〉もいないし、人間の賛歌を歌うこともない。彼らは何よりも次のことを知っている。人間は何でもできるわけではなく、自分たちの複数性そのものによって制限を受ける、というのも、ある人たちの欲求はごくまれにしか別の人たちの欲求と一致しないからである。また人間は、自分で選ぶことのできない歴史と文化によっても制限を受けるし、すぐに限界に達してしまう自分の肉体的存在によっても制限を受ける。人間主義者はとりわけ、人間が必ずしも善ではないということ、最悪のことさえしかねないということを知っている。二十世紀に人間がお互いに加え合った害悪は今も記憶に生々しいので、人間の善意を拠り所とする仮説はすべて信じるに足ると判断することができなくなっている。じつを言えば、そうした証拠は決して欠けたことはなかったのだ。しかし、戦争や収容所の恐怖をまさに体験することで、現代の人間主義者、プリーモ・レーヴィ〔一九一九—一九八七年。イタリアの小説家。『これが人間か』で、アウシュヴィッツ体験を描いた〕、ロマン・ガリ〔一九一四—一九八〇年。フランスの小説家〕、ワシーリー・グロスマン〔一九〇五—一九六四年。ロシアの作家〕のような人は、自ら選択をして、**同じように**自由に行動し、**同じように**善を行なう人間の能力への信頼を肯定したのである。現代の人間主義は、アウシュヴィッツやコルィマを無視するのではなく、それらを出発点とする。この人間主義は傲慢でもなければ、素朴でもないのだ。

不確定という観念と、共有された価値という観念を同時に受け入れるならば、この二つを結びつける道が存在する。それは教育と呼ばれる。人間は善良ではないが、善良になることができる。以上がこの過程の最も一般的な趣旨であって、学校教育はこの過程の小さな一部分にすぎない。現代の西洋世界においては、これはまた別の斬新さであるが、子供たちの大多数はもはや（偶然によって）授かるものではなく、子供たちは、通例としては、意図的につくられる。その結果、子供を自由な、連帯感のある大人に変えるように働きかける人々全員の責任が増大している。まず家庭、それに学校、さらには社会全体がそうである。というのも、子供が生き残ってゆくのを確かなものにしたり、子供の成功を容易にしたりするだけではなく、最も高度な喜びを子供が発見できるようにしてやる必要もあるからである。そのためには、子供の特徴がそこにあるというだけで、それを全部認めて満足するのではなく、子供の特徴のあるものは伸ばし、あるものは退けるようにしなければならない。

人間主義は一つの政治をはっきりと規定することはない。多様な、その上矛盾するような選択が、人間主義の原理と共存できる（例えば〈自由主義者〉と〈共和主義者〉との違いがそうである。集団的自律性は個人的自律性と対立することがありうる）。しかしながら、人間主義のさまざまな価値を受け入れることで、統治する人たちの選択と、統治される人たちの態度が方向づけられる。平等の要求は、民主主義制度の創設以来作用していて、今日でも作用し続けている。とはいえそれだけが政治的価値ではない。受動的な、最小限のこの人間主義に対して、能動的で、はるかに野心的な人間主義が加えられる。個人としての人間を、われわれの制度や、われわれの政治的、経済的な決定の究極目的にすれば、一つの静かな革命が引き起こされるかもしれない。個人たちによって構成される社会性を信じるということは、社会の目的を定義し直すことを意味している。**私**の自律性に特権を与えるということは、指導者たちを選べるようにするために、私に投票権を保証するということだけを意味するのではない。逃げ腰の順応主義に立ち向かうということも意味するのである。国家とその制度はそれら固有の論理をもっており、その論理が国家とその制度を増大させ、強化させると、ついにはそれら自体が目的となるに至る。こうした傾向に歯止めをかけるのは、市民一人一人の義務である。というのも、国家と制度は市民に奉仕するために存在するべきものだからである。社会的、経済的〈規範〉のいわゆる必然性を甘受するということは、逆に、人間主義の原理に反する。

　人間主義は、技術そのものにはまったく反対しない。しかし技術が手段であることをやめ、目的と化するとき、人間主義は技術に反対する。人間主義の観点からすれば、肉体を疲労困憊《こんぱい》させる仕事が取り除かれること、この上なく辛い仕事を人間に代わって機械が達成してくれることを、どうして喜ばずにいられようか。人間がより大きな快適さの中で生活し、より楽に存在し、より多くよりよく学べるという可能性に、どうして賛同せずにいられようか。しかしながら、技術が奉仕するものではなくなって、もっぱら技術それ自体の利益に気を取られる支配者となるとき、技術によってもたらされるこれらすべての利点は、利点ではなくなる。そしてこれはただ機械だけに当てはまるのではない。人間に奉仕すべきもののほうが、人間を道具のような役割に貶めてしまうこともあるということに気づくには、われわれにとって最も必要な制度、病院、学校、裁判所を観察するだけで十分である。

　人は次のように反論する。しかし**私**の自律性とは、個人の意志が無限に散乱することだ。**君**の目的性とは、私生活の中だけに閉じこもることだ。**彼ら**の普遍性とは、国家の冷たい規則を地方共同体の熱意で置き換えることだ、と。ところでこうした逸脱は避けられないものではない。自律性とは共通の規範を拒絶することではなく、共通の規範の設定に参加することである。近親者への愛は政治的参加の代わりにはならない。それは政治的参加を補うものであって、さらに政治的参加に価値を与えるものである。愛する対象が不完全であるからといって、愛の完全さが妨げられるわけではない、とデカルトは言った。一人のしがない人間存在の愛が、人類の幸福を唱える厳粛な宣言よりも貴重なこともある、ということを指摘しなければならない。人間主義が主張することは、四角四面の抽象的観念の中でではなく、人間存在の一人一人に奉仕しなければならないということである。結局、普遍性が適用される人道的領域は、公共の世界を枯渇させることはないし、共同体が由緒とか利益とかを保持するのを禁じることもない。

　ボナルドが示唆していたこととは反対に、急流から堰が出現することもある——あるいは、ルソーが用いたもっと本当らしい隠喩によれば、治療法は病そのものから生じることもある。人間主義者は、人間が獲得した自由の代価を人間は支払うべきではない、と主張する。人間は、共通の価値も、社会的なつながりも、自我の完全さも放棄しなければならないわけではない。悪魔が支払いを要求している契約は、実際には決して存在したことなどなかったのだ。しかし与えられたものには、意欲的なものが援助をしなければならない。それらの価値には必然的なものは何もないのだから、意欲的な行為によってそれらを受けとめなければならない。自発的な関与、友情と愛の選択は、血縁関係や隣人関係の衰退を補ってくれるだろう。自我は、確かに、複数である。しかしそれによって、自我が責任ある主体として行動できなくなるわけではない。他者は至るところにいる。自分自身の中に、自分の周囲に、自分が大事にしている価値の中にまで。ほかならぬこの他者のおかげで、自分は悪魔の脅迫に立ち向かうことができるのである。他者は地獄であるどころか、**他者**は地獄から抜け出す機会を体現している。

　だからといって人間主義の理論が、人間のありとあらゆる要求に向けられるわけではない。人間主義の理論は生き延びるための根源的な要求、つまり将来の心配も、近親者のための心配もせずに、暖かく生活していけることについては何も語らない。それは、現時点での最良の経済機構は何か、ということをわれわれに教えてはくれないし、市場がすべてを決めるべきか、それとも国家も意見を述べる権利があるのかということについても、われわれに示してくれない。人間主義の理論は愛と連動しているが、日常的体験に味わいを与え、多くのわれわれの楽しみの源となるもの、今この瞬間の強烈さ、快楽、陶酔については何も語らない。人間主義は、世界を理解し、世界と調和して生きようとするわれわれの根本的な欲求、われわれを科学に導いたり、また自然を無私無欲に眺めるようにさせるその欲求に関しては、われわれに何も教えてくれない。人間主義は、信仰をもつ必要があるのか、ないのかについても、われわれには何も言わない。人間主義の思想は、人間相互の世界についての分析や活動を方向づけるだけである。しかしこの世界の中に、すべての他者が所を得て位置づけられている。

民主主義体制は人間主義の思想といくつかの共通点をもつ。これはちょうど、強権体制が保守主義と、全体主義がユートピア的科学主義と、無政府主義が個人主義と共通点をもつのと同じである。しかしこれらの共通点は、強制的な要求とはならない。そして民主主義の特性は、いかなる理論も政治的権力と一体化しない限り、他の理論を従わせたり消滅させたりしない限り、理論の複数性を許すという点にある。さもなければ、公式の教義となったこの理論の存在様式は、その意味——自律性の主張——と矛盾し、それを否定することになるだろう。民主主義の政教分離国家は、さまざまな善の概念が国家の究極の原理に反しない限り、それらの中から一つだけを選ぶということはしない。広大なその枠の中で、この国家はイデオロギー的論争を自由に広く行なわせる。近代思想の他の系譜の支持者たちが、必ずしも愚か者や悪人であるとは限らないのである。彼らは、人間主義者であれば埒外だと判断するような、人間の体験のさまざまな側面を捉え、際立たせる。しかしこの人間主義者のほうも間違える可能性はあるのだ。だから、世界についての自由な検討は常に続けなければならない。すぐれた人間主義者たち自体が、そうした軋轢の舞台となる。またそのようにして、彼らの思想は進歩する。彼らの仕事は一つの理論の発表だけに限られてしまうわけではない。

人間主義の企ては決して止まることはないだろう。それは、決定的な秩序を作り出すような、地上の楽園の夢を拒否する。それは、人間を現在の不完全さの中で考察し、この事態が変わりうるとは想像しない。人間主義の企ては、モンテーニュとともに、人間の菜園が永久に未完のままであり続ける、という考えを受け入れる。それは、自律を求める欲求が、自発的隷属の喜びによって打破されることを知っている。また他者を私の行為の目的とすることで感じる喜びは、他者を私自身の満足の道具に変える欲求によって隠され、妨げられるということ、さらに万人に対する尊敬に取って代わって、〈他の人たち〉よりも〈われわれの身内〉をひいきしやすくなる、ということも知っている。シシュフォスの岩は絶えず転がり続ける、すなわち彼のすぐそばにもう一個別の岩がある――しかし、シシュフォスの運命は呪われたものではない。これは単なる人間の条件であって、この人間の条件は決定的なものも、完成されたものも知らないのである。あるいはむしろこの人間の条件は、錬金術の操作のように、相対的なものを絶対的なものに変えたり、この上なく脆い材料で堅固なものを築き上げたりすることなのである。

人間主義の思想は、科学や教義よりも、一つの現実的な選択をするように提起する。つまり一つの賭けである。人間主義の思想は、人間は自由だと言う。それによって最良のものと最悪のものが出てくる可能性がある。人間は自分の意志によって行動し、純粋に愛し、互いに同等のものとして扱うことができる、ということに賭けるほうが、その逆のほうに賭けるよりもよい。人間は自分を乗り越えることができる。まさにその点で、彼は人間なのである。「賭けなければならない。これは自発的というわけにはいかない。あなたは乗り込んでしまっているのだから。」賭けないということは、逆のほうに賭けることである。ところが、その場合には、何も得ることができない。しかし、パスカルとは違い、人間主義者は神を信じるという行為を要求しない。彼らは認識するようにしむけ、意志に訴えるだけで満足する。その点に関しては、彼らは、すでに忍従を拒否していたキリスト教的人間主義者の後に続いている。十六世紀の初頭に、エラスムスはこう叫んだ。「神は陶工が粘土をいじるように人間に働きかけるからといって、それで人間は何になるというのか。」エラスムスは、根拠もなく、〈目的因〉もなく、この世にやって来た存在などまったくないと考えていた、そして、不完全に限定され、それゆえに自由を知っている、人間という実在の中に、神が人間たちに恩寵を与えるだけでは満足せず、人間が自分自身の仕事を通じて救済を求められるようにした証拠を見ていたのである。もしもすべてが前もって決められていたら、人間は何になるというのか。フランスの伝統の中の人間主義者たちは、目的因を必ずしも信じているわけではない。しかし彼らは、あたかもその道が実際に人間たちに開かれているかのようにすることが、有益なことだと判断する。確かに、パスカルとは違い、彼らは賭ける人たちに〈永遠の生命と幸福〉を約束はしない。しかしただ、はかない、たまゆらの至福だけは約束している。

神がわれわれのために果たすべき義務はまったくない。神の「摂理」にしても、自然にしても同様である。人間の幸福は常に先延ばしされる。しかしながら、人はいかなる王国よりも、人間の未完の菜園のほうを好むだろう。次善の策であるからではなく、それこそが、われわれに真実の中で生きることを可能にしてくれるからである。

参考文献（指示のないものは、パリで刊行）

I　古典的作品

アベラール、エロイーズ、『書簡』、UGE＝10／18、一九七九年。

（畠中尚志訳、『アベラールとエロイーズ』、岩波文庫、一九三九年、一九六四年（第十七刷））

アリストテレス、『ニコマコス倫理学』、ヴラン、一九五九年。

（高田三郎訳、『ニコマコス倫理学』、岩波文庫、一九七一―一九七三年、全二巻）

――『政治学』、ヴラン、一九八二年。

（山本光雄訳、『アリストテレス政治学』、岩波文庫、一九六一年）

アウグスティヌス、『ヨハネの第一書簡の注解』（『注解』と略す）、ル・セール、一九六一年。

――『告白』、ガルニエ＝フラマリヨン、一九六四年。

（山田晶訳、『告白』、『世界の名著14』、中央公論社、一九六八年）

シャルル・ボードレール、『全集』、ガリマール＝プレイヤード、一九七五―一九七六年、全二巻。

（阿部良雄訳、『ボードレール全集』、筑摩書房、一九八三―一九九三年、全六巻）

ベルナール・ド・ヴァンタドゥール、『愛の歌』、クリンクズィーク、一九六六年。

ベルナルダン・ド・サン＝ピエール、『ポールとヴィルジニー』、フラマリヨン、一九六六年。

ピエール・ド・ベリュル、『信仰心小論』、オービエ、一九四四年。

『聖書』、ガリマール＝プレイヤード、一九五六―一九七一年、全三巻。

ルイ・ド・ボナルド、『原始的法体系』、一八二九年、全三巻。

——『文学・政治・哲学論文集』、一八三八年、全二巻。

——『政治的・宗教的権力の理論』〔『理論』〕、一七九六年、全三巻。


ベンベヌート・チェリーニ、『ベンベヌート・チェリーニの生涯』、スカラ、一九八六年。


キケロ、『友情論』、レ・ベル・レットル、一九七一年。

——『義務論』、『ストア派の人々』、ガリマール＝プレイヤード、一九六二年に所収。

〔角南一郎訳、『義務について』、現代思潮社、一九七二年〕

マリー＝ジャン＝アントワーヌ＝ニコラ・ド・コンドルセ、『チュルゴ伝』、『作品集』、第五巻、一八四九年に所収。

バンジャマン・コンスタン

［著作］

——『増補』、『あらゆる政治形態に適用可能な政治の原理』、ジュネーヴ、ドローズ、一九八〇年に所収。

——『征服の精神と簒奪について』〔『征服』〕、ガルニエ＝フラマリヨン、一九八六年。

——『共和国憲法』＝『ある大国における共和国憲法の可能性について放棄した作業の断片』、オービエ、一九九一年。

——『フィランジェーリ』＝G・フィランジェーリ、『作品集』、第三巻、一八四〇年、バンジャマン・コンスタンによる注釈。

——『フランスの現政府の力について……』、フラマリヨン＝シャン、一九八八年（『政治的反動』も所収、第十三版を再録した復刻版も参照）。

——『近代人の自由について』、LGF＝リーヴル・ド・ポッシュ＝プリュリエル、一九八〇年。一九九七年にガリマール＝フォリヨで『政治的著作』（『デュノワイエ氏について』、『ゴドウィンについて』、『解き放された思想』、『改善可能性』）の題名で再刊行された。

——『全集』、チュービンゲン、M・ニーマイヤー、（『百日天下』、第十四巻、一九九三年。『平等についての略史』、『十八世紀の文学』、第三巻、第一冊、一九九五年）。

――『作品集』、ガリマール＝プレイヤード、一九七九年（『アドルフ』、『セシル』、『わが生涯』〔『赤い手帖』〕、『日記』）。

〔市原豊太訳、『アドルフ』、『世界文学大系91』、筑摩書房、一九六四年〕

〔竹村猛訳、『アドルフ・赤い手帖・セシル』、白水社、一九八九年〕

――『古代ローマの多神教』〔『多神教』〕、全二巻、一八三三年。

――『肖像、覚え書き、回想』、シャンピヨン、一九九二年（『ジュリーに関する手紙』、『スタール夫人について』、『歴史的回想』）。

――『政治の原理』、アシェット、一九九七年。

――『宗教について、その起源、形態、発展の考察』〔『宗教』〕、第一巻、一八二四年、第二巻、一八二五年、第三巻、一八二七年、第四・第五巻、一八三一年。

〔書簡〕

――イザベル・ド・シャリエールへの手紙、イザベル・ド・シャリエール、『全集』、アムステルダム、G・A・ヴァン・オーショット、およびジュネーヴ、スラトキン、特に第三巻、一九八一年、第四巻、一九八二年。

――バンジャマン・コンスタン、ロザリー・コンスタン、『書簡』、ガリマール、一九五五年。

――『バンジャマン・コンスタンから家族への手紙、一七七五―一八三〇年』、ストック、一九三一年（ナソー夫人への手紙に関して）。

――バンジャマン・コンスタン、レカミエ夫人、『一八〇七―一八三〇年の手紙』、シャンピヨン、一九九二年（アネット・ド・ジェランドへの手紙も含む）。

ルネ・デカルト、『作品と手紙』、ガリマール＝プレイヤード、一九五三年（『方法序説』、『情念論』、『哲学の原理』、『自然の光による真理の探究』、『書簡』）。

〔野田又夫編、『デカルト』、『世界の名著22』、中央公論社、一九六七年〕

――『作品集』、第十巻、ヴラン、一九六六年（『思索私記』）。

エラスムス、『自由意思に関する酷評』、『作品集』、LGF、一九九一年に所収。

エウリピデス、『救いを求める女たち』、『作品集』、第三巻、レ・ベル・レットル、一九五九年。

フランソワ・ド・サル、『書簡、精神的友情の手紙』、デクレ・ド・ブルウェー、一九八〇年。

トマス・ホッブズ、『市民論』、フラマリヨン、一九八二年。

——『リヴァイアサン』、スィレ、一九七一年。

〔水田洋・田中浩訳、『リヴァイアサン』、『世界の大思想16』、河出書房新社、一九七二年〕

ヴィクトル・ユゴー、『詩』、第二巻、『作品集』、アンプリムリー・ナショナル、一九〇九年に所収。

イマニュエル・カント、『哲学作品集』、ガリマール＝プレイヤード、第二巻、一九八五年（『人倫の形而上学の基礎』）、第三巻、一九八六年（『理論と実践』、『人間性によって嘘をつく権利と称せられるものについて』）。

——断片、『著作集』、第十九巻、ベルリン、一九三四年。

エティエンヌ・ド・ラ・ボエシ、『自発的隷属論』、ボサール、一九二二年。

〔荒木昭太郎訳、『自発的隷従を排す』、『世界文学大系74』、筑摩書房、一九六四年〕

フランソワ・ド・ラ・ロシュフーコー、『箴言集』、ガルニエ、一九六七年。

〔二宮フサ訳、『ラ・ロシュフコー箴言集』、岩波文庫、一九八九年〕

——『全集』、ガリマール＝プレイヤード、一九六四年（『書簡』）。

——『自由主義者』、アシェット、一九八六年、全二巻。

ステファーヌ・マラルメ、『全集』、ガリマール＝プレイヤード、一九八三年。

ジョン・スチュアート・ミル、『三つの論文』、オックスフォード、オックスフォード大学出版、一九八五年。

——『功利主義』、トゥールーズ、プリヴァ、一九六四年。

〔伊原吉之助訳、『功利主義論』、『世界の名著38』、中央公論社、一九六七年〕
ミシェル・ド・モンテーニュ、『エセー』、PUF＝カドリッジ、一九九二年、全三巻（アルレア版、一九九二年による現代の正書法を使用）。
〔原二郎訳、『エセー』、『筑摩世界文学大系13・14』、筑摩書房、一九七三年〕
シャルル・ド・モンテスキュー、『法の精神』、ガルニエ、一九七三年。
〔根岸国孝訳、『法の精神』、『世界の大思想16』、河出書房新社、一九七二年〕
――『全集』、スイユ、一九六四年（『ローマ人盛衰原因論』、『原因論』、『趣味論』、『法の精神の解釈』、『ペルシャ人の手紙』、『わが思想』、『義務論』）。
〔井上幸治編、『モンテスキュー』、『世界の名著34』、中央公論社、一九七二年〕

ピエール・ニコル、『見神者』、一六六八年。

ブレーズ・パスカル、『パンセ』、ガルニエ、一九六六年（姉ジルベルトによる「パスカルの生涯」の後に置かれる）。
〔前田陽一編、『パスカル』、『世界の名著24』、中央公論社、一九六六年〕
G・ピコ・デラ・ミランドラ、『人間の尊厳について』、コンバ、エクラ版、一九九三年。
プラトン、『全集』、ガリマール＝プレイヤード、一九五〇年、全二巻。
〔田中美知太郎・藤沢令夫編、『プラトン全集』、岩波書店、一九七四―一九七八年、全十五巻・別巻一〕
プルタルコス、『神の裁きの猶予について』、『道徳作品集』、第七巻、レ・ベル・レットル、一九七四年に所収。
ポルピュリオス、『イサゴーゲー』、ヴラン、一九四七年。
〔水地宗明訳、『イサゴーゲー』、『世界の名著続2』、中央公論社、一九七六年〕
マルセル・プルースト、『見出された時』、『失われた時を求めて』、ガリマール＝プレイヤード、第四巻、一九八九年に所収。
〔井上究一郎訳、『見出された時』、『失われた時を求めて』、ちくま文庫、一九九三年〕

エルネスト・ルナン、『全集』、カルマン＝レヴィ、一九四七―一九六一年、全十巻〔『砂漠とスーダン』、第二巻、『科学の未来』、第三巻〕。
ジャン＝ジャック・ルソー、『全集』、ガリマール＝プレイヤード、一九五九―一九九五年、全五巻。
〔『ルソー全集』、白水社、一九七〇―一九八四年、全十四巻・別巻二〕
――第一巻、『告白』、『対話』、『孤独な散歩者の夢想』〔『夢想』〕、『マルゼルブへの手紙』、『わが肖像』、『楽しむ技術』、『告白の草稿』。
〔井上究一郎訳、『告白録』、『世界文学全集第五巻』、河出書房新社、一九六八年〕
――第二巻、『新エロイーズ』、『ピグマリオン』、『ナルシスの序文』。
〔安士正夫訳、『新エロイーズ』、岩波文庫、一九六〇―一九六一年、全四巻〕
――第三巻、『学問芸術論』、『反論』、『人間不平等起源論』、『フィロポリスへの手紙』、『政治経済論』、『社会契約論初版』、『社会契約論』、『政治的断章』、『サン＝ピエール神父論』、『山からの手紙』、『英雄の美徳について』。
〔平岡昇編、『ルソー』、『世界の名著30』、中央公論社、一九六六年〕
――第四巻、『エミール』、『エミールとソフィー』、『ボーモンへの手紙』、『ヴォルテールへの手紙』、『フランキエールへの手紙』、『道徳書簡』。
〔今野一雄訳、『エミール』、岩波文庫、一九六二―一九六四年、全三巻〕
――第五巻、『ダランベールへの手紙』、『言語起源論』。
――『書簡全集』、ジュネーヴ、ヴォルテール研究所、後に、オックスフォード、ヴォルテール協会、一九六五―一九九五年、全五十一巻。
――「美徳、個人、社会についての書簡」、『ジャン＝ジャック・ルソー学会年報』、第四十一巻（一九九七年）、三一三―三二七。
ドナティアン＝アルフォンス＝フランソワ・ド・サド、『閨房哲学』、『全集』、第二十五巻、J・J・ポヴェール、一九六八年。

〔澁澤龍彦訳、『閨房哲学』、『筑摩世界文学大系23』、筑摩書房、一九七七年〕
セネカ、『ルキリウスへの手紙』、第二巻、レ・ベル・レットル、一九四七年。
イポリット・テーヌ、『批評と歴史に関する最終論文』〔『最終論文』〕、一八九四年。
アレクシス・ド・トクヴィル、『アンシャン・レジームと大革命』〔『アンシャン・レジーム』〕、第一巻、ガリマール＝イデー、一九六七年、第二巻、『全集』、第二巻、第二冊、ガリマール、一九五三年に所収。
〔井伊玄太郎訳、『アンシャン・レジームと革命』、講談社学術文庫、一九九七年〕
――『アメリカの民主主義』〔『民主主義』〕、ガルニエ＝フラマリヨン、一九八一年、全二巻。
〔井伊玄太郎訳、『アメリカの民主政治』、講談社学術文庫、一九八七年、全三巻〕
テオフィル・ド・ヴィヨー、『詩作品』、ミナール、一九五一年。

II　解説書（直接に私の役に立ったテクストだけをこのリストに掲げる）

F・アルキエ、『デカルトにおける人間の形而上学的発見』、PUF、一九六六年。

R・バディ、『人間とその〈制度〉』、レ・ベル・レットル、一九六四年。

P・ベニシュー、『作家の聖別式』、コルティ、一九七三年。

P・ブラウン、『聖アウグスティヌスの生涯』、スイユ、一九七一年。

――『預言者の時間』、ガリマール、一九七七年。

L・ブルンシュヴィック、『モンテーニュの読者、デカルトとパスカル』、ヌーシャテル、ラ・バコニエール、一九四二年。

A・ブロック、『西洋の人間主義者の伝統』、ニューヨーク＝ロンドン、W・W・ノートン、一九八五年。

E・カッシーラー、『ルネサンス哲学における個人と宇宙』、ニューヨーク、ハーパー、一九六三年。

——『啓蒙主義の哲学』、ファイヤール、一九六六年。

A・コンパニョン、『われわれ、ミシェル・ド・モンテーニュ』、スイユ、一九八〇年。

A・コント＝スポンヴィル、『価値と真実』、PUF、一九九四年。

——『大いなる美徳についての小論』、PUF、一九九五年。

——（L・フェリーとの共著）、『近代人の英知』、ラフォン、一九九八年。

M・コンシュ、『モンテーニュと哲学』〔『モンテーニュ』〕、トレフォール、メガール版、一九八七年。

L・デュモン、『個人主義について』、スイユ、一九八三年。

J・エリュル、『技術、今世紀の争点』、A・コラン、一九五四年。

J・フェルラリ、『カント哲学のフランスの源』、クリンクズィーク、一九八〇年。

L・フェリー、『人間＝神』、グラッセ、一九九六年。

P・フェステュジエール、『神聖』、PUF、一九四二年。

J・N・フィッギス、『ジェルソンからグロティウスに至る政治思想の研究』、ニューヨーク、ハーパー、一九六〇年。

H・フリードリッヒ、『モンテーニュ』、ガリマール、一九六八年。

F・フュレ、『フランス革命』、アシェット、一九九七年。

——『幻想の過去』、ラフォン、一九九五年。

V・ゴールドシュミット、『人類学と政治』、『ルソーのシステムの原理』、ヴラン、一九七四年。

——『著作集』、ヴラン、一九八四年、全二巻。

H・グイエ、『十七世紀の反人間主義』、ヴラン、一九八七年。

P・グリマル、『自由の過ち』、レ・ベル・レットル、一九八九年。

A・ハーシュマン、『情念と利益』、PUF、一九八〇年。

〔佐々木毅・旦祐介訳、『情念の政治経済学』、法政大学出版局、一九八五年〕

S・ホームズ、『反自由主義の分析』、ケンブリッジ、マサチューセッツ、ハーヴァード大学出版、一九九三年。

L・コラコフスキー、『神はわれわれに何の義務も負わない』、A・ミシェル、一九九五年。

P・O・クリステラー、『人間についてのルネサンスの概念』、ニューヨーク、ハーパー&ロー、一九七二年。

G・ド・ラガルド、『中世末期における宗教分離精神の誕生』、ドローズ、一九四六年、全六巻。

CH・ラルモール、『近代性と道徳』、PUF、一九九三年。

CL・ルフォール、『民主主義の創出』、ファイヤール、一九八一年。

E・レヴィナス、『われわれのあいだで』、グラッセ、一九九一年。

〔合田正人・谷口博史訳、『われわれのあいだで』、法政大学出版局、一九九三年〕

P・マナン、『人間の住宅都市』、ファイヤール、一九九四年。

S・ムズュール、A・ルノー、『神々の戦い』、グラッセ、一九九六年。

P＝M・マッソン、『ジャン＝ジャック・ルソーの宗教』、アシェット、一九一六年、全三巻。

C・モリス、『個人の発見、一〇五〇―一二〇〇年』、トロント、トロント大学出版、一九八七年。

A・フィロネンコ、『ジャン＝ジャック・ルソーと不幸の概念』〔『ルソー』〕、ヴラン、一九八四年、全三巻。

A・クウィントン、『未完成の政治』、ロンドン、フェイバー&フェイバー、一九七八年。

A・ルノー、『個人の時代』、ガリマール、一九八九年。

〔水野浩二訳、『個人の時代』、法政大学出版局、二〇〇二年〕

F・リゴロ、『モンテーニュの変貌』、PUF、一九八八年。

L・ロバン、『古代の道徳』、アルカン、一九三八年。

J・ド・ロミリー、『自由を求める古代ギリシャ』、ファロワ版、一九八九年。

J・B・シュニーウィンド、『自律性の創出』、ケンブリッジ、ケンブリッジ大学出版、一九九七年。

H・シジウィック、『倫理学史概論』、ボストン、ビーコン出版、一九六〇年。

Q・スキナー、『現代政治思想の創設』、ケンブリッジ、ケンブリッジ大学出版、一九七八年、全二巻。

CH・テイラー、『近代人の自由』、PUF、一九九七年。

T・トドロフ、『われわれと他者』、スイユ、一九八九年。

〔小野潮・江口修訳、『われわれと他者』、法政大学出版局、二〇〇一年〕

E・トレルチ、『キリスト教教会の社会教育』、ニューヨーク、ハーパー、一九六〇年、全二巻。

——『キリスト教と近代性』、ガリマール、一九九一年。

M・ヴィレ、『十六の試論』、ダローズ、一九六九年。

G・ヴラストス、『プラトン哲学研究』、プリンストン、プリンストン大学出版、一九七三年。

A・J・フェルケ、『ギリシャ哲学における他者との関係』、ヴラン、一九六一年。

III　著者のメモ

私はこの作業の中で、私自身が以前に刊行した書物をいくつも利用した。それはとりわけ次のようなものである。「『法の精神』における自然の権利と政府の形態」、『エスプリ』、三、七五（一九八三年）、三五—四八ページ。「ラ・ロシュフーコーによる人間喜劇」、『ポエティック』、一四（一九八三年）、五三、三七—四七ページ。「人間存在と他者、モンテーニュ」、『イェール・フレンチ・スタディーズ』、六四、一九八三年、一一三—一四四ページ。「バンジャマン・コンスタン、政治と愛」、『ポエティック』、五六、一四（一九八三年）、四八五—五一〇ページ。『はかない幸福、ルソー』、アシェット、一九八五年、九六ページ（及川馥訳、『はかない幸福—ルソー』、法政大学出版局、一九八八年）。「ルソー、第三の道」、『トクヴィル雑誌』、一七（一九九六年）、二、一五一—一六四ページ。「凝視と脅し」、『新文学史』、二七（一九九六年）、一、九五—一〇六ページ。「愛の苦労」、『パーティザン・レヴィュー』、三、一九九七年、三七五—三八三ページ。『バンジャマン・コンスタン、デモクラシーの情念』、アシェット、一九九七年、二一四ページ。

これらのテクストの何ページかを本書に再び載せることを、私に許可してくれたアシェット社に、とりわけ感謝を申し上げる。

訳者あとがき

本書は、Tzvetan Todorov, *Le jardin imparfait–La pensée humaniste en France*, Grasset, 1998. を全訳したものである。副題が示すとおり、この本は主として十九世紀に開花するまでの〈フランスにおける人間主義の思想〉を扱っているが、著者の意向は、現在および未来のわれわれの政治的、社会的、道徳的形態のありようであると思われる。ツヴェタン・トドロフがこの本を刊行したのは、まだ四年前のことであり、その後、時代の区切りを通過して、われわれの歴史は第三千年紀に突入した。まさしくこの節目にあって、トドロフは人間が存在してゆくための条件をこの本で提示しているのである。

表題の〈未完の菜園〉は、モンテーニュの『エセー』、第一巻、第二十章の次の一節から採られている。「私は、人が行為をなすように、人生の務めをできる限り引き延ばすように望んでいる。またせっせとキャベツを植えていて、死には無頓着で、私の未完の菜園にはなおさら無頓着な私のところに死がやって来ることを望んでいる。」

人間の歴史の中では、さまざまな政治形態が生まれ、あるものは存続し、あるものは消滅した。今では、世界のほとんどの国が民主主義の政治形態をとっており、この民主主義体制においては、近代的人間が二世紀前から獲得している〈自由〉が保障されている。ところでトドロフは、そのようにして人間が自由を得たことによって失われたもの、つまり自由に支払うべき代価はないのかと自問する。そしてその答え方によって、四つの系譜を分類する。

まず一方には、その代価はあまりにも高いから、自由を放棄したほうがよいと考える人たちがいる。彼らは新しい世界の中に古い価値をもちだして生きていこうとするので、〈保守主義者〉と呼ばれる。一方、他の三つは、いずれも近代性の到来を受け入れて承認するという点では共通しているが、自由についての捉え方は三者三様である。その近代的系譜の第一は〈科学万能主義者〉であり、彼らの主張は次のようになる。自由の代価を支払う必要などまったくない、自由は全然なかったのだから。というよりも、ただ一つの本物の自由とは知る自由であり、純然たる人間の科学のおかげで、自然や歴史のあらゆる秘密が突き止められる。普通に言う意味での自由などは存在せず、知に基づく自然や歴史の新たな支配だけが存在する。科学は技術へと通じているから、もし現実世界の法則を支配するなら、世界を変えることもできる。近代的な第二の系譜は、〈個人主義者〉であって、彼らの場合も、自由のために支払うべき代価は存在しない。自由を得たことで、神や社会や自我の喪失を招いたとしても、それは喪失というよりも、追加としての解放である。人間は本質的な孤独の中で、すべての道徳的拘束から自由になって、無限の分散状態で自己を明示すべきである。人間は権力への意志を明示し、自分自身の利益のために奉仕すべきである。失ったものは惜しむに値しないし、共通の価値や、やっかいな社会的絆や、安定し一貫した自我などなくとも、人間はうまくやっていける。最後の系譜は、〈人間主義者〉である。彼らは自由は存在し、それは貴重であると考えるが、同時に、それは人々がともに分かちあう価値、他の人々とともにある人生、そして自己の行為の責任者と見なしうる自我のことであるとしている。したがって彼らは代価を支払う必要もなく、自由を享受し続けることを望む。

以上のように四つの系譜を区別した上で、トドロフがそれらの系譜にとり上げている人物たちを、大まかに列挙すれば次のようになる。
保守主義者――ルイ・ド・ボナルド、ジョゼフ・ド・メーストル、アレクシス・ド・トクヴィル（ただし、トクヴィルは同時に人間主義者でもある）。
科学万能主義者――ドニ・ディドロ、コンドルセ、オーギュスト・コント、エルネスト・ルナン、イポリット・テーヌ、ダーウィン、マルクス、サン＝シモン。
個人主義者――ラ・ロシュフーコー、サド。
人間主義者――モンテーニュ、デカルト、モンテスキュー、ルソー、バンジャマン・コンスタン。
これらの思想家たちの本書における引用文献は、一括して「参考文献」に掲げられている。また、生没年に関しては、初出のページに記しておいたので、巻末の「人名索引」でそのページを参照されたい。ただし、どちらかというとなじみの浅い思想家たちについては、プロフィールを簡単に紹介しておこう。
ボナルドは、南仏、ミヨーにほど近い、ル・モンナの貴族出身で、ミヨーの市長（一七八五―一七八九年）を務めた。一七九〇年にアヴェロン県の県会議員となるが、翌年、聖職者基本法に反対して議員をやめ、ハイデルベルクに亡命。その地で、『政治的・宗教的権力の理論』（一七九六年）を執筆した。一七九七年、フランスに帰国し、ナポレオンのもとで文部大臣（一八一〇年）となり、王政復古の後には代議士（一八一五年）、アカデミー・フランセーズ会員（一八一六年）、貴族院議員（一八二三年）となった。七月革命が生じると、職を離れ故郷に戻った。彼の政治理論によれば、自然法を定めたのは神、君主はその執行者、教会は社会秩序を維持するものである。そんなわけで彼は王権とカトリックの伝統を重んじ、啓蒙思想とフランス革命に反対した。
メーストルは、サヴォワ公国の有力な貴族で、厳格なカトリック教徒でもある両親のもとに生まれ育った。一七九二年、フランス革命軍がサヴォワ公国に進入してきたため、スイスのローザンヌに亡命。その地で、『フランスについての考察』(一七九六年)を刊行した。この本は、神が創った人間社会を革命が破壊したとして、フランス革命を厳しく批判し、人間社会を導いているのは神の摂理であって、信仰や伝統のほうが理性に勝るということを唱えている。一七九七年、ローザンヌから追放され、イタリアのトリノに移る。そこでサルデーニャ国王と知り合い、サルデーニャの宰相となる(一七九九年)。さらに、同国の駐ロシア大使としてペテルブルクに赴き、『ペテルブルク夜話』(一八二一年、死後刊行)を執筆した。彼の理想は、俗世界では国王が、精神世界では法王が、神の代理として国家を統治する絶対君主制である。

コンドルセは、ピカルディー地方に軍人の子として生まれ、早くから数学の才能を発揮した。二十二歳にして『積分論』(一七六五年)を、次いで『解析論』(一七六八年)を書き、ダランベールに認められ、ヴォルテールとも親交を結び、『百科全書』には数学の分野で協力している。一七六九年に科学アカデミー会員、一七八二年にはアカデミー・フランセーズ会員となり、社会科学に数学の方法を取り入れ、〈社会数学〉を打ち立てようとした。チュルゴーの影響のもとに、政治・社会に関する批判的論文を次々と発表し、チュルゴーが財務総監のときには、造幣局総監を務めた。フランス革命が起こり、立法議会議員に選出されると(一七九一年)、公教育の制度化についての計画を練り、続いて国民公会議員に選ばれると、ジロンド憲法草案の作成に携わった。党派間の抗争が激しくなり、山岳派独裁体制になったとき、ロベスピエールたちから批判され、告発を受けたために逃亡する(一七九三年)。八か月に及ぶパリの逃亡生活中に、『人間精神発達史』(一七九五年、死後刊行)を書くが、逮捕され、牢獄で毒を飲んで自殺した。

実証主義哲学の確立者、社会学の父、オーギュスト・コントは、南仏モンペリエの小ブルジョワ家庭に生まれ、パリの理工科学校に入学したが、教授排斥運動を行なったためにそこから追放された。その後、社会主義者サン゠シモンの秘書となるが、不和が生じ決別する。一八二五年に結婚をするものの、十七年間続いたその結婚は不幸なもので、彼にとっては重大な〝過失〟であった。彼の思想的課題は、フランス革命後の無秩序状態をいかに収拾し、生まれつつある産業社会をいかに建設するかということにあった。その思想は、全六巻からなる『実証哲学講義』(一八三〇―一八四二年)によって展開される。社会の混乱、無政府状態に政治的秩序を取り戻すためには、社会活動を支配している普遍的法則を知り、科学を通じて知的進歩をめざす必要がある。知的進歩には、〈三段階の法則〉があり、人間の精神は神学的段階、形而上学的段階を経て、実証的段階に至る。そして最後の実証的段階において、真の科学的知識が獲得されると唱えた。また諸科学はその実証的段階によって、抽象的なものから具体的なものへ、一般的なものから特殊なものへと階層化され、その最後に社会学が位置づけられた。人生の晩年、一八四四年に、コントはクロチルド・ド・ヴォー夫人に出会う。一八四五年に彼女に愛を告白するが、その翌年、彼女はコントの腕の中で死ぬ。すると、このときから彼女は崇拝の対象となり、コントは〈人間教〉を説くようになる。そしてそれを築き上げるための社会学概論として、『実証政治体系』(一八五一―一八五四年)を書く。

ルナンはブルターニュの町トレギエに生まれ、聖職をめざしサン゠シュルピス神学校に学ぶ。しかしヘーゲル、ヘルダーなどのドイツ哲学の影響を受け、セム語文献学や聖書の原典研究に熱中することで、カトリックの伝統的な聖書解釈に懐疑的になり、聖職者への道を放棄する。そのころに、後に実証主義の科学者、熱化学の創始者となるマルスラン・ベルトロと友情を結び、科学的精神を身につける。一八四八年から翌年にかけて『科学の未来』(刊行は一八九〇年)を書き、科学主義の観点から人類の進歩や民主政治の展望を述べる。一八六〇年から翌年にかけて、考古学的調査のためにシリアやパレスチナに赴くが、その地で、献身的に支えてくれた姉のアンリエットを熱病で失う。一八六二年、コレージュ・ド・フランスのセム語の教授となるが、キリストを〈比類なき人間〉と呼んだために教授職を罷免される。しかし、その後二十年を費やして完成をみることになる、全七巻からなる大著、『キリスト教起源史』（一八六三―一八八三年）を書き始める。そのうちの第一巻が『イエス伝』（一八六三年）で、これは実証的な立場から、人間イエスについての歴史的解釈を行なっている。一八七〇年にはコレージュ・ド・フランスに復職、一八八三年にはその学長になる。一八七八年にアカデミー・フランセーズ会員となり、『イスラエル民族史』（全五巻、一八八七―一八九三年）を書き始める。

テーヌは、アルデンヌ県ブージエの役人の家に生まれ、高等師範学校に主席で入学、スピノザの汎神論、ヘーゲルの歴史哲学、コンディヤックの感覚論の影響を受ける。一八五三年、感覚についての論文をソルボンヌ大学に提出するが、あまりにも唯物論的であるとして拒否される。そこで美学に方向を転じ、同年『ラ・フォンテーヌの寓話論』で文学博士号を取得する。また一八五六年には、アカデミー・フランセーズの懸賞論文に『ティトゥス・リウィウス論』で応募する。それは一旦は却下されるが、訂正を加えた後に受賞する。その後、文芸批評家として積極的に活動し、『十九世紀のフランスの哲学者たち』（一八五七年）、『批評と歴史に関する論文』（一八五八年）、『イギリス文学史』（一八六四―一八六九年）、『続批評と歴史に関する論文』（一八六五年）を発表。一八六四年には、パリの美術学校の教授となり、一八八三年まで二十年間美術史を講義する。その成果が『芸術哲学』（一八八二年）として現われる。『イギリス文学史』と『芸術哲学』は、テーヌの批評理論の要となるもので、文化の発展は〈人種、環境、時代〉の三大原動力、作家・芸術家の〈主要機能〉、および各文化領域の構成要素の〈相互依存〉によって規定されるとしている。かなり唯物論的・決定論的な理論である。また一八七〇年に発表した『知性論』は、感覚論と実証主義を結びつけた心理学的認識論を展開している。そして晩年の未完の大作、『現代フランスの起源』

（一八七五—一八九三年）は、普仏戦争とパリ・コミューヌによって荒廃した社会の病根を過去に探ってゆき、フランス革命に対する糾弾を行なっている。

空想的社会主義者として有名なサン＝シモンは、パリに生まれるが、家系はピカルディー地方の伯爵家である。『回想録』で有名なサン＝シモン公爵は、父方の伯父にあたる。一七七八年に軍隊に入り、翌年、アメリカ独立戦争に騎兵大尉として参加する。その後フランスに帰り、国有地売買の投機に手を出したのがもとで、一七九三年に逮捕され、一年間監獄に閉じ込められる。一八〇二年、『ジュネーヴの住民から人類への手紙』（一八〇三年に『ジュネーヴの住民から同時代人への手紙』と改題）では、社会関係を生理学的現象のように捉えることを提唱している。他に、『産業システムについて』（一八二一—一八二四年）、『産業者の教理問答』（一八二三—一八二四年）、『新キリスト教』（一八二五年）などを書く。〈すべては産業によって、すべては産業のために〉をスローガンとして掲げ、科学の進歩による産業社会、その恩恵による人間救済を求めた。彼の実証的な社会研究はコントに引き継がれてゆく。

コンスタンは、スイスのローザンヌで、フランス系プロテスタントの家に生まれるが、生後八日にして母親を亡くす。父親の任地が次々と替わったため、ヨーロッパのあちらこちらに移り住み、家庭教師から教育を受ける。一七八五年、十八歳のときにパリに赴く。一七八八年、スイスのシャリエール夫人のもとで、『宗教について』を書き始める。一七九四年、同じスイスで、恐怖政治の難を避けるために来ていたスタール夫人と出会う。恐怖時代が終わると、スタール夫人を後ろ盾に、ナポレオンのもとで護民官となる（一七九九年）。しかしナポレオンの独裁化に反対したため、スタール夫人とともにパリを追放され（一八〇三年）、ドイツに亡命、ワイマールに住む。その地でゲーテやシラーと知り合う。一八〇八年、スタール夫人の支配から逃れるように、別の女性とひそかに結婚。そのころに『アドルフ』が書かれる（一八〇七年執筆)。一八一四年、『征服の精神と簒奪について』を刊行し、ナポレオンを批判する。しかし翌一八一五年、ナポレオンがエルバ島から帰還すると、〈簒奪者〉ナポレオンの政府に加わり、世の非難を浴びる。「百日天下」が終わり、ルイ十八世が復位すると、イギリスに亡命。そこから国王に宛てて、自己弁護の手紙を書く。一八一六年、ロンドンで『アドルフ』を刊行。同年、許されてフランスに帰国。一八一七年、スタール夫人の死に直面する。その後、サルト県選出の代議士(一八一九年)、次いでパリ選出の代議士となり(一八二四年)、六十四歳で死ぬまで、自由主義を擁護しながら政治活動を続ける。

これらの系譜のうちで、人間主義の系譜が他のどれよりも、われわれの現在の状況を考え、その困難を乗り越える力をかしてくれそうだというので、トドロフは、フランスの偉大な人間主義者たち、ルネサンス期のモンテーニュ、啓蒙主義の世紀のルソー、フランス革命直後のバンジャマン・コンスタンを中心に据え、彼らの著作と思想を事細かに検討する。そうして彼らを拠り所にして、人間主義の思想のモデルを築き上げようとするのである。

ところでトドロフは、人間存在に一つの特別な役割を与える理論を示すために、〈ユマニスム humanisme〉という語を用いている。従来、この語には〈人文主義〉という訳語が広く当てられてきたが、本書では〈人間主義〉ということにした。それはまず活動の始まりに人間としての自己を置くことであり、活動を成就するもしないも自由ということである。つまり自分の意思によって活動できるということを示す。さらに人間主義は、人間が活動の最終目的であって、神や善や正義といった人間以上の実体を目的としたり、快楽やお金や権力といった人間以下の実体を目的とはしない。最後に、それはすべての人間の、そして人間だけの空間を描き出すことを可能にする。彼はそれらを、〈私(一人称)の自律性〉、〈君(二人称)の目的性〉、〈彼ら(三人称)の普遍性〉という簡潔な言葉でまとめている。私は活動の源泉でなければならず、君はその目標でなければならず、彼らはすべて人間という同一種に属しているということである。これが人間主義の〈三本柱〉である。

人間主義の思想は人類学と見ることもでき、人間がいかにして存在するかを述べる。またこれは道徳でもあり、人間がいかにあるべきかを述べる。さらにこれは政治でもあり、制度を特権化し、その制度の中で主体は自律性を行使し、同じ権利を享受することができる。

まず、政治的観点からすれば、フランス革命のスローガン、自由、平等、友愛は、おおよそのところ、人間主義のこの三重の要求に基づいているという。自由は主体の自律性を、平等は人間という種の統一を示し、友愛とは他者を自分の兄弟のように扱うことで、これは同時にわれわれの愛情や行為の目標を呈している。これら三つを個人の次元から集団の次元に移した場合、人間主義の原理に最も合うのは、二百年前から徐々に形成されてきた自由民主主義という政治形態である。というのも自由民主主義は、集団的自律性という観念（民衆の最高権力）、個人的自律性という観念（個人の自由）、普遍性という観念（すべての市民のための権利の平等）を同時に採用しているからである。しかしだからといって人間主義と民主主義がぴたりと一致するわけではない。その理由は、第一に民主主義は人間主義の原理を完全に具現化することからはほど遠いからである。第二にこの両者は他を一切排除した相互的内包関係ではないから、つまり、民主主義の内部では、保守主義も、科学万能主義も、個人主義も等しく繁栄するからである。

次に、道徳的観点からすれば、普通選挙とか、個人の保護とかに見られるような、政治的人間主義は、最小の人間主義しか形成しないので、トドロフはこれを〈受動的人間主義〉と呼ぶ。それに対して〈能動的人間主義〉は、君の目的性、個人としての人間存在（自己以外の者）を活動の最終目標として受け入れることを基盤としている。道徳という言葉が示す以上のもの、人間的愛着、友情、愛に価値を置く手段である。
最後に、人類学という観点に立てば、人間主義はただ一つ、社会性というものに還元される。最も重要なものは、他者の意識と切り離すことのできない自意識の存在であり、これは動物が決してもちえないものである。個人は他者と同様に生きている存在であり、そして同時にその存在に対する意識でもある。その意識が人間を自我から離れ、さらには自我と対立することを可能にする。個人主義者とは異なり、人間主義者は人間を形成する　　性を主張する。人間は社会なくして人間ではなく、人間の相互作用が人間という種の同一性そのものを形成する。

そうした社会性を保持しつつ、人間はあれにもこれにもなることができるし、あれやこれやのやり方で行動することができる。最も明瞭な決定論を前にしてさえ、人間存在は常にそれと対立する可能性をもっている。つまり人間は自分自身から離れる可能性をもっている。言葉を換えれば、人間の中の自由の部分を主張しながら、人間主義者は、人間が自由を善のために使うことができると知っているし、また悪のために使うこともできると知っている。人間は善人でも悪人でもない、人間はそのどちらか一方になることもできるし、あるいは（たいていの場合）その両方になることができる。モンテーニュの言葉によれば、人間性は不完全なのであり、そうした人間存在が〈未完の菜園〉にたとえられているのである。人間は部分的に不確定であり、しかも自由を受容できるがゆえに、また他方においては善と悪とが存在するがゆえに、中立状態から善に通じる、教育と呼ばれる過程が重要になってくる。それを人間の〈改善可能性〉として捉え、トドロフはこう表現している。人間の生活は未完の菜園であり、自律性が花開くように世話をしてやらなければならない植物なのだ。

人間主義の三本柱を軸に、四つの系譜を比較しながら行なうトドロフの分析は、どれもこれも示唆に富んでいて、興味深い。彼は、人間主義の諸要素はフランスではまず初めにモンテーニュに集結したといって、この『エセー』の思想家を高く評価しているのだが、その作品の成り立ちを、モンテーニュとラ・ボエシの友情に絡めて解き明かしている。トドロフは友情を人間主義の一つの重要な概念として掲げているので、モンテーニュに関するこの論証は必見の価値があるだろう。

ルソーについては、われわれは一般に、非社会的な自然の人間を称揚し、孤独な生活の喜びを歌った人というふうに捉えるが、トドロフはそのルソーの社会性に光を当てている。ルソーを自然の状態の支持者、社会の状態の中傷者として表わすのも間違ってはいないが、彼は、社会も、人間に対する社会の影響もまったく無視していない。それどころか人間のあらゆる特徴を、社会生活という唯一の事実から引き出そうとしている、というのである。言語活動は社会とともに生まれ、道徳は社会とともに生まれる。『エミール』の中にも「人間はその本性〔自然〕からして社会的である」という表現が見られる。トドロフは、一人の作家、つまり他の人たちからやって来る言葉を操り、それらをやはり他の人たちのために新しく構築しながら人生を過ごす人間が、どうして孤独の化身になることができるだろうか、と問いかけている。とはいえ、思想家ルソーは確かに人間主義の系譜に属しているが、個人としてのルソーは時としてそこから逸脱することがある、とも付け加えている。

トドロフは、人間主義の思想がバンジャマン・コンスタンにおいて見事に開花した、と考えている。だから彼は思想家としてのコンスタンに多くのページを割いているのだが、わが国ではコンスタンはもっぱら、心理主義小説の名作、『アドルフ』の作者として知られている。したがってトドロフが、小説の主人公アドルフと較べながら展開する、人間主義の愛の概念はたいへん興味深い。しかも人間主義にとって、愛の概念はきわめて重要なものなので、以下、それを少し辿ってみよう。

まず、愛には置き換えることが根本的に一切不可能だという特徴がある。私が誰かに愛着を抱くのは、その誰かの代わりとなりえたであろうすべての人に、その人が似ているからではなく、その人が異なっていて、しかも私から見て、他の人よりもすばらしいからである。ところが、〈エロス〉、すなわち〈欲望の愛〉は欠如によって成り立つ。欲望の愛は愛する主体から発するのであり、愛される対象から発するのではない。情熱の愛とも呼ばれる、この愛の概念の成功は、物語の構造との類似性に因るのではないか、とトドロフは考える。物語自体が、欠如と、欠如を埋め合わせる企てを拠り所とし、どちら側にも、常に中断され、常に再開される探求、予期していなかった場所での障害物が発見されるからである。欲望の愛は自己中心主義的であって、これは他者が自我の展望の中にしか存在しないということから生じてくる。嫉妬と独占欲、色欲の愛であり、私は与えるよりもむしろ取ることを望む。愛の対象を通して私が愛するのは、やはりこの私だ、ということであり、私が愛するのは、もはやその唯一の他者ではなく、その不在なのである。それは別の個人でも再生産することができるようなものであるから、愛の対象は取り替え不可能なわけではない。欲望の愛の論理は悪魔的である。私が愛されない場合にしか私は愛さず、私が愛さない場合にだけ私は愛される。これがコンスタンのアドルフであって、そこには人間主義の思想と結びつくものは何もない。一方、〈フィリアー〉、すなわち〈喜びの愛〉は、好意の愛であり、これは人間主義の理論と一致する。自己と他者との分離があって初めて愛は存在する。融合の代わりに、相互性を愛の目的と見なしている。この相互性は、他者の認識を、自己と同等の権利をもち、自己に還元できない主体として理解する。愛の対象は、絶対に取り替え不可能であるばかりでなく、自律性を保持している。この人間主義者たちが理解する愛は、アベラールに宛てたエロイーズの手紙や、ラ・ボエシに対するモンテーニュの友情の中に見られる。他者を道具化することを一切拒否するもので、君の目的性を具現化している。個人は常に人間関係の中で、一つの目的でなければならず、単に手段であってはならないのだ。さらに、キリスト教の愛、〈アガペー〉があるが、これはすなわち〈慈悲の愛〉である。その人物が他の者たちのような人間存在であるがゆえに、その人物を愛さなければならない。私は誰や彼やに愛着を抱くべきではなく、すべての人に同じ愛を注がなければならない。だから、愛の対象を取り替えることは可能である。

トドロフは本書で、コンスタンの政治的、社会的、道徳的思想を浮き彫りにしており、彼を通じて、私的領域に閉じこもろうとする近代的傾向に気をつけよう、各人にとって近づきやすいエゴイストの幸福で満足してはならない、われわれは、個人の次元を越えてゆく何かもっと高いものを必要としている、と述べている。『アドルフ』に関して言えば、この小説が教訓として教えてくれるのは、〈自由〉と〈独立〉が相対的な価値でしかなかったということである。エレノールが死んでしまうと、自由や独立は、アドルフにとってもはや何ものをも意味しない。というよりもむしろその裏面を彼に見せる。独立とは、この世の砂漠であり、自由とは、〈孤立〉、愛の不在ということになる。

利益の概念を自分の哲学の要としたコンスタンは、利益の絶対的な支配を拒否し、利益によっては人間の行動の大部分が説明されないとした。利益とは無関係に、あるいは利益とはまったく逆の意味で、魅了され、支配され、高揚する人間の魂の能力がある、というのである。それは例えば、宗教的感情、愛、高揚、犠牲的精神である。人間主義の視点からすれば、高揚のほうが価値としては利益より勝っている。〈高揚〉と〈利益〉の対立は、すなわち人間主義者と個人主義者の対立ということであるが、当時の功利主義に反対するコンスタンの立場が、この対立によって明確になる。さらに、人は、抽象的な大義によるか、または自分以外の個人に気を配ることで、自らの利欲を克服することができるのだが、自己を乗り越えるこの二つの形態がぶつかり合うときには、コンスタンは後者を選ぶという。ここにバンジャマン・コンスタンの人間主義が存在する。フランス革命期の世情を念頭に置いて繰り広げているコンスタンの論証には、強い説得力と迫真性がある。結局、コンスタンを通して、トドロフが言いたいのは次のことである。人間関係、愛着、愛が、人間的存在の生地そのものを織りなしているのであり、〈君〉なくして、〈私〉はない。〈彼ら〉なくして、つまり他者、第三者、世論なくして、〈私〉と〈君〉はない。人間的であるがゆえに、われわれは他人のまなざしを必要とするのであり、いかなる〈私〉も、〈君〉や〈彼ら〉なしには存在しない。

　トドロフはいかにも言語学者らしく、言語学的概念をあちらこちらにちりばめて人間主義についての説明を展開させている。前述の〈私の自律性〉、〈君の目的性〉、〈彼らの普遍性〉は、文法の〈人称〉という概念によっているし、人生はそれ自体が目的でなければならないとして、〈散歩するために散歩する〉、〈踊るときに踊る〉、〈眠るときに眠る〉といった用い方の動詞の〈自動詞性〉を、どんな行為においても道具として扱われることの拒否として示す。また目的としての個人を論じるために、〈なぜ〉という疑問には、いかなる理由で、いかなる目的で、という二つの意味があり、それぞれ、ドイツ語の〈ヴァールム warum〉、〈ヴォツー wozu〉、ロシア語の〈パチムー почему〉、〈ザチェーム зачем〉に相当する、ということも教えてくれる。さらに、ラ・ロシュフーコーの箴言の統辞的構造を次のように公式化している。〈A（美徳）は、たいていの場合（慎重さのための決まり文句）、B（悪徳、情念）でしかない（暴露）。〉AとBを別の言葉で置き換えることで、別の箴言が作り出せる。これが箴言を作り出す装置であるという説明は、文字通り言語学的分析になっている。言語学的、記号学的に始められたトドロフの探求は、人類学的なほうへ関心を向けてきた。人間主義を扱ったものとして、一九八九年の『われわれと他者』〔小野潮・江口修訳、法政大学出版局、二〇〇一年〕があるが、本書で述べられているように、そこでは特に人間主義における普遍性のテーマが論じられている。また、一九九七年、本書刊行の前年に、『バンジャマン・コンスタン――民主主義の情熱』が出ている。人間の生活が〈未完の菜園〉であってみれば、この先トドロフの探求は、どんな方向に向かってゆくのか、興味のあるところである。

訳語について付け加えておきたい。フランス語のloiという単語は、〈(自然の)法則〉、〈(人間の)法律〉、〈法(の精神)〉、〈(神の)掟〉、〈規範〉といったさまざまな意味をもっているが、本書では、文脈に応じてこれらを訳し分けた。またnatureという単語に対しては、〈自然〉と〈本性〉という訳語を当てたが、多くの場合、この両方の意味は一つに結びついていて切り離すことができない。そこで、本書では二つを併記したところも多い。

最後になってしまいましたが、この翻訳作業に携わっている間ずっと仕事の進行状況を気にかけてくださった、及川馥先生に感謝の意を表したいと思います。先生は、茨城大学名誉教授、愛国学園大学教授として御多忙な身でありながら、この翻訳に目を通してくださり、トドロフに関する有益な情報を教えてくださいました。また、訳稿の清書の段階で手伝ってくださった反町秀記氏、膨大な文献のページと訳語をチェックし、さまざまな助言をしてくださった、法政大学出版局の松永辰郎氏をはじめとする編集部の皆様方に、心からお礼を申し上げます。

二〇〇二年十二月一日

内藤雅文

人名索引

【サ行】

【タ行】

【ナ行】

【ハ行】

ボードレール　Baudelaire, Charles　270-276, 307, 363
ボナルド　Bonald, Louis de　15, 18, 20-27, 37, 67, 124, 250, 362, 366
ホメロス　Homère　144
ホラティウス　Horace　186, 260
ポルピュリオス　Porphyre　246

【マ行】

マキャヴェリ　Machiavel　117, 118, 230, 338
マラルメ　Mallarmé, Stéphane　275
マルクス　Marx, Karl　35
マルサス　Malthus, Thomas Robert　139
マルブランシュ　Malebranche, N.　227
ミシュレ　Michelet, Jules　271
ミル　Mill, John Stuart　256, 362
メーストル　Maistre, Joseph de　21, 23
メスラン　Mesland, P.　92
モリーナ　Molina, Luis　66
モンテスキュー　Montesquieu, Charles de　49, 53, 58, 61, 62, 92-99, 100-102, 104, 109, 112-116, 119, 122-124, 224, 249, 339, 361
モンテーニュ　Montaigne, Michel de　8-10, 16, 54, 57, 58, 64, 66, 70, 72-86, 89, 92, 101, 104, 105, 110, 115, 118, 143-145, 150, 166-172, 174, 182, 186, 188, 191, 193, 199-202, 207, 215-222, 224-232, 234, 240-247, 249, 258-264, 293, 303, 304, 313, 314, 316, 319, 320, 350, 358, 361, 368

【ヤ行】

ユゴー　Hugo, Victor　270, 271

【ラ行】

ラガルド　Lagarde　39, 65
ラ・ボエシ　La Boétie, Étienne de　191, 199-201, 207, 224, 240-242, 246, 247
ラマルチーヌ　Lamartine, Alphonse de　271
ラ・ロシュフーコー　La Rochefoucauld　40, 41, 105, 107, 203, 204, 231, 237, 238, 264-270, 275, 285, 323-328,
リゴロ　Rigolot, François　240
ルイ十六世　Louis XVI　1
ルソー　Rousseau, Jean-Jacques　9, 10, 16, 18, 19, 28, 49, 58, 62, 67, 68, 70, 91, 100-108, 110, 112, 118, 119, 124-139, 143, 146-161, 174, 180, 183, 187, 191-194, 203-206, 210, 216, 232-239, 249, 277-319, 321, 328, 329, 334-336, 338, 339, 361, 366
ルター　Luther, Martin　18, 21, 31, 65, 66
ルナン　Renan, Ernest　30, 273, 363
ルノー　Renaut, Alain　38

レーヴィ　Levi, Primo　363
レヴィナス　Levinas, É.　209
レカミエ　Récamier, Juliette　139, 208
レッシング　Lessing　263
ロベスピエール　Robespierre, Maximilien　90, 111, 339
ロック　Locke, John　116

【ワ行】

ワイルド　Wilde, Oscar　275

《叢書・ウニベルシタス　754》
未完の菜園　フランスにおける人間主義の思想

2002年12月20日　　初版第1刷発行
2011年5月25日　新装版第1刷発行
2021年3月25日　　　　第2刷発行

ツヴェタン・トドロフ
内藤雅文 訳
発行所　一般財団法人　法政大学出版局
〒102-0071 東京都千代田区富士見 2-17-1
電話03(5214)5540 振替00160-6-95814
製版・印刷：平文社，製本：誠製本

Printed in Japan

ISBN978-4-588-09941-0

著　者

ツヴェタン・トドロフ（Tzvetan Todorov）

1939年，ブルガリアに生まれる．1973年，フランスに帰化．ロラン・バルトの指導のもとに『小説の記号学』（67）を著して構造主義的文学批評の先駆をなす．『象徴の理論』（77），『象徴表現と解釈』（78），『言説の諸ジャンル』（78），『批評の批評』（84）で文学の記号学的研究をすすめるかたわら，『他者の記号学——アメリカ大陸の征服』（82）以後，記号学的見地から〈他者〉の問題に関心を深め，『ミハイル・バフチン——対話の原理』（81），『アステカ帝国滅亡記——インディオによる物語』（83），『はかない幸福—ルソー』（85），『われわれと他者』（89），『極限に面して』『歴史のモラル』（91），『フランスの悲劇』（94），『共同生活』（95），『異郷に生きる者』（96），『未完の菜園』（98），『悪の記憶・善の誘惑』（2000），『越境者の思想』（02），『イラク戦争と明日の世界』（03），『絶対の冒険者たち』『啓蒙の精神』（06），『文学が脅かされている』（07）などを刊行している．91年，『歴史のモラル』でルソー賞を受賞．2017年死去．

訳　者

内藤雅文（ないとう　まさふみ）

1952年生．筑波大学大学院文芸言語研究科各国文学専攻博士課程修了．フランス文学専攻（マルセル・プルーストの研究）．現在，武蔵大学・二松學舍大学非常勤講師．訳書：R. ジラール他『カインのポリティック』，M. セール『小枝とフォーマット』，J.-J. C. グー『哲学者エディプス』，M. ド・セルトー『歴史と精神分析』，M. ピカール『遊びとしての読書』（共訳）〔以上，法政大学出版局〕，R. ヤーコブソン他『詩の記号学のために』（共訳，水声社）．

T. トドロフの著作

(法政大学出版局刊／表示価格は税別)

ミハイル・バフチン 対話の原理
大谷尚文訳……4500円

言説の諸ジャンル
小林文生訳……5000円

未完の菜園 フランスにおける人間主義の思想
内藤雅文訳……4400円

バンジャマン・コンスタン 民主主義への情熱
小野潮訳……2600円

イラク戦争と明日の世界
大谷尚文訳……1500円

越境者の思想 トドロフ，自身を語る
小野潮訳……5700円

悪の記憶・善の誘惑 20世紀から何を学ぶか
大谷尚文訳……5300円

異郷に生きる者
小野潮訳……3200円

絶対の冒険者たち
大谷尚文訳……3700円

啓蒙の精神 明日への遺産
石川光一訳……2200円

文学が脅かされている 付・現代批評家論五編
小野潮訳……2200円